全国高等院校"十二五"规划教材

金 融 学

冯利民 主编

中国农业科学技术出版社

图书在版编目（CIP）数据

金融学 / 冯利民主编 . —北京：中国农业科学技术出版社，2012.8
ISBN 978 – 7 – 5116 – 0936 – 6

Ⅰ. ①金… Ⅱ. ①冯… Ⅲ. ①金融学 – 高等学校 – 教材
Ⅳ. ① F830

中国版本图书馆 CIP 数据核字（2012）第 121121 号

责任编辑	闫庆健　李冠桥
责任校对	贾晓红　范　潇

出 版 者	中国农业科学技术出版社
	北京市中关村南大街12号　邮编：100081
电　　话	(010) 82106632 (编辑室)　　　(010) 82109704 (发行部)
	(010) 82109709 (读者服务部)
传　　真	(010) 82106632
网　　址	http://www.castp.cn
经 销 者	各地新华书店
印 刷 者	秦皇岛市昌黎文苑印刷有限公司
开　　本	787mm×1 092mm　1/16
印　　张	16.875
字　　数	432千字
版　　次	2012年8月第1版　2012年8月第1次印刷
定　　价	26.00元

版权所有·翻印必究

《金融学》编委会

主　编　冯利民

编　委　王亦明　冯利民　李秀丽
　　　　李　佳　陈世金

内容提要

本教材是河北科技师范学院组织编写的适用于经济管理类非金融学专业的校本教材。

本教材共分九章,内容包括货币与货币制度、信用、金融机构体系、银行业务概述、金融市场、货币供求、通货膨胀与通货紧缩、货币政策、金融风险、金融创新和金融监管。本教材针对现有金融学教材的不足,紧密结合高等科技院校人才培养目标要求,在编写上坚持理论联系实际,并力求有所创新,形成自己的特色:结构框架的融合性;内容体系的简洁性;课程内容的先进性;不同专业的适用性;编写体例的实用性。

前　言

在中国社会主义市场经济发展的过程中，金融作为现代经济的核心，借助于信息技术的支持，其发展更是突飞猛进。同时，随着中国金融市场的发展和国际化程度的加深，人们对金融的关注、对金融知识的渴求，变得越来越强烈，以至于人们的社会生活秩序都要为之改变。了解和掌握金融学基本理论、基本知识和基本技能，已经不仅仅是经济管理类专业学生的必然要求，而且更是广大公民的迫切需要。

作为普通高等院校经济管理专业的专业基础理论课，为适应人才培养目标的要求，在编写教材时我们力争做到这样几点：第一，培养的人才必须具有坚实的理论基础；第二，要让学生了解本学科领域的新情况和理论前沿；第三，要让学生在学习的过程中学会运用所学知识分析现实问题。为此，笔者在设计大纲和编写体例时，力求能对已有教材框架有所突破。

本教材的特色主要体现在以下几方面。

1. 结构框架的融合性。为适应中国经济市场化和国际化的要求，本教材在原来《货币银行学》框架的基础上，适当引入国际金融的内容，把内容结构建立在开放经济的宏观背景下，使学生能全面掌握和了解国内和国际金融知识，改变国内和国际两方面内容脱节的现状。

2. 内容体系的简洁性。为增加课程内容的逻辑性和基础性，适当简化了章节设计，归并了相关内容，将重点放在学生对基本原理、基础知识和基本技能的掌握上。

3. 课程内容的先进性。近年来，随着经济社会的快速发展，金融实践和金融理论不断更新，本教材力争在课程内容上及时反映金融改革的新实践以及本学科的新知识和新动向。在编写过程注意引用新法规、新资料，尽量将处于改革前沿的内容和信息编写入内，保持课程内容的先进性。

4. 不同专业的适用性。本教材适用于普通高等院校非金融学专业经济管理类本专科专业学生的不同需要，为其学习其他专业课程提供基础支撑，开拓理论视野。使用者可根据不同专业的实际，在课程内容和重点、难点的掌握上有所区别。

5. 编写体例的实用性。为便于教学和学生学习，各章均设有课前导入、正文中穿插大量适用案例，课后设有本章小结、复习思考习题。这样可以有效增强教材的可读性和趣味性，方便学生对课程内容的消化吸收，使其能够举一反三，提高理论知识的实际运用能力。

本教材由冯利民提出编写提纲和编写要求，王亦明、陈世金担任副主编。参编的人员有：李佳（第一章）；陈世金（第二、第三、第五章）；王亦明（第四、第六章）；李秀丽（第七章）；冯利民（第八、第九章）。全书由冯利民负责统稿。

在本书的撰写过程中，许多同行和专家对本书的提纲和初稿提出了许多建设性的意见和建议，同时还参阅了有关专家学者的相关文献资料，在这里一并表示衷心的感谢！

由于时间仓促和水平所限，错漏之处在所难免，请同行专家和读者不吝赐教。

冯利民

2012 年 5 月

目 录

第一章 货币与货币制度 … 1
第一节 货币的起源与发展 … 1
一、货币的起源 … 2
二、货币的发展 … 3
第二节 货币的本质和职能 … 6
一、货币的定义与本质 … 6
二、货币的职能 … 7
第三节 货币的层次 … 10
一、货币层次划分的依据及意义 … 10
二、国际货币基金组织和各国的货币层次划分 … 11
三、中国货币层次的划分 … 12
第四节 外汇 … 13
一、外汇的概念 … 13
二、外汇的分类 … 13
第五节 货币制度 … 13
一、货币制度的内容 … 14
二、货币制度的演变 … 18
三、国际货币体系 … 21
四、中国的货币制度 … 25

第二章 信用 … 28
第一节 信用的产生和发展 … 28
一、信用的基本概念和特征 … 28
二、信用的产生和发展 … 30
三、信用的职能 … 32
第二节 信用形式 … 33
一、商业信用 … 33
二、银行信用 … 36
三、国家信用 … 37
四、民间信用 … 38
五、消费信用 … 39
六、国际信用 … 42
第三节 利息和利率 … 43
一、利息和利率的概念 … 43

二、利息的计算 ··· 44
三、利率的种类 ··· 46
四、决定和影响利率的因素 ··· 47
五、利率的功能 ··· 50

第四节　利率理论 ··· 51
一、马克思的利率决定理论 ··· 51
二、西方主要的利率决定理论 ·· 52

第五节　信用工具 ··· 54
一、信用工具及其特征 ·· 54
二、短期信用工具 ··· 55
三、长期信用工具 ··· 58
四、金融衍生工具 ··· 61

第六节　信用工具价格与证券价格指数 ·· 63
一、证券价值评估及其理论依据 ··· 63
二、债券价值评估 ··· 63
三、股票价值评估 ··· 66
四、股票价格指数 ··· 68

第三章　金融机构体系 ··· 73

第一节　金融机构体系的构成与发展 ··· 74
一、现代银行制度的产生和发展 ··· 74
二、西方国家的金融机构体系 ·· 74
三、中国金融机构体系的建立与发展 ·· 78
四、中国金融机构体系的构成 ·· 80
五、国际金融机构体系的构成 ·· 86

第二节　商业银行 ·· 87
一、商业银行的性质和职能 ··· 87
二、商业银行的组织形式 ··· 89
三、商业银行的经营原则 ··· 91
四、商业银行的管理理论 ··· 93
五、商业银行的发展趋势 ··· 95

第三节　中央银行 ·· 98
一、中央银行的产生和发展 ··· 98
二、中央银行的性质和职能 ··· 99
三、中央银行的组织形式 ·· 103
四、中国的中央银行 ··· 105

第四章　银行业务概述 ·· 108

第一节　商业银行的主要业务 ··· 109
一、商业银行的负债业务 ·· 109
二、商业银行的资产业务 ·· 112

三、商业银行的中间业务 …………………………………………………………… 117
　第二节　中央银行的业务 ………………………………………………………………… 118
　　一、中央银行的负债业务 …………………………………………………………… 119
　　二、中央银行的资产业务 …………………………………………………………… 121
　　三、中央银行的中间业务 …………………………………………………………… 123
　　四、中央银行的业务活动原则 ……………………………………………………… 124

第五章　金融市场 … 127
　第一节　金融市场概述 …………………………………………………………………… 128
　　一、金融市场的构成要素 …………………………………………………………… 128
　　二、金融市场的分类 ………………………………………………………………… 131
　　三、金融市场的功能 ………………………………………………………………… 134
　　四、金融市场形成和发展的条件 …………………………………………………… 136
　第二节　货币市场 ………………………………………………………………………… 136
　　一、货币市场概述 …………………………………………………………………… 136
　　二、货币市场的结构 ………………………………………………………………… 137
　第三节　资本市场 ………………………………………………………………………… 141
　　一、资本市场概述 …………………………………………………………………… 141
　　二、资本市场的结构 ………………………………………………………………… 142
　第四节　外汇黄金市场 …………………………………………………………………… 146
　　一、外汇市场 ………………………………………………………………………… 146
　　二、黄金市场 ………………………………………………………………………… 149
　第五节　金融衍生工具市场 ……………………………………………………………… 152
　　一、金融衍生工具市场的产生和发展 ……………………………………………… 152
　　二、金融衍生工具市场的功能 ……………………………………………………… 153
　　三、金融衍生工具市场的类型和特点 ……………………………………………… 154

第六章　货币供求 … 157
　第一节　货币需求 ………………………………………………………………………… 158
　　一、货币需求的涵义 ………………………………………………………………… 158
　　二、货币需求理论 …………………………………………………………………… 159
　　三、货币需求理论的发展轨迹 ……………………………………………………… 162
　　四、货币需要量的测算 ……………………………………………………………… 162
　第二节　货币供给 ………………………………………………………………………… 163
　　一、货币供给的涵义 ………………………………………………………………… 163
　　二、商业银行存款货币的创造 ……………………………………………………… 164
　　三、中央银行与货币供给 …………………………………………………………… 168
　第三节　货币供求均衡 …………………………………………………………………… 169
　　一、货币均衡的涵义 ………………………………………………………………… 169
　　二、货币供求均衡与社会总供求平衡 ……………………………………………… 169
　　三、货币失衡及其原因 ……………………………………………………………… 170

四、货币失衡的调节 170
　第四节　国际收支 171
　　一、国际收支的概念 171
　　二、国际收支平衡表 172
　　三、国际收支调节 175

第七章　通货膨胀与通货紧缩 181
　第一节　通货膨胀内涵及成因 182
　　一、通货膨胀的内涵及其度量 182
　　二、通货膨胀的类型 184
　　三、通货膨胀的成因 184
　第二节　通货膨胀的经济效应及治理 188
　　一、通货膨胀的经济效应 188
　　二、通货膨胀的治理政策 191
　第三节　通货紧缩的涵义及成因 194
　　一、通货紧缩的涵义及其度量 194
　　二、通货紧缩的类型 195
　　三、通货紧缩的成因 196
　第四节　通货紧缩的经济效应及治理 197
　　一、通货紧缩的经济效应 197
　　二、通货紧缩的治理 199

第八章　货币政策 203
　第一节　货币政策的最终目标 204
　　一、货币政策目标的演变 204
　　二、货币政策目标的内容 204
　　三、货币政策目标之间的矛盾 206
　　四、货币政策最终目标的权衡与取舍 207
　　五、中国货币政策目标的选择 207
　第二节　货币政策工具 208
　　一、一般性货币政策工具 208
　　二、选择性货币政策工具 212
　　三、直接信用控制 213
　　四、间接信用指导 214
　第三节　货币政策的传导过程 214
　　一、货币政策中间目标 214
　　二、货币政策的传导机制 216
　　三、凯恩斯主义与货币主义货币政策传导机制理论 217
　　四、货币政策的效应 219

第九章　金融风险、金融创新和金融监管 223
　第一节　金融风险 224

- 一、金融风险的含义与类型 …………………………………………… 224
- 二、金融风险对经济的影响 …………………………………………… 226
- 三、金融风险的防范 …………………………………………………… 227

第二节 金融创新 …………………………………………………………… 233
- 一、金融创新的概念 …………………………………………………… 233
- 二、金融创新的动因 …………………………………………………… 234
- 三、金融创新的理论流派 ……………………………………………… 235
- 四、金融创新的内容 …………………………………………………… 237
- 五、金融创新的影响 …………………………………………………… 239

第三节 金融监管 …………………………………………………………… 242
- 一、金融监管及其范围 ………………………………………………… 242
- 二、金融监管的理论依据 ……………………………………………… 242
- 三、金融监管的基本原则 ……………………………………………… 243
- 四、金融监管的内容 …………………………………………………… 244
- 五、金融监管体制 ……………………………………………………… 248
- 六、中国的金融监管 …………………………………………………… 251

主要参考文献 ……………………………………………………………… 255

第一章 货币与货币制度

> 学习目的与要求：本章介绍货币的基本知识，包括货币的定义和度量、货币的职能、货币的形态演变、货币制度等内容。通过本章的学习，使学生掌握货币的含义、性质和职能，掌握现代货币的主要形态，理解货币制度的构成和基本内容，在此基础上进一步掌握当前中国货币制度的基本情况。了解国际货币制度，掌握金本位制的特点。

【导入案例】 拿石头当钱的国家 1984年4月，南太平洋密克罗尼西亚联邦（Micronesia）总统约瑟夫·乌鲁塞马尔（Joseph Urusemal）踏上了访问美国的征途，这本不是什么大事，不过，他当时准备的欲赠送给美国的礼物却足足让全世界大饱眼福，通过空军喷气式飞机运输的总统的礼物就是满是窟窿的巨大石块，换言之，这就是用石头制造成长相如今天CD盘的"石盘"。乌鲁塞马尔总统为什么非要把石头千里迢迢送到美国当礼物呢？正是总统在对他国做正式访问时带来的"特别制作的石头"成了国际话题。

其实，乌鲁塞马尔总统的真心并不是石头，而是打算送钱援助美国，当时美国正处于严重的经济低潮时期，乌鲁塞马尔总统出于真心想援助美国。那么人们不禁要问，石头果然能够成为流通货币吗？的确如此，在密克罗尼西亚的雅普岛上，从很久之前就有把石头作为流通货币使用的习惯。将石头作为圆盘的形状，即所谓的"石盘"刚好就是这个国家的通用货币。

该地是美国的托管地，在杂货店和加油站也用美元，但是在重要交易，比如：买地或交易独木舟、求婚等时，仍然沿旧习使用石头。当需要交易时，求购方就带上石圈去交易，这是多么不方便的一件事？但是当地人的想法却完全不一样，他们认为：美元交易方便倒是方便，不过其价值却是变色龙似的常变不稳，说不定美元放到哪天就贬值了，相反，石头虽然携带起来并不方便，不过价值却是永远不变，所以该国在交易重要事项时，认为用石头交易这是百无风险的一件事。在当地，大概30英尺的一个石圈就可以购买一幢别墅。

资料来源：拿石头当钱的国家［EB/OL］.［2010-10-20］. http://www.docin.com/p-22858697.html.

【问题】
1. 到底什么是货币？
2. 现代货币的形态有哪些？

第一节 货币的起源与发展

货币就是人们常说的钞票、人民币，更通俗的说就是钱，平时常见的货币多数是纸币，纸币就是一张纸，它本身是没有价值的，那为什么我们出售商品或付出劳务时会接受它呢？为什么这一张纸能换来各种各样的商品，能够代表无穷的财富？而且同样多的货币有时买的商品多，有时买的商品就少呢？要回答这些问题首先就要研究货币的起源和发展。

一、货币的起源

研究货币的起源是正确理解货币本质的关键。货币是商品生产和商品交换长期发展的产物。要了解货币的起源，就要了解商品。

商品是使用价值和价值的统一体。一方面，一切商品都具有使用价值和价值；另一方面，各种商品的使用价值和价值又互相矛盾。因为商品生产者生产使用价值是为了获得价值，为了实现价值又必须通过交换转让其使用价值。商品的使用价值和价值的矛盾决定了商品交换的必然性。随着交换的发展，价值形式也在不断地变化，先后经历了简单的（或偶然的）价值形式、扩大的价值形式、一般价值形式以及货币价值形式四个阶段，这也就是货币随着商品生产和商品交换的发展由萌芽到形成的全部历史过程。

（一）简单的或偶然的价值形式

指一种商品的价值偶然地表现在另一商品上的价值形式。其表现形式为：X 量的商品 A = Y 量的商品 B。

在这种价值形式中，商品 A 的价值通过一定量的商品 B 表现出来。在等式中商品 A 和商品 B 处于不同的地位，起着不同的作用。商品 A 的价值得到了实现，处于相对价值形式的地位，而且，商品 A 要通过与商品 B 相交换表现自身的价值，起着主动的作用；另一方面，商品 B 表现商品 A 的价值，用其自身来充当表现商品 A 的价值的材料，处于等价形式的地位，在价值表现中起着被动的作用。商品 B 在这个等式中成为价值的代表、价值的化身，成为简单价值形式中的个别等价物。

在简单的价值形式中，商品 A 不仅通过商品 B 表现出了自己的价值，并且也表现出了自己的价值量。等式中的数量上的对等关系，表明了这两种商品耗费了同样多的社会必要劳动时间。当然，这种数量上的对等关系不是一成不变的，要随着生产各种商品所需的社会必要劳动时间的变化而变化。

简单的价值形式出现在原始社会末期，社会尚未发生大分工以前。由于当时的社会生产力水平极其低下，商品交换只是偶然进行的。随着生产力的发展，剩余产品的增多，商品交换大量发展，简单的价值形式已不再能够满足商品交换的需要，出现了扩大的价值形式。

（二）扩大的或总和的价值形式

指由多种商品来表现一种商品的价值的价值形式，也就是处于相对价值形式上的商品不是把自己的价值表现在个别的某一种商品上，而是表现在一系列的其他商品上。其表现形式为：X 量商品 A = Y 量的商品 B 或 Z 量的商品 C 或 W 量的商品 D 等。

在扩大的价值形式中，一种商品由许多其他的商品来表现自己的价值，这就使得许多商品都处于等价的形式，成为等价物。但在每一次具体的商品交换的过程中实际发挥等价物作用的则只是其中的一种商品。这种使用价值各不相同、在充当等价物时互相排斥的商品，称之为特殊等价物。

扩大的价值形式虽然较简单价值形式更进一步，但它仍有局限性。这种价值形式仍然没有使各种不同商品的价值获得任何共同的表现，仍然没有摆脱物物交换的困难。在物物交换的过程中，一种商品的价值要用其他所有商品来表现。如果市场上有 n 种商品，则需要 $n(n-1)/2$ 种价值表现方法。此外，物物交换需要具备的必要条件是"需求的双重巧合"。只有在同一时间、同一地点，用于交换的商品在质量、品种、数量等方面都符合双方的需要，交换才能得以进行。

为了摆脱物物交换的困难，人们在长期的交换过程中逐渐找到了解决问题的办法，即先把自己的商品换成一种在市场上最常见、大家乐于接受的商品，然后再用这种商品去交换自己所需要的商品，这样，出现了一般价值形式。

（三）一般的价值形式

是指所有的商品都用一种商品来表现自己价值的形式。其表现形式：Y 量商品 B，Z 量商品 C，W 量商品 D，… = X 量商品 A。

在一般价值形式中，每一种商品的价值形式都是简单的，只需用一种商品来表示。这一种能够表现其他一切商品的价值，并且能够直接与其他一切商品相交换的商品，我们称之为一般等价物。一般等价物的产生，意味着价值形式发生了质的变化。商品交换由直接的物物交换转化成为以一般等价物为媒介的间接交换，将交换过程从时间上、空间上分为不同的两个阶段。

一般等价物是社会公认的处于等价形式地位的商品，是一种从商品界中分离出来充当价值表现材料的商品，它的出现解决了物物交换的困难。但是，在不同时期、不同地区一般等价物并不是完全由一种商品固定充当。随着交换范围的扩大，一般价值形式又妨碍了商品交换的发展，客观上要求一般等价物固定在某一种特殊商品上，于是，产生了货币价值形式。

（四）货币价值形式

是指一切商品的价值都固定地由某种特殊商品，主要由金或银等贵金属来表现的价值形式。其表现形式：X 量商品 A，Y 量商品 B，Z 量商品 C，… = W 量黄金或白银。

价值形式从一般价值形式转化为货币价值形式，并没有发生本质的变化，其不同之处仅在于，在一般价值形式中，一般等价物是不固定的，而在货币价值形式中的一般等价物是固定的。

由此可见，在价值形式的发展过程中，处于等价地位的商品由个别等价物发展到特殊等价物，再由特殊等价物过渡到一般等价物，最后一般等价物固定地由某种特殊商品来充当，货币便产生了。因此可见，货币起源于商品，是从商品世界中自发地分离出来固定的充当一般等价物的特殊商品。它不是某个人的发明创造或协议的产物，也不是国家政权的产物，而是商品交换长期发展的必然产物，是价值形式长期演变的必然结果。商品的内在矛盾是货币产生的根源，只要存在着商品生产和商品交换，就必然存在货币。

二、货币的发展

货币是在原始社会向奴隶社会过渡的时候产生的。它在中国已有五千多年的历史了。在这个过程中，不同的民族、不同的国家和地区，不同的时期由于受到各自不同的经济状况和文化环境的影响，出现过不同的货币。

（一）实物货币

或称自然货币，是以自然界存在的某种物品充当货币。如贝壳、皮革、布帛、珠玉等。在其他国家有牛羊、盐、茶、可可豆等。实物货币具有两个特征：一是实物货币具有商品和货币的双重性质。这些货币除了用来充当交换媒介以外，还可以直接用于消费。所以，实物货币既是货币商品，又是普通商品。二是实物货币是足值货币，即实物货币作为货币与作为商品的价值相等，否则，人们宁愿择其一，或作为货币，或作为商品。实物货币由于其自然属性很快被下一种货币形态代替。因其存在缺点：不便分割、不便携带、不便运送和保存。

【案例1-1：战俘营中的货币】

第二次世界大战期间，在纳粹的战俘集中营里流通着一种特殊的实物货币——香烟。当时的红十字会设法向战俘营提供各种人道主义物品，如食物、衣服和香烟。由于数量有限，这些物品只能以平均主义的原则在战俘营中分配，而无法估计战俘们的特殊爱好。战俘们只能根据自己的爱好进行物品的交换。

为了使交换能顺利进行，需要有一种商品充当交换媒介，即特殊的货币。在战俘营中，究竟哪种物品适合做交易媒介呢？许多战俘营都不约而同地选择了香烟。战俘们用香烟来计价和交易，如一根香肠值10根香烟，一件衬衣值80根香烟等，替别人洗一件衣服得两根香烟。有了这样一种交换媒介后，战俘们之间的交换就方便多了。

香烟之所以会成为战俘营中流行的货币，是和它自身特点分不开的。它容易标准化，而且具有可分性，也不容易变质，更为大家普遍接受。因此，在当时特殊的环境里，香烟充当了一种类似"实物货币"，战俘们用它可以换到自己要的东西。

资料来源：易纲，吴友昌.货币银行学[M].上海：上海人民出版社，1999：34~35.

（二）金属货币

是以各种金属作为一般等价物材料的货币。最早作为货币材料的金属是铜、铁等贱金属。如中国春秋战国时期流通的刀币和圜钱都是铜钱，南北朝、五代、宋朝、清朝曾使用过铁钱。后来为了适应商品生产和流通价值的提高和数量的扩大，货币材料由贱金属过渡到金银等贵金属。

金属货币的发展经历了两个阶段：称量货币阶段和铸币阶段。金属货币开始使用时，是以块状流通的，这很不方便。因为没有固定的形状和均等的重量，每次交易都要鉴定成色和称算重量，故称"称量货币"。随着商品交换的发展，商品交换的种类、数量的增加，称量货币显得过于繁琐、麻烦。

金属铸币是由国家铸造的，具有一定形状、重量和成色，并标明面额价值的金属铸块，这就是铸造货币，简称"铸币"。中国最古老的金属铸币是铜铸币。有三种形制（图1-1）。一是"布"，是铲形农具的缩影。最早的布出现在西周、春秋。二是"刀"，是刀的缩影，它主要流通在齐国及其势力所影响的范围。三是铜贝，是在南方的楚国流通，通常称之为"蚁鼻钱"。到战国中期，在刀和布流行的地区，在秦国，圜钱大量流通。圜（圆）钱是铜铸的圆形铸币，有两类：一是中有圆孔，另一是中有方孔。圆形是便于携带并不易磨损，有孔是为了可以串在一起便于携带。圆形方孔的有秦"半两"钱，在中国的铸币史上占有重要地位。

金银在出土文物中有铸成钱的，但在中国流通银元之前，从无金银铸币在流通中广泛存在的记载，自宋代开始大量流通的白银，一直是以称量货币流通的，其计量单位是"两"，所以也常说"银两"。银铸币流入中国，在明代可能已经很多，但当时是按银两看待的。广泛流通银元是从鸦片战争之际开始的，其中流通最多的是墨西哥的鹰洋。由于流通方便，晚清之际也开始铸造自己的银元。最初是由龙的图案的"龙洋"。1910年规定以银元为国币。

袁世凯的北洋政府铸袁世凯头像银元；1927年国民党政府铸孙中山头像银元。银元是西方贵金属铸币的典型形制。西方金银铸币出现很早。圆形、无孔、铸有统治者的头像是其一贯特点。

 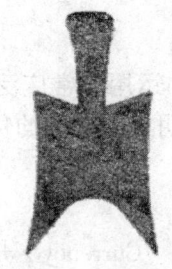 

图1-1　中国古代铸币

（三）纸币

分为兑现纸币和不兑现纸币。兑现纸币一般是指银行发行的代替金属货币流通并能兑现的纸制货币。随着商品生产和商品交换的发展，金属货币已经不能满足交换的需要，同时使用铸币既不方便，流通费用也高。于是银行发行纸币，与铸币同时流通并能随时兑换成铸币。如中国宋朝发行的"交子"和"会子"以及西方国家发行的典型的"银行券"和"兑换券"等。银行券的出现是为了弥补单纯的金属铸币流通不能满足流通中对流通手段和支付手段的日益增长的需要的缺陷。银行券是由银行发行的、持有人可随时向发券银行兑取铸币、代替铸币进行流通和支付职能的票券。

不兑现纸币，是银行券的一种演化形式，它与银行券最明显的不同是它不可以兑换成铸币。不兑现纸币就是我们通常所说的纸币，即典型的纸币，它是由国家发行并强制流通的货币符号。货币符号是指本身不足值或没有内在价值而代替足值货币执行货币职能的货币。在西方又称"命令货币"或"管理货币"。

（四）存款货币

是表现在银行存款账户上的货币。存户需要支付时可以签发支票，通过银行转账结算，从而达到清偿债务之目的。对于机关团体，他们的货币收付，大量的是通过支票转账，只有一小部分使用现金。由于这种存款货币的流通是以银行信用为基础的，所以也属于信用货币。

存款货币与其他货币形态相比最显著的一个特点就是，它没有一个固定的实物形态，不具备可触摸性、可持有性。

（五）电子货币

是指电子计算机系统存储和处理的存款。电子计算机运用于银行的业务经营，使很多种类的银行卡取代现钞和支票，成为现代社会日益广泛运用的支付工具。同时，由于网络银行的出现，传统银行的运作也发生了不少变化。这些新的发展趋势将使货币本身乃至市场经济的运作发生怎样的变化，非常值得关注。

在中国，1986年中国银行发行了长城卡；1989年中国工商银行发行了牡丹卡；1991年中国建设银行加入了世界最大的VISA信用卡集团。

从货币发展的各个阶段可以看出，货币形态能被另一种货币形态所取代，是由货币作为一般等价物的性质、社会生产的发展、各种币材的优胜劣汰和科学进步等所决定的，是商品

经济向前发展的必然结果。

第二节 货币的本质和职能

一、货币的定义与本质

货币（Money）一词在日常生活中运用非常广泛，它的含义似乎很明显，然而在经济学里货币具有特定的含义。为了清楚说明经济学中的货币，要澄清经济学中的货币与人们日常生活中的货币的区别。

（一）日常生活中的货币概念

1. 将货币视为通货或现金。通货（Currency）是指人民通常使用的钞票和硬币。例如我们上街购物时常说"你带钱了么？"这里是将货币视为通货，即纸币和硬币。通货是货币的一种，但是在经济学中仅仅将货币视为通货未免过于狭窄，因为现金并不代表人们所进行的所有购买活动，信用卡或银行存款与现金一样，都可以用以支付所购买的商品和劳务。例如，一个人即使口袋里没有一张钞票，但他在银行里有大量的存款，有许多有价证券，人们仍会认为这人很有钱。又如，人们在购物时常常不使用现金而使用信用卡或支票，因此信用卡与支票也可视为货币。所以，经济学上的货币显然比通货更广泛。

2. 将货币视为财富。货币一词还常常被当作财富的同义词来使用。例如，"比尔·盖茨很有钱，是世界首富"。这句话不仅意味着当事人有一大笔存款，还有股票、珠宝、房子、车子、公司等。把货币定义为财富，实际上是把货币与财产概念相混淆。从经济学角度来说，货币的定义比财富要窄些，货币是社会财富的一般性代表，但它并不是财富本身，是社会财富的一部分。

3. 将货币视为收入。货币概念还常常等同于收入。例如，人们常说："他收入很好，能挣很多钱。"在经济学中，收入是流量概念，表示一段时间内的收益总额；而货币是存量概念，表示某一时点上的金额。将货币定义为收入，则货币将无法计量。比如，某人收入为2万元，只有在得知他是每月收入2万元还是每年收入2万元后，才能判断他的收入是高还是低。

至此，我们看出，虽然货币一词经常使用，但其准确含义却难以界定。

（二）经济学中的货币含义

那么，在经济学中，究竟什么是货币呢？

对货币的准确定义涉及对货币本质的认识，不同的经济学流派对此有不同的理论。本书介绍以下两种常见的定义。

1. 从一般等价物角度定义货币

马克思的货币本质理论认为，货币是从商品中分离出来、固定的充当一般等价物的商品，并反映一定的社会经济关系。马克思的货币本质论包含下面几方面内容。

（1）货币是商品。货币与其他商品一样，都是人类劳动的产物，具有商品的共性，是价值与使用价值的统一体。

（2）货币是作为一般等价物的特殊商品。货币作为一般等价物的商品，不是普通商品，其特殊性体现在两个方面。第一，货币是价值的一般代表，能表现其他一切商品的价值。货币是价值的外在尺度。在商品经济中，一切商品的价值都要用货币来表现和衡量。只有交换到货币，生产劳动才能为社会所承认。而且有多少劳动得到承认，也取决于交换到多少货币。

第二，货币是一般交换的媒介，具有和一切商品相交换的能力。普通商品只能满足人们某一特定的需要，不能与一切商品相交换。而货币是一般购买力的代表，货币在商品交换中起着中介作用，具有同一切商品相交换的能力。

（3）体现一定的社会经济关系。马克思说："物的货币形式是物本身以外的东西，它只是隐藏在物的背后面的人的关系的表现形式"。这里的"人的关系"，即产品由不同所有者所生产、所占有，并通过等价交换实现人与人之间的社会联系的生产关系。也可以说，货币是商品经济关系的表现形式之一。

2. 从货币的职能出发定义货币

现代经济学家常常从货币履行的职能角度来给货币下定义。很多著名的经济学家都从货币的支付手段职能角度来定义货币。如英国经济学家马歇尔认为，货币是在一定时间或地点购买商品或劳务时，或支付开支时能毫不迟疑地为人们所普遍接受的东西。凯恩斯认为货币是具有一般购买力的、能被用来结清债务合同的价格的东西。弗里德曼认为货币是购买力的"暂栖所"，货币具有为一般人能接收的交换媒介的职能。

综上所述，现代经济学对货币的一般性定义可以表述为：货币是在商品和劳务的支付中或债务的偿还中被普遍接受的任何东西[1]。

二、货币的职能

货币的职能是货币内在的本质的功能，是货币本质的具体体现，货币在商品经济中执行5种职能。

（一）价值尺度

货币在表现商品的价值并衡量价值量的大小时，执行价值尺度的职能。货币是一种尺度，是一种单位，所有商品和劳务的价值都可用它衡量。价值尺度的职能是货币首要的、最基本的职能。

作为价值尺度职能的货币具有两个特点。一是货币在执行价值尺度职能时，货币只是想象中的或观念上的货币，不需要现实的货币。此时处于计价、定价、标价阶段，商品价值的大小，只是写在标签上，无需用相应数量的货币摆在商品的旁边，因为此时只是用货币来表现商品价值，而不是商品价值的实现过程。二是货币必须是足值的。用普通商品与货币商品进行交换，实际上同样是一种等价交换过程。货币本身的价值对商品的价格有决定性的影响。如果用不足值的货币来表现商品的价值，价格就会不统一、不稳定，失去了价值共同衡量标准的意义，而且违背了等价交换的原则。

价值尺度既然是社会必要劳动时间的外在表现，其实质也可以说成是将商品的价值表现为一定的价格。各种商品由于本身的价值量不同，其表现出的货币的数量也不同。由此，要发挥货币的价值尺度的职能，必须首先比较货币本身的不同数量，以使各种不同商品的价格能相互比较。这就产生了"价格标准"（货币单位）的客观需要。所谓价格标准，就是在技术上把一定量的货币商品确定为一个货币计量单位，并且将该货币单位进行等分的标准。在历史上，最初的货币单位同金属重量单位是一致的，但随着社会财富的增长，贵金属代替了贱金属作为币材，外国货币的流入以及国家有意识地铸造出不足值的货币等原因，使货币单

---

[1] [美]米什金.货币银行学（第六版）[M].北京：中国人民大学出版社，2003：49.

位的名称和金属重量单位相脱离了。

价格标准和价值尺度又有密切的联系：价格标准是货币执行价值尺度职能而做出的技术规定。有了它货币才能具体执行价值尺度的职能，一切商品的价值才能被衡量和比较。所以，价格标准是为价值尺度职能服务的。

（二）流通手段

货币在商品流通中充当交换媒介时，就发挥着流通手段的职能。它与价值尺度一样，是货币的最基本的职能之一。在货币出现以前，商品交换是以物物直接交换（W—W）的形式进行的。有了货币作为流通手段或交易媒介之后，商品交换的形式发生了改变，成为间接交换的方式（W—W—W）。这时，商品交换的过程分成两个互相独立又互相补充的过程：首先，由商品转化为货币（W—G）这是卖出的过程；其次，由货币再转换为商品（G—W），这是买进的过程。由于货币充当商品交换的媒介，使得买卖在时间上、空间上得以分离，解决了物物交换的困难。

执行流通手段的货币具有以下两个特点：一是必须是现实的货币。商品流通的过程是商品价值实现的过程，作为交换媒介的货币是以其自身来实现商品价值的。如果不是现实的货币，商品和货币就不会换位。二是不一定是具有十足价值的货币，可以用价值符号代替。因为货币作为交换媒介是手段不是目的，商品所有者所关心的是货币能否买到与自己的商品价值相当的商品，而不是货币本身的价值。货币在这里是转瞬即失的因素，所以不足值和完全没有价值的货币符号也能充当流通手段。纸币就是从这种职能中产生的。

货币充当流通手段包含着危机的可能性。货币充当流通手段，将商品的买卖分为两个独立的过程，使买和卖可能在时间和空间上脱节，可能会出现卖而不买或买而不卖的情况，发展下去就会出现商品流通的中断，甚至可能发生经济危机。

作为流通手段的货币与作为价值尺度的货币不同，需要现实的货币，这就产生了货币需求问题。如果不考虑货币的流通速度，流通中的商品价格总额是多大，就需要多少货币。用公式表示：$\sum P_iQ_i$（$i=1，2，3，\cdots，n$）或简化为 PQ，假如商品要求同时出售，那么就要有 PQ 数量的货币准备在那里。但事实上商品在时间上是有先有后地进入流通的，在一定期间货币可实现几次的买或卖的行为，称为货币流通速度。考虑到 V，对货币的需求可表示为：PQ/V。

（三）贮藏手段

货币作为社会财富的一般代表退出流通，被保存、收藏起来时就执行贮藏手段的职能。货币能够成为贮藏手段，是因为货币是一般等价物，握有它就等于握有任何商品，所以成为社会财富的一般代表。

最初的贮藏货币只是生产者把使用价值的多余部分转化为货币贮藏起来，目的在于保存价值，贮藏的方法一般以窖藏为主。随着商品经济的发展，货币贮藏逐渐成为保证生产顺利进行的必要手段。生产者为了保持再生产的顺利进行，能够在不卖的时候也能买，就必须平时只卖不买，或多卖少买，或为了履行某一时期支付货币的义务，也必须事前贮藏一定量的货币。因此，此时贮藏货币的目的是作为流通手段和支付手段的准备金。

作为贮藏手段的货币的特点：一是它必须是现实的货币。作为社会财富的保存，货币必须是实实在在的，想象中的或观念上的货币毫无意义。二是它所代表的价值必须能够保持稳定。在金属货币流通的条件下，用来贮藏的必须是足值的金属货币，以保持其交换价值不发生改变，尤其是不发生价值贬值。在不兑现信用货币制度下，只要货币所代表的价值基本上保持稳定,信用货币在一定程度上也能发挥贮藏手段职能,因为人们注重的是货币的购买力,而不是货币本身。

货币贮藏手段职能具有重要意义。在金属货币流通的条件下,贮藏手段职能对货币流通具有蓄水池的作用,可以自发地调节流通中的货币量。当流通中需要更多的货币时,贮藏的货币就会重新进入流通领域;当流通中的货币过多时,多余的金属货币就会退出流通领域成为贮藏货币。在不兑现的信用货币流通条件下,货币贮藏只是用来充当流通手段和支付手段的准备金,是一种潜在的货币购买力,而不是退出流通领域,自发调节流通中的货币。

（四）支付手段

货币不伴随商品运动而作为独立的价值形式进行单方面的转移时,执行支付手段的职能。

支付手段的职能起因于商品的赊购赊销,即起因于商业信用。在偿还赊买账款时,货币已不是流通过程的媒介,而是补足交换的一个独立环节,即作为价值的独立存在而使流通过程结束。随着商品交换的发展,货币作为支付手段的职能扩展到商品流通之外,在赋税、地租、借贷等支付中发挥职能。

在发达的商品交换中,大宗交易是支付手段起作用的主要场所。在资本主义社会,大宗交易的相当部分是采用延期付款等的信用买卖方式进行的。不仅如此,即使是现金交易,由于种种技术上的原因,在大宗交易中的交货的地点与付款地点、交货时间与付款时间也往往难以一致。由于信用的介入,所以在通常所谓的钱货两清的大宗交易中,从经济实质上看,货币是发挥流通手段的职能,而同时却又以支付手段的职能出现。在复杂的实际生活中,这种职能交错的现象是不可避免的。在现代经济学教科书中,往往把流通手段和支付手段合二为一,或统称之为交易媒介,或统称之为支付媒介。

支付手段发挥作用的另一领域是国家财政和银行信用领域。在工资和各种劳动报酬的支付中,货币也发挥支付手段的职能。

作为支付手段职能的货币具有如下特点:一是货币总是以价值的独立形式进行单方面的转移。二是发挥支付手段职能的货币同发挥流通手段职能的货币一样,必须是处于流通中的现实货币。所谓流通中的货币,指的就是这两者的总体。这两者并非互不相干。流通中的每一枚货币,往往是交替地发挥着这两种职能;用来作为支付手段职能的货币往往是已经实现了的商品价值的体现者,即曾发挥过流通手段的职能;而经过一次或几次的支付之后,又往往会再用来实现商品的价值,即再作为流通手段用于购买等。这样,经济对货币的需求是既包括对流通手段的需求,也包括对支付手段的需求。事实上还存在着对保存价值的需求。三是反映的不仅是商品的买卖关系,还有债权债务关系。

支付手段可能会加剧商品的内在矛盾和危机。形成支付链条,产生连锁反应,给许多生产者造成经营上的困难甚至破产。严重时会引起整个经济的动荡,严重时发生经济危机。

信用货币从货币作为支付手段职能中产生。信用货币就是代替金属货币充当流通手段和支付手段的信用凭证。当商品生产者之间以赊账的方式买卖商品时,卖者得到买者开出地多起付款的债务凭证,这种凭证由因债权的转移而不断地转让流通。这种可以转让并能代替货币使用的有价证券,即为信用货币。

（五）世界货币

货币越出国界,在世界市场上发挥一般等价物的作用时,执行世界货币的职能。

商品流通决定货币流通。随着商品流通越出国界，扩大到世界范围，货币的职能也随之发展，超越了国内的流通领域，在国际市场上执行世界货币的职能，即作为国际间的购买手段、支付手段和社会财富的一般代表。

执行世界货币职能的货币要求以原始的条块形式出现，并按实际重量发挥职能。这是因为，各个国家内部起作用的铸币和代用货币对其他国家来说没有意义。正如马克思所说：货币一越出国内流通领域，便失去了在这一领域内获得价格标准、铸币、辅币和价值符号等地方形式，又恢复原来的贵金属块的形式。这是马克思对金属货币流通条件下黄金和白银在国际间流动的科学概括。

在当代不兑现信用货币制度下，世界货币不再由贵金属垄断承担，一些国家的纸币也作为世界货币，如美元、英镑、欧元、瑞士法郎、日元等。

世界货币职能包括以下三方面内容：一是作为国际间的支付手段，用来支付国际收支的差额。这是世界货币的主要职能。二是作为国际间的一般支付手段，用来购买国外商品。在这里，世界货币主要是直接同另一国家的一般商品相交换，是一国单方面向另一国购买，而不是流通手段。三是作为社会财富的代表，由一国转移到另一国，充当一般的转移手段，如对外援助、战争赔款、资本转移等。

货币的五个职能是有内在联系的，他们从不同的侧面具体体现着货币一般等价物的性质。货币五个职能的排列顺序，体现着历史和逻辑的统一。从历史上看，价值尺度和流通手段是最先出现的基本职能，其他职能都是在这两个职能的基础上，随着商品生产和商品流通的发展逐步产生的。因为一切商品首先要借助于货币的价值尺度来表现和衡量其价值，然后才借助于货币流通手段来实现其价值，从而使私人劳动转化为社会劳动，商品的内在矛盾才得到解决。又因为货币能表现和衡量商品的价值，具有能与一切商品相交换的能力，货币才能被公认为社会财富的一般代表被人们贮藏起来，执行贮藏手段职能。支付手段职能不仅是以价值尺度、流通手段职能的发展为基础的，而且是以贮藏手段职能的存在为前提。因为信用交易必然在一定价格之后，当现款不能满足于支付时才产生的，而且为了实现货币的支付，必须事先有一定的货币贮藏。世界货币的职能是前四个职能的继续和延伸。从逻辑上讲，货币的各种职能顺序都是随着商品流通及其内在矛盾的发展而逐渐发展起来的。

第三节 货币的层次

一、货币层次划分的依据及意义

（一）货币层次划分的意义

在中国，中国人民银行作为掌管货币发行和实施货币政策的中央银行，会定期向社会发布货币量统计数据，货币量的统计数据不只是一个总量指标，而是包括了若干口径，目前有三个层次的货币量数据。不仅中国如此，许多国家中央银行在统计货币量时也都是将货币划分为不同的层次分别进行计算。为什么中央银行要将货币划分为不同的层次，分别统计货币量呢？这是由当代信用货币的构成特点和中央银行宏观调控的需要决定的。

当代信用货币是由现金和存款货币构成的。现金包括了中央银行发行的现钞与金属硬币，在商业银行支付业务十分发达的现代社会，现金的使用量在整个社会的交易额中所占的份额很小,绝大部分交易都是由存款货币作为交易媒介来完成的。存款货币是指能够发挥货币交易媒介功能的银行存款,包括可以直接进行转账支付的活期存款和企业定期存款、居民储蓄存款等。各种存款都代表了一定的购买力,都是信用货币的构成部分。但是对它们不加区别地计算在一起也不妥当。因为它们在购买能力上是有区别的。现金和活期存款是可以直接用于交易支付的,而其他存款要成为现实的购买力还必须经过必要的手续,而且中央银行对现金、活期存款和其他存款的控制和影响能力也不同,中央银行在进行货币量统计时,既要考虑货币量统计的全面性和准确性,同时又要兼顾中央银行调控货币量的需要,因此,对货币量进行统计分析时就要划分层次。

（二）货币层次划分的依据

所谓货币供给的层次划分,是指对流通中各种货币形式按不同的统计口径划分为不同的层次。各国中央银行在对货币划分层次时,都以流动性作为划分的依据和标准。所谓"流动性",是指金融资产能够及时转变为现实购买力,而使持有人不蒙受损失的能力。流动性越强的金融资产,现实购买力也越强。例如现金就是流动性最强的金融资产,具有直接的现实购买力；定期存款则需要经过提现或者转成活期支票存款才有现实购买力,故流动性较弱。因此,"流动性"程度不同的金融资产在流通中周转的便利程度不同,形成的购买力强弱不同,从而对商品流通和其他各种经济活动的影响程度也就不同。因此,按流动性的强弱对不同形式、不同特性的货币划分不同的层次,是科学计量货币数量、客观分析货币流通状况、正确制定实施货币政策、及时有效地进行宏观调控的必要措施。

随着市场经济的不断发展,尤其是自20世纪50~60年代以来,由于新的金融工具层出不穷,金融创新浪潮风起云涌,许多新的金融工具都不同程度地具有"货币性",有的能够直接作为货币发挥作用,有的略加转化就能发挥流通手段和支付手段职能,要想十分清晰地划分货币层次越来越困难,货币层次及其计量也只能是相对精确。

二、国际货币基金组织和各国的货币层次划分

按国际货币基金组织的口径,一般情况下,可以将货币层次作如下划分。

1. M_0（现钞）

不包括商业银行的库存现金,而是指流通于银行体系以外的现钞,即居民手中的现钞和企业单位的备用金。由于这部分货币可随时作为流通手段和支付手段,因而具有最强的购买力。

2. M_1（狭义货币）

由 M_0 加上商业银行活期存款构成。由于活期存款随时可以签发支票而成为直接的支付手段,所以它是同现金一样最具有流动性的货币。各种统计口径中的"货币",通常是指 M_1。M_1 作为现实的购买力,对社会经济生活有着最广泛而直接的影响,因此,许多国家都把控制货币供应量的主要措施放在这一层,使之成为政策调控的主要对象。

3. M_2（广义货币）

由 M_1 加准货币构成。所谓准货币,一般是指由银行存款的定期存款、储蓄存款、外币存款,以及各种短期信用工具,如银行承兑汇票、短期国库券等构成。准货币本身虽非真正的货币,但由于它们在经过一定的手续后,能比较容易地转化为现实的货币,加大流通中的货币供应量,故又称之为亚货币或近似货币。显而易见,广义货币相对于狭义货币来说,范围扩大了,

它包括了一切可能成为现实购买力的货币形式。M_2层次的确立，对研究货币流通整体状况具有重要意义。特别是对金融制度发达国家货币供应的计量以及对货币流通未来趋势的预测均有独特的作用。近年来，许多经济和金融发达国家，就出现了把货币供应量调控的重点从M_1向M_2转移的趋势。

具体到各个国家，对货币层次的划分殊为相异。例如，美国对货币供应量的划分改变得十分频繁，仅自1971年4月至1986年3月，就作了大约8次调整。目前划分方法如下：

M_1=银行体系外的通货+旅行支票+活期存款+其他支票性存款

M_2=M_1+小面额定期存款+储蓄存款+货币市场存款账户+货币市场互助基金份额+隔日回购协议+隔夜欧洲美元

M_3=M_2+大额定期存款+长于隔夜期限的回购协议+定期欧洲美元

L=M_3+短期国库券+商业票据+储蓄债券+银行承兑票据等

三、中国货币层次的划分

中国是从1994年开始划分货币层次，并按照货币层次进行货币量统计（见表1-1），目前中国货币划分为3个层次，具体内容如下。

M_0：流通中现金

M_1：M_0+可开支票的活期存款

M_2：M_1+企业单位定期存款+城乡居民储蓄存款+证券公司的客户保证金存款+其他存款

从中国及其他国家货币层次划分状况来看，货币层次划分具有以下几个特点：一是随着流动性强弱的变化，货币的范围也在变化。流动性越强，所包括的货币的范围越小，如大部分国家流动性最强的货币只有现金。随着流动性的减弱，货币包括的范围在扩大；二是金融制度越发达，金融产品越丰富，货币层次也就越多。经济发达国家的货币层次就多于经济欠发达的国家。三是每个国家各个货币层次里所包含的货币的内容不同，这是由于各个国家都有各自独特的金融产品，无论是产品的名称还是产品的功能都有差异，因此，即使是两个国家流动性相同的货币层次，实际所包含的具体内容也有很大的差别。四是货币层次的划分不是固定不变的，随着金融产品的创新，经济环境的改变，原有的货币层次可能就无法准确地反映货币的构成状况，需要对货币层次进行重新划分。金融产品创新速度越快，金融体制的变化越大，对货币层次进行修订的必要性也就越大，例如美国、英国等国家的货币层次划分的变动就很频繁。

表1-1　2010年央行货币供应量　　　　　　　　　　　　单位：亿元人民币

项目	2010.02	2010.04	2010.06	2010.08	2010.10	2010.12
货币和准货币（M_2）	636 072.26	656 561.22	673 921.72	687 506.92	699 776.74	725 851.79
货币（M_1）	224 286.95	233 909.76	240 580.00	244 340.64	253 313.17	266 621.54
流通中货币（M_0）	42 865.79	39 657.54	38 904.85	39 922.76	41 646.21	44 628.17

资料来源：中国人民银行网站

第四节 外　汇

一、外汇的概念

一国具有独立的货币体系是一国政治经济独立的象征。所以，任何一个国家都不能容许其他国家的货币在本国流通。但是国家之间要进行经济交往，为了对外国的债权进行清偿，人们就需要将本国的货币兑换成外国的货币，而为了在国内合法进行交易，外贸公司就不得不将其所得的外汇兑换成本国货币，正是因为"国际主义的贸易和国家主义的货币"的共存导致了外汇交易。

外汇这一概念，有动态和静态之分。动态外汇是指人们将一种货币兑换成另一种货币，清偿国际间债权债务关系。在这一意义上，外汇是国际汇兑的简称。

静态外汇又有广义和狭义之分。广义外汇是指各国外汇管理法令所称的外汇。如中国的《外汇管理条例》规定，外汇是指下列以外币表示的、可以用于国际清偿的支付手段和资产：①外币现钞，包括纸币、铸币；②外币支付凭证或支付工具，包括票据、银行存款凭证、银行卡等；③外币有价证券，包括债券、股票等；④特别提款权；⑤其他外汇资产。在这一意义上，外汇的概念等同于外币资产。

狭义外汇是指用外币表示的、可用于国际结算的支付手段。按这一定义，以外币表示的有价证券由于不能直接用于国际支付，故不属于外汇。在银行界的人士看来，外汇专指存放在国外银行的外币资金，以及将对银行存款的索取权具体化了的外币票据。主要包括以外币表示的银行汇票、支票、银行存款等。银行存款是狭义外汇概念的主体，这不仅是因为各种外币支付凭证都是对外币存款的索取权具体化了的票据，而且还因为外汇交易主要是运用国外银行的外币存款来进行的。

二、外汇的分类

外汇按不同的标准可以分为许多不同的种类。这里按是否可自由兑换分类，可把外汇分为自由外汇和记账外汇两类。

自由外汇，指无需货币发行国批准可以随时动用，自由兑换为其他货币，或可以向第三者办理支付的外汇。作为自由外汇的货币的一个根本特征是可自由兑换，目前世界上已有140多个国家的货币宣布为可自由兑换货币。然而，由于一些国家存在着不同程度的外汇管制，实际上完全可兑换的货币没有那么多种。此外，由于一些国家的货币存在着"信用问题"，所以，真正被世界各国所广泛采用的国际结算和国际贸易货币仅有十几种。

记账外汇，又称协定外汇和清算外汇，是指未经货币发行国的批准，不能自由兑换成其他货币和对第三国进行支付的外汇。记账外汇只能根据两国政府间的清算协定，在双方银行开立专门账户记载使用。记账外汇只能用于贸易协定国之间的贸易清算，并严格按支付协定规定办理。记账外汇不能转让第三者使用，不具有自由兑换性。

第五节　货币制度

货币制度是一国以法律形式规定的货币流通的结构和组织形式，简称币制。其目的是保证货币和货币流通的稳定，使之能够正常地发挥各种职能。货币制度最早是伴随着国家统一铸造金属货币产生的，国家或君王通过法令对其进行规定和控制，逐步形成了早期的货币制度，早期货币制度是混乱多变的和不完善的。自16世纪以后，随着工业革命和资本主义生产方式的确立，以国家为主体的货币制度日益明确和健全，各国货币制度的构成也基本上趋于一致。随着贸易国际化、生产国际化和经济全球化的发展，各国之间的货币兑换和货币流通问题日益突出，在各国政府的协商安排下形成了国际货币制度和区域性货币制度。

一、货币制度的内容

无论是国家货币制度、国际货币制度还是区域性货币制度，根据货币的不同特性主要可分为两类：金属货币制度和不兑现的信用货币制度。货币制度的内容因货币的不同特性而有所差别，其中最主要的差别表现在有关币材和发行方面。但从总体上看，两类货币制度的内容与构成大同小异。货币制度的构成大体包括以下几个方面的基本内容：

（一）规定货币材料

货币材料简称"币材"，是指用来充当货币的物质，确定不同的货币材料就构成不同的货币本位，确定用黄金充当货币材料就构成金本位，用白银充当货币材料就构成银本位。确立以哪一种物质作为币材，是一国建立货币制度的首要步骤。究竟选择哪一种币材虽然是由国家确定，但这种选择受客观经济条件的制约，实际上只是对已经形成的客观现实从法律上加以肯定。国家不能随心所欲任意指定某种物品作为货币材料，否则，在现实经济活动中也是行不通的。

在很长的历史时期中，往往有两三种币材并行流通。反映在法令上，也往往是对几种币材同时予以承认。就中国来看，从先秦直到清代，铜一直是官方肯定的币材；而其他币材先是贝，后是金，然后是帛，再后是白银，与铜并行流通并大都为官方所认定。在西欧，则有很长一段金、银并行流通的时期。当政府明确金、银都是法定币材时，称之为金银复本位制。单由黄金垄断流通，在先进工业化国家的历史也不长。最早是英国，也是直到1816年才正式宣布实行金本位。

目前世界各国都实行不兑现的信用货币制度，货币制度也不再对币材做出的规定。

（二）规定货币单位

货币单位是指货币制度中规定的货币计量单位。货币单位的规定主要有两个方面：一是规定货币单位的名称，二是确定货币单位的"值"。

1. 规定货币单位的名称

货币单位的名称最早与商品货币的自然单位或重量单位相一致，如两、镑。后来由于种种原因，货币单位日益与自然单位、重量单位相脱离，从而引出两种情况：一是保持原名，但内容发生了变化；二是完全摆脱旧名，重立新名。各国法律规定的名称，通常都以习惯形成的名称为基础。在国际习惯上，一国货币单位的名称，往往就是该国货币的名称，如美元、英镑、日元等。

【案例1-2：人民币能否更名为中国元】

已沿用57年的"人民币"能不能更名为"中国元"？在2005年全国政协十届三次会议上，

第一章 货币与货币制度

全国政协委员伍龙章提出这一建议，引起关注。他认为，这一更名可以进一步提高人民币在全球的知名度和认可度。

据不完全统计，现在世界各国货币名称有50多种，货币名称大多与本国的特有特征有关。中国自1948年12月1日起开始发行新中国统一货币后，货币名称一直使用"人民币"。这一名称与"中国人民银行"行名紧密联系。1948年12月1日，中国人民银行正式成立，并在中国人民银行所在地石家庄发行了新中国统一货币，因为由中国人民银行发行，是新中国人民的货币，所以定名为"人民币"。

伍龙章建议将"人民币"更名为"中国元"出于五个方面理由：

体现中国唯一合法政府地位

伍龙章提出，中国香港地区本币单位名称为中国香港元、澳门地区为澳门元、台湾地区为新台币，均是以地区名称命名。所以，"中国元"这一货币名称更能反映出中华人民共和国是唯一合法政府，为台湾回归祖国在货币称谓方面协调统一作好铺垫。

强化中国中央银行地位

"中国人民银行仅为中国大陆区域的'中央银行'，对中国香港、澳门和台湾地区尚不能行使中央银行的职能。"伍龙章说，更名"中国元"之后，可以逐渐脱离与"中国人民银行"相联系的狭隘概念，扩大中国本位货币概念的涵盖范围，增强中国本位货币对中国香港、澳门和台湾地区的影响。

增强中国本币货币名称特征

伍龙章认为，中国一直使用的"人民币"是按照"中国人民银行"行名延续而来，但作为本币货币名称，在去掉"中国"两字以后，在"币"字前面剩下的"人民"两个字就成为了一个大概念了。他解释说，"'人民'一词不只是代表中国人民，在全世界范围内都可以通用，很难反映中国特色，而'中国'两字则是特定名词，具有专用性，从而增强了中国本币货币名称特征。"

提高中国货币在全球知名度

"人民币"还是建国前期的产物，随着中国改革开放的深入，中国经济金融对亚洲乃至全球经济具有举足轻重的影响力。随着人民币在周边邻近国家和地区流出量的逐年增加，中国的本位货币对中国香港、澳门和台湾地区、整个亚洲乃至世界经济体系和货币系都产生了重大影响。基于这一考虑，伍龙章认为，更名为"中国元"后可以提高中国货币在全球的知名度，给中国货币一个全新的概念，为最终实现人民币成为自由兑换货币目标奠定良好基础。

增强中国货币世界认可度

目前人民币(Renminbi Yuan)简写为RMB¥，其简写用的是人民币汉语拼音开头字母组合，标准货币符号为CNY。而中国香港元(HongKong Dollar)简写为HK＄，标准货币符号为HKD；澳门元(Macao Pataca)简写为Pat或P，标准货币符号为MOP；新台币(New TaiWan Dollar)简写为(NT＄)，标准货币TWD。但是因为汉语拼音在世界范围内影响力较小，不利于中国货币走向世界、成为自由兑换币为世人所认识。为此，如将"人民币"改为"中国元"，就可以与中国香港、澳门和台湾货币相衔接，采用"CHINA Dollar"简写为"CN＄"，与国际货币简写标识接轨，其简写正好与中国货币在国际金融市场上现行的标准货币符号"CNY"相接近。

摘自：《南方都市报》。

2. 规定货币单位的值

在金属货币条件下,货币的值就是每一货币单位所包含的货币金属重量和成色。如1870年英国法律规定1英镑的含金量为7.97克;1934年以前,1美元的含金量为1.504632克,1934年以后为0.888671克;中国1914年规定1银元的含银量为0.648两。

在不兑现的信用货币尚未完全脱离金属货币制度时,确定货币单位的值主要是确定货币单位的含金量;当黄金非货币化后,则主要表现为确定或维持本国货币与他国货币或世界主要货币的比价,即汇率。

(三)规定流通中的货币种类

规定流通中的货币种类,主要是指规定主币和辅币。

主币就是本位币,是一个国家流通中的基本通货,一般作为该国法定的价格标准。主币的最小规格通常是1个货币单位,如1元、1英镑等,也有少数国家规定为货币单位的整倍数,如10个或100个货币单位。一个国家一般只有一种主币。在金属货币制度下,主币是指用金属货币材料按照国家规定的货币单位铸造的货币;在信用货币制度下,主币的发行权集中于中央银行或政府指定的发行银行。

辅币是本位货币单位以下的小面额货币,它是本位币的等分,其面值多为货币单位的1%、2%、5%、10%、20%、50%几种,主要解决商品流通中不足1个货币单位的小额货币支付问题。在金属货币流通条件下,为节约流通费用,辅币多由贱金属铸造,是一种不足值的货币,故铸造权由国家垄断并强制流通,但铸造数量一般都有限制,铸造收益归国家所有。由于辅币的实际价值低于名义价值,国家以法律形式规定其按名义价值流通,并规定其与主币的兑换比例。金属货币退出流通后,辅币制度仍然保存下来,在当代不兑现的信用货币制度下,辅币的发行权一般都集中于中央银行或政府机构。

(四)对货币法定支付偿还能力的规定

在国家干预货币发行和流通的情况下,都是通过法律对货币的支付偿还能力作出规定,即规定货币是无限法偿,还是有限法偿。

所谓无限法偿,是指不论支付数额多大,不论属于何种性质的支付(买东西、还账、缴税等),对方都不能拒绝接受。在金属货币流通的相当长时间里,本位货币都是足值的,国家规定本位货币具有无限法偿的资格;后来本位币不足值了,国家仍然规定其具有无限法偿的能力。在当代不兑现的信用货币流通下,中央银行发行的纸制货币具有无限法偿能力,而流通中的存款货币,在经济生活中是被普遍接受的,但许多国家并未明确做出其是否具有无限法偿能力的规定。

所谓有限法偿是指在一次支付中,若超过规定的数额,收款人有权拒收,但在法定限额内不能拒收。有限法偿主要是针对辅币而言的,因为辅币从一开始就是不足值货币,国家为了使自己铸造或发行的辅币能够被人们接受进入流通,就以法律形式规定其在一定金额内不能拒收,只有超过规定数额后才能拒收。在中国,目前仍然实行现金管理,国家对现金和非现金流通规定了适用范围和数量,例如除居民外各经济单位超过1 000元就要用非现金方式支付结算,但对本位币人民币"元"和辅币"角"、"分"未作明确的无限法偿或有限法偿的区分,只是规定它们都是法定货币,都具有法偿能力。

(五)规定货币铸造、发行与流通程序

在金属货币流通条件下,辅币都是由国家铸造发行的,但本位币是自由铸造还是限制铸

造是一个重大的政策问题。在中国，秦王朝统一后，国家垄断了铜币铸造权。汉初曾2次"放铸"，即允许私人铸造，但结果私人铸造的金属货币大多不足值，足值的金属货币反而被排挤出流通领域，造成货币流通的混乱，而且因货币铸造权旁落也不利于君王统治，所以后来规定为由国家集中铸币。在欧美等资本主义国家，足值的本位币基本上实行自由铸造。即公民有权把法令规定的金属币材送到国家造币厂铸成金属货币；公民也有权把铸币熔化，还原为金属。需要注意的是，这种自由铸造不等于私自铸造，法律规定必须由造币厂代为铸造，造币厂只收取很少的费用甚至不收费，其目的是保证铸币的质量与信誉，以便顺利流通；同时由于铸造技术非常精密，私人铸造合乎法定标准的铸币也极不合算。自由铸造制度的意义还在于可以使铸币价值与其所包含的金属价值保持一致。因为如果铸币数量较少而市场价值偏高时，人们就会把贵金属送到造币厂，增加铸币数量；如铸币数量较多而价值偏低时，人们会把部分铸币熔化为贵金属退出流通领域。这实际上是利用了金属货币的贮藏手段职能发挥货币蓄水池作用，有利于调节货币流通量。中国清末至20世纪30年代法币改革前的时期，也曾实行过这一制度。随着流通中贵金属铸币日益减少乃至完全退出流通，这种自由铸造制度也就不存在了。

信用货币出现后，最初是分散发行的，例如银行券在早期是由各个商业银行自主发行的，但后来为了解决银行券分散发行带来的混乱问题，各国逐渐通过法律把银行券的发行权收归中央银行。在当代不兑现的信用货币制度下，信用货币的发行权都集中在中央银行或指定机构。中国的人民币由国家授权给中国人民银行独家发行，中国香港特别行政区的港元由当局通过法律授权3家商业银行共同发行，澳门特别行政区的澳元也是由政府授权2家商业银行代理发行。

（六）货币发行准备制度的规定

货币发行的准备制度是指中央银行在货币发行时须以某种金属或某几种形式的资产作为其发行货币的准备，从而使货币的发行与某种金属或某些资产建立起联系和制约关系。各国所采用的货币发行准备制度的具体内容，一般均在本国有关法律中予以明确规定。货币发行的准备制度在不同的货币制度下是不同的。

在金属货币制度下，货币发行以法律规定的贵金属金或银作为准备。例如在银本位制下，是以白银作为货币发行的准备；在金银复本位制下，是以黄金和白银同时作为货币发行的准备；在金本位制下，则以黄金作为货币发行的准备。在早期的金属货币制度下，各国货币发行一般都采用百分之百的金属准备，金属货币和辅币、银行券之间可以自由兑换。随着商品货币经济的发展和信用货币流通的扩大，后期的金属货币制度下各国货币发行采用部分金属准备制度，货币发行准备金的比例主要通过货币的含金量加以确定，在货币制度演化过程中，这个比例逐步递减，直至金属货币制度的崩溃。

在现代信用货币制度下，货币发行的准备制度已经与贵金属脱钩，多数国家都采用以资产主要是外汇资产做准备，也有的国家以物资做准备，还有些国家的货币发行采取与某个国家的货币直接挂钩的方式，盯住美元、法郎或英镑等。各国在准备比例和准备制度上也有差别。目前各国货币发行准备的构成一般有两大类：一是现金准备，现金准备包括黄金、外汇等具有极强流动性的资产。现金准备使所发行的货币具有现实的价值基础，有利于货币的稳定，但若货币发行全部以现金准备为基础，则不利于中央银行根据经济水平和发展的需要作弹性发行。二是证券准备，证券准备包括短期商业票据、财政短期国库券、政府公债券等，这些

17

证券必须是在金融市场上流通的证券。以此类证券作为货币发行的准备，有利于货币发行具有适应经济运行需要的弹性，也能大体保障货币的经济发行。与现金准备相比较，证券准备在控制上难度要大一些，对中央银行货币发行、管理及调控的技术要求更高一些。当代各国为了维护货币信用，对中央银行发行钞票都规定有一定准备制度。

二、货币制度的演变

货币制度是伴随着国家统一铸造货币开始的，自货币制度产生以来，各国在不同时期都曾用不同的法令形式对货币的构成要素和货币流通的组织管理进行过种种规定。从历史上看，早期的货币制度较为杂乱，各国间的差异也很大。16世纪以后，随着资产阶级国家政权和资本主义制度的确立，货币制度才逐步完善并相对规范与统一。货币制度从其存在的具体形式看，大致可分为金属货币制度和信用货币制度两大类。16世纪以后至今，国家货币制度的主要种类可用下图1-2表示：

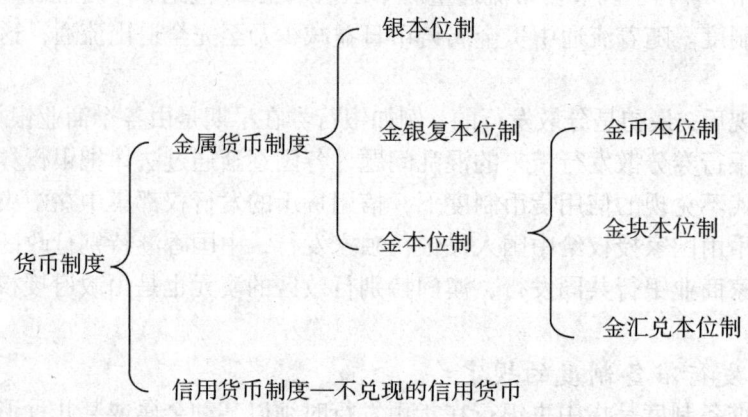

图1-2 16世纪以后国家货币制度的主要类型

（一）银本位制

银本位制是最早的金属货币制度，早在中世纪，许多国家就采用过银本位货币制度。银本位制的基本内容包括：以白银为本位币币材，银币为无限法偿货币，具有强制流通的能力；本位币的名义价值与本位币所含的一定成色、重量的白银相等，银币可以自由铸造、自由熔化；银行券可以自由兑现银币或等量白银；白银和银币可以自由输出输入。银本位制在16世纪以后开始盛行，至19世纪末期被大部分国家放弃。其主要原因一是金贵银贱，导致实行银本位制国家的货币对外贬值，而实行银本位制的国家如果出口货源不足，就要依赖输出大量白银进口商品，从而造成这些国家以白银表示的社会财富和社会购买力下降。二是与黄金相比，白银体重值小，在大宗交易和价值较大的交易中使用银币对计量、运送带来很多不便。所以，当商品经济发展到一定阶段后，客观上要求由金币充当价值尺度和流通手段，多数国家在放弃银本位制后，改行金银复本位制或金块本位制、金汇兑本位制。

中国用白银作为货币的时间很长，唐宋时期白银已普遍流通，宋仁宗景祐年间（1034～1037年）银锭正式取得货币地位。金、元、明时期确立了银两制度，白银是法定的主币。清宣统二年（1910年）4月政府颁布了《币制则例》，宣布实行银本位制，实际是银圆和银两并行。1933年4月国民党政府"废两改元"，颁布《银本位铸造条例》，同年

11月实行法币改革,在中国废止了银本位制。

【案例1-3:明代确立白银的货币地位】

明初禁止以白银为货币,而白银却最终成了上下通行的货币。

明成祖迁都北京以后,北京官员的俸粮仍要从南京支付。经办人员"将各官俸米贸易物货,卖贵贱酬,十不及一,朝廷虚费米禄,各官不得实惠"。英宗正统元年(公元1436年),户部为了克服这一弊端,决定将江南租赋改征白银、布帛,运北京发放官俸。次年,又将苏州、松江、常州三府存留的仓粮73万石禀成白银准折官员俸粮。这些决定等于宣布银为货币的合法化。从此国家财政也日益转向以用银为重点。

洪葭管. 中国金融史(第二版),西南财经大学出版社,2001:39

(二)金银复本位制

金银复本位制是金、银两种铸币同时作为本位币的货币制度,是16~18世纪资本主义发展初期西欧各国流行的货币制度。其基本特征是:金银两种金属同时作为法定币材,一般情况下,黄金适用于大额批发交易,白银适用于小额零星交易。金银铸币都可以自由铸造、自由输出入国境,都有无限法偿能力,金币和银币之间、金币银币与货币符号之间都可以自由兑换。

实行金银复本位制后,大量金银铸币进入流通,满足了经济迅速发展的需要,但不久就暴露了这种货币制度的不稳定性。在初期金银币之间不规定法定比价而各按其实际价值流通的"平行本位制"下,即金银铸币各按其自身所包含的价值并行流通时,市场上的商品就出现了金价银价两种价格,而且这两种价格随金银市场比价的不断变化而变动,引起价格的混乱,给商品流通带来许多困难。为了克服由此造成的混乱,许多国家将平行本位制改为"双本位制",即用法律规定金和银的比价,规定金币和银币都按法定比价流通,试图割断两种通货的兑换比率与市场金银比价的关系。双本位制是金银复本位制的典型形态,但这又与价值规律的自发作用发生矛盾,出现了"劣币驱逐良币"的现象,即两种实际价值不同而法定价格相同的货币同时流通时,市场价格偏高的货币(良币)就会被市场价格偏低的货币(劣币)所排斥,在价值规律的作用下,良币退出流通进入贮藏,而劣币充斥市场,这种劣币驱逐良币的规律又称为"格雷欣法则"。之所以出现这种现象,是因为复本位制与货币的本性相矛盾,货币就其本性而言具有排他性和独占性,衡量价值的尺度只能是一个,复本位制下价值尺度的二重化是与价值尺度职能相矛盾的,因此也是不能持久的。随着资本主义经济的进一步发展,这种货币制度越来越不能适应客观要求,于是改行单本位制成为必然。

【案例1-4:格雷欣法则举例和在生活中的运用】

美国在1792年实行复本位制时,法定金银铸造比价是15:1,但在1795~1833年的39年里,国际市场上金与银的实际价值对比是15.6:1,法国在1803年实行复本位制时规定的铸造比价为15.5:1。这个国际条件,使银币在美国成了"劣币"而金币成了"良币",于是,白银从国外(包括法国)大量流入美国,而黄金则从美国大量输往外国(包括法国),美国成了事实上的单银本位制国家。

公元前175年中国西汉文帝五年,朝廷铸行减重四铢"半两"钱,恢复允许私铸钱。大臣贾谊指出，百姓用钱，"郡县不同；或用轻钱，百加若干；或用重钱，平称不受。""钱法不立""则市肆异用，钱文大乱"，造成了"奸钱日繁，正钱日亡"的现象。指出了钱币规格成色没有统一的危害，进而提出立钱法，确立国家铸造法定钱币的垄断地位，才能消除货币的混乱状态。"奸钱日繁，正钱日亡"形象地描述了"劣币驱逐良币"的特殊现象。

摘自：《互动百科：格雷欣法则》

（三）金本位制

从18世纪末到19世纪初，主要资本主义国家先后从金银复本位制过渡到金本位制，最早实行本金位制的是英国。金本位制主要包括金币本位制、金块本位制和金汇兑本位制三种形态。

金币本位制是典型的金本位制。其基本特点是：只有金币可以自由铸造，有无限法偿能力；辅币和银行券与金币同时流通，并可按其面值自由兑换为金币；黄金可以自由输出输入；货币发行准备全部是黄金。在金币本位制下，银行券的发行制度日趋完善，中央银行垄断发行后，银行券的发行准备和自由兑现曾一度得到保证，从而使银行券能稳定地代表金币流通。金币本位制被认为是一种稳定有效的货币制度，因为它保证了本位币的名义价值与实际价值相一致，国内价值与国际价值相一致，价值符号所代表的价值与本位币价值相一致，并具有货币流通的自动调节机制，曾经对资本主义经济发展和国际贸易的发展起到了积极的促进作用。但是后来随着资本主义经济的发展，特别是帝国主义列强矛盾的加剧所导致的战争，使金币流通的基础不断削弱，第一次世界大战期间，各国停止了金币流通、自由兑换和黄金的自由输出输入。战后，列强国家没有一个能够恢复金币流通，只能改行残缺不全的金本位制：金块本位制和金汇兑本位制。

金块本位制又称生金本位制，是不铸造、不流通金币，银行券只能达到一定数量后才能兑换金块的货币制度。英国于1925年率先实行此制度，规定银行券兑换金块的最低限是1 700英镑，法国1928年规定至少21.5万法郎才能兑换金块，这种兑换能力显然不是一般公众所具备的。

金汇兑本位制又称虚金本位制，是本国货币虽然仍有含金量，但国内不铸造也不使用金币，而是流通银币或银行券，银币或银行券不能在国内兑换黄金，只能兑换本国在该国存有黄金并与其货币保持固定比价国家的外汇，然后用外汇在该国兑换黄金。实行金汇兑本位制的多为殖民地、半殖民地国家。然而，金块本位制和金汇兑本位制也没有维持几年，经过1929~1933年世界经济大危机后，各国的金本位制事实上已经不存在了。

（四）不兑现的信用货币制度

不兑现的信用货币制度又称为纯粹的信用货币制度。20世纪30年代金本位制崩溃以后，1944年7月由44国达成的"布雷顿森林协定"建立了以美元为中心的"双挂钩"国际货币体系（即美元与黄金挂钩,其他国家货币与美元挂钩），形成了一种特殊的美元—黄金本位制，有人把它称为变相的国际金汇兑本位制。但是，这一制度亦存在着自身不可克服的矛盾，随着美元危机和世界经济矛盾的加深，在70年代又彻底崩溃了。自此以后，各国货币与黄金既无直接联系，亦无间接挂钩关系，这种黄金的非货币化意味着金属货币制度已经完全退出历史舞台，取而代之的是不兑现的信用货币制度。70年代中期以来，各国实行的都是不兑现的信用货币制度。这种货币制度有3个特点。

1. 现实经济中的货币都是信用货币，主要由现金和银行存款构成。现金体现着中央银行对持有者的负债，银行存款体现着存款货币银行对存款人的负债，这些货币无不体现着信用关系，因此都是信用货币。

2. 现实中的货币都是通过金融机构的业务投入到流通中去的。无论是现金还是存款货币，都是通过金融机构存款的存取、黄金外汇的买卖、有价证券的买卖、银行贷款的发放等金融业务进入到流通中去的，这与金属货币通过自由铸造进入流通已有本质区别。

3. 国家对信用货币的管理调控成为经济正常发展的必要条件。在纯粹的信用货币制度下，信用货币都是银行的债务凭证，没有实质价值；而信用货币又都是通过金融机构业务活动进入流通的，不具有自发调节机制。因此，一旦信用货币的现实流通数量与客观必要数量不相一致，就会破坏货币流通与商品流通的对应关系。如果流通中信用货币过多，就会有一部分货币买不到商品，只能通过物价上涨来平衡商品与货币的对应关系，即出现通货膨胀；如果流通中信用货币过少，就会有一部分商品的价值不能实现，出现物价下跌，造成生产流通的萎缩，出现通货紧缩。为了保证货币流通与经济发展的需要相适应，必须由国家对信用货币加以管理和调控。由于中央银行具有"发行的银行"的职能，因此大多数国家都是由中央银行来管理信用货币的发行与流通，运用货币政策来调控信用货币的总量均衡。

三、国际货币体系

国际货币体系是支配各国货币关系的规则以及国际间进行各种交易支付所依据的一套安排和惯例。国际货币制度通常是由参与的各国政府磋商而定，一旦商定，各参与国都应自觉遵守。国际货币体系一般包括三个方面的内容：（1）国际储备资产的确定，即使用何种货币作为国际间的支付货币；哪些资产可用作国际间清算国际收支逆差和维持汇率可被国际间普遍接受的国际储备资产；一国政府应持有何种国际储备资产用以维持和调节国际收支的需要。（2）汇率制度的安排，即采用何种汇率制度，是固定汇率制还是浮动汇率制，是否确定汇率波动的目标区，哪些货币为自由兑换货币。（3）国际收支的调节方式，即出现国际收支不平衡时，各国政府应采取什么方法进行弥补，各国之间的政策措施如何协调。理想的国际货币制度应该能够促进国际贸易和国际经济活动的发展，主要体现在国际货币秩序的稳定、能够提供足够的国际清偿能力并保持国际储备资产的信心、保证国际收支的失衡能够得到有效而稳定的调节。

迄今为止，国际货币制度经历了从国际金本位制到布雷顿森林体系再到牙买加体系的演变过程。

（一）国际金本位制

世界上首次出现的国际货币制度是国际金本位制，1880～1914年的35年间是国际金本位制的黄金时代。在这种制度下，黄金充当国际货币，各国货币之间的汇率由它们各自的含金量比例决定，黄金可以在各国间自由输出输入，在"黄金输送点"的作用下，汇率相对平稳，国际收支具有自动调节的机制。有关金本位制的具体内容在上一节里已作过详细的讨论。由于1914年第一次世界大战爆发，各参战国纷纷禁止黄金输出和纸币停止兑换黄金，国际金本位制受到严重削弱，之后虽改行金块本位制或金汇兑本位制，但因其自身的不稳定性都未能持久。在1929～1933年的经济大危机冲击下国际金本位制终于瓦解，随后，国际货币制度一片混乱，直至1944年重建新的国际货币制度——布雷顿森林体系。

（二）布雷顿森林体系

第二次世界大战爆发后，整个资本主义世界各国无一例外都出现了剧烈的通货膨胀。战后,欧洲各国因受战争破坏,生产设备短缺,物资匮乏,为恢复和发展国内经济,只得从美国进口商品。美国在扩大其商品输出的同时,又乘机限制商品输入,形成大量贸易顺差。因此,美国的黄金储备迅速增长,约占当时资本主义各国黄金储备的3/4。西欧各国为弥补巨额贸易逆差需要大量美元,出现了"美元荒"。国际收支大量逆差和黄金外汇储备不足,导致多数国家加强了外汇管制。显然,这种情况对美国的对外扩张是个严重障碍。美国力图使西欧各国货币恢复自由兑换,并为此寻求有效措施。

1944年7月在美国新罕布什尔州的布雷顿森林召开由44国参加的"联合国联盟国家国际货币金融会议",通过了以"怀特计划"为基础的《国际货币基金协定》和《国际复兴开发银行协定》,总称《布雷顿森林协定》。这个协定建立了以美元为中心的资本主义货币体系,即布雷顿森林体系。

布雷顿森林体系的主要内容是:①以黄金作为基础,以美元作为最主要的国际储备货币,实行"双挂钩"的国际货币体系,即美元与黄金直接挂钩,其他国家的货币与美元挂钩。美元与黄金挂钩是指,美国政府保证以1934年1月规定的35美元1盎司的黄金官价兑付其他国家政府或中央银行持有的美元。其他国家货币与美元挂钩是指,根据35美元等于1盎司黄金的价格确立美元的含金量,其他国家也以法律形式规定各自的含金量,而后通过含金量的比例,确定各国货币与美元的兑换比例。②实行固定汇率制。各国货币对美元的汇率一般只能在平价上下1%(1971年12月17~18日后调整为2.25%)的幅度内浮动,各国政府有义务在外汇市场上进行干预,以维持外汇行市的稳定。只有在一国国际收支发生根本性不平衡时,才允许贬值或升值,但必需经过国际货币基金组织批准。实际上,在平价10%以下的变动可自行决定,在10%~20%间须经基金组织同意,在72小时内做出决定,更大变动则不受时间限制。③国际货币基金组织通过预先安排的资金融通措施,保证向会员国提供辅助性储备供应。会员国份额的25%以黄金或可兑换成黄金的货币缴纳,其余75%以本国货币缴纳。会员国认缴的份额越多,所得贷款越多。贷款只限于为会员国解决国际收支困难。④会员国不得限制经常性项目的支付,不得采取歧视性的货币措施。这个货币体系实际上是美元—黄金本位制,也是一个变相的国际金汇兑本位制。

以美元为中心的布雷顿森林体系,对第二次世界大战后资本主义经济发展起过积极作用。首先,美元作为国际储备货币等同于黄金,起着黄金的补充作用,弥补了国际清偿能力的不足。其次,固定汇率制使汇率保持相对的稳定,为资本主义世界的贸易、投资和信贷的正常发展提供了有利条件。最后,国际货币基金组织作为这一体系正常运转的中心机构,在促进国际货币合作和建立多边关系方面起着积极作用,特别是对会员国提供各种贷款,以暂缓会员国国际收支困难,有助于世界经济的稳定增长。

但是随着时间的推移,布雷顿森林体系的种种缺陷也渐渐地暴露出来:①美国利用美元的特殊地位,扩大对外投资,弥补国际收支逆差,操纵国际金融活动。②各国以美元作为主要储备资产,这本身就具有不稳定性。各国储备的增加主要靠美国,美国国际收支持续出现逆差,必然影响美元信用,引起美元危机。如果美国要保持国际收支平衡,稳定美元,则又会断绝国际储备的来源,引起国际清偿能力的不足,这是一个不可克服的矛盾。③固定汇率有利于美国输出通货膨胀,加剧世界性通货膨胀,而不利于各国利用汇率的变动调节国际收支平衡。因为在这种汇率制度下,各国要么消极地管制对外贸易,要么放弃稳定国内经济的政策目标。其实,从各国利益出发,这两种做法都不可取。

20世纪60年代以后,美国政治、经济地位逐渐下降,特别是外汇收支逆差大量出现,使黄金储备大量外流,到60年代末出现黄金储备不足以抵补短期外债的状况,导致美元危机不断发生。各国在国际金融市场大量抛售美元,抢购黄金,或用美元向美国挤兑黄金。进入70年代,美元危机更加严重,尽管美国政府和国际金融组织为挽救美元采取了许多应急措施,但都未能见效。1971年8月15日美国公开放弃金本位,同年12月美国又宣布美元对黄金贬值7.89%,黄金官价从每盎司35美元提高到38美元。1972年6月到1973年初,美元又爆发两次危机,同年3月12日美国政府再次将美元贬值10%,每盎司黄金官价提高到42.22美元。在这种情况下,资本主义各国从各自的利益出发,纷纷宣布放弃固定汇率,实行浮动汇率,不再承担维持美元汇率的义务。1974年4月1日起,国际协定上正式排除货币与黄金的固定关系,以美元为中心的布雷顿森林体系彻底瓦解,取而代之的是牙买加体系。

（三）牙买加体系

继布雷顿森林体系崩溃之后,国际货币制度又一次陷于混乱,导致国际金融形势动荡不安。1976年1月,国际货币基金组织"国际货币制度临时委员会"在牙买加举行会议,达成了著名的"牙买加协定"。该协定取消了有关固定汇率制的条文,使浮动汇率制合法化,废除黄金官价并降低黄金在国际货币制度中的作用,提高特别提款权的作用并扩大成员国的份额,建立信托基金,扩大对发展中国家的资金融通。同年4月,国际货币基金组织理事会通过《国际货币基金协定第二次修正案》,并于1978年4月1日正式生效,从而形成了新的国际货币制度——牙买加体系。现行的牙买加体系主要由以下几项内容构成。

1. 国际储备货币多元化

与布雷顿森林体系下以美元作为单一的国际储备货币相比,牙买加体系在国际储备货币的安排方面呈现出多元化的局面。美元虽然仍作为主要的国际货币,但地位明显削弱,而日元、德国马克随着两国经济实力的增长成为重要的国际货币,特别提款权的作用也不断增强,欧元面世以后将成为能与美元抗衡的新的国际货币。国际储备货币的多元化使各国可以根据自身的具体情况和预期,在多种国际货币中进行选择,构建本国多元化的国际储备以减少风险。

【案例1-5：中国外汇储备的货币构成】

过去十年,外汇储备的货币构成逐渐变化,美元持有额占外汇储备的比重从1992年的55%上升到1999年的68%,直到2001年年底一直保持在这一水平上。1999年1月1日取代了11种欧洲货币和欧洲货币单位的欧元占2001年外汇储备总额的13%。自1999年以来,欧元的比重实际上没有变化。由于在推出欧元时,原先以欧元前身货币标值的欧元体系的储备变成了欧元区的内部资产,1999~2001年期间欧元的比重与以前年度四种欧元前身货币（德国马克、法国法郎、荷兰盾和私人欧洲货币单位）的综合比重并不直接可比。但是,在对数据进行调整之后（只考虑在欧元区外持有的这些货币）,1998年这四种货币的综合比重与1999年欧元的比重几乎相等。

日元占外汇储备总额的比重从1992年年底的8%下降到1997年的5%,之后一直到2001年,一直保持在大约那一水平上。过去十年,英镑的比重保持在3%和4%之间,瑞士法郎的比重约为1%。自1998年年底以来,未指明货币（包括没有列出的货币以及无法获得货币构成信息的外汇储备）的比重保持在9%。

——摘自国际货币基金组织《2002年年报》第95页。

2. 汇率安排多样化

牙买加体系在汇率安排方面，出现了以浮动汇率为主，钉住汇率并存的混合体系，亦称"无体制的体制"，各国可自行安排汇率。汇率安排的多样化可以使各国根据自身的经济实力、开放程度、经济结构等情况权衡选择。一般而言，发达国家多数采用浮动汇率制，实行单独浮动或联合汇率；发展中国家多数采用钉住汇率制，钉住某种国际货币或一篮子货币，也有采用联合浮动的，但单独浮动较少。这个问题本书在下一章中还要讨论。

3. 多种渠道调节国际收支

在牙买加体系下，各国调节国际收支的渠道更多了，至少有以下5种。

（1）运用国内经济政策。国际收支作为一国宏观经济的有机组成部分，必然要受国内经济因素的影响。运用国内经济政策可以通过改变国内的供求关系和经济状况，消除国际收支的失衡。比如当资本和金融项目出现逆差时，可以提高利率，减少货币供应，以此吸引外资流入来弥补缺口。

（2）汇率政策。在浮动汇率制或可调整的钉住汇率制下，汇率是调节国际收支的一项重要工具。例如，当经常项目出现逆差时，运用汇率政策使本币币值下降，有利于增强本国出口商品的国际竞争力，从而减少经常项目的逆差。

（3）通过国际融资平衡国际收支。在牙买加体系下，国际货币基金组织的贷款能力有所提高，更重要的是，各国可以利用70年代以后迅速发展起来的国际金融市场进行融资，如欧洲货币市场、亚洲货币市场等，还可以向国际性商业银行借款。

（4）通过国际协调来解决国际收支平衡问题。在牙买加体系下，国际货币基金组织在国际协调中发挥了重要的"桥梁"作用，在国际货币基金组织的干预和协调下，各国政府通过磋商，就国际金融问题可以达成新的共识与谅解，有利于解决各国间国际收支严重失衡的问题。此外，西方七国首脑会议也多次合力协调干预，主观上是为了各自的利益，但客观上也有利于国际金融问题的解决。

（5）通过外汇储备的增减来调节。当一国国际收支失衡时，政府可以动用本国的外汇储备来进行调节。但一般外汇储备的增加或减少会影响该国的货币供应量及结构，故需要同时采用中和政策，相应改变其他渠道的货币供应量，以保持内外均衡。

牙买加体系的实行，对于维持国际经济运转和推动世界经济发展发挥了积极的作用。多元化国际储备货币的结构为国际经济提供了多种清偿货币，摆脱了布雷顿森林体系下对一国货币——美元的过分依赖；多样化的汇率安排适应了多样化的、不同发展程度国家的需要，为各国维持经济发展提供了灵活性与独立性；灵活多样的调节机制，使国际收支的调节更为有效与及时。

需要指出的是，牙买加体系并非是理想的国际货币制度，它目前仍存在着一些缺陷。其中较为突出的，一是多元化国际储备货币格局下，储备货币的发行国可以享受到"铸币税"等多种好处，同时在多元化储备货币安排下国际上缺乏统一而稳定的货币标准，很容易造成国际金融的不稳定；二是以浮动汇率制为主体，汇率经常出现大起大落，变化不定，加大了外汇风险，在一定程度上抑制了国际贸易活动，但极易导致国际金融投机的猖獗，对发展中国家而言，这种负面影响更为突出；三是目前的国际收支调节机制并不健全，各种调节渠道都有各自的局限性，全球性的国际收支失衡问题并没有得到根本的改善。因此，国际货币制度仍有待于进一步改革和完善。

四、中国的货币制度

中国现行的货币制度较特殊。由于中国目前实行"一国两制"的方针，1997年、1999年中国香港和澳门回归祖国以后，继续维持原有的货币金融体制，从而形成了"一国多币"的特殊货币制度。目前不同地区各有自己的法定货币：人民币是大陆地区的法定货币；港元是中国香港地区的法定货币；澳门元是澳门地区的法定货币；新台币是台湾地区的法定货币。各种货币各限于本地区流通，人民币与港元、澳门元之间按以市场供求为基础决定的汇价进行兑换，澳门元与港元直接挂钩，新台币主要与美元挂钩。这里着重讨论人民币制度。

人民币是中国大陆的法定货币，人民币主币的"元"是中国经济生活中法定计价、结算的货币单位，具有无限法偿能力；人民币辅币的货币单位有"角"和"分"两种，分、角、元均为10进制，辅币与主币一样具有无限法偿能力。人民币由国家授权中国人民银行统一发行与管理。

人民币是由中国人民银行于1948年12月1日发行的，这是新中国货币制度的开端。人民币制度是通过统一各解放区货币、禁止金银外币流通、收兑国民党政府发行的各种货币而确立下来的。由于人民币是在恶性通货膨胀的背景下发行的，并在最初的1年多时间里还是弥补巨额财政赤字的手段，因而在面额上也反映出这一点，如1950年流通的钞票最小面额是50元券，最大面额是50万元券。随着新中国经济建设的恢复发展和物价的稳定，为了便于商品流通和货币流通，1955年3月1日发行了新人民币，按1∶10 000的比例无限制、无差别地收兑了全部旧币，并同时建立了主辅币制度，这个格局一直保持到现在。目前，流通中的人民币主币有1元、2元、5元、10元、20元、50元、100元7种券别，辅币为1分、2分、5分和1角、2角、5角6种券别。人民币的符号为"￥"，取人民币单位"元"字的汉语拼音"YUAN"的第一字母Y加两横，读音同"元"。

国家规定，人民币是信用货币，人民币不规定含金量，是不兑现的信用货币。人民币以现金和存款货币两种形式存在，现金由中国人民银行统一发行，存款货币由银行体系通过业务活动进入流通，中国人民银行依法实施货币政策，对人民币总量和结构进行管理和调控。人民币与外币的兑换牌价（人民币汇率）1994年以前一直由国家外汇管理局制定并公布，1980年后随着外汇调剂市场的出现，出现了外汇调剂价与官方外汇牌价并存，被称作汇率双轨制；1994年1月1日人民币汇率并轨以后，开始实施以市场供求为基础的单一的、有管理的浮动汇率制，2005年7月1日，进行人民币汇率形成机制改革，实行以市场供求为基础的，参考一揽子货币进行调节，有管理的浮动汇率制。

中国人民银行对人民币发行的管理，在技术上主要是通过货币发行基金和业务库的管理来实现的。发行基金是人民银行为国家保管的待发行的货币，发行基金的来源，一是人民银行总行所属印制企业按计划印制解缴发行库的新人民币；二是开户的各金融机构和人民银行业务库缴存人民银行发行库的回笼款。保管发行基金的金库称为发行库。发行基金由设置发行库的各级人民银行保管，并由总行统一掌握。各分库、中心支库、支库所保管的发行基金，都只是总库的一部分。中国人民银行发行库的主要职能是：保管人民币发行基金；办理人民币发行基金出入库和商业银行及其他金融机构的现金存取业务；负责回笼现金的整理清点。业务库是商业银行为了办理日常现金收付业务而建立的金库，它保留的现金是商业银行业务活动中现金收付的周转金，是营运资金的组成部分，经常处于有收有付的状态。

【本章小结】

1. 货币在人类社会产生并发挥作用已经几千年了，对货币起源的研究在很长一段时期内吸引了众多的学者，也产生了种种不同的货币起源学说。马克思用劳动价值理论科学地阐明了货币产生的客观必然性，马克思认为货币是商品生产和商品交换发展的必然产物，是商品经济内在矛盾发展的必然产物，是价值形式发展的必然产物。

2. 货币是从商品世界中分离出来的固定充当一般等价物的特殊商品，并体现一定的社会经济关系。货币具有价值尺度、流通手段、支付手段、贮藏手段、世界货币五大职能，其中价值尺度和流通手段是其基本职能。

3. 在信用货币制度条件下，中央银行在统计和分析货币量时，首先要对货币划分层次。货币层次划分的标准是流动性，由于金融制度和金融产品的差异，各国货币层次划分的内容有所不同。随着金融创新的发展，各国货币层次划分也在不断地变化。中国中央银行从1994年开始对货币量划分层次，目前中国货币划分为三个层次，即 M_0、M_1、M_2。M_0 是指流通中的现金，M_1 指 M_0 加上可开支票进行转账结算的活期存款，M_2 指 M_1 加上准货币。

4. 货币制度是指国家以法律形式确定的货币流通的结构和组织形式，简称币制。其目的是保证货币和货币流通的稳定，使之能够正常地发挥各种职能。货币制度的内容主要有：规定货币材料、规定货币单位、规定流通中的货币种类、对货币法定支付偿还能力的规定、规定货币铸造发行的流通程序和货币发行准备制度的规定。

5. 货币制度从其存在的具体形式看，大致可分为金属货币制度和信用货币制度两大类。16世纪以后至今国家货币制度的主要种类有：银本位制、金银复本位制、金本位制和不兑现的信用货币制度。70年代中期以来，各国实行的都是不兑现的信用货币制度。

6. 国际货币体系，是支配各国货币关系的规则以及国际间进行各种交易支付所依据的一套安排和惯例。国际货币制度一般包括三个方面的内容：国际储备资产的确定、汇率制度的安排和国际收支的调节方式。迄今为止，国际货币制度经历了从国际金本位制到布雷顿森林体系再到牙买加体系的演变过程。

7. 现行的国际货币制度是牙买加体系。其主要内容有：国际储备货币多元化、汇率安排多样化和多种渠道调节国际收支。

【复习思考题】

一、选择题

1. "金银天然不是货币，但货币天然是金银"是指（　　）。
   A．货币就是金银　　　　　　　B．金银就是货币
   C．金银天然地最时宜于充当货币　　D．金银不是货币

2. 货币在发挥（　　）职能时，可以用观念上的货币。
   A．价值尺度　　B．流通手段　　C．贮藏手段　　D．支付手段

3. 建立货币制度最关键的步骤是（　　）。
   A．确定币材　　B．通货铸造　　C．确定发行与流通程序　　D．黄金储备充足

4. 在以下几种货币制度中，相对稳定的货币制度是（　　）。
   A．银本位　　B．金银复本位　　C．金币本位　　D．金块本位

5. 规定黄金由政府储存，居民可在银行券达到规定的数额时才可兑换黄金的是哪种货币制度？（　　）

A．平行本位制　　　B．金汇兑本位制　　　C．金块本位制　　　D．纸币本位制

二、简答题

1. 你是如何看待货币的起源的？不同的货币起源学说的共同点和分歧是什么？

2. 你认为货币形式不断演变的原因是什么？你是如何看待电子货币的？你对未来货币形式的演变有何看法？

3. 在中国的货币层次中，哪个层次货币的流动性最大，哪个层次的计量口径最大？

4. 你认为货币在什么条件下是一种较好的价值储藏工具？

5. 什么是货币制度？它主要包括哪些基本内容？

6. 货币制度有哪些主要类型和特点？

7. 中国现行的货币制度是怎样的？

8. 货币制度经历了怎样的演变过程？

第二章 信 用

学习目的与要求：本章主要阐述信用、利息、利率、信用工具的基本知识。通过本章的学习，学生应掌握信用的含义和基本特征，了解各种信用形式及其在社会经济中的地位与作用，掌握利息的计算方法，理解利率的决定以及利率的杠杆作用，掌握证券价值评估方法，了解证券价格指数的含义和种类。

【导入案例】

2004年，客户丁某在中行办理了一笔6 000元的国家助学贷款。2005年7月该客户毕业后，认为自己已远离所在学校，新的工作环境中谁也不知道其办理过国家助学贷款，父母也已移居，银行联系不到他本人和家人，自己不还国家助学贷款，银行也拿他没办法，于是连续一年没还款，也没和贷款行联系。2006年3月，公司准备派他去外地学习培训，丁某前往银行申请办理信用卡，准备在外地学习期间用。当丁某把申请表交到银行后，被告知：因其有拖欠国家助学贷款的记录，银行拒绝为其办理信用卡。丁某大吃一惊，得知个人征信系统已全国联网运行，这才意识到按约还贷的重要性。事后丁某马上与贷款行联系，将其拖欠贷款本息全额结清。

摘自：《国家助学贷款还贷手册》。

【问题】

1. 你如何理解信用？
2. 什么是个人征信系统？

第一节 信用的产生和发展

信用是一种经济活动。商品货币经济是信用产生和发展的基础，而信用的产生和发展又促进了商品经济的发展。在现代社会，信用活动已渗透到社会生活的各个领域，信用关系已成为一种最复杂和最广泛的经济关系。合理运用信用的各种形式，正确掌握各种信用工具，有益于现代经济的发展。

一、信用的基本概念和特征

（一）信用的基本概念

西方经济学中的"信用"一词源于拉丁语"Credo"，其意为"信任、声誉"等；"信用"在英语中是"Credit"，其意除"信任"外，也解释为"赊账、信贷"等。汉语中的"信用"原意为能履行承诺而取信于人，近代在学习西方文明的过程中，又扩大了"信用"一词的内涵，引进了"借贷"、"借款"等内容。因此，汉语中的"信用"主要有两种解释：一是社会学解释，二是经济学解释。

在社会学中,信用被用来作为评价人的一个标准。例如,某人很讲信用,意即此人是可以信赖的。

在经济学中,信用是一种体现特定经济关系的借贷行为。这种行为包含着两方面的内容:一是以收回为前提条件的付出即贷出,二是以保证归还为义务的获得,即借入。而且,一般来说,贷者有权取得利息。因此,借贷行为有两个基本特性:一是以偿还为前提条件,到期必须偿付;二是偿还时带有一个增加额——利息。现实经济活动中也有不支付利息的例外,那便是贷方由于某种目的而给予借方的一种优惠,但是,这种优惠终究还是要通过其他方式回报的。

据此,可以得出经济学中信用的概念:所谓信用就是以偿还和付息为特征的借贷行为。具体说就是商品和货币的所有者,把商品和货币让渡给需要者,并约定一定时间由借者还本付息的行为。

分析和理解信用的概念应从以下几方面着手。

(1)信用是以偿还和付息为条件的借贷行为。信用作为一种借贷行为,贷者把一定数量的货币或商品贷给借者,借者可以在一定时期内使用这些货币和商品,到期必须偿还,并按规定支付一定的利息。所以偿还和付息是信用最基本的特征。这一特征使它区别于财政分配。财政分配基本上是无偿的,财政收进来、支出去都不需要偿还,没有直接的返还关系。例如,企业向财政缴纳税金、财政对机关事业单位的拨款,都是无偿进行的。货币支出以后,分配过程就算结束,不需要偿还,也不需要支付利息。信用分配则是有偿的,它作为一种借贷行为必须有借有还,无论是存款、还是贷款,都具有直接的返还关系,贷款要归还,在偿还时,还要按规定支付一定的利息。

(2)信用关系是债权债务关系。信用是商品货币经济中的一种借贷行为,在这种借贷行为中,商品和货币的所有者由于让渡商品和货币的使用权而取得了债权人的地位,商品和货币需要者则成为债务人,借贷双方有着各自的对应的权利和义务。这种债权债务关系最初是由于商品的赊销和货币预付而产生的,但随着融资行为和信用制度的广泛建立和发展,债权债务关系渗透到了经济生活的各个角落。无论是企业生产经营活动,还是个人的消费行为或政府的社会、经济管理活动都依赖债权债务关系。对债权债务的管理和使用成为各种不同经济主体经常性的工作。所以,从本质上说,信用关系就是债权债务关系,信用行为就是放债和承债行为。

(3)信用是价值运动的特殊形式。在单纯商品交换中,价值运动是通过一系列买卖过程实现的。在买卖过程中,卖者让渡商品取得货币,买者付出货币取得商品。这里发生了所有权的转移,卖者放弃了商品的所有权,而取得了货币的所有权,买者则相反。同时,交换过程是一种等价交换,卖者虽然放弃了商品的所有权,但没有放弃商品的价值,只是改变了价值形态,即从商品形态变成了货币形态;而买者虽然放弃了货币,但取得了与货币等价的商品。但在信用活动中,一定数量商品或货币从贷者手中转移到借者手中,并没有同等价值的对立运动,只是商品或货币的使用权让渡,没有改变所有权。所以,信用是价值单方面的转移,是价值运动的特殊形式。

(二)信用的构成要素

(1)信用主体。信用主体是指经济活动中的赤字单位和盈余单位。这些部门不仅包括企业、机构、政府、个人,还包括在信用活动中起媒介作用的金融机构,即银行和非银行金融机构。

（2）信用关系。信用关系是信用主体通过直接或间接的方式进行资金和实物的融通所形成的债权债务关系，这种关系主要是通过信用契约即信用工具来体现的。

（3）信用条件。主要是指借贷行为中的偿还期限和利率。期限是指信用关系开始到终止的时间间隔，即偿还期。利息是债权人在让渡实物和货币使用权时所得到的报酬。其他信用条件还包括利息的计息方式、支付的次数、本金的偿还方式等。

（4）信用标的。主要是指信用关系的对象是实物形式还是货币形式，前者主要表现为商业信用，后者主要表现为银行信用。

（5）信用工具。即信用载体，是指借以载明债权债务关系的合法凭证。

（三）信用的特征

（1）信用是货币使用权的暂时让渡。信用关系是一种债权债务关系，是债权人在一定时期内将一定数量的实物或一定数额的货币使用权暂时让渡给债务人。

（2）债务偿还性。实物和货币的暂时让渡是以偿还为先决条件的。债权人贷出的实物或货币资金，要求在信用关系到期时，按一定方式得到返回，也就是说，债权人有到期追索其债权的权利，同样，债务人也有到期偿还所借债务的义务。

（3）债权收益性。信用关系建立在有偿的基础上，也就是说，债权人在让渡实物或货币的使用权时，要求在归还时有一定的增值或附加额。

（4）信用活动风险性。包括信用风险、市场风险等。在现实经济生活中，并不是所有的债务人到期都能按期足额归还债权人的本金和利息，债权人到期能否收回本金，很大程度上取决于债务人的信誉和能力、国家法律制度的完善程度以及社会道德规范，从而具有很大的不确定性。

二、信用的产生和发展

（一）信用的产生

私有财产的出现是早期信用关系存在的前提条件。原始社会末期，随着人类生产水平的提高，开始出现了除保证生存以外的剩余产品，原始的公有制度开始分化瓦解，出现了私有财产；同时，随着人们需求的不断扩大，开始了原始的商品交换活动，这被认为是早期信用关系的物质基础。

商品货币关系是信用的客观经济基础。在商品交换和货币收支的过程中会产生赊销、延期支付等借贷行为，同时在各经济主体中，经常同时存在盈余和赤字单位，这种对商品或货币占有的不均衡必然导致了借贷行为的产生，形成了信用的客观经济基础。

早期的借贷主要是实物借贷，能直接满足借者的某种需要，具有直接性和及时性的特点。但是这种贷方盈余和借方需求往往并不是一致的，因为其具有与物物交易相同的缺点，影响了信用行为的效率。在货币出现以后，货币借贷逐渐取代实物借贷而占据信用活动的主导地位。

（二）信用的发展

1. 高利贷信用

高利贷信用，是指通过贷放货币或实物以获取高额利息为特征的借贷活动。早期的信贷活动大部分属于高利贷形式，具有利率高、剥削重的特点，是广泛存在于奴隶社会和封建社会的一种古老的信用关系。

高利贷的贷款者包括商人和货币经营者，寺庙、教堂和修道院以及奴隶主、封建贵族等。马克思在对高利贷作定性分析的时候曾指出，将所借资金投入非生产领域和贷款者对货币资金增值额的要求违反社会平均利润分配规律是高利贷活动的两个特征和衡量标准。

高利贷信用加速了自然经济的解体和商品经济的发展。在封建社会向资本主义社会过渡的过程中，高利贷在破坏封建社会生产方式的同时，也促进了资本主义生产方式前提条件的形成。高利贷对小生产者和农民的剥削，使得他们中的很多人失去生产资料，沦为无产者，这客观上为资本主义的生产提供了劳动力方面的准备。同时，高利贷者手中聚敛的大量财富，也为货币资金转化为生产资本创造了条件。但是，高利贷信用极高的利率也是资本家所无法承受的，这使得反对高利贷成为新兴资产阶级为发展自己而斗争的一项重要内容。

【案例2-1：现代高利贷】

现代高利贷定义：人行规定，高于同期贷款利息4倍以上的贷款，且不计复利。目前大体为超过年息25%的贷款。

不少美国人为了解燃眉之急，只好冒险求助于"高利贷"，其中最常见的是一种称为"发薪日贷款"的短期高利率贷款。

所谓发薪日贷款，指的是一至两周的短期贷款，借款人承诺在自己发薪水后即偿还贷款。如果到期无法还清贷款本金和利息，可以提出延期。

据悉，发薪日贷款的金额一般仅有数百美元，期限两周，利率最高可达800%。根据CRL中心统计，这类贷款平均借款325美元，平均还款793美元。该中心估计，2005年美国发薪日贷款机构发放的贷款规模超过280亿美元。

专家指出，由于多数沦落到申请发薪日贷款的家庭本身的经济情况已经很糟糕，所以这种高利率的贷款只会进一步加重他们的负担。美国康乃尔大学经济学教授弗兰克将发薪日贷款称作"自杀陷阱"，因为许多人无法掌控自己的财务状况而最终债台高筑。一般来说，这类贷款的借款人平均两年才能摆脱贷款负累。

摘自：《路透社新闻》2009年3月24日。

2. 资本主义信用

在资本主义制度下，信用表现为借贷资本的运动。借贷资本，是指货币资本家和银行为了获得利息而贷放给职能资本家的货币资金，其利息来源是雇佣工人创造的剩余价值。它是生息资本的现代形式，是在资本主义条件下，适应产业资本和商业资本的需要而发展起来的。

借贷资本是在与高利贷资本的斗争中产生的，而资本主义社会信用的形成基础则是产业资本的循环与发展。在资本主义再生产过程中，一方面，各种原因产生了暂时闲置的货币资金成为借贷资本的主要来源，如折旧基金、待支付的工资、用于准备购买生产资料的流动资本以及用于积累的剩余价值等；另一方面，在资本主义再生产过程中，总有一部分资本家在经营过程中会出现临时补充资本，以维持其资本循环的连续性或扩大生产经营规模和范围的需要。在这种情况下，货币资本家与职能资本家之间就有可能通过信用形式调剂货币资本的余缺。于是，从产业资本中游离并独立出来的闲置资本就转化为借贷资本。

借贷资本不仅与高利贷资本不同，而且与产业资本、商业资本也有区别，有自身的特点。

第一，借贷资本是一种所有权资本。借贷资本家对借贷资本拥有所有权，他们不参加经营，只是把手中的货币资本贷给职能资本家，并凭借这个所有权获得利息收入。职能资本家获得了资本的使用权，在产品出售后实现资本的增值，把借来的货币资本连同利息还给借贷资本家。第二，借贷资本是一种特殊的商品资本。借贷资本同普通商品一样具有使用价值，通过单方面的价值转移让渡给使用者。但与普通商品不同，借贷资本的使用价值虽被消费，即用于生产，但其价值并没有消失，其价值不仅能够保存下来，而且还会增值，产生利息。第三，借贷资本具有特殊的运动形式。产业资本的运动形式为：货币资本——商品资本……生产资本……商品资本——货币资本。商业资本的运动形式为：货币资本——商品——货币资本的循环。借贷资本的运动形式为：货币资本——货币资本，始终表现为货币形态，只是借贷资本所有者最终除了得到贷出货币资本外还得到利息。第四，借贷资本有特殊的转让形式。普通商品的让渡遵循的是等价交换原则，通过买卖实现商品和货币的价值对等交换。而借贷资本的转让不是通过买卖的形式，而是通过借贷来实现。当货币资本家把借贷资本贷给职能资本家时，他并没有获得任何等价物；当职能资本家偿还借贷资本和利息时，也没有得到相应的等价物。因此，借贷资本是一种价值的单方面的转移。

3. 社会主义信用

由于社会主义社会中依然存在着商品和货币，因此，信用仍有存在的必要。所谓社会主义信用，是指社会主义经济中借贷资金的运动形式。社会主义信用体现着社会主义的生产关系。就信用的基本特征来说，社会主义信用仍然是一种借贷关系，是以偿还和付息为条件的价值的单方面让渡。因此，其运动形式与借贷资本运动形式是完全相同的。由于信用活动越来越多的出现在现代经济活动中，有人把现在的经济称作是"信用经济"，足见信用活动在现代经济生活中的重要地位和作用。所谓信用经济，是指以货币经济为基础，以金融业的发达为条件，以信用交易为主要交易方式的经济形态。

在现代市场经济中，债务和信用可以说是无处不在的经济现象。所有的信用货币都由债务关系所组成；社会经济活动中很多的支付方式都是使用支票、汇票或付款指示等信用凭证，由于技术进步和激烈的市场竞争，大多数商品交易都是采用延期付款或预付部分货款的方式签订购销合同的；随着金融市场的不断发展，金融产品和交易程序的不断创新，金融衍生工具的出现和不断丰富更是将金融市场的发展推到一个新的高度，金融市场对国民经济发展的贡献越来越大。可以说，现代市场经济已经变成了高度发达的信用经济或金融经济。

三、信用的职能

信用既是一个流通范畴，也是一个分配范畴，但在本质上说，信用在生产过程中属于分配范畴，其基本职能主要有以下几方面。

（一）集中和积累社会资金

在国民经济运行过程中，客观上会同时出现货币资金的暂时闲置和临时需要，通过信用活动就可以把社会经济运行中暂时闲置的资金聚集起来，投入需要补充资金的单位，从而使国民经济更有效地运行。此外，通过信用方式还可以把分散在居民手中的货币积聚起来，并贷放到生产经营单位中去，从而变货币为资金，变消费基金为积累基金，促进经济快速发展。

（二）分配和再分配社会资金

信用一方面把社会资金积累和集中起来，另一方面又通过特有的资金运动形式把这些资金分配出去，这里，信用的分配职能主要是指生产要素的分配，特别是对社会暂时闲置的生产要素的分配。除了对生产要素的分配外，信用还能对生产成果进行分配。这主要是指在信用关系中所产生的利息范畴。由于信用具有有偿性这一特点，因此，闲置资金和货币收入的让渡者有权索取利息，而其使用者则有支付利息的义务，这种利息的收支改变了国民收入原有的分配格局。

（三）将社会资金利润率平均化

信用通过积累、集中和再分配社会资金，将资金从使用效益差、利润低的项目、企业、行业、地区调往使用效益好、利润高的项目、企业、行业和地区。这可以使前者资金减少，后者资金大量增加，其结果是使前者的资金利润率有所上升，后者的资金利润率有所下降，从而使全社会资金利润率平均化。在市场经济迅速发展的过程中，这种趋势也将愈来愈明显。

（四）调节宏观经济运行和微观经济运行

信用作为一个经济杠杆，不仅能准确、及时地反映国民经济的运行状况，还能够对国民经济的运行进行积极的干预，对宏观经济和微观经济进行适时、适度的调节。如在宏观上通过信用调节货币流通，在通货膨胀时收紧信用，在通货紧缩时放松信用；通过信用活动调整产业结构，对国民经济发展中的瓶颈部门和短线产业多提供信用，对长线部门、衰退行业则少供应或不供应信用，迫使其压缩生产或转产。在微观上，通过信用的供与不供、多供少供以及利率的高低来促进或限制生产经营者的产销。

（五）提供和创造信用流通工具

在信用关系发生时，总会出具一定的证明，这些在流通中的信用证明就是信用流通工具，如支票、汇票、本票等。在各种信用活动中，以银行信用提供的信用流通工具为最多，使用也最广泛。在银行的信用活动中，一方面通过其业务活动为社会提供各种证明债权债务关系的凭证，另一方面通过其信贷活动为社会提供现金和存款货币，并通过其银行体系创造信用货币，为社会经济交易提供便利。

第二节 信用形式

信用形式是信用关系的具体表现，按照借贷主体的不同，现代经济生活中的基本信用形式包括商业信用、银行信用、国家信用、个人信用、消费信用和国际信用。其中，商业信用和银行信用是两种最基本的信用形式。

一、商业信用

（一）商业信用的含义和形式

商业信用是企业之间在商业活动中产生的信用形式，多数情况下表现为卖方以赊销方式为买方提供信用，买方以延期付款方式偿清货款。但有时候商业信用也以买方预付货款的形式出现，如生产周期较长的大型设备、农产品等的交易中常常要求买方预交一定比例的订金。

商业信用是社会信用体系中最重要的一个组成部分，由于它具有很大的外在性，因此，在一定程度上它影响着其他信用的发展。从本质上而言，商业信用是基于主观上的诚实和客观上对承诺的兑现而产生的商业信赖和好评。所谓主观上的诚实，是指在商业活动中，交易双方在主观心理上诚实善意，除了公平交易之理念外，没有其他欺诈意图和目的；所谓客观上对承诺的兑现，是指商业主体应当对自己在交易中向对方作出的有效的意思表示负责，应当使之实际兑现。可以说，商业信用是主客观的统一，是商业主体在商业活动中主观意思和客观行为一致性的体现。

在商业信用中，最初采用口头商业信用形式，即双方不作任何文字记载，也不出具有关凭证，仅凭口头协议接受信用。后又产生挂账商业信用，即双方只在各自的账簿上做会计记载，信用关系结束时冲销。反复的实践使人们认识到，为了有效保证各自权益，需要掌握一种能够受到法律保护的债务文书，这种文书称之为票据。在商品经济发达的国家，通常都有票据法，所谓"口说无凭"，必须以法律文书保护商业信用中有关当事人的权益。这种形式的商业信用便被称之为票据商业信用，并成为商业信用的主流。

（二）商业信用的特点

商业信用是以赊销预付形式提供的信用，特点主要有：

（1）商业信用是一种直接信用，债权人和债务人都是生产或经营商品的企业。在商业信用中，供信的债权人和受信的债务人都是直接参加生产和流通的企业，以商品赊销为例，信用的贷出者（债权人）即是商品的卖方；信用的借入者（债务人）是商品的买方。它方式灵活，首先简便，无需中介机构的介入，是一种直接信用。

（2）商业信用交易的是商品资本。商业信用提供的不是货币资本，而是处于再生产过程中的商品资本。当一个企业把一批商品赊销给另一个企业时，商品的所有权发生转移，从卖者手中转到买者手中，但相应的货款并没支付，这时商品买入方成为债务人，卖出方成为债权人，买卖双方形成了债权债务关系，由此产生商业信用。

（3）商业信用的基本规模与经济周期变化密切相关，在经济繁荣时期，商业信用规模也会增大；反之，当经济衰落时，商业信用的规模也会缩小。

（4）商业信用创造的信用工具是信用货币的基础。为维护债权人的利益，商业信用创造本票和汇票等票据为信用工具。票据经背书后可以流通转让，也可以在背书后向银行贴现取得货币资金。商业票据是信用货币的基础。

（三）商业信用的作用和局限性

商业信用直接与商品生产和流通相联系，有其广泛的运用范围，因而它构成了整个信用制度的基础。在现代市场经济条件下，商业信用得到广泛发展，成为普遍的、大量的社会经济现象，几乎所有的工商企业都卷入了商业信用的链条。商业信用在调节企业之间的资金余缺、提高资金使用效益、节约交易费用、加速商品流通等方面发挥着巨大作用。

但它存在以下3个方面的局限性。

（1）商业信用规模的局限性。商业信用的规模受商品买卖量的限制，生产企业不可能超出自己所拥有的商品量向对方提供商业信用，所以大额的信用需要不可能通过商业信用来满足。

（2）商业信用的方向有限制。如采用赊销方式时，只能由原材料生产企业向需要这些原材料的企业提供商业信用，而不能逆向活动。企业的很多信用需要无法通过商业信用得到满足。

（3）商业信用的期限也有限制。企业在由对方提供商业信用时，期限一般受企业生产周转时间的限制，期限较短，所以商业信用只能解决短期资金融资的需要。

（四）中国的商业信用

中国在新中国成立初期曾广泛存在商业信用。当时，商业信用解决了国民经济恢复时期资金不足的困难，有助于国有经济利用多种商业信用形式，实现对其他经济成分的引导和调控。商业信用在当时不仅被广泛运用，而且取得了较好的成效。

1956年后，随着生产资料社会主义改造的基本完成和计划经济管理体制的建立，商业信用逐渐被取缔，只允许保留少数几种情况。禁止商业信用虽然消除了计划管理失控的隐患，但也扼杀了其繁荣市场、搞活流通的作用，束缚了商品生产和流通的发展。

1978年改革开放后，商业信用又重新恢复，但并未得到迅猛发展。这一方面是由于大量变相、强制的商业信用的产生极大冲击了企业和个人的信用道德观念，滋生了企业采用强制商业信用的习惯，企业间相互拖欠货款的现象屡见不鲜，在一定程度上阻碍了商业信用的健康发展。

强制商业信用是指本应支付的货款而拖欠不付的现象。它与一般商业信用的区别是：强制商业信用是在买方强制拖欠货款的情况下发生的，而后者则是在商品卖方主动提供，或经买卖双方磋商之下形成的。由于强制商业信用违背了商品经济条件下交换与借贷的基本原则（平等与自愿），因而构成拖欠方对被拖欠方财产的侵犯行为，在这个意义上讲，强制商业信用不是真正的信用。

另一方面，由于企业信用道德水准低，为规避风险，商业银行很难随意贴现、承兑商业票据。没有银行信用的支持，商业票据的流动性大大降低，商业信用也因此失去了发展的空间。因此，在中国，对商业信用既要充分利用，发挥其积极作用，又不能放任自流，而要进行必要的管理和引导，趋利避害。

【案例2-2：青岛家乐福被判赔偿750万元拖欠货款】

青岛一家企业为了能在家乐福超市为自己的商品谋得一席之地，被迫给家乐福支付促销费、折扣费、堆头费、海报费、卡夹费、特殊位置占用费等高额费用，3 000万元的货款中有600多万元被家乐福扣除或拖欠。2009年，该企业将家乐福告上法庭。经法院两审判决及执行，2010年6月下旬，家乐福才支付了该企业应得的750多万元货款及利息。

拖欠货款超市成被告

在青岛家乐福商业有限公司的卖场里卖货，居然需要支付高额费用。据了解，给家乐福支付高额费用的这家企业，前身是一家食品公司，自1999年至2002年之间给合并前的青岛家乐福供货，双方提供的票据显示，家乐福尚有240余万元货款未支付。2002年9月，青岛家乐福商业有限公司由多家公司合并后成立。上述食品公司的负责人也注册了另一家公司，决定由该公司接管原食品公司的债权和业务，继续给家乐福供货。此举得到了家乐福方面的许可和默认。

从2002年9月开始，这家公司一直给家乐福供货。到2009年1月该公司停止给家乐福供货时，家乐福拖欠该公司440余万元，加上之前拖欠的240余万元货款，家乐福拖欠这家供货商的货款总额达680余万元。据了解，该公司向家乐福的供货总额仅3 000多万元。多次讨要货款无果，2009年，该公司将家乐福告上法庭。

而家乐福方面在法庭上辩称，家乐福与该公司之间签订有促销协议，约定该公司须向家乐福支付促销费等费用，并且可在应付给该公司的货款中扣除。家乐福提供的扣款发票显示，该公司八年间需向家乐福支付的促销费用总额为410多万元，因此家乐福并不欠该公司费用。在这410多万元的费用中，家乐福称包括堆头费180多万元，其余的近230万元包括了促销费、海报费、卡夹费、特殊位置占用费、折扣费等。一审法院认为，家乐福所扣除的促销费、海报费等促销费用中，未向法院提供相关的合法依据，没有被认定。

超市被判支付750万元

事实上，由国家商务部、发改委、工商总局等五部委制定的《零售商供应商公平交易管理办法》早在2006年11月15日起就已经开始实施，明令禁止超市等零售商向供货商收取进场费、无条件返利等费用。其中第六条第四款规定：零售商不得"强迫供应商无条件销售返利，或者约定以一定销售额为销售返利前提。"

而青岛家乐福商业有限公司被曝出的一些做法，已明显与该办法对立。

经法院一审判决，家乐福总计应赔付岛城这家公司680多万元货款，并承担相应的利息。随后，家乐福提起上诉。经市中院二审判决并执行，知情人称，6月下旬，该公司最终从家乐福拿回了属于自己的750多万元。

摘自：《半岛都市报》。

二、银行信用

银行信用是指银行及其他金融机构以货币形式，通过存款、贷款等业务提供的信用。它是现代信用经济中的重要形式，是在商业信用基础上产生并发展起来，并克服了商业信用的局限性，在现代信用中居于核心地位。

（一）银行信用的特征

与商业信用相比，银行信用具有如下特征。

（1）银行信用是间接信用。银行信用的借贷双方，有一方必然是银行或其他金融机构，另一方是企业、个人或政府，它体现的是银行与企业、个人之间的信用关系。银行在吸收存款筹集资金时是债务人，在贷放资金时是债权人。银行信用是银行通过吸收全社会各方面暂时闲置的货币资本，集中起来以贷款的方式贷给企业，投入到社会再生产过程中去。这使得银行信用能有效地积聚社会上各种游资，包括企业的闲置资金与居民的储蓄存款，形成巨额的借贷资本，从而克服了商业信用数量小的局限性。

（2）银行信用交易的是货币资本。银行信用是以单一的货币资本形态提供的，可以不受商品流转方向的限制，能向任何企业、任何机构、个人提供银行信用，从而克服了商业信用在提供方向上的局限性。

（3）银行信用具有创造信用的功能。商业银行具有派生存款的能力，可以通过资金贷出多倍地扩大货币供应量和信贷供应量，使信用规模大大增加。

（二）银行信用是现代信用的主导形式

第一，银行信用消除了商业信用的局限性。

（1）银行信用具有广泛性。银行信用是以货币形态提供的信用，因此，银行可以把货币贷给任何一个企业，克服了商业信用在方向上的限制。

（2）银行信用具有规模性。贷放的是社会资本。银行信用则不受交易额度的影响，小额资金主聚集为大额资金借贷，大额资金也可以分散为小额资金放贷。

（3）银行信用具有贷款期限上的灵活性。银行信用形式下，可以提供不同期限的贷款，满足短中长期的不同需求。

（4）银行信用具有核心性。现代银行信用是信用的主要形式，是其他信用赖以正常运行的基础，尤其是商业信用，更需要银行通过承兑、贴现和抵押贷款为其提供支持。

第二，银行本身具有规模大、成本低、风险小的优势，任何其他信用形式都难以与之竞争。银行作为专营货币的企业，具有集中社会闲散资金提供贷款的能力，其资金来源广、成本低，融资能力强；同时，银行作为专业信用机构，具有较强的专业能力来识别与防范风险。

第三，银行作为吸收存款和发放贷款的企业，不仅能够提供信用，而且还能创造信用，使其能够以较低的成本提供信用。

（三）中国的银行信用

在中国的经济生活中，银行信用一直是最基本的信用形式。在改革开放以前，与"大一统"的金融体制相适应，中国长期实行单一的银行信用，并把全部银行信用集中于中国人民银行，企业只能在一个银行的某一分支机构开设账户，并与之发生信用关系。

改革开放后，随着经济体制改革的进一步深化，单一银行信用逐步转化为多种信用形式，但是银行信用仍然是中国信用形式的主体。它为大规模集中资金投资于基础设施和国民经济重点建设提供了资金，为宏观调控作出了贡献。

【案例2-3：如何理解银行信用与商业信用之间的关系】

现代信用形式中，商业信用和银行信用是两种最基本的信用形式。商业信用是指企业之间在买卖商品时，以商品形式提供的信用。其典型形式是由商品销售企业对商品购买企业以赊销方式提供的信用。银行信用是银行或其他金融机构以货币形态提供的信用。银行信用是伴随着现代资本主义银行的产生，在商业信用的基础上发展起来的一种间接信用。银行信用在规模上、范围上、期限上都大大超过了商业信用，成为现代经济中最基本的占主导地位的信用形式。两者的关系可做如下理解：

1. 商业信用始终是信用制度的基础。历史上商业信用产生在先，它直接与商品的生产和流通相关联，直接为生产和交换服务。企业在购销过程中，彼此之间如果能够通过商业信用直接融通所需资金，就不一定依赖于银行。

2. 只有商业信用发展到一定程度后才出现银行信用。资本主义的银行信用体系，正是在商业信用广泛发展的基础上产生与发展的。

3. 银行信用的出现又使商业信用进一步完善。因为商业信用工具、商业票据都有一定期限，当商业票据未到期而持票人又急需现金时，持票人可到银行办理票据贴现，及时取得急需的现金，商业信用就转化为银行信用。由于银行办理的以商业票据为对象的贷款业务，如商业票据贴现、票据抵押贷款等，使商业票据及时兑现，商业信用得到进一步发展。

4. 商业信用与银行信用各具特点，各有独特的作用。二者之间是互相促进的关系，而不存在互相取代的问题。我们应该充分利用这两种信用形式促进经济发展。

三、国家信用

是以国家为主体的借贷活动。又称公共信用制度，是一种古老的信用形式，伴随着政府财政赤字的发生而产生。

（一）国家信用的特点

（1）国家信用的主体是政府。在国家信用关系中，债务人是国家，债权人多为银行、其他金融机构、企业和居民。当然，在某些特殊情况下，为提高财政资金的使用效率，政府也充当债权人的角色，在财政支出上也采用信用方式。

（2）国家信用是用于弥补财政赤字和投资。财政赤字有5种弥补方法：发行货币、动用历年财政结余、向银行透资、举借外债和举借内债。

（3）调节经济活动，当经济出现衰退，有效需求不足，这时必须通过发行国债筹措资金，增加政府支出，推动经济扩张；反之，流通中货币过多，则可发行国债吸收货币，抑制经济过热。

（4）国债的流通是货币政策的主要内容之一。

（二）国家信用的形式

国家信用的主要工具是国家债券。其主要形式有：

1. 发行公债，包括期限为15年的中期国库券和5年以上的长期公债，目的是为了弥补财政赤字和支持国家重点建设。

2. 发行国库券，这是一种短期债券，主要是为了应付短期内预算支出。

3. 发行国际债券和政府向外借贷。发行公债和国债券是国家向内借款，而这种方式是国家对外借款。发行国际债券包括委托国外金融机构发行和直接发行两种。政府借款包括向国外政府借款、向国际金融机构借款、向国外商业银行借款等形式。

（三）中国的国家信用

新中国成立初期，中国曾于20世纪50年代发行过3次公债，用于发展经济和稳定市场，并于1968年全部还清。此后，由于片面强调"既无内债，又无外债"的思想，在相当长的时间里没有再发行国债。

中国自1981年恢复发行国库券，此后又发行了多种类型的国债，如国家重点建设债券、财政债券、基本建设债券、保值公债、特种国债等。国债的发行规模一直呈增长态势。特别是1994年，国务院决定财政不得向银行直接投资或借款，财政赤字的弥补只能完全依靠发行国债，当年的政府内债发行规模飙升至1 028亿元，1997年和2008年以来，由于实施积极的财政政策，国债发行规模更是日趋扩大。

四、民间信用

（一）民间信用的含义及形式

民间信用，亦称"民间借贷"或"个人信用"。西方国家指相对于国家之外的一切信用，包括商业银行信用。在中国，由于个人不得经营金融业务，因此，民间信用主要是指居民个人之间以货币或实物形式所提供的直接信贷。

民间信用的主要形式有以下几种。

（1）私人之间直接的货币借贷。大多数发生在亲友、邻里之间，具有偶发性和还本不付息的特征。

（2）私人之间通过中介进行的间接的货币借贷。它具有经常性、融资性和还本付息的特征。

（3）通过一定的组织程序的货币"和会"、"标会"等进行的货币借贷。其中，"会主"（发起人）和"会脚"（成员）互为借贷主客体。这种信用形势具有组织性、差别性的特征。

（4）以实物作为抵押的"典当"形式的货币借贷。"典当"是一种以典当物的价值为基础，以赎回或不赎回为条件的借贷活动。它又分为应急典当、投资典当、融资典当等形式，并具有典当面款、额度可大可小的特点。

（二）民间信用的特点

中国民间信用是伴随着经济的不断发展而发展的，尤其在农村，民间信用活动十分活跃，并具有以下特征。

（1）数量有限，期限较短。由于它与单个资本闲置的数量少有关，因此，它不能随意满足筹资者多种借贷需求，通常是应付生产和生活的急需。

（2）范围有限。民间信用的范围受居民个人经济实力和信用能力的限制，借贷双方往往均是特定的对象。

（3）利率较高，且具有较大的弹性。民间信用利率随行就市，自由浮动，一般高于银行利率。目前民间借贷利率月息一般是2%~5%。

（4）主体主要是自然人。其借贷活动的不规范常带来较大的风险，容易发生违约纠纷，也较难受到法律的保护。

（三）民间借贷的优缺点

民间借贷的优点主要表现在：

（1）它扩大了社会融资的范围，其较高的灵活性对社会信用形式发挥了拾遗补缺的作用；

（2）它满足了居民的筹集资金、解决收不抵支困难和实现消费效用最大化等方面的需求。

民间信用的局限性主要表现在：

（1）它存在的盲目性和不规范性，增加了国家实行宏观调控的难度，其借贷过程中存在的金融投机、高利盘剥不利于货币流通的稳定和人们生活的安定，增加了金融风险；

（2）它在一定程度上也会对其他信用形式产生"挤出"效应。在银行信用和其他信用形式作用乏力的地区，民间信用的相对垄断还是滋生高利贷的土壤。

五、消费信用

消费信用是指工商企业、银行和其他金融机构对消费者个人提供的信用。

（一）消费信用的主要形式

其主要形式有3种。

（1）商品赊销。企业以赊销的方式，特别是分期付款的赊销方式，对顾客提供信用；是商业信用在消费者个人消费领域的表现。

（2）消费信贷。银行和其他金融机构直接贷款给个人、用以购买耐用消费品、住房以及支付旅游等费用。

（3）金融机构对个人提供信用卡，客户只需持信用卡，便可以在接受该种信用卡的商店购买商品，定期与银行结账等。

（二）消费信用的作用与制约因素

1. 作用

在一定条件下，可以促进经济增长。

（1）消费信用实际上是向那些目前并不具备消费条件的个人提供信用，使之消费愿望变为现实。这使得消费者的消费提前了。提前了的消费扩大了总需求，促进了消费品的生产和销售，同时也促进了服务业的发展，因而也促进了经济的增长。据估计，在美国，如果不采用分期付款，住房、汽车等销售数额会收缩 1/3 到 1/2。

（2）此外，企业通过以赊销方式对顾客提供信用等方式，这一信用形式对于促进新技术的应用、新产品的推销以及产品的更新换代，也有不可低估的作用。另一方面，消费信用通过"花明天的钱享受今天的生活"可以提高消费者的总效用水平。但是，若消费需求过高，生产扩张能力有限，消费信用则会加剧市场供求紧张状态，促使物价上涨，造成虚假繁荣等消极影响。因此，消费信贷应控制在适度范围内。

2．制约因素

一般来说，消费信用的制约因素有以下几方面：(1)总供给的能力与水平，总供给的水平越高，消费信用的规模一般越大；(2)居民的实际收入和生活水平。若居民的实际收入较低，偿还能力不高，一味地发展消费信用则会导致风险加大；(3)资金供求关系。它与消费信用的规模是此消彼长的关系，若资金供求紧张，消费信用的规模就越大；(4)消费观念和文化程度，它制约着消费信用这种信用方式的普及程度和消费总量。如在中国，受传统文化的影响，消费信贷起步较晚，规模也较小，但近年来发展很快，主要体现在住房贷款、汽车贷款的增长上。

（三）中国的消费信用

中国民众对个人负债一直持谨慎的态度。消费者靠负债来消费，这在传统的中国人心目中是不可想象的。但随着改革开放政策的实行，消费信用也逐渐扩大起来。

1．中国信用卡的发展

银行卡是指由商业银行（含邮政金融机构）向社会发行的具有消费信用、转账结算、存取现金等全部或部分功能的信用支付工具。

银行卡的种类。银行卡按是否具备透支功能分为：信用卡和借记卡。信用卡按是否向发卡银行交存备用金，又可分为贷记卡和准贷记卡。

贷记卡是指发卡银行给予持卡人一定的信用额度，持卡人可在信用额度内先消费、后还款的信用卡。

准贷记卡是指持卡人需先按发卡银行的要求交存一定金额的备用金，当备用金账户金额不足支付时，可在发卡银行规定的信用额度内透支的信用卡。

借记卡不具备透支功能。借记卡主要有转账卡（含储蓄卡）、专用卡和储值卡三种。

【案例2-4：信用卡在中国的发展】

最早的信用卡业务诞生于 1915 年，在美国。中国信用卡业务出现的比较晚，但是发展得很快。1978 年，中国银行广州分行率先与中国香港东亚银行签订协议，在国内代理"运通"、"万事达"、"维萨"等 7 种外国信用卡，信用卡从此进入中国。1985 年，中国银行珠海分行推出中国大陆第一张信用卡——珠江信用卡。1986 年，中国银行北京分行发行长城卡，不久，中国银行总行将长城卡指定为中国银行系统的信用卡，在全国范围内发行。1987 年，中国工商银行广州分行发行红棉信用卡，1989 年，中国工商银行发行全国通用的牡丹信用卡。1990 年中国建设银行在广州发行第一张人民币万事达卡，1991 年又发行了人民币维萨卡，以后又发行了龙卡。1991 年，中国农业银行开始在广州、佛山、中山、海口等发行金穗卡，并逐渐向全国发行。

目前，全国各类银行卡品牌超过十几种，发卡量超过1.1亿张，交易额超过20 000亿元。随着个人消费信用的发展，中国银行卡也逐步诞生了标准意义的信用卡。2000年11月，中国工商银行，金盛人寿保险公司和威士国际组织共同推出了国内第一张贷记卡——牡丹金盛卡。该卡是典型的信用卡，消费者先消费后还款，持卡人透支还可享受短期免息，最长达56天，金卡的透支金额最高为5万元，普通卡透支最高额为2万元。

虽然中国信用卡业务发展迅速，但目前信用卡业务与国际规范还有较大距离。中国目前信用卡存在以下问题：

第一，信用卡的授信功能较差。国外信用卡一般是先消费，后付款，而中国则是先付款，后消费，只允许少量的透支，或根本不允许透支，因此，信用卡只是"信誉卡"，表明持卡人在银行有够支付所消费金额的款项，而不是"信用卡"，他无法靠借用银行的资金来消费。这样，信用卡对经济的推动作用较小。前面介绍的工商银行的牡丹金盛卡，该卡在中国率先以信用卡的身份问世，对于中国标准意义的信用卡市场的创立和发展，都有积极的促进作用。

第二，中国信用卡业务缺乏统一规划，发卡行各自为政，给消费者消费带来不便。

联营可以为信用卡业务带来了迅速发展的机会，而中国发行信用卡的几家银行在业务上的合作在深度和广度还不够。如果在中央银行的统一管理下，组建全国统一的信用卡网络系统，可以大大提高信用卡业务的经营效益。

第三，信用卡单卡消费量过小，信用卡业务的效益较差。这与中国信用卡网络没有完全建立起来，发卡行往往把信用卡的发行数量作为业务成败的主要指标，而忽视了信用卡业务应以效益为重的原则有着主要的关系。

2．消费信贷

除了信用卡之外，直接贷款给消费者货币，也是非常重要的消费信用方式。

在中国，目前，在消费信贷中个人住房贷款、耐用消费品贷款（主要是汽车贷款）和助学贷款是消费信贷的主要内容。个人住房贷款是银行向借款人发放的用于购买自用普通住房的贷款。贷款对象为具有完全民事行为的自然人，贷款期限最长不超过30年。尽管近几年来发展速度比较快，但是较西方发达国家比，规模还是很小，有了助学贷款，就意味着中国就会把教育市场做大，因为助学的机构能够得到最直接的利益——经济上的收益；而学生和家长得到了金融上的支持，会有越来越多的家境贫寒却很出色的孩子能够得到高等教育的机会。通过信用的手段来支持教育，比通过社会捐赠的办法更有力。汽车贷款在中国也是一个发展很快的贷款品种。尽管发展快，但汽车贷款的各种中间费用过高。贷款条件过于苛刻，大大限制了汽车购买者贷款的积极性。从中国加入WTO的第一天起，外资银行就可以在中国开展个人汽车贷款。国际化的贷款服务，会给中国汽车贷款带来很大的生机和发展空间。

消费信用的发展，对刺激消费、扩大内需、提高人民生活水平，发挥了重要作用。通过增加最终消费品需求以及扩张投资乘数效应，有效地带动了住房、汽车、教育等相关产业的发展。同时，消费信贷不良贷款率远低于金融机构其他贷款的不良比率，改善了信贷资产结构，提高了资产质量。

但是，在中国由于消费信贷发展时间不长，风险问题仍需引起重视。目前，中国消费信贷风险主要表现在3个方面，一是长期潜在性。由于消费信贷主要为中长期贷款，贷款风险短时间内很难显现。如占比较高的住房贷款，绝大多数尚未到期，随着消费信贷的发展，风险将逐步显现；二是不确定因素多。除了一般贷款都要面对的利率变动、借款人收入变动等风险因素以外，消费信贷风险的不确定性因素，还表现在借款人工作、住所、支出、健康、家庭变故等多方面因素，都可能对借款人的还款能力产生不利影响。三是存在违规经营。部分商业银行自身约束机制不健全，控制风险的经验不足，也增加了信贷风险。

另外，中国个人信用制度缺位，金融市场基础设施"瓶颈"约束日益突出，各商业银行对个人信用审查缺乏科学、合理、完整的判定标准，也使银行在业务发展过程中面临一定的风险。所以，随着消费信贷的发展，中国人民银行有关文件强调坚持促进经济发展与防范风险并重的指导思想。

六、国际信用

国际信用指一个国家的政府、银行及其他自然人或法人对别国的政府、银行及其他自然人或法人所提供的信用。国际信用与国内信用不同，表示的是国际间的借贷关系，债权人与债务人是不同国家的法人，直接表现资本在国际间的流动。

（一）国际信用的背景

国际信用是国际货币资金的借贷行为。最早的票据结算就是国际上货币资金借贷行为的开始，经过几个世纪的发展，现代国际金融领域内的各种活动几乎都同国际信用有着紧密联系。没有国际借贷资金不息的周转运动，国际经济、贸易往来就无法顺利进行。

国际信用同国际金融市场关系密切。国际金融市场是国际信用赖以发展的重要条件，国际信用的扩大反过来又推动国际金融市场的发展。国际金融市场按资金借贷时间长短可分为两个市场，一是货币市场，即国际短期资金借贷市场；二是资本市场，即国际中长期资金借贷市场。国际金融市场中规模最大的是欧洲货币市场，这个市场上的借贷资本是不受各国法令条例管理的欧洲货币。欧洲货币市场是巨额国际资金的供求集散中心，它和由其延伸出来的其他众多国际金融市场及离岸金融市场，将世界各地的金融活动都纳入庞大的金融网络，使借贷资金的国际化有了更深入的发展。

（二）国际信用的类型

国际信用的种类繁多，归纳起来可以分为以下几个主要类型。

1. 出口信贷

出口信贷是一种国际信贷方式，它是一国政府为支持和扩大本国大型设备等产品的出口，增强国际竞争力，对出口产品给予利息补贴、提供出口信用保险及信贷担保，鼓励本国的银行或非银行金融机构对本国的出口商或外国的进口商（或其银行）提供利率较低的贷款，以解决本国出口商资金周转的困难，或满足国外进口商对本国出口商支付货款需要的一种国际信贷方式。出口信贷名称的由来就是因为这种贷款由出口方提供，并且以推动出口为目的。

2. 银行信贷

国际间的银行信贷是进口企业或进口方银行直接从外国金融机构借入资金的一种信用形式。这种信用形式一般采用货币贷款方式，并事先指定了贷款货币的用途。它不享受出口信贷优惠，所以贷款利率比出口信贷高。另外，这种信用形式与发行国际债券的性质不同，它不是债权人与债务人直接发生债权债务关系，而是双重的债权债务关系。在遇到大宗贷款时，国际金融市场往往采用银行贷款方式以分散风险。

3. 政府信贷

指一国政府向另一国政府提供的贷款，贷款资金列入政府预算。其特点是金额不大，利率较低，期限较长，通常用于非生产性支出，如用于解决财政赤字或国际收支逆差，必要时还用来应付货币信用危机。

4. 国际金融机构贷款

主要是指国际货币基金组织、国际开发协会、世界银行、国际金融公司等国际金融机构所提供的信用。这种信用一般有其特定的用途，且贷款期限较长，贷款条件优惠。

5. 补偿贸易

补偿贸易又称产品返销，指交易的一方在对方提供信用的基础上，进口设备技术，然后以该设备技术所生产的产品，分期抵付进口设备技术的价款及利息。早期的补偿贸易主要用于兴建大型工业企业。如当时苏联从日本引进价值8.6亿美元的采矿设备，以1亿吨煤偿还；波兰从美国进口价值4亿美元的化工设备和技术，以相关工业产品返销抵偿。后期的补偿贸易趋向多样化、不但有大型成套设备，也有中小型项目。20世纪80年代，波兰向西方出口的电子和机械产品中，属于补偿贸易返销的占40%~50%。

6. 国际租赁

指出租人通过签订租赁合同将设备等物品较长期地租给承租人，承租人将其用于生产经营活动的一种经济合作方式。在租赁期内，出租人享有租赁物的所有权，承租人拥有租赁物的使用权，并定期向出租人缴纳租金，租赁期满后租赁物按双方约定的方式处理。租赁业务主要包括融资性租赁和经营性租赁两种方式。

第三节 利息和利率

一、利息和利率的概念

1. 利息

在商品经济中，利息是在信用的基础上产生的。由于借贷行为的出现，不从事经营活动的资本所有者可以通过贷出资本而取得一定的报酬，而资本需求者则可以通过支付一定的报酬来借入资本，这种报酬通常就是利息。马克思经过科学的分析后指出，资本主义经济中的利息是借贷资本家凭借自己的资本所有权向职能资本家索取的报酬，是利润的一部分，是剩余价值的特殊转化形式。

2. 利率

利率是一定时期利息额和本金的比率。可以表示为：

$$利率(\%) = \frac{利息额}{本金} \times 100$$

利率是最重要的金融概念之一。利率是资金的价格，它同商品的价格、劳动力的工资一样，是反映资源相对稀缺性的信号，是引导资金在各种用途之间进行合理配置的重要方式。

【案例2-5：收益资本化】

有了利率的计算方法，如果已知利息额或收益，也知道了利率，就可以反过来计算出本金的大小，这一过程习惯上被称为"收益资本化"。如我们知道一笔贷款1年的利息收益是50元，而市场年平均利率为5%，那么就知道本金为1 000元。

可以土地为例。土地本身没有决定自身价格的内在根据。但土地可以有收益。如一块土地每亩的年平均收益为100元，假定年利率为5%，则这块土地就会以每亩2 000元（100÷0.05）的价格买卖成交。假如，当这块土地由于交通等原因根本无法利用时，它的收益等于0，其价格也只能为0。当一条公路经过它的旁边时，它的收益可能预期为1万元，那么在利率不变的情况下，每亩就会值20万元（10 000÷0.05）。如果土地收益的预期不变而市场平均利率变了，比如变成了10%，地价将下跌一半。这就是在市场竞争中土地价格的形成规律。

资本化发挥作用最突出的领域是有价证券价格的形成，这将在本章第六节中讨论。

资本化是商品经济中的规律，只要利息成为收益的一般形态，这个规律就起作用。随着商品经济的进一步发展，资本化规律起作用的范围也将进一步扩大。

资料来源：黄达.金融学[M].北京：中国人民大学出版社，2004：71

按计算利息时间长短，可将利率划分为年利率、月利率、日利率。年利率以本金的百分之几表示，通常称为年息几厘。例如，年息5厘表示10 000元本金的每年利息为500元。月利率以本金的千分之几表示，通常称为月息几厘。如月息5厘表示10 000元的本金的每月利息为50元。日利率以本金的万分之几表示，通常称为日息几厘。如日息5厘表示10 000元本金的每天利息为5元。日利率习惯上称为"拆息"。此外，有时也用"分"作为利率的单位，分是厘的10倍。如月息5分是指月利率为5%。年利率与月利率互相换算时，每年按12个月计算；月利率与日利率互相换算时，每月按30天计算；年利率与日利率互相换算时，每年按360天计算。

二、利息的计算

根据利息计算的基准不同，利息的计算方法有两种。

（1）单利法：是指以本金为基数计算利息，本金所产生的利息不加入本金重复计算。其计算公式为：

$I = P \cdot i \cdot n$

$S = P(1 + i \cdot n)$

式中：I为利息；P为本金；i为利率；n为与利率指标相对应的期限；S为单利的本利和。

如一笔借贷期限为3年，年利率为5%的10万元贷款，一年后利息总额为100 000×5%×3=15 000元，本利和为100 000（1+5%×3）=115 000元。

单利法计算简单、方便，其缺点是没有考虑资金的时间价值。在中国，存贷款业务基本采用单利法。

（2）复利法：按一定期限将上一期所生利息加入本金后再计算下期利息，逐期滚算直至借贷期满。其计算公式为：

$S = P(1+i)^n$

$I = S - P$

其中：P、I、n、i的含义与前面相同，S为复利的本息和。

若将上述实例按复利法计算，则

$S=100\ 000\times(1+5\%)^3=115\ 762.5$ 元

$I=115\ 762.5-100\ 000=15\ 762.5$ 元

复利法反映了利息的本质特征，同时也较好地反映了资金的使用价值。从现实来看，虽然中国一直执行单利政策，但却遵循复利原则：对同样的金额来说，在一定期限内，按单利法计算的定期存款利息必须高于按复利法计算出来的活期存款利息；按单利法计算的长期定期存款利息必须高于按复利法计算出来的期限较短的定期存款利息。这就是说，利息的本质应该是复利的。

【案例2-6：复利的魔力】

关于复利，美国早期的总统富兰克林还有一则轶事。1791年，富兰克林过世时，捐赠给波士顿和费城这两个他最喜爱的城市各五千美元。这项捐赠规定了提领日，提领日是捐款后的一百年和两百年：一百年后，两个城市分别可以提领五十万美元，用于公共计划；两百年后，才可以提领余额。1991年，两百年期满时，两个城市分别得到将近两千万美元。富兰克林以这个与众不同的方式，向我们显示了复利的神奇力量。富兰克林喜欢这样描述复利的好处："钱赚的钱，会赚钱"。

1626年曼哈顿岛的印第安人只是为了换回一些只值24美元的小珠子和小饰物，就把他们所拥有的整个曼哈顿岛的土地都卖给了一群新来的移民。362年以来，由于这桩交易，印第安人已经成了大家耻笑的对象，但是利用复利来仔细计算一下的结果表明，这些只得到价值24美元的小珠子和小饰物的印第安人也许要比那些得到整个曼哈顿岛的移民们赚得多得多。

如果以年利率8%对24美元计算复利，那么经过362年，这些印第安人可能已经凭此积累起一笔价值接近30万亿美元的财富，而曼哈顿地区政府最近的税收记录则表明当年被印第安人卖掉的那些土地只值281亿美元。我们不妨偏袒一下曼哈顿的市民们，接受他们对这个估值结果的怀疑，281亿美元只是一个估计值，所有了解市场行情的人都知道在公开市场上这些土地的价值可能会是281亿美元的两倍，因此曼哈顿的地产的真正价值是562亿美元。然而，无论用什么方法计算曼哈顿岛所有土地的价值，印第安人都会赚到29万亿美元，还要再加上一个零头。

承认印第安人不可能获得8%如此之高的年利率水平，即使事实上1626年有如此之高的利率也不可能，更不用说根本没有了。这些最早移民过来的先驱们以前都是支付低得多的利率，但是让我们假设印第安人能够经过激烈的争吵最终争取到6%的年利率，那么到现在他们仍然还可以从24美元通过复利积累到347亿美元的财富，他们既不需要对岛上的任何资产进行保养，也不需要修剪中央公园的草坪。不过各位也可以十分明显地看到，虽然6%和8%的年利率只有两个百分点的差异，但由于复利的巨大作用，经过三百多年的时间最终积累形成的财富相差29万亿美元以上。

资料来源：神奇的复利[EB/OL].[2010-10-28]. http://wenku.baidu.com/view/80a7366aaf1ffc4ffe47aca5.html.

与复利相联系的概念是现值和终值。任何一笔资金，如果知道了期初的本金与利率，就可以计算出某一时点上的本利和是多少。这个本利和称为终值。如上述复利法计算公式中的S。相反，如果知道在未来某一时点有一定金额的货币即终值，在已知利率前提下就可以计算出为了获得这样的本利和应在期初投入的本金,这个本金称为现值。如复利法计算公式中的P。因此,根据复利法计算公式得到现值计算公式:

$$P=\frac{S}{(1+i)^n}$$

如5年后希望得到100 000元的货币,假定利率为6%,则现在应存入本金:

$$P=\frac{100\,000}{(1+6\%)^5}=74\,725.82 \text{ 元}$$

现值计算公式具有广泛的用途,如银行的贴现业务、投资方案的选择、债券和股票的估价等都需要现值分析。

三、利率的种类

(一)固定利率和浮动利率

按在借贷期内是否可调整,利率可分为固定利率和浮动利率。固定利率是指不随借贷资金的供求状况波动,在整个借贷期间固定不变的利率。浮动利率是相对固定利率而言的,是指随市场利率的变化而上下浮动的利率。

固定利率的特点是不随市场利率的变化而变化,因而具有简便易行,易于计算借贷资金成本等优点,在借贷期间较短或市场利率变化不大的条件下,一般采用固定利率,但当借贷期间较长或市场利率变化较快时,会给借款人或贷款人增加利率变化风险,这样的情况下,往往采用浮动利率。实行浮动利率,借款人在计算利息成本时要困难些,但利息负担与资金的供求状况紧密结合,使借贷双方承担利率变化的风险损失相应减少,因而借贷双方都乐于接受,中长期贷款和外汇贷款多采用浮动利率。

(二)名义利率和实际利率

按利率与通货膨胀的关系,将利率分为名义利率和实际利率。名义利率是借贷合同和有价证券上载明的利率。实际利率是指剔除物价变动因素后的利率。它表明投资者实际所获得的利率或债务人实际支付的利率。

实际利率、名义利率与通货膨胀之间的关系如下:

实际利率 = 名义利率 – 通货膨胀率

更精确的公式为:

$$1+\text{实际利率}=\frac{1+\text{名义利率}}{1+\text{通货膨胀率}}$$

或

$$\text{实际利率}=\frac{\text{名义利率}-\text{通货膨胀率}}{1+\text{通货膨胀率}}$$

在通货膨胀条件下,名义利率和实际利率是不一致的。当通货膨胀严重时,实际利率会成为负数,称为负利率。负利率对正常的储蓄和投资都极为不利,并对经济起逆调节作用。所以,判断利率水平高低,不能只看名义利率,而必须以实际利率为依据。一般而言,只有正利率才符合价值规律的要求。

（三）市场利率和官定利率

按利率的形成方式可分为市场利率和官方利率。市场利率是指资金市场上借贷双方互相竞争而形成的利率。官定利率是指是由政府金融管理部门或中央银行确定的利率。

官定利率和市场利率有密切关系，官定利率的变化代表了国家货币政策的倾向，对市场利率有重要影响，市场利率随官定利率的变化而变化。同时，市场利率的变化又非常敏锐地反映资金的供求状况，是国家制定官定利率的重要依据。国家根据货币政策的需要和市场利率的变化趋势，及时调整官定利率，以实现调节经济的目的。

市场利率受到官定利率的影响，但起决定作用的仍然是资金供求状况等一系列复杂的市场因素，其变化并不一定与官定利率的变化相一致。

（四）优惠利率与一般利率

按是否带有优惠性质优惠，利率分为优惠利率和一般利率。优惠利率是指略低于一般贷款利率的利率。优惠利率一般提供给信誉好、经营状况良好且有良好发展前景的借款人。

（五）长期利率与短期利率

是以信用行为的期限长短为单位来划分的。一般以1年为标准来划分。一年以上的为长期利率，一年以下的为短期利率。

四、决定和影响利率的因素

为了充分发挥利率的经济杠杆作用，必须尽可能合理确定利率。通常，人们根据决定和影响利率的基本因素，把掌握决定和影响利率变化的原因作为合理确定利率的基本前提。在复杂的经济关系中，众多的因素都对利率的变化产生影响，但决定和影响其变化的因素主要有以下几方面。

（一）社会平均利润率

社会平均利润率是决定利率高低的最基本因素。利息是社会平均利润的一部分，并受平均利润率的制约。一般情况下，利率以社会平均利润率为最高界限，且利率最低也不会等于零，否则就不会有借贷行为。即利率总是在零到社会平均利润率之间摆动。并且利率水平的变化与社会平均利润率水平的变化成正比。当平均利润率提高，利率一般也相应提高，平均利润率降低，利率也相应降低。

（二）借贷资金的供求状况

在平均利润率一定的情况下，利息率的高低决定于金融市场上借贷资金的供求情况。这是因为，借贷资金同其他资金一样，是在激烈的竞争中运动，这种竞争归根到底是由资金的供求关系决定的。一般情况下，当资金供不应求时，利率上升，当资金供过于求时，利率下降；同时，利率也反作用资金供求，利率上升对资金的需求起抑制作用，有利于资金来源的增加；利率下降，会使资金需求增加。所以，资金供求关系是确定利率水平的一个基本因素。

（三）国家经济政策

利率对社会再生产具有调节作用。因此，国家把利率作为调节经济的一种重要工具。利率不能完全随借贷资金的供应状况自由波动，而必须受到国家的调节，因此而产生的一些代表国家意向的经济政策就对利率产生直接的干预和影响。世界各国政府都根据本国的经济状况和经济政策目标，通过中央银行制定的金融政策影响市场利率，进而达到调节经济、实现其经济发展目标的目的。

（四）物价水平

利率的变动与物价的变化有密切有关系，一方面，物价的高低影响着银行吸收社会资金的成本大小，从而影响银行信贷资金的来源；另一方面，物价上涨往往同货币贬值互为因果，在货币贬值的情况下，银行吸收存款和发放贷款就必须考虑保持货币的实际价值。同样，在信用关系的另一方也有一个货币保值的问题。所以，为保证信用双方都不因物价变化而受到损失必须合理调整利率水平。

（五）国际利率水平

国际利率水平对国内利率的变化具有一定的影响作用，因为国内利率水平的高低直接影响本国资金在国际间的移动，进而对本国的国际收支状况产生影响。当国际利率水平较低而国内利率水平较高时，会使外国货币资本流入国内，从而有利于国际收支状况的改善；反之，当国际利率水平较高，而国内利率水平较低时，会使本国的资金外流，不利于本国的国际的收支平衡。同时，国际利率水平与国内利率水平之间的悬殊太大，不仅对国际收支产生影响，而且还会影响本国通货的对外价值，直接影响本国的对外贸易。所以，为了平衡国际的收支，往往参照国际利率水平来调整国内利率水平，以减少国际收支逆差或顺差。

（六）银行成本

银行作为经营存、放、汇等金融业务的特殊企业，直接以利润为经营目标。要赚取利润，就必须讲究经济核算，其成本就必须全部通过收益得到补偿。银行的成本主要有两类：一是借入资金的成本，即银行吸收存款时对存款人支付的利息。二是业务费用。银行要经营业务，必须拥有房屋、设备等固定资产，必须雇佣劳动力，在经营业务的过程中，也要花费必要的费用支出等。这一切银行在确定利率水平时都会给予足够的考虑。

（七）汇率

在开放经济中，汇率的变动也会影响利率的变化。当外汇汇率上升，本币贬值时，外币的预期回报率下降，国内居民对外汇的需求就会下降，对本币的需求就会上升，从而使国内利率水平上升。

此外，借贷期限的长短、借贷风险的大小、历史利率水平、同行业利率水平等因素都会影响利率的高低。总之，影响和决定利率的因素很多也很复杂。在以上各种因素中，有些因素与封闭经济体制有关，有些因素与开放经济体制有关。在决定一国利率的过程中，这些因素的相对重要性将取决于一个经济、金融的开放程度。如果一国的经济体制在金融方面对外完全开放，或者开放的程度比较深，则国内受国际市场利率或预期货币价值变动的影响相对较大；否则，这种因素的影响就相对较小。

【案例2-7：中国利率市场化的回顾及展望】

有关利率市场化的讨论早已不是新鲜话题。

回顾利率市场化政策在中国的进程，从货币市场、债券市场再到存贷款市场的利率市场化，已近30年的历史，即便是存贷款利率的市场化浮动讨论也已有6年时间。

具体而言，中国利率市场化改革的总体思路是：先放开货币市场利率和债券市场利率，再逐步推进存贷款利率的市场化。存贷款利率市场化则按照"先外币、后本币；先贷款、后存款；先长期、大额，后短期、小额"的顺序进行。

不过，专家普遍预计，实现存贷款利率市场化，进而真正实现利率市场化，在中国，至少还需5~10年时间。

货币利率市场化

国内利率市场化进程首先放开的是银行间同业拆借市场利率。

1986年，国务院明确规定专业银行资金可以相互拆借，资金拆借期限和利率由借贷双方协商议定。全国银行间市场利率市场化开始了初步的尝试。但这之后的10年，利率市场化几乎处于停滞状态。

标志性的时间点是1996年6月1日，人民银行在《关于取消同业拆借利率上限管理的通知》中明确指出，银行间同业拆借市场利率由拆借双方根据市场资金供求自主确定，标志着利率市场化迈出了具有开创意义的一步。

又一个10年过去后，2006年10月1日，上海银行间同业拆放利率（SHIBOR）试运行，并于次年1月正式运行。2007年年末，SHIBOR作为货币市场基准利率的地位即已确立。

SHIBOR确立后，银行间同业拆借市场迅猛发展。统计显示，银行间市场日均成交金额由2002年的493亿元升至2010年的7 000多亿元。

银行同业资产负债占比也大幅提升。以上市银行为例，同业资产占比由2003年年末的6.3%上升到2009年年末的8.6%，同期同业负债占比由6.7%升至12.3%。

债券利率市场化

债券市场的利率市场化大致与货币市场相似。1991年，国债发行开始采用承购包销的发行方式，开始了初步的市场化改革；直到1999年，财政部首次在银行间债券市场实现以利率招标的方式发行国债，国债发行实现市场化。

在债券市场利率放开后，债券市场也在迅速壮大，成为中国一条重要的融资渠道。2009年年末，中国债券发行规模已达8.65万亿元，尤其是近5年以来，短期融资券、中期票据债券市场交易品种的增加，无疑为债券市场注入了"活水"，极大地滋润和激发了债券市场。

与此同时，债券已经成为国内银行主要的升息资产配置种类，目前，中国银行业平均债券占升息资产的两成多。

存贷款利率市场化

不过，最关键的利率市场化存在于存贷款市场，而在这最重要领域，中国尚采取管制措施。

故事最早要从1983年说起。是年，国务院授予人民银行在基准贷款利率基础上上下各20%的利率浮动权。直到1987年，人民银行才首次进行贷款利率市场化的尝试，规定商业银行的流动资金贷款利率为基准上浮最高不超过20%的利率。

到了1996年，为减轻企业的利息支出负担，贷款利率的上浮幅度由20%缩小为10%，下浮也为10%，浮动范围仅限于流动资金贷款，这被视为利率市场化的倒退。

标志性的转折出现在2004年，人民银行决定，将不再设定金融机构（不含城乡信用社）人民币贷款利率上限；仅对城乡信用社贷款利率实行上限管理，最高上浮系数为贷款基准利率的2.3倍。同时，人民银行决定金融机构人民币存款利率下浮，即所有存款类金融机构对其吸收的人民币存款利率，可在不超过各档次存款基准利率的范围内浮动，实现"放开下限、管住上限"的原则。

在2008年经济危机时，为刺激房地产需求，商业性个人住房贷款利率的下限由贷款基准利率的 0.85 倍扩大为 0.7 倍。这被认为是中国利率市场化改革开始迈出最后一步,也是对放松贷款利率下限管制的一次尝试。

而在这期间,国内外币存贷款基本完成了利率的市场化。从 2000 年人民银行放开外币贷款利率和 300 万美元(含 300 万美元)以上的大额外币存款利率,最终到 2004 年 11 月,人民银行决定放开一年期以上小额外币存款利率,商业银行拥有更大的外币利率决定权。

利率市场化方向

业界专家认为,中国利率市场化的最终目标是形成以中央银行的基准利率(再贷款和再贴现利率)为核心,以同业拆借利率为中介目标利率,各种市场利率围绕其波动的完善的市场利率体系,利率水平根据市场供求自发调节。

目前,国内的利率市场化改革还差最后一步,即放开存款利率上限管制和贷款利率下限管制,而这必须以 SHIBOR 为核心基准利率的定价机制的成熟为前提,这是利率市场化整体改革最为关键的环节。

为此,不少专家指出,完善基准利率形成,增加存款利率浮动区间,或是下一阶段利率市场化重点推进的方向。

2010 年 10 月,"十二五"规划建议中提出"稳步推进利率市场化改革"。随后,人民银行行长周小川在公开场合表示,利率市场化会在"十二五"期间有明显进展,以资源优化配置。

周小川还具体提出了几个条件,包括金融机构正当的市场竞争、达标金融机构必须具备财务硬约束、完善货币政策传导机制、提高风险定价能力、中间业务等一系列金融产品的市场化定价等。

不过,专家普遍预计,利率市场化将是一个循序渐进的长期过程。中金公司认为,利率市场化最终完成的标志是活期利率的完全放开,根据其他经济体的经验,该过程仍需要 5~10 年时间。

资料来源:中国利率市场化走过的路 [N]. 第一财经日报. 2010-12-01

五、利率的功能

(一)利率影响消费和储蓄

由于利率是储蓄者提供生息资产的收益,当货币利率较高时,生息资产的收益提高,即期消费的机会成本增加,居民就会减少即期消费,增加储蓄;同时,也会减少手持现金量,增加生息资产的供给。而高利率也会缩减企业的生产规模,这会导致居民收入下降,购买力减少,消费减少。

(二)利率影响投资

利率是企业投资的成本,利率越高,成本越大,生产和投资收益越低,投资规模会缩小。反之,低利率则会减少投资成本,使投资量增加。

利润是企业经营的目标,利息是影响投资的重要因素。用借入资本进行投资的企业将利息支出计入成本,并在此基础上要求获得一个平均的或更高的利润率。用自有资本进行投资的资本家,要将存款的利率作为自己投资的最低利润率,并在此基础上追求更高的利润率。因而,利率的高低就对投资的多少产生了重要的影响。当利率低时,投资便增加,反之则减少。

（三）利率可以发挥调节经济运行的功能

利率是调节经济的政策工具，正因为利率可以影响投资的多少和社会资金的供给，各国政府也就利用利率来调节宏观经济。当经济过热和通货膨胀加剧时，各国中央银行就会提高再现贴现率，以此影响商业银行提高贷款利率，抑制投资需求。从而使经济降温。当一国经济增长缓慢或衰退萧条时，中央银行往往降低再贴现率，以此影响商业银行降低贷款利率。并刺激社会投资，刺激经济发展。在市场经济中，利率对经济有较大的调节作用。

总之，在一个市场化程度较高的社会中，运用高利率可抑制投资的过度，因此可以防止通货膨胀的发生；当经济萧条时，通过降低利率，可防止过度紧缩。

（四）利率影响金融机构资产结构安排

当代金融机构的资产运作形式呈多样化趋势，贷款不是唯一的资产运用方式。由于政府债券信誉好、流动性强、安全性高，因此成为金融机构的主要的流动性资产。当利率变动后，金融机构的资产调整就会在企业贷款和政府债券之间转移。政府债券利率由中央银行根据金融政策要求确定，企业贷款利率由金融机构根据市场的资金供求情况等来确定，这样，政府债券利率与企业贷款利率之间存在着一定的差异，这正是金融机构对利率存在弹性的可能。金融机构根据利率的变动调整自己的资产结构，使得中央银行利用利率作用调控宏观经济成为可能和有效。

（五）利率影响国家的国际收支状况

在一个对外开放的国家中，经济是与世界市场紧密相联的，利率的变动将影响一国对外经济活动。表现在两个方面：一是对进出口的影响；二是对资本输出输入的影响。当利率水平较高时，企业生产成本增加，产品价格提高，出口竞争能力下降，出口量减少，从而会引起一国对外贸易的逆差。相反，降低利率会增强出口生产企业的竞争能力，改善一国对外贸易收支状况。从资本输出输入看，在高利率的诱惑下，外国资本会迅速地流入，特别是短期套利资本，这虽然可以暂时缓解一国国际收支的紧张状况，但在高利率情况下的外国资本注入也会带来许多不良后果。如通货膨胀的输入、沉重的还本付息负担等，有可能造成国际收支状况的恶化。

第四节 利率理论

利率决定理论主要研究利率的决定因素及其在利率决定中的作用方式，由于经济学家们对这些问题的认识不同，从而形成了不同的利率决定理论。

一、马克思的利率决定理论

马克思的利率决定论是建立在对利息的来源和本质准确把握的基础上。马克思揭示，利息是贷出资本的资本家从借入资本的资本家那里分割出来的一部分剩余价值，而利润是剩余价值的转化形式。

总体来看，马克思的利率决定理论是以剩余价值在不同资本家之间的分割作为起点的。马克思认为，利息是贷出资本的资本家从借入资本的资本家那里分割来的一部分剩余价值，而利润是剩余价值的最终转化形式，利息的这种性质就决定了利息额的多少只能在利润总额的限度内，利率取决于平均利润率。

（一）马克思利率决定理论的具体内容

利率的变化范围介于零与平均利润率之间。马克思进一步指出，在平均利润率与零之间，利息率的高低取决于两个因素：一是利润率；二是总利润在贷款人和借款人之间进行分配的比例。这一比例的确定主要取决于借贷双方的供求关系及其竞争，一般来说，供大于求时利率下降；供不应求时利率上升。此外，法律、习惯等也有较大作用。

（二）由于利润率决定利率，从而使利率具有如下特点

（1）随着技术的发展和资本有机构成的提高，平均利润率有下降的趋势，因而导致受其影响的平均利率也有同方向变化的趋势。

（2）平均利润率虽有下降的趋势，但是是一个缓慢的过程，就一个阶段来考察，每一个国家的平均利润率是相对稳定的量，因而平均利率也具有相对稳定性。

（3）由于利息率的高低取决于两类资本家对利润分割的结果，因而使利率的决定具有很大的偶然性，无法找到一个具体的决定规律。

马克思的理论对于说明社会化大生产条件下的利率决定问题具有指导意义。

二、西方主要的利率决定理论

西方利率决定理论全部着眼于利率变动取决于供求对比关系，但由于分析问题的角度不同，各种学说的内容与结论也不尽相同。一类观点是把利率看成是实物经济的一个变量，认为利率由实物资本的供给和需求所决定，即由储蓄和投资的均衡点所决定。另一类观点，如凯恩斯的利率决定理论则认为利率纯粹是一种货币现象，利率水平由货币的供给和人们对货币需求的均衡点所决定。下面对西方利率决定理论做简要介绍。

（一）古典学派的利率决定理论

古典利率理论又称实物利率理论，是指从19世纪末到20世纪30年代的西方利率理论，认为利率为储蓄与投资决定的理论。古典利率理论认为：利率具有自动调节经济，使其达到均衡的作用：储蓄大于投资时，利率下降，人们自动减少储蓄，增加投资；储蓄少于投资时，利率上升，人们自动减少投资，增加储蓄。

1. 古典利率理论的特点

（1）古典利率理论是一种局部均衡理论。储蓄和投资都是利率的函数，利率的功能仅在于促使储蓄与投资达到均衡。

（2）古典利率理论认为：储蓄由"时间偏好"等因素决定；投资则由资本边际生产率等决定，利率与货币因素无关，利率不受任何货币政策的影响。因此，在古典利率学派看来，货币政策是无效的。

（3）当利率降低时，预期回报率大于利率的可能性增大，所以投资需求也会不断增大，即投资是利率的递减函数。只要货币利率与投资的预期回报率存在差异，资本就会在储蓄和投资两者之间发生移动。

2. 古典利率理论的分类

（1）庞巴维克的时差论与迂回生产理论。从需求角度讲，"现在的物品通常比同一种类和同一数量的未来的物品更有价值"，此两者之间的差额就是利息的来源。从供给角度讲，利息主要来源于"迂回生产"，也就是在生产出消费品以前，先生产出工具、设备和原料等中间产品，然后才生产消费品，利息正是产生于这种时间的间隔。

（2）马歇尔的等待说与资本收益说。马歇尔认为，利率为资本的供给和需求所决定，而资本的边际生产力是资本需求的决定因素，抑制现在的消费、"等待"未来的报酬则是资本供给的决定因素，这两种决定力量的均衡就决定了利率水平，利息就是人们等待的报酬。马歇尔同时认为，决定资本需求的因素是资本的生产力。即"借款人所愿付的利率，是他使用资本的预期收益的尺度"。企业家为了获得利润的极大化，其对资本的需求要达到资本的边际收益与利率相等为止，资本的需求因此是利率的递减函数。马歇尔把"等待"作为支配资本供给的因素，它包含积累财富、积累资本，为资本的供给提供来源的意思。这种性质的等待，被马歇尔称之为储蓄，它是利率的递增函数。

（3）魏克塞尔的自然利率学说。魏克塞尔认为资本供给和需求相等，储蓄和投资相等时的利率就是自然利率。"自然利率是对物价完全保持中立，既不使物价上涨，也不使物价下落的利率；它与不用货币交易而以自然形态的实物资本来进行借贷时为其需求与供给所决定的利率恰恰相等"。也就是说，自然利率相当于资本（或投资）的预期收益率，也是保持适度投资规模的利率。魏克塞尔进一步指出，若货币利率与自然利率一致，投资就既不会使物价上升，也不会使物价下跌，货币就是中性的。但是货币利率常常与自然利率背离，要保持经济均衡，就必须实现货币利率与自然利率的一致。

（4）费雪的时间偏好与投资机会说。费雪认为，利息产生于现在物品与将来物品交换的贴水，也就是由社会公众对现在物品的时间偏好和投资机会共同决定的。有人偏好现在的物品，也有人偏好未来物品而让渡一部分现在物品，这就需要利息作为补贴或报酬，因为现在物品的未来收入高于将来的物品。同时，也有人愿意支付利息，从而以较多的未来收入换取较少的现在收入。费雪进一步说明，投资者按照不同的投资机会，进行收入流量最大、时间形态最好的投资安排，以使其投资的收益最高。资本的需求和投资的继续将进行到利润率与利率相等为止。资本的供给则为公众的时间偏好决定。资本供给与资本需求的相等，决定社会的利率水平。这就是说，利率决定于社会公众的时间偏好和企业家对投资机会选择的一致。费雪最先开展对实际利率和名义利率的研究。

（二）凯恩斯的"流动性偏好"利率理论

按照凯恩斯的观点，作为价值尺度的货币具有两种职能，其一是交换媒介或支付手段，其二是价值贮藏。货币需求就是人们宁愿牺牲持有生息资产（如各种有价证券）会取得的利息收入，而把不能生息的货币保留在身边。至于人们为什么宁愿持有不能生息的货币，是因为与其他的资产形式相比，货币具有使用方便灵活的特点，是因为持有货币可以满足三种动机，即交易动机、预防动机和投机动机。所以凯恩斯把人们对货币的需求称为流动偏好（Liquidity Preference）。流动偏好表示人们喜欢以货币形式保持一部分财富的愿望或动机。

由交易动机和预防动机所需的货币量与利率无关，主要与收入有关，用 $L_1 = L(Y)$ 表示，Y为收入水平。而投机动机所需的货币量主要与利率相关，$L_2 = L_2(i)$，与收入关系不大。利率越高，投机性货币需求越小，利率越低，投机性货币需求越大，当利率低至某一极限时，货币需求为无限大，人们宁愿持有货币而不愿持有其他资产。这就是"流动性陷阱"。总的货币需求为 $L = L_1(Y) + L_2(i)$。

满足交易动机和预防动机的货币供给量以 M_1 表示，满足投机动机的货币供给量用 M_2 表示，社会总的货币供给量为 $M = M_1 + M_2$。当货币的供求均衡时，即 $M = M_1 + M_2 = L_1(Y) + L_2$

(i)时，决定的利率为均衡利率。货币的供给量为一外生变量，对利率完全无弹性，货币存量取决于货币供给，流动性偏好反映货币需求。当货币市场初始不均衡时，超额或者缺额货币将为收益证券的增加或减少所替代，证券价格的上涨或下跌，推动利率降低或上升，由于投机动机的作用，货币需求随之扩大或收缩，直到货币需求水平恰好全部吸收货币供给为止，这时利率达到均衡水平。如果初始货币量是均衡的，那么货币供求因素相对稳定的变动，通过上述与有收益证券的替换过程，使初始利率变动到新的均衡利率。

（三）可贷资金利率理论

可贷资金利率理论认为，利率不是由储蓄与投资所决定的，而是由借贷资金的供给与需求的均衡点所决定的。利率是使用借贷资金的代价，影响借贷资金供求水平的因素就是影响利率变动的因素。借贷资金的供给因此与利率成正函数关系，而借贷资金的需求则与利率成反函数关系，两者的均衡决定利率水平。

在现实经济中，不仅有储蓄和投资这些实际因素对利率产生影响，还有人们对货币的需求及货币的供给这些货币因素也对利率产生影响，可贷资金利率理论试图把实际经济因素和货币因素进行综合考虑，从流量的角度研究借贷资金的供求和利率的决定。该理论认为利率取决于可贷资金的供求平衡。

按照可贷资金利率理论，可贷资金的供给来源于两部分：一是社会（包括家庭、政府和企业）的实际储蓄。在开放经济中，还包括来自外国资本的净流入。二是信用膨胀引起的实际货币供给净增额。可贷资金的需求也包括两方面：一是实际投资支出的需要，对于政府而言，则可能是弥补实际赤字额的需要；二是居民、企业增加货币持有的需要。用公式表示：

$D_L = I + \Delta M_D$

$S_L = S + \Delta M_S$

式中，D_L 表示可贷资金的需求；S_L 表示可贷资金的供给；ΔM_D 表示该时期内货币需求的改变量；ΔM_S 表示该时期内货币供应的改变量。当可贷资金供求双方相互作用达到平衡时，形成均衡的一般利率。均衡条件用公式表示为：

$D_L = S_L$ 即：$I + \Delta M_D = S + \Delta D_S$

从上式可以看出：即使投资与储蓄这一对实际因素的力量对比不变，货币供需增量的对比变化也足以改变利率。因此，可贷资金的供求均衡并不就保证了商品市场和货币市场的同时均衡。从短期看，货币增量供求的不平衡或者投资储蓄的不平衡都会导致收入水平的波动，通过货币因素的传导，使均衡利率产生短期波动。从长期看，利率取决于实际经济因素，所以长期利率相对稳定。可贷资金的利率理论，借此解释了短期利率的易变性和长期利率的稳定性。

第五节 信用工具

一、信用工具及其特征

信用工具是指以书面形式发行和流通、借以保证债权债务双方权利和义务，具有法律效力的凭证。信用工具也叫金融工具，是重要的金融资产，是金融市场上重要的交易对象。任何金融工具都具有双重性质：对出售者和发行人，它是一种债务；对购买者和持有人，它是一种债权或金融资产。

信用工具是随着信用的产生和发展而逐渐被创造出来的,在商品经济比较发达的条件下,由于信用的存在,单纯的货币现金交易就不能满足社会经济发展的需要。为了弥补现金交易在使用上不适应频繁的商品交易等缺陷,完成信用条件下的价值转移,作为证明信用关系,维持其正常进行的各种信用工具就被创造出来。首先,在商业信用的基础上,产生了商业票据,继之,在银行信用的基础上,又产生了银行票据,以后随着股份经济的出现,企业股票也应运而生;在国家信用的基础上,又出现了国家债券。近年来,在消费信用的基础上,又发展了信用卡等新型信用工具。

信用工具纷繁复杂,各不相同,但也有一些共同的特征:

1. 收益性

信用工具能定期或不定期带来收益。信用工具的收益有三种:一种为固定收益,是投资者按事先规定好的利息率获得的收益,如债券和存单在到期时,投资者即可领取约定利息。固定收益在一定程度上就是名义收益,是信用工具票面收益与本金的比例。另一种是即期收益,又叫当期收益,就是按市场价格出卖时所获得的收益,如股票买卖价格之差即为一种即期收益。还有一种是实际收益,是指当期收益和本金损益共同考虑的所获得的收益。如某债券票面金额为100元,10年还本,每年利息6元。如某人在该债券发行一年后以95元买入,并持有到期。那么,在这9年中,他每年除了获得利息6元外,还获得资本赢利约0.56元($5 \div 9 \approx 0.56$)。这样他每年的实际收益就是6.56元。

2. 风险性

为了获得收益提供信用,同时必须承担风险。风险相对于安全而言,所以风险性从另一个角度讲就是安全性。信用工具的是指投入的本金和利息收入遭到损失的可能性。任何信用工具都有风险,程度不同而已。其风险主要有违约风险,市场风险,政治风险及流动性风险。违约风险一般称为信用风险,是指发行者不按合同履约或是公司破产等因素造成信用凭证持有者遭受损失的可能性。市场风险是指由于市场各种经济因素发生变化,例如市场利率变动,汇率变动,物价波动等各种情况造成信用凭证价格下跌,遭受损失的可能性。政治风险是指由于政策变化,战争,社会环境变化等各种政治情况直接引起或间接引起的信用凭证遭受损失的可能性。

3. 流动性

金融工具可以买卖和交易,可以换得货币,此即为具有变现力或流通性。在短期内,在不遭受损失的情况下,能够迅速出卖并换回货币,称为流动性强,反之则称为流动性差。

二、短期信用工具

信用工具种类繁多,以偿还期为标准分为长期信用工具和短期信用工具。短期信用工具是用于短期资金融通的信用工具,即借贷期在一年以下的信用工具。西方国家一般把短期信用工具称为"准货币",这是由于其偿还期短,流动性强,随时可以变现,近似于货币。

短期信用工具主要包括:

(1)票据。指出票人自己承诺或委托付款人,在指定日期或见票时,无条件支付一定金额,并可流通转让的有价证券。按信用关系的不同,票据可分为汇票、本票和支票。汇票是出票人签发的,委托付款人在见票时或者在指定日期无条件支付确定的金额给收款人或持票人的票据。按出票人的不同，分为商业汇票和银行汇票。本票是指由银行签发的，承诺自己在见票时无条件支付票据金额给收款人或持票人的票据。中国仅限于银行本票。支票是由出票人签发，委托办理支票存款业务的银行或者其他金融机构在见票时无条件支付确定的金额给收款人或持票人的票据。按支付款的方式，分为普通支票、现金支票和转账支票。

（2）大额可转让定期存单。可转让存单是银行为了吸收大额定期存款而发行的一种存款凭证。与普通存款单不同，具有不记名、存单金额固定、面额大、不能提前支取但可以转让、期限短等特点。

（3）国库券。国库券是国家为解决急需预算支出而由财政部发行的一种短期债券，具有风险小、期限短、流动性强的特点。

此外，短期信用工具还包括短期金融债券、信用证、信用卡等。

【案例2-8：山西"7·28"特大金融诈骗案调查】

2月12日8时30分，一架客机在太原机场缓缓降落。机门打开，从悬梯上走下了一名戴手铐的"旅客"，此人正是震惊全国的山西"7·28"特大金融诈骗案主要嫌犯之一王力民。

王被抓前的身份是太原市通达科技有限公司（未注册）总经理，此前在太原并不为人所知。但此次他所涉案件却被山西省省长张宝顺称为"新中国成立以来，本省最大的金融票据诈骗案"，涉案金额达十多亿元，嫌犯多达35人；目前仍有朱玉杰、田志刚、胡吉贤、杜建国四名主要嫌犯在逃。本案令太原市内的商业银行几乎"全军覆没"，四大国有商业银行中只有中国工商银行幸免，股份制商业银行中有交通银行和光大银行涉案。

案发后，国务院温家宝总理、黄菊副总理和公安部部长周永康先后批示，甚至在春节前夕，温家宝总理还对此案作出了第三次重要批示。

银行报案引出惊天大案

2004年7月28日开始，太原市公安局陆续接到省城5家银行关于票据诈骗的报案，"7·28"案由此得名。

当时，报案银行普遍称，有大笔储户的资金在基层支行或分理处不翼而飞，其作案手法传统、粗糙，多为私刻印章、伪造转账支票等，将银行存款转至其他账户，再以直接提现、办理质押贷款、转为承兑保证金等形式，骗取巨额资金。属内外勾结型的金融诈骗。

据了解，本案是一起系列案，有数个作案团伙，这些团伙有着各自的"势力范围"。比如，王力民就是以中国农业银行为主要作案对象，而朱玉杰是以中国建设银行为主要作案目标，胡吉贤则主要选择股份制商业银行下手等。他们作案时互相达成默契，作案的银行也互有交叉，甚至还会互施援手。

案发后，以太原市公安局经侦支队为主，山西省、市、区三级公安机关组成了"7·28"专案组。尽管主要嫌犯逍遥法外，但案情仍逐渐浮出水面。据太原市公安局的人士介绍，目前5家银行涉及的73个案件中，已有50余起事实基本查清。目前，警方已逮捕了31名犯罪嫌疑人。

至2004年年底，太原市公安局将涉案金额具体描述为12.25亿元，当时警方追回赃款1.2亿元。到2005年2月份，已经追回赃款4亿余元，冻结资金8500万元。太原市检察院一位检察官说，本案中涉案金额最大的是中国农业银行，高达4.9亿元人民币；其次为建设银行，达2亿元左右，其中很大部分无法追回。蒙受巨大损失的主要是银行的一些机构储户。

自救落空窟窿越补越大

建行太原某支行一位管理层人士透露，在去年7月28日之前，数家银行已经发现了大额资金被盗用，当时各家银行并没有立即报案，而是首先选择"自救"，即涉案银行管理人员大多会同保安将当事人"软禁"起来，希望他们能够尽力将自己造成的损失补上，但结果是这些当事人往往拆东墙补西墙，最终损失反而越补越大。

以涉案的某商业银行太原一家支行为例，去年8月的一天，该支行会计监管员发现某分理处账户上一笔约2 000万元的资金被突然划至某公司的账上，而当时这家公司大笔资金被盗用且已经报案，是"7·28"系列案之一。他们很快查出这是一位分理处主任所为，该支行对分理处主任采取了"内部措施"。经过为期一周的若干次交涉和"攻心"，此人居然又将这笔钱挪了回来。

当时，这家支行非常庆幸。但他们很快发现，这笔钱其实是从其他支行所属分理处挪过来的。最终，银行发现窟窿不止这2 000多万，而且也无法收回，于是报案。随后，分理处主任被公安机关逮捕，他涉案的资金最后达到5 000万左右。

据了解，目前被抓的31人中，有超过10人为各行的分理处主任或者支行负责人。其中，仅一个某国有商业银行就有7个左右分理处主任被抓。

事实上，这些银行最基层的分理处主任们已经结成了一个庞大的关系网。据了解，在"7·28"案发后，从一家银行发觉并开始追查起，大量的资金就开始在几家银行的分理处来回倒腾，拆东补西，但当窟窿大到一定程度，分理处主任就捉襟见肘时，漏洞最终暴露。而当这些资金在各个分理处之间腾挪转移的时候，涉案的主要嫌犯纷纷潜逃。留下的嫌犯多是银行分理处、企事业单位的财务人员。

大批分理处主任被抓，成为本次山西金融诈骗案的一个特点。那么这些分理处主任们结成了怎样的一个网，他们跟王力民、朱玉杰等主嫌犯又有着怎样的关系？

实际上，这也是一个高息揽存者与"资金贩子"间常见的故事。据知情人透露，王对银行人员说要用钱周转，希望从银行的分理处划钱用一阵子，之后再用别的钱填上窟窿。王力民还承诺，如果事成，还会在银行的分理处再存上一笔钱。

对银行人员来说，答应王的要求，就意味着他得从机构或者个人的银行账上非法划走一笔钱，在此期间还不能让对方知道，但这基本上很难，只有让对方知道而不声张。

王力民的神通广大之处就在于此，存款是他拉来的，最后非法动用该存款的人也是他。作为"资金贩子"，他打通了存款客户和银行分理处，形成了一个危险的三角。

太原市检察院一位检察官介绍，王力民一般手法就是，先通过许诺给对方高利息，或者给存款单位财务人员高回扣的方式拉存款。在骗得存款客户信任后，王和其中一些存款客户和银行达成默契：允许王在一定的时间内动用这笔存款或者存款中的一部分，客户一旦发现也不声张。

当然，这是一种"理想"的方式。如果存款客户不同意，无法形成默契的三角，王力民也是不惮于"霸王硬上弓"的。他就通过银行分理处内外勾结，通过盗取或者更换存款人的印鉴、私刻印章、伪造转账支票等手段，将银行存款转至其他账户，之后再通过各种方法（如直接提现、办理质押贷款、转为承兑保证金等）将钱提走。

据了解，此案中最为恶劣的一点是，一些企业在案发后，持自己的真印鉴和印章，却无法在银行取出钱来，"这说明案犯已经勾结银行将印鉴变更。"太原一位著名的民营企业家说。事实上，这也是王的主要作案手法。在此过程中，往往是银行分理处（或支行）、资金贩子、存款客户结成同盟，或者其中前两者结成同盟：存款客户是为了得到更高的利息或者更多好处；银行分理处是为了完成存款任务，拉到更多存款；而资金贩子的目的也非常明确，就是骗取巨额贷款。因此，太原市人民银行的一位人士分析说，这个案件中可能不存在完全的被骗者，各方都是知道一些内情，但是各方出于自身利益，同时抱有侥幸心理，最终结成了一个同盟。

在此过程中，各方形成进退同盟，一旦遇到问题，还可以相互拿钱填窟窿。但三方的共同利益很容易会因为其中一方的"犯规"而落空。太原市人民银行的一位人士举了一个例子，银行客户原本答应给拉款人（资金贩子）使用数百万的资金，但拉款人却最终从银行动用了客户数千万资金，联盟因此崩溃，一方不得已主动报案。

善后难题

在山西这片晋商票号的发源地，"资金贩子"们至今仍然活跃在基层银行的监管漏洞之中。由于高息揽储等种种积弊，各种类型的"资金贩子"仍然在利用商业银行转型中的急功近利，通过一些简单粗糙的方式屡屡得手。

表面上看，太原市的各家银行似乎仍然非常平静，但是，"7·28"的阵痛仍在蔓延。尽管有4亿的金额已经被追回，但那些没有追回的损失将由谁来埋单？一些民营企业的被盗存款到底应该由谁来赔偿？银行、客户以及诈骗犯如何分担损失？另外，在一些个案中，责任边界由于多方勾结而变得模糊，这些都增加了善后处理的难度。

案发后，涉案银行在诚信度上都受到了不同程度的创伤，出现了一些企业储户流失的情况。虽然目前各涉案银行已经加强了内控，但如何逐步赢回储户的信任，还需要很长的时间。

资料来源：山西"7·28"特大金融诈骗案调查 [N]. 中国新闻周刊. 2010-07-07。

三、长期信用工具

长期信用工具是指股票和各种期限在1年以上的债券。长期信用工具均具有良好的自由转让性，并形成资本市场。通常是指有价证券，主要有债券、股票及长期票据。

（一）股票

股票是股份有限公司发给股东，用来证明投资者向公司投资，因而拥有相应的所有者权益并可以获取股息的凭证。从法律角度讲，股票必须是股份有限公司才能发行，非股份有限公司不能拥有发行股票的权利。另外，股票的购买不是普通的商品买卖，它意味着向股份有限公司进行投资的过程。作为股份有限公司的所有者，股票持有者根据持股比例享有公司所有者权益，并承担相应责任。

股票是一种资本所有权凭证，它是现代企业制度和信用制度发展的结果。在现代股份制度运行中，股份公司发行两种主要的股票，即普通股票和优先股票。

普通股票是股份公司发行的标准股票，投资于这种股票的股东享有的权利有：（1）对公司的经营参与权。这一权利主要通过参加股东大会来行使。普通股东在大会上行使选举权、被选举权、发言权、表决权等。通过这些权利间接地参与公司的管理。（2）公司盈余和财产分配权。这一权利的行驶是有先决条件的，要求分配的公司利润只能是先支付雇员的工资、借贷款项、税款、公司债券持有者的债息、法定公积金、优先股股息后的净利润。即使是净利润一般也要保留一部分用于增加公司资本投入或维持未来股份分配的稳定。（3）优先认股权。这是指股份公司为增加资本而决定发行新的股票时，现有的普通股股东有权按当时的持股比例和低于市场价格的价格优先认购，以便保持其在股份公司中的权益比例。

优先股票是指优于普通股股东分配公司收益和剩余财产的股票。优先股与普通股相比有两方面的基本优先权：一是优先获得在发行之时就约定的固定股息。该股息不受公司经营状况和盈利水平的影响；二是优先股票有剩余资产的优先分配权，即当公司破产倒闭或解散清算时，优先股股东先于普通股股东分配公司剩余财产。但是在一般情况下，优先股持有人不能参与公司的经营管理，他们没有普通股持有人那样的投票权。同时，由于其股息是固定的，所以，当企业生产景气时，一般不能像普通股那样获得高额盈利。

【案例2-9：股市600倍暴富神话改变失地村庄命运】

若不是当年紫金矿业拿不出足够的现金实行征地移民补偿，若不是变相硬性摊派给每个村民一份原始股，福建上杭县同康村这座失地村庄的命运几乎可以想见：丢失土地、背井离乡，甚至举众抗争。如今，当年近乎一张"废纸"，价值竟飙升了约600倍，催生了整村的百万富翁。

溃坝让山村百姓失去土地

自1990年起，紫金矿业传奇人物陈景河开发紫金山伊始，山坡上同康村的命运便和紫金矿业系在了一起。

一直到2000年以前，同康村仍能栖居在紫金山的半坡上，沿着一条小溪蜿蜒而住，村民靠山吃山：种田、伐木、采菇，建些造纸小作坊。2000年的溃坝事件彻底打断了同康村的山村历史，让村民们第一次真切领略到了资本无坚不摧的力量。

同康村的上游建有一座紫金矿业的拦沙坝，如同悬在村民头顶的定时炸弹。2000年8月底，一场百年不遇的暴雨导致了溃坝。

灾难导致超过一半的农户房屋受损，泥沙覆盖了2/3的良田，村路全毁。当时的紫金矿业股份有限公司的报告总结称，矿区"环保设施在设计、管理上存在漏洞"。

自祖上从河南搬迁至紫金山以来，同康村不得已开始了第二次迁移，移居到了上杭县城边上，他们也彻底成了失去土地的人。

补偿金变成原始股

随后的补偿，上演了中国太多失地农民的普遍遭遇——紫金矿业拿不出足够的钱来。

没有钱的赔偿者，只能抵押上自己的原始股票，没有任何商量余地。2001年6月17日，村委会召开会议，决定把股票分摊到每个人头上。这在村里掀起一场风波，谁都不愿意领一张看起来毫无用处的股权证，而少了1 338元直观的补偿金。住在村部后面的一户村民天天缠着村支书，最后村支书没有办法，只能借了2 600多元，把他们家两份股权买了下来。

游金成在2001年搬迁下山，所有补偿加起来约6万多元。为了给儿子娶媳妇，他果断地把家里的8份股权卖了5份，"当时谁也不懂，要是紫金矿业破产了，这就只能拿来擦屁股了"。

出乎意料的是，紫金矿业却蒸蒸日上起来。2003年年底、2008年分别在中国香港、上海上市。如今更跻身中国企业500强、最大的黄金生产企业、控制金属矿产资源最多的企业，股价亦在节节攀升。

今年3月,同康村里挂出"祝贺紫金矿业限售股解禁成功"的横幅,村民朴素地觉得当初的"废纸"终于可以兑现了。

整个村庄变成了露天的股票市场,村民见面问得最多的是"今天股价多少钱"、"什么时候发下来"。当年极可能擦屁股的一张废纸,如今飙升了600倍,价值从1 338元,逼近80万元。

资料来源:股市600倍暴富神话改变失地村庄命运[N].南方周末.2011-02-18

(二)债券

债券是一种表明债权债务关系的凭证,证明持券者有按约定的条件(例如面值、利率和偿还期等)向发行人取得利息和到期收回本金的权力。具体地说,持券者就是债权人,债券的发行者(例如国家、地方政府、公司或金融机构)是债务人。

1. 债券的基本要素

(1)票面价值。票面价值即面值,债券的面值包括币种和面值大小两个基本内容。面值币种取决于发行者的需要和债券的种类,国内债券的面值币种为本币,外国债券的面值币种为债券发行国家的货币,欧洲债券的面值币种为发行国家以外的货币,主要为欧洲美元、欧洲日元等。债券面值的大小从一个货币单位到上百万货币单位不等。

(2)偿还期限。指从债券发行之日起至清偿本息之日止的时间,一般分为三类:偿还期在1年或1年之内的,称为短期债券;偿还期在1年以上、10年以下的,称为中期债券;偿还期在10年以上的,称为长期债券。债券偿还期限的确定主要取决于债务人的资金需求期限、未来市场利率的变化趋势以及证券市场的发达程度等因素。

(3)利率。债券的利率是债券的利息与债券面值之比。债券利率有固定利率与浮动利率之分,前者在发行时确定并延续至期满,后者则随某个参照利率(如优惠贷款利率)的变动而变动。影响债券利率的因素主要有:银行利率水平、发行人的资信状况、债券偿还期和资本市场资金供求状况等。

2. 债券的种类

债券的分类方法很多,根据发行主体的不同,可以分为政府债券、公司债券和金融债券。

政府债券。是由中央政府、地方政府或政府担保的公共事业部门发行的债券。政府债券有短期、中期、长期之分,分别为1年期以内、1~10年及10年以上。在有的国家,政府发行的短期公债叫国库券,因其流动性强,又被称为"有利息的钞票"。中国发行的政府债券不论期限长短都叫国库券。中国发行的国债按券面形式分为三种,即无记名式、凭证式和记账式。

无记名式国债是一种票面上不记载债权人姓名或单位名称的债券,通常以实物券的形式出现,又称实物券或国库券。实物券是一种具有标准格式实物券面的债券。在券面上一般印有债券面额、利息、期限、发行人全称、还本付息方式等各种债券票面要素。

凭证式国债的债券形式是一种债权人认购国债的收款凭证,而不是债券发行人制定的标准格式的债券。中国发行的凭证式国债,以"凭证式国债收款凭证"记录债权,不能上市流通,从购买之日起计息。在持有期内,持券人如果遇到特殊情况,需要提取现金,可以到购买网点提前兑现。中国从1994年开始发行凭证式国债。凭证式国债具有类似储蓄又优于储蓄的特点,通常称为"储蓄式国债",是以储蓄为目的的个人投资者的理想投资方式。

记账式国债是指没有实物形态的票券,而是在电脑账户中作记录。如果投资者要进行记账式债券的买卖,就必须在证券交易所设立账户。所以,记账式国债又称为无纸化国债。是指将投资者持有的国债登记于证券账户中,投资者仅仅取得收据或对账单以证实其所有权的一种国债。

四、金融衍生工具

衍生工具是英文 Derivatives 的中文意译,其原意是派生物、衍生物的意思。所谓金融衍生工具,是指从基础性金融资产如股票、债券基础上派生出来的新型金融工具,这类工具的价值依赖于基础性金融工具。20 世纪 70 年代以来衍生金融工具得到了迅速发展。由于 70 年代的高通货膨胀率以及各国普遍实行浮动汇率制,使通货膨胀风险、利率风险和汇率风险显著增加,规避风险成为金融交易中的重要课题。同时,各国逐渐放松金融管制以及金融业竞争加剧使金融创新不断涌现。这多方面的因素,使得金融衍生工具迅速发展。

金融衍生工具具有两大基本特征:其一,依存于传统的金融工具。无论金融衍生工具的形式多么复杂,它都不可能凭空出世,独立存在。它总是以某种或某几种传统金融工具作为基础,传统金融工具的价格支配着金融衍生金融工具价格的变化。金融衍生工具是货币、外汇、债券、股票等传统金融商品发展到一定阶段后的产物。其二,杠杆性的信用交易。达成金融衍生工具合约不需要缴纳合同的全部金额,只需利用少量的资金就可以进行几十倍的金融衍生工具交易。当然,参与交易的各方讲求信用,是这种杠杆式交易普遍化的基本前提。

一般来说,金融衍生品市场以及相对应的投资工具分为四大基本类别,即远期合约、期货合约、期权合约和互换合约,复杂的金融衍生品一般被认为是这四种基本合约的派生物。

(一)金融远期

金融远期合约是指双方约定在未来的某一确定时间,按确定的价格买卖一定数量的某种金融资产的合约。金融远期合约规定了将来交换的资产、日期、价格和数量,合约条款因合约双方的需要不同而不同。在合约中规定在将来买入的一方称为"多方",而在未来卖出的一方称为"空方"。合约中规定的未来买卖金融资产的那个确定价格称为"履约价格"。人们常常见到的金融远期就是远期外汇买卖。

(二)金融期货

金融期货是指协议双方同意在约定的将来某个日期按约定的条件(主要是价格)买入或卖出一定标准数量的金融工具的标准化协议。

金融期货交易的特征:第一,期货合约均在交易所进行,交易双方不直接接触,而是各自跟交易所的清算部或专设的清算公司结算。清算公司充当所有期货买者的卖者和所有卖者的买者,因此交易双方无须担心对方违约。第二,期货合约的买者或卖者可在交割日之前采取对冲交易以结束其期货头寸(即平仓),而无须进行最后的实物交割。这相当于买者可把原来买进的期货卖掉,卖者可把原来卖出的期货买回,这就克服了远期交易流动性差的问题。由于通过平仓结束期货头寸比起实物交割既省事又灵活,因此目前大多数期货交易都是通过平仓来结清头寸的。第三,期货合约的合约规模、交割日期、交割地点等都是标准化的,即在合约上有明确的规定,无须双方再商定。最后,期货交易是每天进行结算的,而不是到期一次性进行的,买卖双方在交易之前都必须在经纪公司开立专门的保证金账户。

表 2-1 列示了世界上一部分主要的期货合约类型,其中外汇类、利率类和股票指数类是常常见到的金融期货合约。

表2-1 期货合约的若干种类

外汇类	农产品	金属与能源	利率期货	股票指数
英镑	玉米	铜	长期国债	道·琼斯工业指数
加元	大豆	铝	国库券	标准普尔500指数
日元	燕麦	黄金	中期国债	价值线指数
法国法郎	大麦	白金	市政债券指数	主要市场指数
德国马克	小麦	白银	LIBOR	纳斯达克100指数
澳大利亚元	咖啡	原油	联邦基金利率	日经225指数
…	…	…	…	…

资料来源：(美)茨维·博迪著.朱宝宪等译.投资学[M].机械工业出版社（第四版），第579页

（三）金融期权

金融期权，又称选择权，是按照规定的期限以规定的价格买卖规定的金融工具的选择权。这里"规定的期限"被称为期权的有效期，"规定的价格"被称为期权的执行价格，"规定的金融工具"被称为期权的基础资产。

按照期权买者的权利划分，期权可以分为拥有购买权利的看涨期权和拥有卖出权利的看跌期权。看涨期权也叫买入期权，是指期权购买者可以在约定的未来日期以协议价格向期权的出售者买进一定数量的某种金融商品的权利。看跌期权也叫卖出期权，是指期权买方在约定的未来日期以协议规定的价格向期权的出售者卖出一定数量的某种金融商品的权利。

按照期权买者执行期权的时间划分，期权可分为只能在到期日执行的欧式期权和允许买者在期权到期前的任何时期都可执行的美式期权。

金融期权合约的交易特征：首先，从期权买卖双方财务状况看，如果投资者对金融工具未来的价格看涨，就可以购买"看涨期权"，假如未来金融工具价格真的上涨，投资者就可以低价购买高价出售获利（或将手中的期权高价转让获利）；同样，如果投资者对金融工具未来的价格看跌，则通过购买"看跌期权"，假如未来金融工具价格真的下降，则同样可以获利。当然，如果价格的走势与投资者预期的不一致，则购买期权的投资者损失期权费，这一部分"损失"就成为期权出售者的收入。

其次，从权利义务的角度看（表2-2)，不论是"看涨期权"(call)还是"看跌期权"(put)，只要是期权的买方，都有执行期权的权利；而期权的卖方只有在买方提出执行期权时才能履行期权合约——期权的卖方无法要求买方执行期权，只能在买方要求执行时才能执行。

表2-2 期权合约买卖交易双方的权利与义务

	期权的买方	期权的卖方
权利与义务	执行合约的权利，无义务	只有义务没有权利
期权费	买方支付	卖方收取
履行合约	决定权在买方	无法要求履约
最大损失	期权费	理论上无限损失
最大盈利	理论上无限盈利	期权费
对市场的预期	对金融工具看跌买进put 对金融工具看跌卖出call	对金融工具看涨买进call 对金融工具看涨卖出put

（四）金融互换

金融互换是两个（或两个以上）当事人按照商定条件，在约定的时间内，相互交换等值现金流的合约。互换是李嘉图的比较优势理论在金融领域的运用，根据比较优势理论，只要满足以下两种条件，就可进行互换：一是双方对对方的资产或负债均有需求；二是双方在两种资产或负债上存在比较优势。

互换不在交易所交易，而是通过主要银行进行场外交易。所以互换市场存在一定的交易成本和信用风险。首先，为了达成交易，互换合约的一方必须找到愿意与之交易的另一方。如果一方对期限或现金流等有特殊要求，他常常会难以找到交易对手。在互换市场发展初期，互换市场的最终用户通常是直接进行交易，为了解决这个问题，近年来，互换市场出现了专门进行做市（Make Market）的互换交易商（Swap Dealer）。其次，由于互换是两个对手之间的合约，因此，如果没有双方的同意，互换合约是不能更改或终止的。第三，对于期货和在场内交易的期权而言，交易所对交易双方都提供了履约保证，而互换市场则没有人提供这种保证。因此，互换双方都必须关心对方的信用。

第六节　信用工具价格与证券价格指数

随着市场投资理念逐步转向价值投资，证券的投资价值将更受关注。证券的价格若远低于投资价值，投资该证券不仅安全系数高，其未来的收益也非常可观；反之，若投资的证券价格远高于投资价值，则投资该证券风险极大，甚至会出现较大亏损。理性的证券投资者，进行证券投资之时，非常重视对证券的投资价值进行评估。

一、证券价值评估及其理论依据

信用工具绝大部分具有面值，如大额可转让定期存单、商业票据、股票和债券等。但在有价证券的交易中，其买卖价格往往与其面额不一致。如面额为100元的国债，其买卖价格可能高于100元，也可能低于100元。那么，投资者如何判断正在交易的某种有价证券的价格是否合理，是高了还是低了呢？这就需要投资者了解证券的内在价值是如何确定的。所谓证券内在价值，也称股票的理论价格，即股票未来收益的现值。

金融工具对于其持有者来说，实际上是一种金融商品，金融商品与普通商品一样也具有使用价值和价值的双重性。但一般商品具有实用价值的多样性，而金融商品则具有对未来收益的索偿权，即购买并持有一项金融产品，就是取得了对这项金融商品未来收入现金流的所有权即索偿权。因此，各种金融商品都可以看作是各个未来的收入现金流。既然投资的目的是为了在未来取得投资收益，那么，未来可能形成收益的多少就在本质上决定了投资对象内在价值的高低。所以，采用适当的贴现率，就可以计算出该金融产品的当前价值。

用贴现原理计算证券价值包括三个步骤：一是估计投资对象的未来现金流量；二是选择可以准确反映投资风险的贴现率；三是根据投资期限对现金流进行贴现。

二、债券价值评估

如果投资对象是债券，估计未来现金流的工作相对简单一些。因为多数的债券标明了票面利率，只需按照票面利率计算定期支付的利息即可。如果买进债券以后一直保持到债券到期，最后一期的现金流就是利息加上债券面值。较为复杂的问题是如何确定适当的贴现率。一般债券的贴现率根据债券的信用等级确定，信用等级高的债券在估价时使用的贴现率低于信用等级低的债券，因为前者的风险小于后者。因此，信用评级在债券价值确定的过程中尤为重要。如果知道了债券的未来现金流，知道了债券的贴现率以及持有期限，就可以计算出就可以计算出债券的内在价值。根据未来现金流的不同，债券的价值计算公式有以下几种：

1. 到期一次支付本息的债券

其价值计算公式为：

$$P_B = \frac{A}{(1+i)^n}$$

P_B 表示债券价格；A 表示债券到期时的本利和；i 表示贴现率；n 表示债券到期前的剩余期限。

例如，某债券面值100元，利率5%，期限3年，投资者要求和这种债券等级相适应的市场利率水平是7%，那么，这张债券的价值是：

$$P_B = \frac{115}{(1+7\%)^3} = 93.88(元)$$

2. 定期付息、到期还本的债券

这是最常见的债券形式，其价值计算公式是：

$$P_B = \sum_{t=1}^{n} \frac{C}{(1+i)^t} + \frac{M}{(1+i)^n}$$

其中，C 表示定期支付的利息，M 表示债券的面值。

例如，面额为100元，每年按年率5%付息，每年付息一次，4年还本的债券。如市场利率上升到6%，这张债券的价值为：

$$P_B = \frac{5}{1.06} + \frac{5}{1.06^2} + \frac{5}{1.06^3} + \frac{5}{1.06^4} + \frac{100}{1.06^4} = 96.53(元)$$

3. 定期付息、没有到期日的债券

这种债券也称永久性债券。对持有人来说，这种债券意味着永久性的定期收入。在18世纪，英国人就发行了这种债券，称为"英国永久债券"。英格兰银行向持有者承诺永久支付现金流。对永久债券，在票面利率固定的情况下，每期的现金流是同样的。其价格计算式可以写成：

$$P_B = \frac{C}{i}$$

如面值1 000英镑的永久债券，每年能够得到50英镑的利息，若市场利率是10%，其价值为：

$$P_B = \frac{50}{10\%} = 500(元)$$

综上所述，影响债券投资价值的内部因素主要包括：

（1）债券的期限。一般来说，在其他条件不变的情况下，债券的期限越长，其市场价格变动的可能性就越大，投资者要求的收益率补偿也越高。

（2）债券的票面利率。债券的票面利率越低，债券价格的易变性也就越大。在市场利率提高的时候，票面利率较低的债券的价格下降较快。但是，当市场利率下降时，它们的增值潜力也很大。

（3）债券的提前赎回条款。债券的提前赎回条款是债券发行人所拥有的一种选择权，允许债券发行人在债券到期前按约定的赎回价格部分或全部偿还债务。这种规定在财务上对发行人是有利的，因为发行人可以在市场利率降低时发行较低利率的债券，取代原先发行的利率较高的债券，从而降低融资成本。但对投资者来说，提前赎回使他们面临较低的再投资利率。这种风险要从价格上得到补偿。因此，具有较高提前赎回可能性的债券应具有较高的票面利率，其内在价值相对较低。

（4）债券的税收待遇。一般来说，免税债券的到期收益率比类似的应纳税债券的到期收益率低。此外，税收还以其他方式影响着债券的价格和收益率。例如，由于附息债券提供的收益包括息票利息和资本收益两种形式，而美国把这两种收入都当作普通收入而进行征税，但是对于后者的征税可以等到债券出售或到期时才进行。因此，在其他条件相同的情况下，大额折价发行的低利附息债券的税前收益率必然略低于同类高利附息债券。也就是说，低利附息债券比高利附息债券的内在价值要高。

（5）债券的流动性。债券的流动性是指债券可以随时变现的性质，反映债券规避由市场价格波动而导致的实际价格损失的能力。流动性较弱的债券表现为其按市价卖出较困难，持有者会因此面临遭受损失（包括承受较高的交易成本和资本损失）的风险。这种风险必须在债券的定价中得到补偿。因此，流动性好的债券与流动性差的债券相比，前者具有较高的内在价值。

（6）债券的信用级别。债券的信用级别是指债券发行人按期履行合约规定的义务、足额支付利息和本金的可靠性程度。一般来说，除政府债券以外，一般债券都有信用风险（或称违约风险），只是风险大小不同而已。信用级别越低的债券，投资者要求的收益率越高，债券的内在价值也就越低。

影响债券投资价值的外部因素主要包括：

（1）基础利率。基础利率是债券定价过程中必须考虑的一个重要因素。在证券的投资价值分析中，基础利率一般是指无风险证券利率。一般来说，短期政府债券风险最小，可以近似看作无风险证券，其收益率可被用作确定基础利率的参照物。此外，银行的信用度很高，这就使得银行存款的风险较低，况且银行利率应用广泛，因此基础利率也可参照银行存款利率来确定。

（2）市场总体利率水平。市场总体利率水平是债券利率的替代物，是投资于债券的机会成本。在市场总体利率水平上升时，债券的收益率水平也应上升，从而使债券的内在价值降低；反之，在市场总体利率水平下降时，债券的收益率水平也应下降，从而使债券的内在价值增加。

（3）其他因素。影响债券定价的外部因素还有通货膨胀水平以及外汇汇率风险等。通货膨胀的存在可能使投资者从债券投资中实现的收益不足以抵补由于通货膨胀而造成的购买力损失。当投资者投资于某种外币债券时，汇率的变化会使投资者的未来本币收入受到贬值损失。这些损失的可能性都必须在债券的定价中得到体现，使债券的到期收益率增加、债券的内在价值降低。

三、股票价值评估

如果投资对象是股票,评估价值的工作要复杂得多。股票不像债券,没有偿还期限;除优先股以外,普通股股票的收益不确定。因此,使用现金流贴现的方法评价股票价值需要做更多的工作。按照股票中优先股和普通股的划分,计算价值的公式不同。优先股没有到期日,持有人可以定期取得固定的股票红利。在这个意义上,优先股与永久债券是一样的。因此,优先股的价值计算公式完全可以等同于永久债券的计算公式。

对于普通股股票,计算价值的关键是估计未来的现金股票分红——投资人预期可以得到的未来收益。普通股股价等于未来所有股利的贴现值。由于逐年的红利金额不一定相等,计算普通股价值的一般计算公式为:

$$P_S = \frac{D_1}{1+i} + \frac{D_2}{(1+i)^2} + \cdots\cdots + \frac{D_t}{(1+i)^t} = \sum_{i=1}^{\infty} \frac{D_t}{(1+i)^t}$$

其中,P_S 代表股价,D_t 代表第 t 期的现金红利

由于企业盈利能力存在很大差异,因此,企业未来分红的方式也不同。例如进入成熟期的企业,可能每年的分红水平都差不多,而处于成长期的企业可能每年的红利都不断增加,等等。如果一个企业每年分红率保持不变,也就是每年都支付给股东一个固定股息,那么这个企业的股票价值的计算公式就等同于优先股。如果一个企业每年按一个固定的增长率支付股息,根据前面的公式进行推算,我们可以得出股利稳定增长的股票的价值计算公式的简化形式:

$$P_S = \frac{D_0(1+g)}{i-g} = \frac{D_1}{i-g}$$

其中,D_0 为上一期支付的红利,g 为股利增长率,D_1 为预期下一期的股利

在评价股票价值时,还有一种相对简单的方法——市盈率法。所谓市盈率,是股票的市场价格与每股盈利的比值。如果可以找到一个参照的合理的市盈率,用它乘以股票的预期盈利,就可以很快地计算出股票的价值。其计算公式是:

股票价值 = 市盈率 × 预期每股盈利

由于市盈率在很大程度上反映了股票价格与其盈利能力的偏离程度,所以对于投资人来说,可用以指导投资。如果市盈率过高,可能意味着股票的价格较大地高于价值。这就需要卖出手中持有的股票,或不购买这种股票。如果市盈率太低,可能意味着股票的价值被低估,正是投资的好时机。但是,以上的判断并不绝对。因为高市盈率还可能意味股票收益有很好的增长潜力,投资人对股票特别看好;低市盈率可能意味着股票的未来收益前景不好,投资人对股票特别不看好。

证券监管部门也十分关注市盈率的高低。如果市场的平均市盈率过高,政府可能得出市场泡沫过大的判断。

综上所述,影响股票投资价值的内部因素主要包括:

(1)公司净资产。净资产或资产净值是总资产减去总负债后的净值,它是全体股东的权益,是决定股票投资价值的重要基准。公司经过一段时间的营运,其资产净值必然有所变动。股票作为投资的凭证,每一股代表一定数量的净值。从理论上讲,净值应与股价保持一定比例,即净值增加,股价上涨;净值减少,股价下跌。

（2）公司盈利水平。公司业绩好坏集中表现于盈利水平高低。公司的盈利水平是影响股票投资价值的基本因素之一。在一般情况下，预期公司盈利增加，可分配的股利也会相应增加，股票市场价格上涨；预期公司盈利减少，可分配的股利相应减少，股票市场价格下降。但值得注意的是，股票价格的涨跌和公司盈利的变化并不完全同时发生。

（3）公司的股利政策。股份公司的股利政策直接影响股票投资价值。在一般情况下，股票价格与股利水平成正比。股利水平越高，股票价格越高；反之，股利水平越低，股票价格越低。股利来自于公司的税后盈利，但公司盈利的增加只为股利分配提供了可能，并非盈利增加股利一定增加。公司为了合理地在扩大再生产和回报股东之间分配盈利，都会有一定的股利政策。股利政策体现了公司的经营作风和发展潜力，不同的股利政策对各期股利收入有不同影响。此外，公司对股利的分配方式也会给股价波动带来影响。

（4）股份分割。股份分割又称拆股或拆细，是将原有股份均等地拆成若干较小的股份。股份分割一般在年度决算月份进行，通常会刺激股价上升。股份分割给投资者带来的不是现实的利益，因为股份分割前后投资者持有的公司净资产和以前一样，得到的股利也相同。但是，投资者持有的股份数量增加了，给投资者带来了今后可多分股利和更高收益的预期，因此股份分割往往比增加股利分配对股价上涨的刺激作用更大。

（5）增资和减资。公司因业务发展需要增加资本额而发行新股的行为，对不同公司股票价格的影响不尽相同。在没有产生相应效益前，增资可能会使每股净资产下降，因而可能会促使股价下跌。但对那些业绩优良、财务结构健全、具有发展潜力的公司而言，增资意味着将增加公司经营实力，会给股东带来更多回报，股价不仅不会下跌，可能还会上涨。当公司宣布减资时，多半是因为经营不善、亏损严重、需要重新整顿，所以股价会大幅下降。

（6）公司资产重组。公司重组总会引起公司价值的巨大变动，因而其股价也随之产生剧烈的波动。但需要分析公司重组对公司是否有利，重组后是否会改善公司的经营状况，因为这些是决定股价变动方向的决定因素。

影响股票投资价值的外部因素主要包括：

（1）宏观经济因素。宏观经济走向和相关政策是影响股票投资价值的重要因素。宏观经济走向包括经济周期、通货变动以及国际经济形势等因素。国家的货币政策、财政政策、收入分配政策和对证券市场的监管政策等都会对股票的投资价值产生影响。

（2）行业因素。产业的发展状况和趋势对于该产业上市公司的影响是巨大的，因而产业的发展状况和趋势、国家的产业政策和相关产业的发展等都会对该产业上市公司的股票投资价值产生影响。

（3）市场因素。证券市场上投资者对股票走势的心理预期会对股票价格走势产生重要的影响。市场中的散户投资者往往有从众心理，对股市产生助涨助跌的作用。

应当指出的是，上面所讲的债券和股票价值的定价公式，只是从理论上说明其内在价值如何计算。但是在金融市场上，债券和股票的实际交易价格并不一定与其内在价值一致，受供求关系的影响，实际交易的价格与其内在价值经常有相当大的背离，尤其是股票，其交易价格经常大起大落。影响证券供求的因素纷繁复杂，既有经济因素，也有政治因素与投机因素。但是，从金融投资理论的角度看，市场上的交易围绕着其内在价值上下波动，当市场价格过度背离其内在价值时，有向内在价值回归的趋势。

四、股票价格指数

股票价格指数就是用以反映整个股票市场上各种股票市场价格的总体水平及其变动情况的指标,简称为股票指数。它是由证券交易所或金融服务机构编制的表明股票行市变动的一种供参考的指示数字。由于股票价格起伏无常,投资者必然面临市场价格风险。

对于具体某一种股票的价格变化,投资者容易了解,而对于多种股票的价格变化,要逐一了解,既不容易,也不胜其烦。为了适应这种情况和需要,一些金融服务机构就利用自己的业务知识和熟悉市场的优势,编制出股票价格指数,公开发布,作为市场价格变动的指标。投资者据此就可以检验自己投资的效果,并用以预测股票市场的动向。同时,新闻界、公司老板乃至政界领导人等也以此为参考指标,来观察、预测社会政治、经济发展形势。这种股票指数,也就是表明股票行市变动情况的价格平均数。编制股票指数,通常以某年某月为基础,以这个基期的股票价格作为100,用以后各时期的股票价格和基期价格比较,计算出升降的百分比,就是该时期的股票指数。投资者根据指数的升降,可以判断出股票价格的变动趋势。并且为了能实时的向投资者反映股市的动向,所有的股市几乎都是在股价变化的同时即时公布股票价格指数。

计算股票指数,要考虑三个因素:一是抽样,即在众多股票中抽取少数具有代表性的成分股;二是加权,按单价或总值加权平均,或不加权平均;三是计算程序,计算算术平均数、几何平均数,或兼顾价格与总值。

由于上市股票种类繁多,计算全部上市股票的价格平均数或指数的工作是艰巨而复杂的,因此人们常常从上市股票中选择若干种富有代表性的样本股票,并计算这些样本股票的价格平均数或指数。用以表示整个市场的股票价格总趋势及涨跌幅度。

【案例2-10:世界著名股票价格指数】

世界各地的股票市场都有自己的股票指数,其中比较著名并有一定代表性的有:

1. 道·琼斯股票指数

道·琼斯股票指数是世界上历史最为悠久的股票指数,它的全称为股票价格平均数。它是在1884年由道·琼斯公司的创始人查理斯·道开始编制的。其最初的股票价格平均指数是根据11种具有的代表性的铁路公司的股票,采用算术平均法进行计算编制而成的,发表在查理斯·道自己编辑出版的《每日通讯》上。其计算公式为:

股票价格平均数 = 入选股票的价格之和 / 入选股票的数量

自1887年起,道·琼斯股票价格平均数开始分成工业与运输业两大类,其中工业股票价格平均指数包括12种股票,运输业平均指数则包括20种股票,并且开始在道·琼斯公司出版的《华尔街日报》上公布。在1929年,道·琼斯股票价格平均指数又增加了公用事业类股票,使其所包含的股票达到65种,并一直延续至今。

现在的道·琼斯股票价格平均指数是以1928年10月1日为基数,因为这一天收盘时的道·琼斯股票价格平均指数恰好约为100美元,所以就将其定为基准日。而以后股票价格同基期相比计算出的百分数,就成为各期的股票价格指数,所以现在的股票指数普遍用点来作单位,而股票指数每一点的涨跌就是相对于基数日的涨跌百分数。

道·琼斯股票价格平均指数最初的计算方法是用简单算术平均法求得,当遇到股票的除权除息时，股票指数将发生不连续的现象。1928年后，道·琼斯股票价格平均指数采用了新的计算方法，即在计点的股票除权或除息时采用连接技术，以保证股票指数的连续，从而使股票指数计算方法得到了完善，并逐渐推广到全世界。

目前，道·琼斯股票价格平均指数共分四组，第一组是工业股票价格平均指数。它由30种有代表性的大工商业公司的股票组成，且随经济变化而发展，大致上反映了各个时期美国整个工商业股票的价格水平，这也就是人们通常所引用的道·琼斯工业股票价格平均数。第二组是运输业股票价格平均指数。它包括20种有代表性的运输业公司的股票，即8家铁路运输公司、8家航空公司和4家公路货运公司。第三组是公用事业股票价格平均指数，由代表着美国公用事业的15家煤气公司和电力公司的股票所组成。第四组是平均价格综合指数。它是综合前三组股票价格平均指数所选用的、共65种股票而得出的综合指数，这组综合指数虽然为优等股票提供了直接的股票市场状况参数，但现在通常引用的是第一组——工业股票价格平均指数。

道·琼斯股票价格平均指数是目前世界上影响最大、最有权威性的一种股票价格指数，原因之一是道·琼斯股票价格平均指数所选用的股票都是有代表性，这些股票的发行公司都是在本行业中具有重要影响的著名公司，其股票行情为世界股票市场所瞩目，各国投资者都极为重视。为了保持这一特点，道·琼斯公司对其编制的股票价格平均指数所选用的股票经常予以调整，不断地用具有活力的更富有代表性的公司股票去替代那些失去代表性的公司股票。自1928年以来，用于计算道·琼斯工业股票价格平均指数的30种工商业公司股票，已有30次更换，几乎每两年就要有一个新公司的股票代替老公司的股票。原因之二是，公布道·琼斯股票价格平均指数的新闻载体——《华尔街日报》是世界金融界最有影响力的报纸。该报每天详尽报道其每个小时计算一次的采样股票平均指数、百分比变动率以及每种采样股票的成交数额等，并注意对股票分股后的股票价格平均指数进行校正。而在纽约证券交易所的营业时间里，则每隔半小时公布一次道·琼斯股票价格平均指数。原因之三是，这一股票价格平均指数自编制以来从未间断，可以用来比较不同时期的股票行情和经济发展情况，成为反映美国股市行情变化最敏感的股票价格平均指数之一，是观察市场动态和从事股票投资的投资者的主要参考。当然，由于道·琼斯股票价格指数是一种成分股指数，它包括的公司仅占目前2 500多家上市公司的极少部分，而且多是热门股票，且未将近年来发展迅速的服务性行业和金融业的公司包括在内，所以它的代表性也一直受人们的质疑和批评。

从1996年5月25开始，还针对中国的股票市场编制了道·琼斯中国股票指数。截至1998年4月1日，沪深两市共有88只股票作为其成分股入选，故称为道·琼斯中国88股票指数。

2. 标准·普尔股票价格指数

除了道·琼斯股票价格指数外，标准·普尔股票价格指数在美国也很有影响，它是由美国最大的证券研究机构——标准，普尔公司编制的股票价格指数。该公司于1923年开始编制发表股票价格指数。最初采选了230种股票，编制两种股票价格指数。到1957年，这一股票价格指数的范围扩大到500种股票，分成95种组合。其中最重要的四种组合是工业股票组、铁路股票组、公用事业股票组和500种股票混合组。从1976年7月1日开始，改为40种工业股票，20种运输业股票，40种公用事业类股票和40种金融业股票。几十年来，虽然有股票更迭，但始终保持为500种。标准·普尔公司股票价格指数以1941年至1993年抽样股票的平均市价为基期，以上市股票数为权数，按基期进行加权计算，其基点数位10。以目前的股票市场价格乘以基期股票数为分母,相除之数再乘以10就是股票价格指数。

3. 纽约证券交易所股票价格指数

纽约证券交易所股票价格指数是由纽约证券交易所编制的股票价格指数。它起自1996年6月,先是普通股股票价格指数,后来改为混合指数,包括在纽约证券交易所上市的1 500家公司的1 570种股票。具体计算方法是将这些股票按价格高低分开排列,分别计算工业股票、金融业股票、公用事业股票、运输业股票的价格指数,最大和最广泛的是工业股票价格指数,有1 093种股票组成;金融业股票价格指数包括投资公司、储蓄贷款协会、分期付款融资公司、商业银行、保险公司和不动产公司的223种股票;运输业股票价格指数包括铁路、航空、轮船、汽车等公司的65种股票;公用事业股票价格指数则有电话电报公司、煤气公司、电力公司和邮电公司的189种股票。

纽约股票价格指数是以1965年12月31日确定的50点为基数,采用的是综合指数形式。纽约证券交易所每半个小时公布一次指数的变动情况。虽然纽约证券交易所编制股票价格指数的时间不长,但它可以全面及时地反映其股票市场活动的综合状况,因而较为受投资者欢迎。

4. 日经道·琼斯股票指数(日经平均股价)

系由日本经济新闻社编制并公布的反映日本股票市场价格变动的股票价格平均数。该指数从1950年9月开始编制。最初在根据东京证券交易所第一市场上市的225家公司的股票算出修正平均股价,当时称为"东证修正平均股价"。1975年5月1日,日本经济新闻社向道·琼斯公司买进商标,采用美国道·琼斯公司的修正法计算,这种股票指数也就改称为"日经道·琼斯平均股价"。1985年5月1日在合同期满10年时,经两家商议,将名称改为"日经平均股价"。

按计算对象的采样数目不同,该指数分为两种,一种是日经225种平均股价。其所选样本均为在东京证券交易所第一市场上市的股票,样本选定后原则上不在更改。1981年定位制造业150家、建筑业10家、水产业3家、矿业3家、商业12家、陆运及海运14家、金融保险业15家、不动产业3家、仓库业、电力和煤气4家、服务业5家。由于日经225种平均股价从1950年一直延续下来,因而其连续性及可比性较好,成为考察和分析日本股票市场长期演变及动态的最常用和最可靠的指标。该指数的另一种是日经500种平均股价。这是从1982年1月4日起开始编制的。由于其采样包括有500种股票,其代表性就相对更为广泛,但它的样本是不固定的,每年4月份要根据上市公司的经营状况、成交量和成交金额、市价总值等因素对样本进行更换。

5. 《金融时报》股票价格指数

《金融时报》股票指数的全称是"伦敦《金融时报》工商业普通股股票价格指数",是由英国《金融时报》公布发表的。该股票价格指数包括从英国工商业中挑选出来的具有代表性的30家公开挂牌的普通股股票。它以1935年7月1日作为基期,其基点为100点。该股票价格指数以能够及时显示伦敦股票市场情况而闻名于世。

6. 中国香港恒生指数

中国香港恒生指数是中国香港股票市场上历史最悠久、影响最大的股票价格指数,由中国香港恒生银行于1969年11月24日开始发表。恒生股票价格指数包括从中国香港500多家上市公司中挑选出来的33家有代表性且经济实力雄厚的大公司股票作为成分股,分为四大类——4种金融业股票、6种公用事业股票、9种房地产股票和14种其他工商业(包括航空和酒店)股票。这些股票涉及中国香港的各个行业,并占中国香港股票市值的68.8%,

具有较强的代表性。

恒生股票价格指数的编制是以 1964 年 7 月 31 日为基期,因为这一天中国香港股市运行正常,成交值均匀,可反映整个中国香港股市的基本股市,基点确为 100 点。其计算方法是将 33 种股票按每天的收盘价乘以各自的发行股数为计算日的市值,在与基数的市值相比较,乘以 100 就得出当天的股票价格指数。由于恒生股票价格指数所选择的基期适当,因此,不论股票市场狂升或猛跌,还是处于正常交易水平,恒生股票价格指数基本上能反映整个股市的活动情况。

自 1969 年恒生股票价格指数发表以来,已经过多次调整。由于 1980 年 8 月中国香港当局通过立法,经中国香港证券交易所、远东交易所、金银证券交易所和九龙证券所合并为中国香港联合证券交易所,在目前的中国香港股票市场上,只有恒生股票价格指数与新产生的中国香港指数并存,中国香港的其他股票价格指数均不复存在。

摘自:中国证券报。

[本章小结]

1. 信用就是以偿还和付息为特征的借贷行为。具体说就是商品和货币的所有者,把商品和货币让渡给需要者,并约定一定时间由借者还本付息的行为。

2. 信用形式是信用关系的具体表现,按照借贷主体的不同,现代经济生活中的基本信用形式包括商业信用、银行信用、国家信用、个人信用、消费信用和国际信用。其中,商业信用和银行信用是两种最基本的信用形式。

3. 在商品经济中,利息是在信用的基础上产生的。利率是一定时期利息量和本金的比率。在复杂的经济关系中,众多的因素都对利率的变化产生影响,但决定和影响其变化的因素主要是:社会平均利润率、资金供求状态、国家经济政策、物价水平和国际利率水平。

4. 马克思的利率决定论是建立在对利息的来源和本质准确把握的基础上。马克思揭示,利息是贷出资本的资本家从借入资本的资本家那里分割出来的一部分剩余价值,而利润是剩余价值的转化形式。

5. 西方利率决定理论全部着眼于利率变动取决于供求对比关系,一类观点是把利率看成是实物经济的一个变量,认为利率由实物资本的供给和需求所决定,即由储蓄和投资的均衡点所决定。另一类观点,如凯恩斯的利率决定利率则认为利率纯粹是一种货币现象,利率水平由货币的供给和人们对货币需求的均衡点所决定。

6. 信用工具是指以书面形式发行和流通、借以保证债权人或投资人权利的凭证,是资金供应者和需求者之间继续进行资金融通时,用来证明债权的各种合法凭证。信用工具也叫金融工具,是重要的金融资产,是金融市场上重要的交易对象。

7. 货币在周转使用中由于时间因素而形成的增值,或货币经历一定时间的投资和再投资所增加的价值,称为货币的时间价值,又称为资金的时间价值。股票价格指数就是用以反映整个股票市场上各种股票市场价格的总体水平及其变动情况的指标。简称为股票指数。

【复习思考题】

一、选择题

1. 信用的最初形式是(   )。
    A. 高利贷信用   B. 国家信用   C. 商业信用   D. 银行信用

2. 现代信用的主要形式为（　　）。

　　A. 高利贷信用　　B. 国家信用　　C. 商业信用　　D. 银行信用

3. 商业信用的主体是（　　）。

　　A. 银行　　B. 国家　　C. 厂商　　D. 消费者

4. 以货币形态提供的信用有（　　）。

　　A. 商业信用　　B. 银行信用　　C. 国家信用　　D. 消费信用

5. 信用工具一般具有的特征（　　）。

　　A. 偿还性　　B. 收益性　　C. 流动性　　D. 风险性　　E. 可转让性

6. 依据收益风险匹配原则，相同期限的银行储蓄存款、国债和企业债券按照利率从小到大的顺序依次排列为（　　）。

　　A. 银行储蓄存款、国债、企业债券　　B. 企业债券、银行储蓄存款、国债
　　C. 企业债券、国债、银行储蓄存款　　D. 国债、银行储蓄存款、企业债券

7. 股票具有的特征包括（　　）。

　　A. 收益性、风险性　　B. 流动性　　C. 参与性　　D. 永久性

8. 债券与股票的比较正确的是（　　）。

　　A. 债券通常有规定的利率，股票的股息红利不固定

　　B. 债券是一种有期投资，股票是一种无期投资

　　C. 股票风险较大，债券风险相对较小

　　D. 发行债券的经济主体很多，但能发行股票的经济主体只有股份有限公司

9. 债券的特征包括（　　）。

　　A. 偿还性　　B. 流动性　　C. 安全性　　D. 收益性

10. 关于股票价格指数期货论述不正确的是（　　）。

　　A. 股价指数是以实物结算方式来结束交易的

　　B. 股票价格指数期货是以股票价格指数为基础的期货交易

　　C. 股票价格指数期货是为适应人们控制股市风险，尤其是系统性风险的需要而产生的

　　D. 股价指数期货的交易单位等于基础指数的数值与交易所规定的每点价值之乘积

二、简答题

　　1. 比较商业信用与银行信用的特点，二者间有怎样的联系？

　　2. 简述金融工具的基本特征。

　　3. 结合政府、企业、个人的经济行为分析，回答为什么说现代经济是"信用经济"。

　　4. 简述股票和债券的区别。

　　5. 什么是证券的内在价值，如何评估证券价值？

第三章 金融机构体系

学习目的与要求：本章主要讲述金融机构体系的构成，包括西方国家的金融机构体系构成、中国金融机构体系的构成和国际金融机构体系的构成；不同类型金融机构的性质、功能、组织形式和发展趋势。要求学生了解西方和国际金融机构体系的基本框架，掌握中国金融机构体系现状。掌握商业银行、中央银行和其他金融机构的性质和职能。了解商业银行的组织形式和发展趋势。

【导入案例】欧洲中央银行

欧洲中央银行（European Central Bank——ECB）其前身是设在法兰克福的欧洲货币局。欧洲央行的职能是"维护货币的稳定"，管理主导利率、货币的储备和发行以及制定欧洲货币政策；其职责和结构以德国联邦银行为模式，独立于欧盟机构和各国政府之外。总部位于德国金融中心法兰克福。

欧洲中央银行是世界上第一个管理超国家货币的中央银行。独立性是它的一个显著特点，它接受欧盟领导机构的指令，不受各国政府的监督。它是唯一有资格允许在欧盟内部发行欧元的机构。1999年1月1日欧元正式启动后，11个欧元国政府失去制定货币政策的权力，而必须实行欧洲中央银行制定的货币政策。

欧洲中央银行的组织机构主要包括执行董事会、欧洲央行委员会和扩大委员会。执行董事会由行长、副行长和4名董事组成，负责欧洲央行的日常工作；由执行董事会和12个欧元国的央行行长共同组成的欧洲央行委员会，是负责确定货币政策和保持欧元区内货币稳定的决定性机构；欧洲央行扩大委员会由央行行长、副行长及欧盟所有15国的央行行长组成，其任务是保持欧盟中欧元国家与非欧元国家接触。

欧洲央行委员会的决策采取简单多数表决制，每个委员只有一票。货币政策的权力虽然集中了，但是具体执行仍由各欧元国央行负责。各欧元国央行仍保留自己的外汇储备。欧洲央行只拥有500亿欧元的储备金，由各成员国央行根据本国在欧元区内的人口比例和国内生产总值的比例来提供。

资料来源：http://baike.baidu.com/view/94259.htm

【问题】
1. 欧洲中央银行与其他中央银行有何区别？
2. 中央银行在一国的金融体系中地位如何？

第一节 金融机构体系的构成与发展

一、现代银行制度的产生和发展

银行是在商品生产和市场交易逐步发展的过程中产生与发展起来的,因而是经济发展的产物。在金属货币出现以后,就出现了早期的金银兑换、保管和汇兑业务,形成了早期的货币兑换商和钱庄银号等机构。随着业主手中货币的大量聚集,贷款业务自然产生,于是货币兑换业演变成了银行业。

近代银行业起源于文艺复兴时期的意大利,当时的意大利处于欧洲各国国际贸易的中心地位。在威尼斯和其他几个城市出现了从事存贷、汇兑业务的机构,他们经营贷款业务,但主要面向政府,并具有高利贷性质。商人很难获得低利息的贷款。"银行"一词的起源就来自于意大利语 Banco,意为商业交易所的长板凳或长桌子。1580 年建立的威尼斯银行是最早近代银行,也是第一个采用"银行"为名称。然而,近代银行经营的那种高利息、以政府为主要对象的贷款业务无法满足日益发展的资本主义工商业的需要,客观上要求建立服务于资本主义生产的银行业。

在资本主义工商业发展的推动下,真正现代意义上的银行在 17 世纪末至 18 世纪中期逐步发展起来。现代银行体系的建立并取代传统的货币经营业、高利贷商,是通过两条途径实现的:第一种途径是旧式的高利贷银行在新的经济条件下,调整放款原则而逐渐转变为现代的商业银行,主要特征是较大规模地吸收社会资金,同时以较低的利率发放贷款;第二种途径是按照资本主义原则组织的股份制银行,其一开始就具有现代商业银行的性质,并从事大规模的融资与贷款活动,股份制的商业银行因其资本雄厚、融资能力强、贷款利率低,所以逐步成为现代信用领域的主导形式,银行成为整个社会信用的中心。1694 年,英国成立了第一个现代银行——英格兰银行,这是在政府的支持下由私人创办的、与资本主义生产方式相适应的股份制商业银行,其建立标志着高利贷在信用领域的垄断地位被打破。从此以后,现代银行在欧洲就广泛地发展起来了。

这样,通过旧高利贷银行的转化和新的股份制银行的建立,现代商业银行产生了。现代的商业银行为资本主义的发展提供了低廉的资金融通,促进了资本主义经济的快速增长。在这个过程中,商业银行及整个银行体系也有了极大的发展,资本主义现代银行制度开始形成。

二、西方国家的金融机构体系

西方国家的金融机构组成主要分为中央银行、商业银行和专业银行三大类。关于非银行金融机构,其构成相当庞杂,有保险公司、退休养老基金、投资基金、财务公司、租赁公司等。由于各国国情不同,其金融机构体系结构也各异。这里只对它们的一般组成作一介绍。

(一)中央银行

中央银行是在西方国家银行业发展过程中,从商业银行中独立出来的一种银行。一个世纪以前,全世界只有 18 个中央银行,16 个在欧洲,另外 2 个在日本和印度尼西亚。现在共有中央银行 172 个,几乎所有的国家或地区都有中央银行或类似中央银行的金融机构。中央银行是各国金融机构体系的中心和主导环节,对内它代表国家对整个金融体系实行领导和管理，维护金融体系的安全运行，实施宏观金融调控，是统制全国货币金融的最高机构；对外它是一国货币主权的象征。

（二）商业银行

在西方国家，商业银行以机构数量多、业务渗透面广和资产总额比重大而成为金融机构体系中的骨干和中坚，它是最早出现的现代银行机构。

现代商业银行以经营工商业存、贷款为主要业务，并为顾客提供多种金融服务。其中通过办理转账结算实现着国民经济中的绝大部分货币周转，同时起着创造存款货币的作用。它始终居于其他金融机构所不能代替的重要地位。有关商业银行的产生和发展、性质、职能和业务等在下一节专门讨论。

（三）各类专业银行

专业银行是指专门经营指定范围业务和提供专门性金融服务的银行。其特点有：（1）专门性。专业银行是社会分工发展在金融业的表现，其业务具有专门性，其服务对象是某一特定部门或领域。（2）政策性。专业银行的设置往往体现了政府支持和鼓励某一地区和某一部门或领域发展的政策指向，其中开发银行、进出口银行等专业银行的贷款，具有明显的优惠性，如政府贴息和保险，以及借款期限和还款限期较长等。（3）行政性。专业银行的建立往往有官方背景，有的就是政府的银行或政府代理银行。

西方国家专业银行种类甚多、名称各异，这里介绍其中主要的几种。

（1）开发银行。这类银行是专门为满足经济社会发展长期投资需要而设立的银行。这类投资具有投资量大、见效慢、周期长、风险大等开发性特点，一般商业银行不愿意承担。开发银行多为国家或政府创办，不以盈利为目的。如新产业的开发、新经济区的基础设施建设，以及全国性公共设施的建设等都属于投资多、见效慢、周期长的工程。社会环境效果好，但是否盈利难以预计，所以往往由国家主办的开发银行承担。

（2）进出口银行。这是指专门为对外贸易提供结算、信贷等国际金融服务的银行。创建进出口银行的宗旨是推动本国进出口贸易，特别是大型机电设备的出口贸易，加强国际间金融合作，广泛吸引国际资本，搜集国际市场信息。这类银行一般是官方或半官方的金融机构，美国称之为进出口银行，日本称之为输出入银行，法国称之为对外贸易银行。

（3）储蓄银行。这是指专门吸收居民储蓄存款、并为居民提供金融服务的银行。这类银行的服务对象主要是居民消费者，资金来源主要是居民储蓄存款，资金运用主要是为居民提供消费信贷和其他贷款等，此外，也在可靠的债券市场投资。储蓄银行的名称各国有所不同，有的甚至不以银行相称，但功能基本相同。在美国称之为互助储蓄银行、信贷协会、储蓄贷款协会等，英国称之为信托储蓄银行，日本称之为储蓄银行。由于储蓄银行直接服务于广大居民，因而其数量在各国都较多。储蓄银行既有私营的，也有公营的。

（4）农业银行。指在政府指导和资助下，专门为农业、畜牧业、林业、渔业的发展提供金融服务的银行。由于农业部门担保和收益能力低、资本需求期限长且具有季节性，很难成为一般金融机构的融资对象，需要有政府的指导和资助，设立专门的金融机构为之服务。如美国有联邦土地银行、联邦中期信贷银行、合作社银行，法国有土地信贷银行、农业信贷银行，德国有农业抵押银行，日本有农林中央金库、农（渔）业协同组合及信用农（渔）业协同组合联合会、农林渔业金融公库等。农业银行的资金来源主要是政府用于农业发展的资金、发行债券、组合成员存款，以及根据有关法规出资团体的缴纳的款项等；资金运用主要是向农牧渔民创业和发展生产提供低息贷款，农业银行一般都是官方或半官方的金融机构。

（5）住房信贷银行。指专门为居民购买住房提供金融服务的金融机构。美国称之为住房信贷体系，与农业信贷体系和进出口银行一样同属于联邦代理机构，具体包括联邦住房贷款银行委员会及其所属银行、联邦住宅抵押贷款公司、联邦住宅管理局、联邦全国抵押贷款协会等机构。日本称之为住宅金融公库，属政府的金融机构。英国称之为住房协会，其资金来源主要是协会会员交纳的股金和吸收存款（美国和日本的这类金融机构可以发行债券和接受政府资金），住房协会吸收的股金和存款一律付息，利息通常高于银行，且有减免税优惠，这就使得住房协会对小额储蓄者具有很大的吸引力；另一方面，住房协会所吸收的存款和股金的利息按日计算，每年付息两次，但有许多利息并不支付现金，而是把应付利息加到原来的投资上，这等于自动增加资金流入。其资产90%用作购买新旧住房的抵押贷款，其余用作土地担保贷款和无担保贷款。这类贷款的偿还期可长达15年至25年，由贷款人偿还。其偿还和付息有两种形式，一种是贷款人按月偿付利息，本金则分期偿付，一般是最初几年只付利息，剩余期限偿付本息，但利息按本金递减计算。另一种形式是抵押贷款和借款人的定期人寿保险相结合，借款人在借款期间按月支付利息，同时缴纳人寿保险费；人寿保险到期时，借款人就用其到期的保险收入偿还抵押贷款本金。此外，还有专门为中小企业服务的银行、抵押银行、海外银行等专业银行。

（四）非银行金融机构

一般将中央银行、商业银行、专业银行以外的金融机构称作非银行金融机构。因此，这一类机构比较庞杂，它们属于信用机构，如保险公司、养老基金会、投资基金、邮政储蓄机构等。

1. 保险公司

西方国家的保险业十分发达，几乎是人人保险，物物保险，事事保险，因而按照保险种类分别设有形式多样的保险公司，如人寿保险公司、财产保险公司、灾害和事故保险公司、老年和伤残保险公司、信贷保险公司、存款保险公司、再保险公司等，各类保险公司是各国最重要的非银行金融机构。

2. 退休或养老基金会

这类机构是指雇主或雇员按期缴付工资的一定比例，在退休后，可取得一次付清或按月支付的退休养老金。20世纪80年代以前该类基金运营简单化，即主要用于购买国债券和存在银行生息。80年代以后，由于西方国家的人口老龄化问题越来越突出，完全依靠增加企业和个人负担来筹集足够的养老基金越来越困难，因而80年代至90年代初，养老基金运营开始转向股市化，即越来越多的养老基金投向企业股票和债券。90年代初以来，养老基金运营开始走向国际化，即养老基金投向海外证券市场的比例不断上升，这是因为海外投资回报率比国内市场要高所致的。

3. 投资基金

世界上最早的投资基金是英国于1886年成立的海外殖民信托基金，到1990年底，英国的投资基金已有1 400多家。美国于1924年在波士顿成立第一家投资基金，到1993年底，各类基金总数超过4 500家，总资产21 000亿美元。投资基金，在美国称之为共同基金，在英国称之为单位信托基金，在日本称之为证券投资信托。投资基金是指通过发行基金股票或基金受益凭证将众多投资者的资金集中起来，直接或委托他人将集中起来的资金投资于各类有价证券或其他金融工具，并将投资收益按原始投资者的基金股份或基金受益凭证的份额进行分配的一种投资金融中介机构。投资基金的组织形式有契约型和公司型两种。契约型是指基金的设定人（基金经理或基金管理公司）设计特定类型的基金，以信托契约的形式发行受益凭证，募集投资者的定期资金，进行运营和投资。基金的募集、保管、利润分配、收益及本金的偿还支付等业务，则委托银行具体办理。契约型基金成立的重要依据是信托契约，它包括委托人（基金经理公司）、受托人（基金保管银行或公司）、投资人（受益人）三个当事人。日本、韩国、新加坡等国家的投资基金多属于这种类型。公司型投资基金是指通过组建基金股份公司来发行基金股票、募集投资者的资金，由公司投资经理部门或委托其他投资管理公司操作投资，并以基金份额股息、红利形式，将收益分配给投资者，基金资产的保管与业务处理可以由公司本身负责，也可以委托银行办理。公司型投资基金的最大特点是基金与投资者之间的关系是股份公司与股东的关系。美国绝大部分投资基金属于此类型。根据交易方式不同，投资基金还可以分为开放型投资基金和封闭型投资基金两种。所谓开放型投资基金，就是基金股权是开放的，投资者随时可以购买该股票，持股人也随时可退股。而封闭型投资基金，是指一次发行一定数量股份，以后不再追加，一般不允许退股。

4．邮政储蓄机构

这是一种与邮政部门关系密切的非银行金融机构，1861 年首创于英国。邮政储蓄机构主要经营小额存款，其吸收的存款一般不用提缴准备金，其资金运用一般是存入中央银行或购买政府债券。这种金融机构的设立最初是为了利用邮政部门广泛的分支机构，提供廉价有效的邮政汇款服务，提高结算速度，加速资金周转，因此，在各国发展比较普遍。据万国邮政联盟统计，全世界有 80 多个国家的邮政部门经办了邮政储蓄业务。近年来，邮政储蓄机构在朝两个方向发展，一种是逐步回归到商业银行性质；另一种是在政府支持下，变成一种公共事业，为社会提供各种服务，便利人们的生活。西方典型的邮政储蓄机构是英国在 1861 年创立的邮政储蓄银行基础上发展起来的国民储蓄银行。目前，该银行提供两种储蓄账户，一种是"普通账户"，存款数额不得超过 1 万英镑，利率随货币借贷利率的总水平而变动；另一种是 1966 年后增设的"投资账户"，该账户的利率主要根据在国债市场进行投资后所获得的收益来确定，但通常比普通账户的利率高。如果要提取投资账户的存款，须提前一个月通知银行。此外，如瑞典邮政总局的划拨银行是专门的邮政银行，独立核算，可办理全面的银行业务。法国国家邮政总局的国家储蓄银行是邮政金融业务局，可办理部分银行业务。这两类邮政金融机构都办理种类繁多的邮政储蓄业务。

5．投资银行

是主要利用资本市场为资金所有者和资金需求者提供金融服务的中介机构。与商业银行主要从事资金存贷业务不同，投资银行主要从事资本市场业务，包括证券发行与承销、证券交易与经纪、衍生金融工具设计与交易业务、企业经营咨询与资产重组业务、项目融资顾问业务及其他业务等。就投资银行所提供的服务来看，一般有两类，即综合服务与专项服务。所谓综合服务，是指提供有关投资银行的所有业务，而专项服务则仅指提供几项业务。

投资银行实际上是"证券推销商"，它被称为"银行"，除了它本身是金融体系中的一员外，更重要的是它在历史上与商业银行业务融合所产生的惯性作用。1929～1933 年经济大危机之后，美国"证券推销商"不能再办理存贷款业务，但惯性作用仍是人们把其成为有别于商业银行称谓"银行"。投资银行主要是美国的称谓，而在其他国家一般称作证券公司。

6. 信用合作社

信用合作社是西方国家普遍存在的一种互助合作性质的金融组织,有农村农民的信用合作社,有城市手工业者等特定范围成员的信用合作社。这类金融机构一般规模不大,他们的资金来源于合作社成员交纳的股金和吸收的存款,其贷款主要用于解决其成员的资金需要,如修建房屋贷款、对购买耐用消费品发放贷款等,同时也对小生产者所需生产资金发放贷款。

除此之外,非银行金融机构还有消费信贷机构、投资信托公司、融资租赁公司、企业集团财务公司等。

(五)外资、合资金融机构

外资金融机构是指国境内由外国投资者开设的银行、保险公司和证券公司等金融机构。合资金融机构是指外国资本与本国资本联合投资开设的银行和非银行金融机构。各国一般都将这类金融机构纳入本国金融体系内,并受本国金融当局的管理和监督。除特别限制之外,外资金融机构一般与国内同类金融机构从事同样的业务。

三、中国金融机构体系的建立与发展

(一)新中国成立以前

中国最早的储蓄机构不是银行,而是寺院。寺院数目多,分散广,很有钱财;又是佛住的地方,人们不敢偷寺院的东西。所以,存款在寺院,既稳妥又方便。早在魏晋南北朝时期,寺院就兼营存放款业务。

在中国,明朝末年出现的山西票号以及后来的钱庄、银号等都属于经营存款、放款、汇兑等业务,充当信用中介和支付中介的金融机构。1845年,英国人在中国开办了第一家新式银行——丽如银行是中国最早出现的商业银行,1848年改为东方银行。中国通商银行是中国第一家发行纸币的银行,是1896年盛宣怀向清政府奏请开办,于1897年4月26日正式开业的,是中国第一家民族资本的银行。

国民党统治时期,"四行、两局、一库"构成了处于核心地位的官僚资本金融机构体系。"四行"是中央银行、中国银行、交通银行、中国农民银行;"二局"是中央信托局和邮政储金汇业局;"一库"是指中央合作金库(图3-1)。"四行二局一库"是国民党政府实行金融垄断的重要工具。

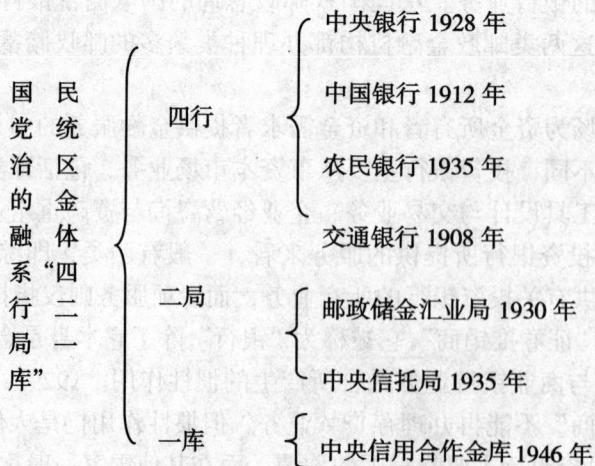

图3-1 国民党时期的金融体系"四行二局一库"

（二）新中国金融机构体系的建立与发展

新中国金融机构体系的建立与发展大致可分为以下几个阶段：

1. 初步形成阶段（1948～1952年）

中国社会主义金融体系的建立起始于革命战争时期的根据地银行。中国共产党在领导全国人民夺取政权的革命斗争中，在各个根据地和解放区建立了银行机构，这些银行机构由人民政府创办，财产公有，是社会主义性质的银行。

1948年12月1日，在原华北银行、北海银行和西北农民银行的基础上建立了中国人民银行，并在当天开始发行人民币，这标志着全国集中统一的新中国金融体系的开始。其后，又将各地的解放区银行改为中国人民银行在各地的分支机构。在随后的全国大中城市逐步解放的过程中，国家对官僚资本银行的财产进行没收，并将其归并到中国人民银行。同时，对私人银行和钱庄进行社会主义改造，提倡和鼓励他们联营，在此基础上成立全国统一的公司合营银行，从而转变为社会主义的银行。

根据对农业实行社会主义改造的总政策，在农村打击高利贷活动和改造旧的信用关系的基础上，按照农民自愿互利和平等的原则，逐步建立起农村信用合作社，这意味着社会主义的金融体系在中国广大农村开始扎根。

到1953年前后，中国已基本建立了以中国人民银行为核心和骨干，少数专业银行和其他金融机构为辅助与补充的新中国金融机构体系。

2. "大一统"的金融机构体系（1953～1978年）

与这个时期的经济体制和管理方式相适应，金融机构体系也实行了高度集中的"大一统"模式。这个模式的基本特征为：中国人民银行是全国唯一一家办理各项银行业务的金融机构，集中央银行和普通银行于一身，其内部实行高度集中管理，利润分配上实行统收统支。

3. 改革开放后到20世纪90年代初期的金融体系（1979～1993年）

中国银行、中国农业银行、中国人民建设银行从中国人民银行中分设出来，打破了中国人民银行一家包揽的局面。但中国人民银行仍然集货币发行和信贷于一身，不能有效地对专业银行和金融全局进行领导、调控与管理。1983年9月17日，国务院颁布了《关于中国人民银行专门行使中央银行职能的决定》，规定中国人民银行从1984年起开始专门行使中央银行职能，同时成立中国工商银行，办理原人民银行承担的城市工商信贷和储蓄业务。这样，形成了以中央银行（中国人民银行）为核心，以四大专业银行为主体的银行体系建立起来，中国初步形成了中央银行和专业银行分设的二级银行体制。此后随着改革的不断深入，一些带有商业银行性质的全国性和地区性商业银行成立了。另外，四大国有专业银行在业务活动中也逐步突破了"专业"领域的限制，各专业银行的业务内容也出现了互相交错的局面。为适应市场经济发展的客观要求，各专业银行开始逐步向综合性的商业银行转化。

4. 商业化改革时期的金融机构体系（1994至今）

20世纪90年代中后期金融改革的目标之一是建立在中央银行宏观调控下的政策性金融与商业性金融分离，以国有商业银行为主体，多种金融机构并存的金融机构体系。为此，1994年中国先后建立了三家政策性银行，同时着手进行专业银行向商业性银行的转化，大力发展股份制银行，对原有的城市和农村信用社进行改革调整，发展城市和农村合作银行，整顿中小金融机构，规范信托投资公司业务，严格控制证券经营机构的自营业务，发展企业财务集团公司，完善对保险企业的监管等。最终形成中国目前结构健全、分工明确的金融机构体系。

四、中国金融机构体系的构成

目前，中国已经形成了以中央银行（中国人民银行）为核心，政策性金融与商业性金融相分离，国有商业银行为主体，多种金融机构并存的现代金融机构体系。

（一）金融宏观政策制定和监督管理机构

1. 中国人民银行

中国人民银行是中国的中央银行，是在国务院领导下制定和实施货币政策，进行宏观金融调控，维护金融体系安全稳健运行的国家机关。详细内容参见本章第三节。

2. 中国证券监督管理委员会

1992年10月，国务院证券委员会（简称国务院证券委）和中国证券监督管理委员会（简称中国证监会）宣告成立，标志着中国证券市场统一监督体制开始形成。1998年4月，国务院证券委与中国证监会合并组成新的中国证券监督管理委员会，它是全国证券期货市场的主管部门。经过这些改革，中国证监会职能明显加强，集中统一的全国证券管理体制基本形成。其具体职责参见第九章第三节。

3. 中国保险监督管理委员会

于1998年11月18日成立，是全国商业保险的主管部门，为国务院直属单位，根据国务院授权履行行政管理职能，研究和拟定保险业的方针政策、发展战略和行业规则；起草保险业的法律、法规；制定保险业的规章，依照法律、法规统一监督管理全国保险市场。依法对境内保险及非保险机构在境外设立的保险机构进行监管。其具体职责参见第九章第三节。

4. 中国银行业监督管理委员会

中国银行业监督管理委员会，是根据中国共产党的十六大精神，经第十届全国人民代表大会第一次会议批准设立的国务院银行业监督管理机构。2003年4月26日，十届全国人大常委会第二次会议通过决议，授权银监会履行原由中国人民银行履行的监督管理职责。2003年4月28日，中国银监会正式挂牌成立，由此建立了银监会、证监会、保监会分工明确、互相协调的金融分工监管体系。

银监会的成立，有助于人民银行更加独立地行使宏观金融调控职能，更加专注于货币政策制定与实施，保持宏观经济环境的长期稳定。同时，银监会与证监会、保监会一起，构成了一个严密的监管体系，全方位地覆盖银行、证券、保险三大市场，特别是中国加入世贸组织后，在金融业务国际化、综合化、全能化的趋势下，能够实施更加有效的监管。其具体职责参见第九章第三节。

（二）政策性银行

这是指由政府投资创办的以贯彻国家产业政策、区域发展政策为目的，不以盈利为目标的金融机构。中国从1993年底开始，先后组建了国家开发银行、中国农业发展银行、中国进出口银行三家政策性银行，目的是实现政策性金融与商业性金融分离，以解决原来中国专业银行身兼二任的问题。这三家政策性银行将原来四大专业银行的政策性业务承担过来，一方面便于原四大专业银行尽快向商业银行转化；另一方面，在市场经济条件下，保证对投资期限长、收益低甚至无收益的国家基础项目和重点项目，在资金上予以倾斜。

1. 国家开发银行

国家开发银行于1994年3月17日成立,直属国务院领导。国家开发银行注册资本金为500亿元人民币,由国家财政全额拨付。

国家开发银行贯彻"既要支持经济建设,又要防范金融风险"的方针。主要任务是:按照国家有关法律、法规和宏观经济政策、产业政策、区域发展政策,筹集和引导境内外资金,重点向国家基础设施、基础产业和支柱产业项目以及重大技术改造和高新技术产业化项目发放贷款;从资金来源上对固定资产投资总量和结构进行控制和调节。

国家开发银行按照国家宏观经济政策和开发银行信贷原则独立评审贷款项目、发放贷款。其资金主要靠以市场方式向国内外发行金融债券筹集,资金运用领域主要包括:制约经济发展的"瓶颈"项目;直接关系增强综合国力的支柱产业中的重大项目;重大高新技术在经济领域应用的项目;跨地区的重大政策性项目等。

国家开发银行的贷款分为两部分。一是软贷款,即国家开发银行注册资本金的运用。其主要按项目配股需要贷给国家控股公司和中央企业集团,由其对企业参股、控股。二是硬贷款,即国家开发银行借入资金的运用。国家开发银行在项目总体资金配置的基础上,将借入资金直接贷给项目,到期收回本息。目前国家开发银行的贷款主要是硬贷款。

2008年12月16日国家开发银行股份有限公司挂牌,变身为商业银行,其资金来源仍以发行金融债为主,而不像工农中建这四大国有银行那样通过吸储筹集资金。

2. 中国农业发展银行

中国农业发展银行于1994年4月19日正式成立,总行设在北京,中国农业发展银行注册资本金为200亿元人民币,由国家财政全额拨付。

中国农业发展银行实行独立核算,自主、保本经营,企业化管理的经营方针。主要任务是:按照国家有关法律、法规和方针、政策,以国家信用为基础,筹集农业政策性信贷资金,承担国家规定的农业政策性金融业务,代理财政性支农资金的拨付。

中国农业发展银行的资金主要来源于中央银行的再贷款。其业务范围主要是向承担粮棉油收储任务的国有粮食收储企业和供销社棉花收储企业提供粮棉油收购、储备和调销贷款。此外,还办理中央和省级政府财政支农资金的代理拨付,为各级政府设立的粮食风险基金开立专户并代理拨付。

3. 中国进出口银行

中国进出口银行于1994年4月26日正式成立,总行设在北京,中国进出口银行注册资本金为33.8亿元,由国家财政全额拨付。

中国进出口银行实行自主、保本经营和企业化管理的经营方针。主要任务是:执行国家产业政策和外贸政策,为扩大中国机电产品和成套设备等资本性货物出口提供政策性金融支持。

中国进出口银行依据国家有关法律、法规、外贸政策、产业政策和自行制定的有关制度,独立评审贷款项目。其资金主要靠以市场方式向国内外发行金融债券筹集,业务范围主要是为成套设备、技术服务、船舶、单机、工程承包、其他机电产品和非机电高新技术的出口提供卖方信贷和买方信贷支持。同时,该行还办理中国政府的援外贷款及外国政府贷款的转贷款业务。

(三)商业银行

商业银行的性质为吸收公众存款、发放贷款、办理结算等业务的企业法人。商业银行以盈利性、安全性、流动性为经营原则，实行自主经营、自担风险、自负盈亏、自我约束。根据《中华人民共和国商业银行法》的相关规定，商业银行的业务范围如下：①吸收公众存款；②发放短期、中期和长期贷款；③办理国内外结算；④办理票据承兑与贴现；⑤发行金融债券；⑥代理发行、代理兑付、承销政府债券；⑦买卖政府债券、金融债券；⑧从事同业拆借；⑨买卖、代理买卖外汇；⑩从事银行卡业务；⑪提供信用证服务及担保；⑫代理收付款项及代理保险业务；⑬提供保管箱服务；⑭经国务院银行业监督管理机构批准的其他业务。

中国商业银行有大型商业银行、股份制与地区性商业银行三大类，此外，还有众多的外资银行也是中国商业银行体系的一个组成部分。在中国众多的商业银行中，工、中、建、农四大商业银行是主体。

1. 大型商业银行

即中国工商银行、中国农业银行、中国银行、中国建设银行。中国工商银行是以城市工商企业、机关团体和居民为主要服务对象的国有商业银行。1984年1月1日成立。中国农业银行是中国办理农村金融业务的国家银行。1979年3月恢复。中国银行是中国的国家外汇、外贸专业银行。它的前身是满清政府的大清银行，1949年由人民政府接管。中国建设银行是中国管理固定资产投资、经营投资信贷业务的国家银行。1954年10月1日成立，当时全称为"中国人民建设银行"，1996年3月改称"中国建设银行"。现在这四家国有独资银行都已改制成股份制商业银行且都已成为A股和H股上市银行。

2. 股份制商业银行

是在1986年后陆续设立的。目前，全国共有此类银行13家，它们是：交通银行、中信银行、中国光大银行、华夏银行、中国民生银行、广东发展银行、深证发展银行、招商银行、兴业银行、上海浦东发展银行、恒丰银行、浙商银行、渤海银行。这些银行在最初成立时有的是区域性银行、有的是企业集团全资附属银行、有的最初成立时即为全国性股份制银行。但近些年来，随着中国金融改革的深化，所有区域性银行的经营地域均已跃出原来的指定范围，在全国设置了经营性分支机构。原企业集团全资所有的银行也已完成了股份化改造，成为股份制商业银行。这些银行经营方式灵活，在市场经济中具有很强的竞争力，对于促进中国金融产品创新、健全中国金融体系、促进国有银行改革等方面发挥了重要作用。

3. 城市商业银行和农村商业银行

城市商业银行是在原城市信用社清产核资的基础上，由城市企业、地方财政投资入股组成的地方性股份制商业银行，主要为地方经济服务，为中小企业服务。中国原有约5000家城市信用社，有相当多的城市信用社已失去合作性质，实际上已办成小的城市商业银行。为规避风险，形成规模，1995年国务院决定在城市信用社的基础上组建城市合作银行。并率先在北京、天津、上海、深圳和石家庄市试点。1998年，从北京开始，陆续出现了以城市命名的商业银行，它们是由原来的城市合作银行合并组建的而成的，而原来的城市合作银行则是在原城市合作社的基础上组建的。2001年11月，江苏省成立张家港市、常熟市、江阴市3家农村商业银行，这是在农村信用社的基础上改制组建的股份制商业银行，标志着一种新的农村金融机构诞生。

（四）非银行金融机构

主要有保险公司、证券机构、信托投资公司、信用合作社、邮政储蓄机构、金融租赁公司等各种非银行金融机构。

1. 保险公司

1980年以后中国人民保险公司逐步恢复停办多年的国内保险业务，1988年以前，保险业由中国人民保险公司独家经营。后来保险市场主体逐步扩大。目前，中国全国性大型保险公司有中国财产保险有限公司、中国人寿保险有限公司、中国再保险有限公司、中国太平洋保险公司、中国平安保险公司等。同时，近年来，许多外资保险公司由于看好中国保险市场的巨大潜力，纷纷进入中国成立分支机构，并积极与国内保险公司合作成立合作保险公司。

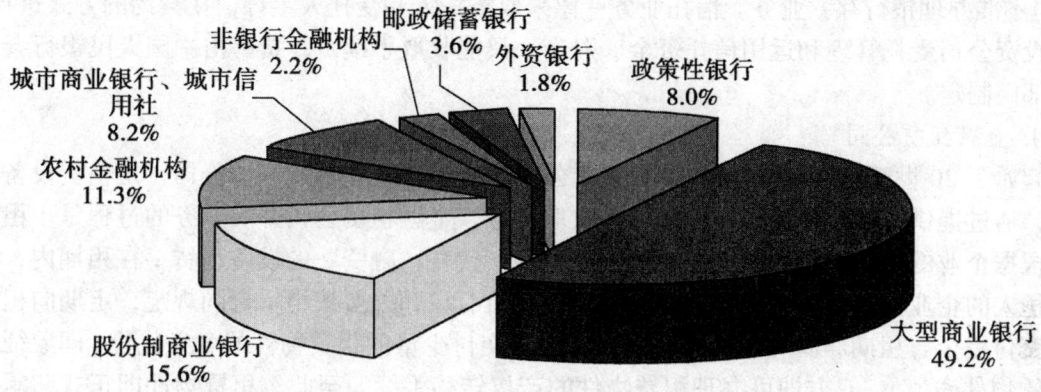

图3-2 各类金融机构占金融资产比重

相关数据：截至2010年12月末，银行业金融机构本外币资产总额为953 000亿元，比上年同期增长19.9%；负债总额895 000万亿元，比上年同期增长19.2%。

资料来源：http://www.cbrc.gov.cn/chinese/home/jsp/index.jsp

中国保险公司的业务范围分为两类：一是财产保险业务，又具体包括财产损失保险、责任保险、信用保险等业务；二是人身保险业务，具体包括人寿保险、健康保险、意外伤害保险等业务。根据中国保险法的规定，同一保险人不得同时兼营两类保险业务，除理赔给付外，其余只能用于银行错款、买卖政府债券、金融债券及证券投资基金。自2005年开始，国家允许保险公司直接投资股票。

保险公司在承保风险过程中，具有独特的社会功能和重要的经济功能。从其特有的社会功能看，一是提供有形的经济补偿。二是提供无形的、精神上的"安全保障"。三是强化了投保人的风险意识，积极防范风险。从其重要的经济功能看，保险公司在为投保人提供风险管理服务的同时，对保险资金进行运用，促进了储蓄资金向生产性资金的有效转化。

2. 证券公司

又称为证券商，是指依照《公司法》和《证券法》的规定设立的并经国务院证券监督管理机构审查批准而成立的专门经营证券业务，具有独立法人地位的有限责任公司或者股份有限公司。中国证券公司分为综合类证券公司和经纪类证券公司。经纪类证券公司只能从事证券经纪类业务，包括代理证券买卖，证券的还本付息、分红派息，证券代保管、鉴证，以及代理登记开户等业务；综合类证券公司可从事证券的承销、经纪、自营业务。包括上述经纪类业务，除此以外，还可以从事证券的自营买卖、承销、投资咨询以及受托投资管理等业务。

3. 信托投资公司

信托投资公司是指接受他人委托，代为管理、经营和处理经济事务的金融机构，是以受托人身份经营现代信托业务的金融企业。它与银行信贷、保险并称为现代金融业的三大支柱。中国信托投资公司的主要业务：经营资金和财产委托、代理资产保管、金融租赁、经济咨询、证券发行以及投资等。根据国务院关于进一步清理整顿金融性公司的要求，中国信托投资公司的业务范围主要限于信托、投资和其他代理业务，少数确属需要的经中国人民银行批准可以兼营租赁、证券业务和发行一年以的专项信托受益债券，用于进行有特定对象的贷款和投资，但不准办理银行存款业务。信托业务一律采取委托人和受托人签订信托契约的方式进行，信托投资公司受托管理和运用信托资金、财产，只能收取手续费，费率由中国人民银行会同有关部门制定。

4. 金融租赁公司

起始于20世纪80年代初期，金融租赁公司是专门经营租赁业务的公司，是租赁设备的物主，通过提供租赁设备而定期向承租人收取租金。金融租赁公司开展业务的过程是：租赁公司根据企业的要求，筹措资金，提供以"融物"代替"融资"的设备租赁；在租期内，作为承租人的企业只有使用租赁物件的权利，没有所有权，并要按租赁合同规定，定期向租赁公司交付租金。租期届满时，承租人向租赁公司交付少量的租赁物件的名义代价（即象征性的租赁物件残值），双方即可办理租赁物件的产权转移手续。至此，租赁物件即正式归承租人所有，称为"留购"；或者办理续租手续，继续租赁。由于租赁业具有投资大、周期长的特点，在负债方面中国允许金融租赁公司发行金融债券、向金融机构借款、外汇借款等，作为长期资金来源渠道；在资金运用方面，限定主要从事金融租赁及其相关业务。这样，金融租赁公司成为兼有融资、投资和促销多种功能，以金融租赁业务为主的非银行金融机构。金融租赁在发达国家已经成为设备投资中仅次于银行信贷的第二大融资方式，从长远来看，金融租赁公司在中国同样有着广阔前景。

5. 邮政储蓄机构

办理以居民个人为主要对象的储蓄存款业务，不对企业的，这是在改革开发之后才兴起来的，利用了邮政机构网点非常众多的优势，每一个邮局旁边都有邮政储蓄，但是也有弊端，在人员素质上有一些欠缺。中国于1986年重新恢复邮政储蓄业务，同年3月18日成立邮政储汇局，负责全国邮政储蓄、汇兑业务。按照规定，主要经营城乡居民个人人民币储蓄存款、汇兑、结算、代理保险和代理国库券，而且吸收存款不能发放贷款，全额上缴人行。中国邮政储蓄银行有限责任公司于2007年3月6日依法成立，标志着中国邮政储蓄机构转制成独立的邮政储蓄银行，变成商业银行的一部分。

6. 财务公司

中国的财务公司主要是由企业集团内部各成员单位入股，为企业集团成员单位技术改造、新产品开发及产品销售提供金融服务，以中长期金融业务为主的非银行金融机构。它的业务范围限制在集团内部，不得从企业集团之外吸收存款，也不得对非集团单位和个人发放贷款。财务公司在行政上隶属于各企业集团，在业务上受中国银监会领导。中国第一家企业财务集团公司建立于1987年。2004年7月，中国银监会颁布《企业集团财务管理办法》，以规范其相关业务。

7. 信用合作社

在原计划体制下组建起来农村信用社定性为群众性合作金融组织。其主要特征是由社员入股组成，实行民主管理，主要为社员服务。中国的农村信用社产生于解放初期，是新中国成立初期三大合作组织之一。作为合作性质的金融组织，其对中国农村金融做出过重大贡献。但在农村信用社的发展过程中，逐步偏离了合作制的原则，国家按照银行的办法管理农村信用社。1996年8月国务院颁布了《国务院关于农村金融体制改革的决定》，决定将农村信用社办成真正的金融合作组织。但要使事实上从不具有"合作"性质的农村信用社恢复合作性质，成功的可能性不大。2003年国家进一步提出应把农村信用社逐步办成农民、农村工商户和各类经济组织入股，为农民、农业和农村经济发展服务的社区性地方金融机构，按照因地制宜、分类指导原则，积极探索和分类实施股份制、股份合作制、合作制各种产权制度，建立与各地经济发展、管理水平相适应的组织形式和运行机制。城市信用合作社是在改革开放初期发展起来的。实践中，绝大部分城市信用合作社，从一开始，其性质就不明确。20世纪90年代中期以后着手整顿。先是合并组建"城市合作银行"，随即在1998年完成了约2300家城市信用合作纳入90家城市商业银行的组建工作。目前，多数地方的城市商业银行已改制成地方性商业银行，其业务经营范围与一般商业银行相同。

8. 投资基金

中国的投资基金最早产生于20世纪80年代后期。1987年，中国银行和中国国际信托公司共同推出面向海外投资者的基金。1991年，武汉成立中国第一家面向国内投资者的"武汉证券投资基金"。在这期间，面向国内发行的基金，被称为"老基金"。较为规范的证券投资基金产生于1997年11月《证券投资基金管理暂行办法》出台之后。根据要求，中国证监会对老基金进行了清理规范，同时审批新基金的设立。1998年，6家规模分别为20亿元的第一批试点证券投资基金，均为封闭式基金，陆续上市发行上市，此后又不断有新的、规模更大的封闭式证券投资基金推出。2000年10月，证监会发布《开放式基金试点办法》，对开放式基金的公开募集、设立、运作及相关活动作出规定。这标志着中国开放式基金发展的起点。证券投资基金的发展有助于维持中国证券市场的增量资金，改善投资者结构，同时有助于推进证券市场管理的市场化，信息披露的规范化，并有利于促进投资理念由短期炒作转向中长期投资。

（五）外资（合资）金融机构

中国对外资金融机构的引进主要采取三种形式：一是允许其在中国设立代表机构，二是允许其设立业务分支机构，三是允许其与中国金融机构设立中外合资金融机构。最初，外资金融机构在华代表处，一般可设在北京和中国经济特区。其工作范围包括进行工作洽谈、联络、咨询、服务等非营业性活动，不得开展任何直接营利的业务。在华设立代表处是外资银行进入中国必须走的一个步骤。1979年，日本输出入银行在北京设立了第一家外资银行的代表处。外资金融机构在华设立的分支机构和合资金融机构包括外国独资银行、合资银行、独资财务公司、合资财务公司等。根据2002年颁布的《中华人民共和国外资金融机构管理办法》，这些外资金融机构可以从事下列部分或全部业务：吸收公众存款；发放贷款；办理票据承兑与贴现；买卖政府债券、金融债券，买卖股票以外的其他外币有价债券；提供信用证服务；提供担保；办理国内外结算；买卖、代理买卖；从事外币兑换；从事同业拆借；从事银行卡业务；

保管箱业务；资信调查和咨询业务，以及批准的其他业务。

【案例3-1：QFII】

QFII是指合格的境外机构投资者。加入WTO以后，随着对外开放的扩大，中国大陆允许合格的境外机构投资者在一定规定和限制下汇入一定额度的外汇资金，并转换为当地货币，通过严格监管的专门账户投资当地证券市场，其资本利得、股息等经批准后可转为外汇汇出。

（六）中国香港特别行政区的金融机构体系

1．中国香港金融管理局

具有执行货币政策和银行监督的双重职能。其职能虽与中央银行大致相符，但由于它不发行钞票，不是政府的银行，故而被称为准中央银行。

2．中国香港的发钞机构

港元是由政府通过法律授权汇丰银行、渣打银行、中国银行发行的。

3．中国香港的银行业

实行三级银行制度，即持牌银行、有限制持牌银行和接受存款公司三级，统称认可机构，其中持牌银行占有优势地位。中国香港银行业的同业组织是中国香港银行公会。

4．中国香港保险业

有一般保险和长期保险两类。中国香港保险业监理处对保险业实行审慎监管。

5．中国香港证监会、联交所及期交所

中国香港证监会对中国香港证券、金融投资及商品期货买卖实行审慎监管；中国香港联合交易所是中国香港现有的唯一一家证券交易所；中国香港期货交易所是获准经营期货合约买卖的唯一认可机构；还有众多的证券商。

五、国际金融机构体系的构成

国际金融机构是多国共同建立的金融机构的总称，是维持国际货币制度正常运转及国际间的货币合作、协调各国货币政策或从事国际金融事务的金融机构。主要有全球性和区域性金融机构组成。

（一）全球性金融机构

全球性金融机构组织，即国际货币基金组织和世界银行集团。

1．国际货币基金组织

国际货币基金组织是联合国的一个专门机构，其宗旨是共同研究和协商国际货币问题，加强国际货币合作；便利国际贸易的扩大与平衡发展，协助会员国克服国际收支困难；促进国际汇兑，稳定货币汇率，避免各国间的货币竞争性；消除妨碍世界贸易的外汇管理等。

国际货币基金组织的资金来源主要是成员国缴纳的基金份额，还有向成员国和国际金融市场借款、出售黄金收入以及创设特别提款权等。其主要业务包括：当会员国国际收支发生困难时，向会员国提供各种贷款；向会员国提供咨询、培训服务；对会员国的汇率政策进行监督以及对会员国的经济、金融进行磋商、协调。

2．世界银行集团

世界银行集团中最主要的机构是国际复兴开发银行，又称世界银行。它有两个附属机构即国际开发协会和国际金融公司。

世界银行的宗旨是,为解决会员国恢复和发展经济的资金不足,提供和组织长期贷款和投资,从而资助会员国兴办特定的基本建设工程,协助其复兴与开发。

(二)区域性金融机构

包括亚洲开发银行、非洲开发银行、泛美开发银行、阿拉伯货币基金组织、伊斯兰银行、西非发展银行、西欧投资银行、国际经济合作银行、国际投资银行等。目前,它们的共同宗旨是通过发放贷款和进行投资、技术援助及协助规划,促进本地区的经济发展与合作。

亚洲开发银行是仅次于世界银行的第二大开发性金融机构。亚洲开发银行现有成员国47个。亚洲开发银行的宗旨是鼓励政府和私人在亚洲太平洋地区投资,通过提供项目提供技术援助,促进和加强亚洲太平洋地区发展中国家、地区的经济发展。其资金来源有两类:一是普通资金,主要由会员国认缴的股本、来自国际金融市场及各国政府的借款和捐款构成;二是特别基金,包括亚洲开发基金、技术援助特别基金、日本特别基金及联合国金融资金。

(三)国际清算银行

国际清算银行是西方主要发达国家和若干大商业银行合办的国际金融机构,主要办理国际清算;接受各国中央银行存款并代理买卖黄金、外汇和有价证券;办理国库券和其他债券的贴现、再贴现等。此外还负责推动金融监管的国际合作,制定国际统一的银行监管标准,协调各成员国中央银行的关系,致力于跨国性银行的监管工作。

(四)国际金融机构体系的作用

(1)维持汇率稳定。国际金融机构体系的目标之一是建立一个稳定的汇率制度。

(2)进行行业协调。即对国际金融业的业务活动进行规范、监管、协调。一是制定国际监督合作的基本原则;二是制定监督工具;三是加强对银行风险资产的管理。

(3)调节国际收支平衡。主要通过提供短期贷款,缓解暂时的国际收支逆差;提供长期贷款以促进经济长期发展。

(4)积极防范并化解国际金融危机。如提供紧急贷款,给予一定的资金援助;制定协调协定,国际借贷总安排;召集权威人士拟订改革方案等。

此外,各国际金融机构体系的作用也存在着局限性。

第二节　商业银行

一、商业银行的性质和职能

银行是商品货币经济发展的产物,商业银行的产生和发展与商品经济的发展紧密相连。它由最初的货币经营产业,逐渐演变发展为现代的商业银行。现代商业银行是以获取利润为经营目标,以多种金融资产和金融负债为经营对象,具有综合服务功能的金融企业。

(一)商业银行的性质

1. 商业银行具有一般企业的特征

商业银行也需要具备普通企业的基本要素,如有一定的自有资本、向社会提供特定的商品和服务、必须依法经营、独立核算、自负盈亏、照章纳税等。

2. 商业银行是一种特殊的企业

特殊性主要表现以下方面:①特殊的经营对象与经营内容。一般经济单位的经营对象是具有一定使用价值的商品或普通劳务，经营内容主要从事商品生产与流通活动；而商业银行的经营对象是货币资金这种特殊的商品，经营内容则是货币的收付、借贷及各种与货币资金运动有关或与之相联系的各种金融业务。②特殊的经营关系与经营原则。一般经济单位与客户之间是商品或劳务的买卖关系；而商业银行与客户之间主要是货币资金的借贷或投资关系。商业银行在经营中必须遵循安全性、流动性和盈利性原则。③特殊的经营风险影响。一般经济单位的经营风险主要来自于商品生产、流通过程，集中表现为商品是否产销对路。单个企业破产造成的损失对整体经济的影响较小，一般属小范围、个体的。而商业银行因其业务大多是以还本付息为条件的货币信用业务，故风险主要表现为信用风险、挤兑风险、利率风险、汇率风险等。商业银行因经营不善而导致的危机，有可能对整个金融体系的稳健运行构成威胁，甚至会引发严重的社会和政治危机。④国家对商业银行的管理特殊。由于商业银行对社会的特殊影响，国家对商业银行的管理要比对一般工商企业的管理要严格得多，管理范围也广泛得多。

3. 商业银行是一种特殊的金融企业

商业银行与其他金融机构相比也有较大的不同。①与中央银行相比，商业银行面向工商企业、社会公众开展业务，其从事金融业务的主要目的是盈利。而中央银行是向政府和金融机构提供服务的具有银行性质的国家机关。中央银行直接不面向普通企业和百姓从事金融零售业务，其经营目的也不是为盈利。②与其他金融机构相比，商业银行提供的金融服务更全面、范围更大。其他金融机构职能提供某一方面或几方面的服务，而商业银行则是"金融百货公司"或"万能银行"，业务范围要其他金融机构广泛得多。

（二）商业银行的职能

1. 信用中介职能

信用中介职能是商业银行最基本也最能反映其经营活动特征的的职能。这一职能的实质是通过商业银行的负债业务，把社会上的各种闲散资金集中到银行，再通过商业银行的资产业务，投向社会经济各部门。商业银行作为货币资本的贷出者和借入者实现货币资本的融通。商业银行通过信用中介职能能实现资本盈余与短缺之间的调剂，并不改变货币资本的所有权，改变的只是其使用权。信用中介职能是商业银行最基本的功能，它在国民经济中发挥着多层次的调节作用：①将闲散货币转化为资本；②使闲置资本得到充分利用；③将短期资金转化为长期资金。

2. 支付中介职能

支付中介职能是指商业银行利用活期存款账户，为客户办理各种货币结算，货币收付，货币兑换和转业存款等货币经营业务的职能。支付中介职能是商业银行的传统职能。商业银行在发挥其支付中介职能过程中，具有两个明显的作用：首先，它可使商业银行持续拥有比较稳定的廉价资本来源。其次，它可节约社会流通费用，增加生产资本投入。

3. 信用创造职能

商业银行的信用创造职能是在信用中介与支付中介的职能基础上产生的，它是商业银行的特殊职能。所谓信用创造职能是指商业银行利用其可以吸收各类活期存款的有利条件，通过发放贷款，转化为派生存款，从而扩大社会货币供应量，当然，此种货币不是现金货币，而是存款货币，它只是一种账面上的流通工具和支付手段。商业银行信用创造职能的发挥要受以下因素制约。首先，商业银行信用创造，要以原始存款为基础。就每一个商业银行而言，要根据存款发放贷款和投资；就整个商业银行体系而言，也要在原始存款的基础上进行信用创造。因此，信用创造的限度，取决于原始存款的规模。其次，商业银行信用创造要受中央银行法定存款准备率及现金漏损率的制约，创造能力与其成正比。最后，创造信用的条件，是要有贷款需求，如果没有足够的贷款需求，存款贷不出去，就谈不上信用创造，因为有贷款才有派生存款；相反，如果归还贷款，就会相应地收缩派生存款，收缩程度与派生程度一致。因此，对商业银行来说，吸收存款的多少具有非常重要的意义。此外，影响商业银行信用创造功能发挥的因素还有很多，如公众的流动性偏好，市场利率预期等。

4．金融服务职能

商业银行可以利用其在国民经济活动中的特殊地位，以及在提供信用中介和支付中介业务过程中所获得的大量信息，凭借这些优势，运用电子计算机等先进手段的工具，为客户提供多种金融服务。这些服务主要包括服务咨询，代理融通，信托，租赁，计算机服务，现金管理，经纪人业务，国际结算等，通过提供这些服务，商业银行一方面扩大了社会联系面和市场份额，另一方面也为银行取得不少费用收入，同时，也加快了信息传播，提高了信息技术的利用价值，促进了信息技术的发展。

二、商业银行的组织形式

由于各国商业银行产生与发展的政治、经济和文化条件不同，其组织形式也存在一定的差异。从组织结构看，有总分行制、单一银行制、集团银行制、连锁银行制。从业务结构看，有全能银行制和银行分业制。

（一）按组织结构分类

1．总分行制

总分行制又称分支行银行制，是法律上允许在总行之下，在国内外各地普遍设立分支机构，形成以总行为中心的庞大的银行系统和网络。目前世界各国商业银行普遍采用这种银行制度。

总分行制按总行职能不同又可分为总行制和总管理处制。总行制规定总行既要管理又要经营，即总行除了指导管理分支行的业务外，还要设立营业部直接对外经营办理业务。总管理处制规定，总管理处只负责指挥监督所辖分支行处。即只进行管理，本身不对外办理业务，但在总管理处所在地另设对外营业的分行或营业部。

总行对属下分支机构的管理制度通常有3种类型。

（1）直属型。即总行直接管辖、指挥、监督所有分支机构。

（2）区域型。将所有分支机构划分为若干个区，每区设一区域行作为管理机构，不对外营业，其任务是代表总行指挥、监督区域内所属各分支行，各分支行直接对区域行负责。

（3）管辖行。选择各分支行中地位较重要的作为管辖行，它代表总行管理、监督所辖的分支机构，但它同时也对外办理业务。

上述3种类型彼此可以相互交叉，如对某一较大规模的银行来说，它可以根据实际需要，在其组织结构中同时采用上述3种类型。

总分行制的优点如下：①由于银行分支机构众多，有利于吸收存款，以及在全系统内调剂和合理有效地运用资金，分散经营风险。②经营规模大，容易采用现代化的设备，有能力为客户提供全面、高质量的金融服务，取得规模经济效益。③资金实力雄厚，能较好地适应现代化经济发展的需要。④银行内部可以实行高度分工，提高工作效率，降低成本。⑤便于金融管理当局的监督。

总分行制的缺点有以下几点：①由于银行规模大，分支机构多，如果管理制度上缺乏较强的控制力，会使经营效益下降。②在人员的安排调动方面容易出现弊端。③分支机构管理人员不如单一银行制那样关心当地经济的发展。因为分支机构的经营成果主要由上级行来评价，盈利也要上交总行，其经营决策自然要依据总行的业务方针来决定。④容易形成金融垄断，使小银行处于不平等的竞争地位。

2. 单一银行制

单一银行制又称独家银行制，是一种不设分支机构或限设分支机构的商业银行组织形式。法律上只允许在银行总部经营，不允许在同一地区或不同地区设立分支机构。这种制度不能使同一家银行形成系统的网络，只能一级经营。

单一银行制的优点是：①可以防止金融权力过分集中而形成垄断。②由于没有分支行，在经营决策上自主性强，灵活性大，能够根据市场环境的变化及时改变经营策略。③由于不设置上下级系统，不存在资金调拨问题，能够将吸收的资金限制在区域内融通，比较容易适应地区经济发展。

单一银行制的缺点是：①银行规模小，不易取得规模效益，不利于更广泛地进行交流、沟通和经济发展。②银行业务限制在某个地区，使银行更多地受该地区经济发展状况和规模的影响，不易分散风险。③由于资金余缺调剂限制在某一地区，使资金无法实现更大范围内的有效配置。

3. 集团银行制

集团银行制又称银行持股公司制，它是由一个经济法人发起组织成立一家持股公司，再由该股权公司控制或收购一家或两家以上银行所形成的一种银行组织形式。被控股的银行在法律上是独立的，但其业务经营活动则由股权公司所控制。集团银行制一般有两种类型：一种是由大银行组织的银行性持股公司；另一种是由大企业组织的非银行性持股公司。

这种银行组织形式的主要优点是：①可以绕过法规的限制扩展业务。②能以其他方式筹集资金，并提供多种金融服务，扩大影响，增强银行实力，从多种渠道增加收益。③资金力量雄厚，有利于提高抵御风险和竞争的能力，弥补单一银行制的不足。

4. 连锁银行制

连锁银行制又称联合制，是由某一自然人或某个法人购买若干独立银行的股份，从而实现对这些银行控制的一种银行组织形式。被控股的银行在法律上是独立的，但实际上其业务经营权则掌握在某一自然人或某个法人手中。它是与集团银行制相类似的一种银行制度。其相同之处在于：都是通过购买银行股份，获得多数股权来达到控制银行的目的；都是为了在连锁的范围内发挥分行制的作用。其区别在于：连锁银行制没有股权公司的存在形式，无须成立控股公司。因此，这两种组织形式既有单一银行制的外在形式，又具有分支行制的经营管理方面的实质内容，它们可称为是单一银行制向分支行银行制转化的一种中间形式。

（二）按业务结构分类

1. 银行分业制

银行分业是针对一国金融体制而言的。所谓分业制是指法律上限定金融机构必须分门别类，各司其职，有专营短期金融的，有专营长期金融的，有专营有价证券买卖的，有专营信托业务的等。在这种银行制度下的商业银行主要经营短期工商信贷业务。采用这种制度的国家以美国、英国、日本为代表。

这种银行制度的形成以 20 世纪 30 年代资本主义经济危机的爆发为契机。在此之前，各国政府对银行经营活动极少限制，许多商业银行都可以经营多种业务。大危机后，银行成批破产倒闭，造成了历史上最大的一次货币信用危机。不少西方经济学家将此归咎于银行的综合性业务经营，尤其是长期贷款和证券业务的经营。因此，许多国家认定商业银行只宜经营短期工商信贷业务，并通过立法形式将商业银行和投资银行的业务范围进行明确划分，以严格两者之间的分工，即商业银行不准进入投资银行的领域，投资银行也不许进入商业银行的领域。

银行分业经营的主要优点是：①可以有效防止金融业的垄断；②防止金融投机和操纵，降低银行经营风险；③防范信用危机。

其主要缺点如下：①不能满足经济发展的客观需要和工商业及社会公众对融资多样化的要求；②短期存款的稳定余额可用于长期贷款或投资，而不影响资金的安全性，如果只限于短期贷款，则降低了银行资产的盈利性；③将业务限制在短期融资方面，大量业务被其他金融机构抢走，使商业银行在竞争中处于不利地位；④在经济衰退或危机时期，即使短期贷款也存在到期无法全部收回的风险，使资金的流动性受到影响。

2．全能银行制

全能银行制又称综合性银行制，是指商业银行在业务领域内没有什么限制，它可以经营所有的金融业务，为客户提供全方位的金融服务。如吸收和发放各种性质和期限的存款和贷款，代理发行、销售和包销证券，直接投资于新兴企业，参与企业的决策和扩展过程，从事外汇、信托、保管、租赁、保险和咨询等所有金融业务。它的最大特点是不实行商业银行业务与投资银行业务的严格区分，是综合性银行。德国是实行全能银行制的典型代表。

全能银行制的主要优点是：①向客户提供全面、综合的服务；②可以增强与客户的联系；③有利于银行体系的稳定。

全能银行制的主要缺点是容易导致金融业的垄断。在德国表现得尤为突出。几家德国大银行在经济金融领域内所发挥的影响之大是同等规模的英国、美国银行所无法比拟的，而这也是崇尚自由竞争的英国、美国传统文化所无法容忍的。尽管如此，全能银行制确实在国际金融市场上显示了强大的竞争力。

现在的发展趋势是，商业银行越来越多地向投资银行业务领域渗透，规模越来越大、业务品种越来越多。但是，由于实行全能银行制度，商业银行的业务范围过大，在管理方面、在资本及流动性方面都产生了一些问题，增加了银行经营的风险。近些年来，虽然美国、日本等国家酝酿着实行金融自由化改革，但迄今为止，限制商业银行和投资银行业务交叉的法律障碍仍然没有完全消除。

根据中国的实际情况，中国《商业银行法》明确规定，商业银行"不得从事信托投资和股票业务"、"不得投资于非自用不动产"、"不得向非银行金融机构和企业投资"。这些规定表明中国现阶段银行业与信托业、证券业，即商业银行业务与投资银行业务采用的是分业经营模式。

三、商业银行的经营原则

商业银行具有一般企业的基本特征，即以追求利润最大化为目标。但商业银行又是经营货币资金的金融企业,其资金来源主要来自负债,因此在经营管理上又与一般企业有所区别,有其特殊性。在长期的经营实践中,商业银行的管理者形成了基本的银行经营管理原则,即盈利性原则、流动性原则、安全性原则。

（一）盈利性原则

盈利性是指商业银行为其所有者获取利润的能力。作为经营性的企业,盈利性是其基本方针,能否盈利直接关系到银行的生存和发展,是银行改进服务、开拓业务和改善经营管理的内在动力。保持理想的盈利水平是商业银行充实资本和扩大经营规模,并据以增强银行信誉、提高银行竞争实力的基础。如果银行无法盈利,投资者将丧失信心,银行信誉将下降,甚至可能引发银行的信用危机,导致客户挤兑,危及银行生存。因此,保持盈利性对商业银行具有十分重要的意义。

商业银行的盈利来源于各项收入和各项支出之差。盈利性管理要求银行从总体上把握提高收益和控制成本两方面工作。具体来说,提高收益应从以下几方面入手:①合理地确定资产结构,提高盈利资产的比重;②提高资产质量,尤其是贷款质量,减少贷款和投资损失;③合理定位贷款定价,除考虑资金成本外,还应综合考虑与客户的全面关系、贷款风险等因素;④注重业务创新,积极拓展中间业务和表外业务,增加银行的非利息收入。

控制成本应做好以下几方面的工作:①控制负债成本;②加强内部经济核算,控制各项管理费用;③规范操作程序,减少事故和差错及其他损失。

（二）流动性原则

流动性是指商业银行在资产负债不受损失的条件下,能够随时应付客户提现和满足客户必要贷款的能力。商业银行的流动性包括负债的流动性和资产的流动性两个方面。负债的流动性是指银行以较低的成本随时获取资金的能力。资产的流动性是指资产在不受价值损失的条件下具有迅速变现的能力。能迅速变现而不会带来损失的资产,流动性就强;相反,不能迅速变现或变现过程中会遭受损失的资产流动性就弱。一般而言,我们所说的流动性是指资产的变现能力。

在银行的业务经营过程中,流动性的高低非常重要。事实上,过高的资产流动性,会使银行失去盈利机会,甚至出现亏损;过低的流动性可能导致银行出现信用危机、客户流失、资金来源丧失,甚至会因为挤兑导致银行倒闭。

流动性管理目标可以通过资产和负债两个途径实现。从资产方面来说,银行应持有一定比例的、可随时变现的资产。从负债方面来说,银行应保持较强的融资能力,拓展融资渠道,从中选择期限和成本较合理、符合本行流动性需求的资金来源。在实际操作中,银行是将这两方面结合起来,保持合理的资产负债结构,并根据本银行和金融市场的实际情况,选择最有利的途径和方式进行流动性管理。

（三）安全性原则

安全性是指商业银行承担风险的能力,即银行的资产、收益、信誉等免遭损失、避免风险、保证安全可靠性的程度。商业银行经营管理的安全性原则就是尽可能地避免和减少风险。银行业是一个风险高度集中的行业,自有资本所占比重很小,属于负债经营。一旦遇有贷款和投资风险,就会影响银行正常的清偿能力,危及银行本身的安全。因此,安全性原则不仅是银行盈利的前提条件,也是其生存和发展的基础;不仅是银行经营管理本身的要求,也是经济发展和社会稳定的需要。所以，银行管理者在风险问题上必须严格遵循安全性原则，坚持稳健经营理念，保持较高的资本充足率，合理安排资产负债结构，提高资产质量，运用各种法律允许的策论和措施分散和防范风险，提高银行抗风险能力。

衡量安全性的指标主要有存贷比、流动性资产/负债总额、利率敏感性资产/利率敏感性负债、有问题贷款/全部贷款、经营杠杆系数。

（四）盈利性、流动性、安全性三原则的协调

商业银行盈利性、流动性和安全性三原则之间的关系可以简单概括为：流动性是商业银行正常经营的前提条件，是商业银行资产安全性的重要保证；安全性是商业银行稳健经营的重要原则，离开安全性，商业银行的盈利性也就无从谈起；盈利性原则是商业银行的最终目标，保持盈利是维持商业银行流动性和保证银行安全性的重要基础。作为商业银行的经营管理者，要依据商业银行自身条件，从实际出发，统筹兼顾，谋求"三原则"尽可能合理的搭配协调，即在保证安全性的前提下，通过灵活调整流动性，最终提高盈利性。

四、商业银行的管理理论

自1694年英格兰银行成立以来，现代商业银行的发展，已有300多年的历史，在漫长的过程中，西方商业银行在发展中创造了一系列商业银行管理理论，它基本上经历了三个阶段：资产管理理论阶段，负债管理理论阶段和资产负债管理理论阶段。

（一）资产管理理论阶段

在商业银行产生后的相当长的时期内，银行及非银行金融机构还未形成体系，金融市场也不发达，银行资金来源渠道比较单一，大多数是靠吸收客户的活期存款，加之通货膨胀没有成为普遍的经济现象，银行资金来源的数量比较稳定和充足。因此，商业银行经营管理的重点放在资产方面，由此产生了资产管理理论。

资产管理理论的基本思想是：负债是资产的既成前提，资产规模受负债规模的制约。负债取决于客户是否愿意来存款，银行处于被动地位，银行只能对资产主动加以管理，努力实现资产结构的优化调整。注重资产期限和负债期限的协调，保持资产的流动性和分层次的准备金，加强银行资本的充足性，来实现银行经营管理的目标。资产管理理论主要有以下几种。

（1）商业贷款理论，又称自偿性理论或真实票据理论。是指商业银行贷款要以商品交易为基础，以商业票据作为抵押，到期能够自动得到清偿。商业贷款理论偏重于保持银行资金的流动性和安全性，在一定条件下可以付出盈利性的代价。它适应了商品交易对银行信贷的需要，在自由竞争资本主义阶段，对稳定银行经营具有积极作用。但它具有一定的历史局限性和缺陷：一是不能适应资本主义从自由竞争向垄断阶段过渡时期对银行长期资金的需求，即没有考虑贷款多样化的需求；二是没有考虑活期存款的相对稳定余额，可以用于发放一部分长期贷款，忽略了银行可用资金的潜力和银行的盈利性；三是忽略了短期贷款自我清偿的外部条件的影响，当经济衰退或经济危机出现时，可能会遇到市场呆滞和商品销售困难，从而无法归还贷款的风险。

（2）可售性理论，又称资产转移理论。它是一种保持资产流动性的理论。它是在商业银行业务向着综合化方向发展，金融体系和金融市场高度发达，工商企业对银行信用的依赖性增强的条件下产生的。资产转移理论认为，银行资产流动性的高低，是由资产的可转

让程度决定的，商业银行保持资产流动性的方法，不仅仅限于短期自偿性的贷款，而且要持有那些具备上市条件，可随时变现的有价证券，尤其是短期国库券。可售性理论为银行提供了新的流动性资产，使商业银行不仅有现金作为保持流动性的第一线准备，还有短期政府债券等可售性高的流动资产作为第二线准备，以满足流动的需要。这种理论的缺陷是：有价证券在经济不景气的情况下，证券行情下跌或银行持有的证券难以出售时，有蒙受损失的风险。

（3）预期收入理论。第二次世界大战以后，随着金融机构的发展与竞争，商业银行为了在竞争中取胜并求得发展，必须不断开拓新的业务，预期收入理论应运而生。该理论认为：既然商业银行可以将吸收的活期存款或短期存款的一部分用于长期贷款，商业银行的生利资产就有可能扩大到对消费者、房地产和工商企业的中长期贷款等多个领域，这些资产虽然不属于自偿性理论和可售性理论所指的最流动的资产，但其清偿变现即贷款的安全性和流动性取决于借款者将来的或预期的收入。如果一项贷款的预期收入有保证，即使期限较长银行也可接受，如果一项贷款预期收入不可靠，即使期限再短银行也不应承担。所以，只要借款人经营活动正常，其经营收入的金额与时间可以估算出来，这就为商业银行事先安排资金抵补与长期贷款相应的负债提供了可能，如采取分期收贷的方式发放长期贷款，长期贷款本身也具有事先可预期的流动性。预期收入理论是对资产转移理论的发展，它促进了贷款形式多样化，增强了商业银行对经济的渗透力，加强了商业银行在经济中的地位。这种理论的缺陷是：预期收入难掌握，尤其是客观经济条件或债务人的资信状况发生变化时，借款人将来收入的实际情况，往往与银行的预期之间存在一定的距离，有时相差甚远。因此，按这种理论经营，会增加银行信贷风险。

（二）负债管理理论阶段

随着商品经济的发展，特别是第二次世界大战以后，金融体系迅速发展，各种非银行金融机构茁壮成长，证券市场迅速成熟，商业银行的资金来源受到越来越多的竞争威胁。尤其至 20 世纪 60 年代，通货膨胀率也开始上升，成为困扰各国经济的难题。社会对贷款资金需求强烈，而商业银行普遍受到政府的利率管制，面临资金来源不足的窘境。在这种背景下，负债管理理论应运而生了。

负债管理理论将流动性管理重点放在负债业务上，认为银行没有必要完全依赖资产业务保持流动性，即在需要流动性的时候，银行不仅可以通过出售资产来实现，还可以通过组织存款和借入资金来提供流动性，满足存款的提取和增加放款的需要。只要银行有资金来源就不必保持大量流动性的资产，可以将其投入到能盈利的贷款和投资中，在保持流动性的同时又保证了盈利性。这样通过调整负债结构，甚至可以达到调整资产结构无法达到的目的。

负债管理理论的核心思想是：负债不是既定的，而是可以由银行进行调节的，资金来源可以随资产运用的需要随时进行调整，让负债去适应或支持资产。只要资产收益大于负债成本，就应该进行主动性的负债，以获取利差收入。因此，银行应从侧重于资产管理转向侧重于负债管理，至少两者并重。

负债管理一反传统的稳健保守的作风，强调主动进取，不断创新，被称为商业银行经营管理理论的"一场革命"。在负债管理理论的支持下，各国商业银行致力于开拓各种负债渠道，主要有：发行可转让大额定期存单、发行各种金融债券、同业拆借、向国际市场借款、向中央银行"贴现"借款、通过证券回购协议向大企业借款等。此外，在法规允许的范围之内，积极进行金融创新，尝试新的负债业务。负债管理业务极大地提高了商业银行处理资金需求问题的灵活性，与此同时，资金来源的灵活性又使得银行可以将更大比例的资产投放到收益较高的资产上去。

但是，负债管理理论也存在明显缺陷：（1）商业银行主动组织负债，靠借款增加资产，往往需要支付高于一般存款的利息，提高了负债成本或融资成本，也增大了商业银行的经营风险。（2）银行过分依赖借款来满足流动性需要，就可能使短期借入、长期贷出的现象更加严重，加大资产和负债的不对称性，从而导致银行资金周转不灵。（3）负债管理往往使银行忽视自身资本的补充，不利于银行的稳健经营。

（三）资产负债管理理论阶段

20世纪70年代后期，由于市场利率大幅上涨，靠负债保持流动性的成本上升，风险加大。加之西方国家某些金融管理法规的调整，使负债管理的必要性下降。存款管制的放松，使银行存款利率上升，银行资金成本提高，使得负债管理的局限性和缺陷日益显露，要求商业银行合理安排资产结构，保证高额盈利。于是，一种将资产和负债管理理论在更高层次上进行综合，并从整体考虑银行经营管理的理论，即资产负债（综合）管理理论形成。

资产负债管理的基本思想是从资产和负债两方面综合考虑，对照分析，根据银行经营环境的变化，协调各种不同的资产和负债在利率、期限、风险和流动性等方面的搭配，做出最优化的资产负债组合，以满足盈利性、安全性和流动性的要求。

资产负债综合管理的方法主要有缺口管理法和资产负债比例管理法。

所谓缺口管理法，是根据期限或利率等指标将资产和负债分成不同的类型，然后对同一类型的资产和负债之间的差额，即"缺口"进行分析和管理。根据资产负债管理理论，商业银行必须预测利率的变化趋势，积极调整利率敏感性不同的资产负债的搭配，从而增加将来的收益。此外，还可以运用金融期货、期权、利率互换等保值工具作为缺口管理法的补充。

资产负债比例管理则是通过一系列资产负债比例指标，对商业银行的资产和负债进行监控和管理。这种方法是在20世纪70年代产生和发展起来的。中国确定了资本充足率、存贷款比例、中长期贷款比例、资产流动性比例、单个贷款比例、拆借资金比例、对股东贷款比例、贷款质量指标等8个监控指标。这8个监控指标除了第三、第六、第八项指标是针对中国银行业的实际情况而制定的以外，其他均是国际银行业所通行的监管规定。具体指标可能因国家不同而有所差异。

五、商业银行的发展趋势

（一）金融创新不断发展

自20世纪70年代以来，由于西方国家经济形势、金融形势的不断变化，导致西方国家的金融业普遍进行了金融工具、金融业务、金融市场、金融机构以及金融管制等金融制度方面的结构性变革，一般将这种活动称为"金融创新"。金融创新活动发源于美国，之后迅速遍及其他西方国家及新加坡、中国香港等新兴工业国家或地区。

1. 规避金融管制的创新

20世纪30年代的金融危机严重冲击了自由放任的经济思想，加之凯恩斯主义的崛起为国家干预经济奠定了理论基础，西方各国通过一系列管制性金融法令，以寻求稳定的金融制度。20世纪60年代以后，随着经济金融形势的发展和变化，非银行金融机构大量增加，利率的频繁波动，极大地影响了商业银行的经营利润。20世纪70年代以后，随着通货膨胀和利率水平的大幅度上升，使得商业银行受金融管制的机会成本上升，它们迫切需要通过业务创新来逃避利率管制，增强竞争力，因此出现了多种类型的负债业务创新。

2. 避免风险的创新

指金融业和企业为了防备或降低利率风险所进行的金融创新活动。20世纪70年代以来，西方国家的金融市场利率波动频繁，从而使银行的资金来源出现了部分流失。同时，长期证券投资收益变得很不稳定，降低了长期证券对投资者的吸引力，而且也使持有这类金融资产的金融机构陷于窘境，大大降低了银行的利润。因此，银行等金融机构为了避免或降低利率风险，积极开发风险较低，而且更具吸引力的证券和金融工具。

3. 技术创新

是指银行等金融机构利用现代技术，向公众和企业提供成本低、有利可图的、全新的金融服务。20世纪80年代以来，科学技术在金融领域的应用，对金融业务产生了划时代的影响。西方国家很多银行竞相装备电子计算机、自动出纳机、电脑终端机等，使其在激烈的竞争中，不断降低成本，改进服务质量，并使服务日益多样化。

（二）业务经营趋于综合化

在同业竞争压力和利益驱动下，通过金融创新，西方商业银行业务经营逐渐趋于综合化。主要表现为：

（1）混业经营。目前大多数西方商业银行除经营传统银行业务外，还可以经营诸如公司债券的承销、包销、对企业投资等投资银行的业务，"金融超市"的全能银行已成为西方商业银行发展的大趋势。

（2）银行资产证券化。西方商业银行通过信贷资产证券化，降低其信贷风险。利用企业银团贷款的平台可将大部分信贷风险向非银行投资机构转移，其中包括保险公司、互助基金、养老基金、对冲基金以及其他证券化工具。近年来以美洲和欧洲的银行资产为基础的债券市场迅速扩大，特别是欧洲，此类债券市场年增长率达50%。在美洲和欧洲的银行信贷证券化市场上，经常用来支持证券发行的银行资产有：住房抵押贷款、消费信贷、公司信贷、贸易结算凭证等。

（3）资产负债综合经营。西方商业银行为实现资产负债综合经营管理，采取多项措施优化资产负债结构，如压缩同业拆放和贷款在资产总额中所占比例，相应增加证券所占的比例。商业银行按自己的经营目标来选择确定一个理想的证券组合，这个证券组合既可以达到银行贷款的收益水平，又具备灵活性和流动性，可随时根据市场环境的变化做出相应的调整。

（三）银行业兴起兼并风潮，银行业进入全球化经营

1993年以来，世界排名在200名以内的银行之间进行过至少28次合并。美国是最近一次银行业并购重组浪潮的带头人，1991年7月以化学银行和汉诺威银行为代表的6家大银行合并，开其先河；1995年和1996年银行并购案分别达到609家和554家；1998年4月，三家特大型银行合并，尤以花旗集团和旅行者集团的合并构成世界超级"金融航空母舰"而震惊全球。在美国银行业并购浪潮的巨大压力下，欧洲各国也加快了并购重组的步伐。在瑞士，

1997年12月瑞士联合银行与瑞士银行合并；1998年11月30日，德意志银行收购美国第八位的信孚银行，成为当时以资产排名全球最大的银行和金融服务性公司，这是横跨大西洋的世界最大的一次跨国并购事件。与此同时，在中国香港，1992年中国香港汇丰银行兼并英国米兰银行；在日本，1995年3月东京银行和三菱银行合并；日本的三和、朝日、东海三家银行也宣布合并，成为世界第三大银行。

促成国际银行业并购热潮日益高涨的原因：一是降低银行成本，追求规模效益；二是扩大银行规模，增强竞争能力；三是提高银行综合效率，实现优势互补；四是挽救危机银行，防范金融风险。

（四）注重银行风险管理

1. 从信用风险管理逐步转向全面风险管理

"新巴塞尔资本协议"明确提出，将操作风险、市场风险纳入资本监管的范畴，并对信用风险、操作风险提出了不同的测算方法。对于风险管理能力不同的银行，其处理信用风险采用的方法不同，具体包括：标准法、初级内部评级和高级内部评级法。新协议在操作风险的量化上提出了3个具体方案：基本指标法、标准法和高级计量法。

2. 规范信息披露

新资本协议将市场约束列为银行风险管理的第三大支柱，特别强调了信息披露的重要性，并在适用范围、资本构成、风险披露的评估和管理程序、资本充足率等四个方面制定了具体定性定量的信息披露内容。这种市场机制的引入是现代公司治理结构研究重大进展的体现，促使银行保持充足的资本水平，配合并支持监管当局更有效地工作。

3. 完善内部风险评级体系

新资本协议中除保留外部评级这一可获得资产评级的方式外，更多强调银行要建立内部风险评估体系。从国际大银行的经验来看，内部评级对信用风险管理的作用主要是为金融工具价格的决定提供重要依据，作为提取坏账准备金及经济资本的分配基础，为客户综合授信提供依据，为管理者风险决策提供参考。

（五）网络银行迅速发展

网络银行是依托计算机和通信技术，利用渗透到全球各个角落的因特网，直接在因特网上开设的银行。只是在网站上提供银行的历史资料、业务情况等信息，而没有提供网上银行业务的银行不能算是网络银行。网络银行有两种形式。一种是依赖于因特网发展起来的全新电子银行，这类银行没有分支机构，所有的银行业务都依赖互联网进行。以这种模式发展的网络银行又称为纯网络银行。其典型代表是1996年6月成立的美国"安全第一网络银行"。另一种发展模式是传统银行拓展网络业务模式。这种模式是指在传统银行的基础上运用公共互联网服务，开展传统的银行业务交易处理服务，通过其发展家庭银行、企业银行等服务，即将传统银行业务延伸到网上，在原银行内部发展网络银行业务。

中国网络银行的发展起源于1996年招商银行推出的"一网通——网上支付"业务。近年，中国网上银行业务呈现出快速增长的态势，无论是市场交易额、用户注册数还是活跃用户，均保持高速增长。

在市场交易额方面，据艾瑞咨询报告显示，2010年中国网上银行市场交易额预计达到5 480 000亿元。与之形成对比的是，2009的市场交易额仅为3 680 700亿元，2008年则为3 153 000亿元。另据CMIC分析师预计，未来3~5年网银发展将迎来稳定的增长时期，预计到 2015 年，中国网上银行交易额将达到 35 000 000 亿元左右。

在用户注册数方面，计世资讯调研结果显示，2010 年第一季度中国网上银行的注册用户数规模达到 2.28 亿，环比增长 16.9%。而在 2008 年末，中国个人网银客户达 1.5 亿户，逾 1/10 的中国人已开通网上银行，比 2007 年增长 52.81%。相对来看，在活跃用户数方面，网银的发展更显突出。据易观智库发布的最新报告显示，今年第三季度中国网上银行活跃用户数达到 1.65 亿，环比增长 14.5%，同比增长 61.3%。2009 年第三季度，季度活跃用户数超过 1 亿，达到 1.02 亿，环比增长 7.7%。

第三节 中央银行

银行是现代经济的核心，而中央银行又是银行体系的核心，所以，中央银行是现代经济核心。中央银行是现代金融业发展的产物，同时也对金融业的发展产生越来越大的影响。

一、中央银行的产生和发展

就中央银行这一组织机构而言，各国中央银行建立和发展的道路是不尽相同的，有的是从商业银行演化而来的，如英格兰银行；有的则是从它诞生的那一天起，就是中央银行，如美国联邦储备银行。究其原因，有如下几点。

（一）中央银行的产生

1. 政府融资问题

银行是一个古老的行业，现代的银行业起源于文艺复兴时代的意大利。当时这些银行的贷款对象主要是商人和一些挥霍无度的王公贵族。国家机器的强化、自然灾害的发生和战争的频繁爆发。一方面减少了国家收入，另一方面则增加了开支。为弥补财政亏空，一国政府逐渐成为银行家的常客。17 世纪末，英国国王威廉三世执政时，国家财政陷于困境，需要大量举债，由英格兰银行向政府贷款 120 万英镑。从此，英格兰银行成为政府的融资者和国库代理人，成为历史上第一家具有"政府的银行"职能的银行。

2. 银行券发行问题

在银行业发展初期，差不多每个银行都有发行银行券的权力，许多商业银行除了办理存放和汇兑等业务以外，都从事银行券的发行。银行券分散发行的弊病很大，一是在资本主义竞争加剧、危机四伏、银行林立的情况下，一些银行特别是小的商业银行，由于信用能力薄弱，经营不善或同业挤兑，无法保证自己所发银行券的兑现，从而无法保证银行券的信誉及其流通的稳定，由此还经常引起社会的混乱；二是一些银行限于实力、信用和分支机构等问题，其信用活动的领域受到限制，所发行的银行券只能在国内有限的地区流通，从而给生产和流通带来困难。由此，客观上要求有一个实力雄厚，并在全国范围内有权威的银行来统一发行银行券。

3. 票据交换问题

随着银行事业的发展，银行业务必然日趋扩大，银行每天收授票据的数量增多，各银行之间的债权债务关系复杂化，由各个银行自行轧差进行当日清算已发生困难。这种状况不仅表现为异地结算矛盾突出，即使同城结算也成问题。因此，客观上要求建立一个全国统一的、有权威的、公正的清算中心，而这个中心只能由中央银行承担。

4. 最后贷款人问题

随着商品生产和流通的扩大,对银行贷款的需求量也不断增加,并且要求贷款的期限延长。商业银行如果仅用自己吸收的存款来提供放款,就远远不能满足社会经济发展的需要。如将吸收的存款过多地提供贷款,又会削弱银行的清偿能力,从而常常出现因支付能力不足而发生挤兑或破产的可能。因支付手段不足而大量倒闭的现象,始终贯穿于20世纪30年代以前的银行史,对国民经济的稳定发展构成了极大的威胁。这就客观上要求有一个信用卓著、实力强大并具有提供有效支付手段能力的机构,适当集中各家商业银行的一部分现金准备,充当商业银行的最后支持者。

5. 金融监督与管理问题

同其他行业一样,银行业经营竞争也很激烈。而它们在竞争中的破产、倒闭给经济造成的动荡要大得多。因此,客观上需要有一个代表政府意志的专门机构从事金融业管理、监督、协调的工作。

以上因素客观上促使了中央银行的产生。成立于1694年的英格兰银行,1833年取得了法偿货币发行者的资格,即由政府赋予无限法偿资格。1844年通过的《英格兰银行条例》即《比尔法案》,结束了在英国279家银行发行银行券的局面,使英格兰银行获得了独占货币发行权的特权,这是它成为现代中央银行雏形的一个转折点。由于其他商业银行需要银行券时只有从英格兰银行提取,所以必须在英格兰银行存款,这就使英格兰银行成为集中其他商业银行存款准备金的银行。1854年,英格兰银行成为英国银行业的票据交换中心,1872年开始它又成为其他商业银行最后贷款人,最终成为英国的中央银行。

(二)中央银行的发展

1. 中央银行制度的初创时期(1844~1913年)

此间出现了成立中央银行的第一次高潮。资本主义各国纷纷仿效英国,先后建立自己的中央银行。这期间世界上约有29家中央银行相继建立。

2. 中央银行制度的普遍推行(1914~1945年)

第一次世界大战爆发后,各主要资本主义国家先后放弃了金本位制;普遍发生了恶性通货膨胀和金融恐慌。各个政府深切感到建立中央银行制度的必要性和急迫性。1920年在布鲁塞尔召开的国际金融会议建议尚未建立中央银行的国家应尽快建立中央银行,由此推动了又一次中央银行建立的高潮。在此间成立的中央银行,许多都是运用政府的力量直接设计成为从法律上具有明确权责的特定机构。

3. 中央银行制度的强化(1946年以后)

战后各新兴国家都建立了自己的中央银行,而西方发达国家更是建立了较完备的中央银行制度。而国家对中央银行的控制,总的来说,是加强的趋势。表现在:一是中央银行的国有化。第二次世界大战前,中央银行的股本大多为私人持有。战后各国中央银行的私人股份先后转化为国有,一些新建的中央银行一开始就由政府出资,即使继续维持私有或公司合营的中央银行,也都加强了国家控制。二是制定新的银行法,明确中央银行的主要职责就是执行货币政策,维持经济稳定。

二、中央银行的性质和职能

中央银行的性质是由其在国民经济中所处的地位决定的,而中央银行的职能则是中央银行性质的具体表现。

（一）中央银行的性质

中央银行是一国金融体系的核心，处于一国金融业的领导地位。因此，中央银行在性质上是一个代表国家管理全国金融的金融机构。具体说，中央银行一方面是国家的金融行政管理机构，另一方面又是一个经营金融业务的金融机构。

1. 中央银行是金融管理机构

（1）中央银行具有国家机关的性质。从早期中央银行的产生来看，多是适应政府需要而产生的。在中央银行产生之前，一个国家的金融行政管理无疑是政府的机关职能。中央银行产生以后，管理金融的这种机关职能则由中央银行来承担，中央银行成为国家政府一个不可缺少的职能部门，具有明显的国家机关性质。从隶属关系看，中央银行大都隶属于政府或国家权力机关。如日本银行直属大藏省，美国的联邦储备银行直接向国会负责。各国中央银行的领导人一般都由国家任命。

（2）中央银行与一般国家机关的区别。中央银行具有国家机关的性质，但它与一般的国家政府机关又有所区别。这表现在：中央银行在办理金融机构业务时可以获得一定的经营收益，这与完全依靠国家财政拨付经费的政府机关显然是不同的。中央银行主要是依靠经济手段进行金融管理，这与主要依靠行政手段进行管理的一般政府机关也明显不同。一般政府机关的最高领导人由国家最高行政负责人任命并对其负责，而中央银行最高领导人的任命大都要经国会批准，直接对国会负责。如美联储主席由美国总统提名，报国会批准；中国的《中国人民银行法》第9条规定，中国人民银行行长人选，根据国务院总理的提名，由全国人民代表大会决定。

2. 中央银行是金融机构

（1）中央银行具有一般金融机构的性质，是一国金融体系的重要组成部分。首先，中央银行是金融业发展到一定阶段的产物，从事货币信用活动是中央银行固有的性质；其次，中央银行从普通银行中分离出来的，仍然从事着货币信用等金融活动；再次，中央银行的资产负债表与普通银行一样，负债方有存款，资产方有放款和投资。

（2）中央银行是一个特殊的金融机构，与普通商业银行相比，有它自己的特点。中央银行受政府或国家最高权力机关控制，而商业银行不受政府或国家最高权力机关控制；为了有效地执行宏观金融政策，实现宏观经济目标，中央银行不以盈利为目标，而商业银行的经营则以盈利为目标；中央银行以政府和金融机构为经营对象，商业银行则以工商企业和个人为经营对象；中央银行负有调节全国金融的职责，一般不能进行长期贷款和长期投资业务，其资产必须有极强的流动性，而商业银行可以进行长期信用业务；中央银行处于一种超然地位，不参与银行业的竞争；中央银行不能在国外设立分行，只能设立代表处、代理处，而商业银行则可以在国外设立分行、代表处等各种分支机构。

（二）中央银行的职能

中央银行的性质决定着中央银行的职能，中央银行的职能又是中央银行性质的具体表现。中央银行的职能可以从不同的角度进行划分，一般将其划分为发行的银行、银行的银行、政府的银行以及管理金融的银行。

1. 发行的银行

所谓发行的银行是指有货币发行权的银行，这是中央银行最主要和最基本的职能。在现代经济中,独占货币发行权是中央银行的一个重要标志。

从历史的发展过程来看,中央银行对货币发行权的独占是逐渐形成的,这一点在演进型中央银行的发展过程中尤为明显。1694年英格兰银行成立时,以向政府提供贷款为条件取得货币发行权,但它只是众多发行银行中的一家。1826年,英国政府核准英格兰银行在以伦敦为中心的65英里的半径内独占货币的发行权。1833年国会通过银行法案,规定英格兰银行发行的纸币为全国唯一的法偿货币,1844年的《皮尔条例》结束了279家银行分散发行货币的局面,除英格兰银行外,其他银行不得增发货币,英格兰银行逐渐成为英格兰和威尔士两地唯一的发行机构。以后又经1914年和1928年两次颁布通货条例,最终废除其他银行的货币发行权,才使得英格兰银行独占全国的货币发行权。

货币必须由中央银行垄断发行的理论依据是:一个国家在一定时期内发行多少货币,必须根据经济发展的需要来确定,否则就会造成货币流通的混乱,给经济带来不良影响。中央银行垄断发行货币的意义在于:一是统一票制,方便商品交易;二是防止发钞银行倒闭,引起金融动荡和经济混乱;三是有利于货币流通的正常和稳定;四是有利于加强中央银行的金融宏观调控能力和国家货币政策的贯彻执行。

中央银行作为发行银行,对调节货币流通量具有重要作用。中央银行的货币发行量要以经济发展的客观要求为依据,保持良好的货币供给弹性,使中央银行的货币供给与流通中的货币需求相适应。但如何使货币供给具有较大的弹性,一直是中央银行试图解决的问题。

在金本位时代,各国多以一定比例的黄金作为发行准备,有部分保证发行制度、最高发行限额制度、最低黄金准备率发行制度等。现在,世界各国实行的都是不兑现的纸币本位制度,货币发行是一种信用发行,不再以黄金作为唯一的发行准备。信用发行制度使货币发行弹性增大,但无限制的信用发行容易引起通货膨胀。

2. 中央银行是银行的银行

中央银行作为银行的银行,是指其与商业银行和其他金融机构的特殊业务关系。这种特殊业务关系主要体现在以下3个方面。

(1)现金准备中心 商业银行吸收的存款不能全部用于投资和放款,必须保留一部分现金作为准备,以备存款人随时提取。起初,商业银行一般将存款准备金存入一些有权威的实力雄厚的大银行,这是存款准备金的萌芽形态。后来,国家用法律形式规定,商业银行必须按法定准备金率提取一定的存款准备金交中央银行统一保管,这就是现代的集中准备制度。

实行集中准备制度有3方面的作用:一是可以增强商业银行的法偿能力,这是实行集中准备制度的最初目的。另外,在中央银行保存一定资金用来清算商业银行之间的票据收付差额是极为方便的。二是有利于调整货币供应量,因为中央银行可以通过调整准备金率来控制商业银行的货币创造能力,进而调节货币供应量。这一作用是人们后来才认识到的。三是可以增强中央银行的资金实力。中央银行集中保管全国的存款准备金,实际上就拥有了对这部分准备金的支配权,增强了中央银行的资金实力。从而可以扩大对商业银行的再贴现和再贷款。美国最早规定商业银行必须将它吸收的存款按一定比例存入中央银行。

(2)票据清算中心 与集中准备制度相联系,中央银行成为全国的清算中心。因为中央银行接受商业银行及其他金融机构的存款,就可以通过在中央银行开立的活期账户进行清算。票据清算这一职能始于英国。1854年,英格兰银行就采取了对各种银行之间清算的差额进行结算的做法,成为伦敦各银行票据清算的总结算银行。票据清算中心不是中央银行的主要职能,但是中央银行应尽的职责。首先,它使银行之间的清算简便易行,节约流通费用,加速资金周转;其次,中央银行能及时准确地检查各商业银行资金的流动性;再次,便于中央银行及时掌握社会资金的运动状况,实行信用控制和调节。

(3)最后贷款人中央银行作为最后贷款人,是指对商业银行和其他金融机构融通资金。特别是当发生金融危机时,其他银行无力或不愿意对一些银行进行贷款时,中央银行能够而且愿意提供这些资金。融通资金的方式主要有再贴现和再贷款。从发展的历史看,首先出现的是再贴现,后来才出现再贷款。

再贴现形式最早起源于英国。大约在1830年,英格兰银行首先对此作出明确规定,当时中央银行实行再贴现的目的是为了通过支持商业银行来支持正常的商业信用。1914年之前,欧洲的一些中央银行一般只对短期商业票据进行再贴现。1914年起再贴现范围扩大,开始对国库券进行再贴现。随着再贴现业务的扩大,作为再贴现依据的商业票据所占比重相对缩小,国库券比重相对扩大。

再贷款的抵押对象在早期多为商业票据,后来扩大到国库券、政府公债。有的国家如奥地利则规定,凡在证券交易所流通的证券都可以作为中央银行的放款保证。

中央银行作为最后贷款人,可以加强整个信用机构的弹性和清偿力,增加银行体系的安全,并且可以运用再贴现率这个金融工具来控制和调节信用。

3. 中央银行是政府的银行

中央银行是政府的银行是指中央银行作为国家的职能部门,必须为政府服务,这是早期中央银行的一个主要职能。现代中央银行作为政府的银行,其主要职责有以下五个方面:

(1)代理国库。各国中央银行都负责经办政府的财政收支。政府各项财政收支都存入中央银行的活期账户,需要支付时,就在中央银行账户上支取。所以,中央银行是国库支付结算中心。中央银行代理政府财政收支业务一般都是无偿的,对政府的财政存款一般也不支付利息。

(2)对政府融通资金。中央银行作为政府的银行,有解决政府临时资金需要的义务。资金融通的方法主要有:

① 对政府提供贷款。中央银行一般只对政府临时的资金需要提供短期贷款,这些贷款在财政年度内就能偿还,所以不会引起货币流通的混乱。短期贷款的方法主要是国库券的贴现或国家有价证券作为抵押的短期贷款。中央银行一般不为政府长期资金需要提供贷款,因为中央银行必须保持资产的高度流动性,再则政府的长期资金需要应该通过财政途径去解决。有的国家对中央银行的这种短期贷款有严格限制。如前联邦德国在1967年就规定联邦银行向政府贷款的最高限额为60亿马克。比利时曾规定对政府贷款的最高限额为160亿比利时法郎。美国则干脆禁止联邦储备银行直接对财政部贷款。中国的《中国人民银行法》第29条明确规定,中国人民银行不得向地方政府、各级政府部门提供贷款。

② 购买政府债券。购买方式有直接购买和间接购买。直接购买指中央银行在一级市场(即证券发行市场)上直接购买政府债券,直接向政府提供信贷。很多国家都禁止中央银行直接购买政府债券。间接购买指中央银行在二级市场(证券交易市场)上购买政府债券。在这里,中央银行没有直接对政府提供信贷,但中央银行大量购进政府债券,扩大了政府债券的市场容量,实际上是间接向政府提供了信贷。

③ 透支。指财政在中央银行开立透支户。当财政出现赤字时,直接向中央银行透支。透

支相当于中央银行对财政直接放款,但比直接放款有更大的随意性,因而更容易引起高度通货膨胀。这种情况一般出现在发展中国家。

(3)代理政府金融事务。中央银行一般都代办政府债券的发行和还本付息,代理政府保管黄金、外汇储备或办理买卖黄金、外汇储备业务。其中尤以保存和管理黄金、外汇储备最为重要。

(4)代表政府加入国际金融组织,参加国际金融活动以及办理金融事务。

(5)充当政府的金融顾问。在政府金融决策中,中央银行是以金融顾问的身份出现的。因为中央银行在国内有众多的分支机构,与国外金融机构也有广泛的联系,对货币市场、证券市场和外汇市场方面的情况非常熟悉,可以为政府进行经济决策时提供情况和咨询。

4. 中央银行是管理金融的银行

中央银行的这一职能是在前面几个职能基础上产生和发展起来的。因为,中央银行是发行的银行、银行的银行和政府的银行,在一个金融体系中处于核心地位,能够担负起管理全国金融的职责。这也是现代中央银行的一个重要特征。

中央银行作为管理金融的银行,主要表现在以下4个方面。

(1)制定和执行货币政策中央银行作为一国最高金融机构,其最重要的任务是制定和执行本国的货币政策,以达到稳定物价、促进经济增长的目标。

(2)制定和执行金融法规及银行业务规章除国会以外,中央银行是全国唯一具有金融立法资格的机构。中央银行制定的金融法规有货币发行制度、现金管理制度、银行管理制度、外汇管理制度、票据及贴现制度等。

除金融立法外,中央银行还负有制定银行基本业务规章的责任。这些基本业务规章有信贷资金管理制度、资金清算制度、利率管理制度等。

(3)监督和管理金融机构的活动银行监管最初起因于私人商业银行发行银行券引起的问题。现代中央银行作为监督者,重点是监察商业银行经营的业务是否正当,是否保持了充分的融资手段,资本比率是否适当等。

(4)监督和管理金融市场中央银行在国内金融市场上不是商业银行和其他金融机构的竞争者,而是整个金融市场的监督者和管理者。

中央银行对金融市场管理方法有:一是借助货币政策工具影响市场利率,调节货币供应量,实现中央银行的宏观政策目标;二是通过金融立法保证证券交易和资金往来的合法性和有序性;三是对上市证券的合法性进行审查、监督。

三、中央银行的组织形式

虽然目前世界各国基本上都实行中央银行制度,但并不存在一个统一的模式。归纳起来,大致有单一式中央银行制度、复合式中央银行制度、准中央银行制度和跨国中央银行制度等四种类型的组织形式。

(一)单一中央银行制度

单一式中央银行制度是指国家建立单独的中央银行机构,使之全面行使中央银行职能的中央银行制度。这种类型又分为两种情况。

1. 一元式中央银行制度

这是指一国只设立一家统一的中央银行行使中央银行的权力和履行中央银行的全部职

责,中央银行机构自身上下是统一的,机构设置一般采取总分行制,逐级垂直隶属。这种组织形式下的中央银行是完整标准意义上的中央银行,目前世界上绝大多数国家的中央银行都实行这种体制,如英国、法国、日本等。中央银行的总行或总部通常都设在首都,根据客观经济需要和本国有关规定在全国范围内设立若干分支机构。英国的中央银行英格兰银行总行设在伦敦,在伯明翰、利物浦等8个城市设有分行;法国的中央银行法兰西银行总行设在巴黎,在国内设有大小200多家分支机构和办事处;日本的中央银行日本银行,总行设在东京,在全国设有33家分行和13个办事处,还在纽约、伦敦、巴黎、法兰克福、中国香港等设有代表处。也有少数国家的中央银行总行不设在首都,而是设在该国的经济金融中心城市,如印度的中央银行印度储备银行总行设在孟买。一元式中央银行制度的特点是权力集中统一、职能完善、有较多的分支机构。中国的中央银行中国人民银行亦采用一元式组织形式。

2. 二元式中央银行制度

这是指中央银行体系由中央和地方两级相对独立的中央银行机构共同组成。中央级中央银行和地方级中央银行在货币政策方面是统一的,中央级中央银行是最高金融决策机构,地方级中央银行要接受中央级中央银行的监督和指导。但在货币政策的具体实施、金融监管和中央银行有关业务的具体操作方面,地方级中央银行在其辖区内有一定的独立性,与中央级中央银行也不是总分行的关系,而是按法律规定分别行使其职能。这种制度一般与联邦制的国家体制相适应,如目前的美国、德国即实行此种中央银行制度。

美国的中央银行称为联邦储备体系。在中央一级设立联邦储备理事会,并有专门为其服务的若干职能部门;在地方一级设立联邦储备银行。美国联邦储备理事会设在华盛顿,负责管理联邦储备体系和全国的金融决策,对外代表美国中央银行。美国联邦储备体系将50个州和哥伦比亚特区划分为12个联邦储备区,每一个区设立一家联邦储备银行。联邦储备银行在各自的辖区内履行中央银行职责。德国中央银行在中央一级设立中央银行理事会和为其服务的若干业务职能机构,在地方一级设立了9个州中央银行。

(二)复合中央银行制度

复合式中央银行制度是指国家不单独设立专司中央银行职能的中央银行机构,而是由一家集中央银行与商业银行职能于一身的国家大银行兼行中央银行职能的中央银行制度。这种中央银行制度往往与中央银行初级发展阶段和国家实行计划经济体制相对应,前苏联和以前多数东欧国家即实行这种制度。中国在1983年前也实行这种制度。

(三)准中央银行制度

准中央银行制度是指国家不设通常完整意义上的中央银行,而设立类似中央银行的金融管理机构执行部分中央银行的职能,并授权若干商业银行也执行部分中央银行职能的中央银行制度。采取这种中央银行组织形式的国家有新加坡、马尔代夫、斐济、沙特阿拉伯、阿拉伯联合酋长国、塞舌尔等。在这类中央银行制度下,国家设立的专门金融管理机构其名称和职责在各国也有所不同,如新加坡设立金融管理局,隶属财政部,该金融管理局不负责发行货币,货币发行权授予大商业银行,并由国家货币委员会负责管理。但除此之外,金融管理局全面行使中央银行的其他各项职能,包括制定和实施货币政策、监督管理金融业、为金融机构和政府提供各项金融服务等;马尔代夫设立货币总局,负责货币发行和管理,制定和实施货币政策,同时授权商业银行行使某些中央银行职能;斐济设有中央金融局、沙特阿拉伯设有金融管理局、阿拉伯联合酋长国设有金融局、塞舌尔设有货币局，也都是类似中央银行的金融管理机构。这类准中央银行制度通常与国家或地区较小而同时又有一家或几家银行在本国一直处于垄断地位相关。

中国的中国香港在回归祖国之前，基本上也是属于准中央银行制度类型。中国香港在很长的时期内，并无一个统一的金融管理机构。在货币制度方面，港币发行由渣打银行和汇丰银行负责，长期实行英镑汇兑本位，1972年改行港币与美元挂钩，1983年10月开始实行与美元挂钩的联系汇率制度。20世纪60年代以前，中国香港基本上没有金融监管，1964年《银行业条例》颁布后，金融监管的趋势才有所加强，1993年4月1日中国香港成立了金融管理局，集中行使货币政策、金融监管和支付体系管理职能，但货币发行仍由渣打银行、汇丰银行负责，1994年5月1日起，中国银行中国香港分行成为中国香港的第三家发钞银行。票据结算仍然由汇丰银行负责。1997年中国香港回归祖国后，按照"一国两制"的原则和《中华人民共和国中国香港特别行政区基本法》的规定，中国香港仍然实行独立的货币与金融制度，其货币发行与金融管理自成体系。

（四）跨国中央银行制度

跨国中央银行制度是指由若干国家联合组建一家中央银行，由这家中央银行在其成员国范围内行使全部或部分中央银行职能的中央银行制度。这种中央银行制度一般与区域性多国经济的相对一致性和货币联盟体制相对应。二次世界大战后，一些地域相邻的欠发达国家建立了货币联盟，并在联盟内成立了由参加国共同拥有的中央银行。这种跨国的中央银行为成员国发行共同使用的货币和制定统一的货币金融政策，监督各成员国的金融机构及金融市场，对成员国的政府进行融资，办理成员国共同商定并授权的金融事项等。实行跨国中央银行制度的国家主要在非洲和东加勒比海地区，目前，西非货币联盟、中非货币联盟、东加勒比海货币区属于跨国中央银行的组织形式。

随着欧洲联盟成员国经济金融一体化进程的加快，一种具有新的性质和特点的区域性货币联盟已经诞生。1998年7月1日欧洲中央银行（European Central Bank）正式成立，1999年1月1日欧元正式启动。欧洲中央银行的成立和欧元的正式启动，标志着现代中央银行制度又有了新的内容并进入了一个新的发展阶段。

四、中国的中央银行

1995年3月18日，八届人大三次会议通过了《中华人民共和国中国人民银行法》。2003年12月27日十届人大六次会议通过了《关于修改〈中华人民共和国中国人民银行法〉的决定》，对1995年的《中国人民银行法》进行了修订。2003年的《中国人民银行法》第2条规定："中国人民银行是中华人民共和国的中央银行。中国人民银行在国务院领导下，制定和执行货币政策，防范和化解金融风险，维护金融稳定。"这一规定，确立了中国人民银行的中央银行地位，明确了其性质和主要职能。《中国人民银行法》进一步规定，中国人民银行应当向全国人民代表大会常务委员会提出有关货币政策情况和金融业运行情况的工作报告。中国人民银行在国务院领导下依法独立执行货币政策，履行职责，开展业务，不受地方政府、各级政府部门、社会团体和个人的干涉。中国人民银行的全部资本由国家出资，属于国家所有。

根据《中国人民银行法》的规定，中国人民银行的职责是：

（一）发布与履行其职责有关的命令和规章；

（二）依法制定和执行货币政策；

（三）发行人民币，管理人民币流通；

（四）监督管理银行间同业拆借市场和银行间债券市场；

（五）实施外汇管理，监督管理银行间外汇市场；

（六）监督管理黄金市场；

（七）持有、管理、经营国家外汇储备、黄金储备；

（八）经理国库；

（九）维护支付、清算系统的正常运行；

（十）指导、部署金融业反洗钱工作，负责反洗钱的资金监测；

（十一）负责金融业的统计、调查、分析和预测；

（十二）作为国家的中央银行，从事有关的国际金融活动；

（十三）国务院规定的其他职责。

【本章小结】

1. 西方国家的金融机构体系由中央银行、商业银行、专业银行和非银行金融机构、外资金融机构组成，它们各自有特定的组织结构和业务特色。

2. 中国的金融机构体系经历了不同的历史变迁，现阶段中国的金融机构体系以中央银行为核心，商业银行、政策性银行为主体，非银行金融机构、外资银行为补充，形成一个多种形式、多功能的社会主义金融机构体系，基本上呈现银行业、证券业和保险业三足鼎立的局面。从中国金融机构的发展史可以看出，它与当时的政治、经济发展状况是密切联系的。

3. 中国的金融机构与西方国家金融机构相比，既具有共性，也有差异之处。

4. 国际金融机构包括国际货币基金组织、世界银行集团、国际清算银行和区域性金融机构，它们各自有着特定的宗旨、内部组织结构、资金来源、运用渠道以及其他业务内容。

5. 商业银行是企业性质。商业银行具有信用中介、支付中介、创造信用流通工具、金融服务等职能。商业银行的经营应坚持盈利性、流动性、安全性的原则。

6. 中央银行是国家金融管理的机关。具有发行的银行、银行的银行、国家的银行、管理金融的银行的职能。中国的中央银行是中国人民银行。

【复习思考题】

一、单选题

1. （　　）职能是指通过金融机构的负债业务把社会上的各种闲置货币资金集中起来，再通过其资产业务把它们投入各个部门。

　　A. 信用中介　　　B. 支付中介　　　C. 信用流通　　　D. 价值尺度

2. （　　）是由政府设立的，以贯彻国家产业政策和区域发展政策为目的的非盈利性金融机构。

　　A. 管理性金融机构　　　　　　B. 商业经营性金融机构
　　C. 政策性金融机构　　　　　　D. 政府性金融机构

3. （　　）是指经国务院决定设立的收购国有银行不良贷款，管理和处置因收购国有银行不良贷款形成的资产的国有独资非银行金融机构。

A．基金管理公司　　B．金融资产管理公司　　C．证券公司　　D．金融租赁公司

4．在1994年组建的政策性银行中，（　）主要为国家重点项目、重点产品和基础产业提供金融支持。

A．国家开发银行　　B．中国进出口银行　　C．中国农业发展银行　　D．招商银行

5．在一个国家或地区的金融监管组织机构中居于核心位置的机构是（　）。

A．社会性公律组织　　　　　　B．行业协会
C．中央银行或金融管理局　　　D．分业设立的监管机构

二、多选题

1．金融机构不同于一般的工商企业，其经营的特殊性主要体现在（　）。

A．经营对象的特殊性　　　　B．经营领域的特殊性
C．经营方式的特殊性　　　　D．经营目的的特殊性　　E．经营风险的特殊性

2．金融机构的职能包括（　）。

A．信用中介职能　　　　　　B．支付中介职能
C．信用流通职能　　　　　　D．信用管理职能　　　　E．创造信用职能

3．存款机构包括（　）。

A．金融公司　　B．商业银行　　C．储蓄银行　　D．互助储蓄银行　　E．信用社

4．投资型金融机构主要有（　）。

A．投资银行　　B．保险公司　　C．投资基金公司　　D．商业银行　　E．金融公司

5．以下属于中国政策性银行的是（　）。

A．国家开发银行　　　　　　B．中国银行
C．中国进出口银行　　　　　D．中国农业银行　　　　E．中国农业发展银行

三、简答题

1．如何理解金融机构在各国社会经济中的主要功能？
2．为什么说金融机构的经营风险和影响程度与一般企业不同？
3．简述中国金融机构体系的构架。
4．政策性金融机构具有什么特征？

四、论述题

1．试论述金融机构的混业全能化的主要原因。
2．试论述金融机构的主要发展趋势。

第四章 银行业务概述

> 学习目的与要求：掌握银行业务活动内容是理解和掌握相关金融理论的基础。本章主要介绍商业银行和中央银行的资产、负债和中间业务内容。要求学生掌握商业银行资产负债业务的构成，中央银行资产负债业务的构成。了解商业银行和中央银行中间业务的内容。

【导入案例】从海南发展银行关闭看银行业务的经营风险

海南发展银行（简称"海发行"）是新中国成立以来首家关闭的银行，在中国银行业发展史上具有重要意义。1998年6月21日，《海南日报》和《广州日报》都在头版发布了中国人民银行关闭海南发展银行的公告。海南发展银行是当时海南省唯一具有独立法人地位的股份制商业银行，成立于《商业银行法》颁布实施的1995年，为何在短短三年的时间里，即成为中国首家关闭的银行？

1. 海南发展银行的经营困境

首先，历史遗留问题给海发行的经营管理带来沉重的债务压力和亏损负担。海发行成立时40多亿元的债务近3倍于注册资本，如此糟糕的财务状况在新成立的类似商业银行中绝无仅有。可见，债务偿付压力使海发行成立伊始就面临巨大的风险。其次，高息揽存使海发行背上高额的经营成本。实际上，海发行的高息揽存行为是迫不得已。这与当时的大背景有关。1995年，房地产建设热潮刚刚退去，资金来源匮乏，而成立之初的背负巨额债务的海发行很快就树立了"存款立行"的思路，也使该行很快就陷入高息揽存的怪圈。另外，在资产管理方面，海发行的短短三年内又新增了大量坏账。从开业到1995年末，海发行总部先后向5家分支机构借出资金58笔3.56亿元用于保支付，未收回一笔。到1996年3月，海发行总部对5家分支机构的支持资金达85笔累计发生额8.49亿元。

巨额的债务、高息揽存、大量的坏账是海发行经营的三大困境。大量坏账的资产经营很难抵消高息揽存所带来的巨额成本，更不用说消化以前所背负的巨额的债务；反过来，巨额债务和经营不善又使海发行又不得不依赖于更多的存款，难以走出高息揽存的怪圈。此三大困境导致海发行难以像其他股份制商业银行一样发展壮大，也是海发行滑向关闭深渊的根本原因。

2. 挤兑风潮的爆发

1997年12月，海发行各营业网点排起了长龙，并很快演变成挤兑风潮。这场危机的导火索源自于行政干预下海发行被迫兼并和托管海南省数十家陷入支付危机的城市信用社。海发行原本是"自身难保"，它既没有实力也十分不情愿兼并这些问题严重的城市信用社，但行政干预的后果把海发行引向了深渊。

1997年12月16日，海南省28家城市信用社并入海发行。接管以后，原以为取款无望的储户很快在海发行营业部的门口排起了长队，这成为海南省的热门话题，各种传闻也甚嚣尘上，恐慌很快积累成挤兑风潮。最初的几天，现金以每天一两个亿的速度流出。一大批海发行储户也加入到提取大军中来，有的大户甚至不惜损失数万元的利差，提前将定期存款取走。

原城市信用社和海发行的两股挤兑大军，使海发行脆弱的资金链面临越来越大的支付压力，1997年初海发行先后从人民银行获得共30多亿元的再贷款。

1998年3月22日，中国人民银行总行拒绝增加再贷款，海发行随后推出的限额取款进一步加剧了公众的恐慌，兑付限额从2万元、5 000元、1 000元、200元一路下滑，到6月19日，海南省委大院里的海发行网点的兑付限额已经下降到100元。两天之后，也就是对28家城市信用社恢复兑付185天之后，海发行被公告关闭。

【问题】
1. 海南发展银行经营困难的原因是什么？
2. 商业银行的资产负债业务包括哪些内容？

第一节 商业银行的主要业务

一、商业银行的负债业务

商业银行的负债业务是形成其资金来源的业务。商业银行的资金来源包括自有资本和吸收外来资金两大部分。负债业务是商业银行资产业务的基础。

（一）自有资本

商业银行的自有资本是其开展各项业务的初始资金，主要部分包括其成立时发行股票所筹集的股份资本，公积金以及未分配的利润。商业银行的资本除所有者权益外，还包括一定比例的债务资本。具体来说，银行资本主要包括股本、盈余、债务资本和其他资金来源。

1. 股本

股本是商业银行通过发行股票所形成的资本，是最基本、最稳定的银行资本。股份制商业银行发行的股票包括普通股和优先股。普通股构成银行资本的核心部分。银行普通股的持有人享有分配银行税后利润以及任免银行董事会成员、决定银行经营大政方针等权利。商业银行在组建时，发行普通股是银行筹集资本金的主要方式，而且银行还可以通过再次发行来增加资本金。一般而言，银行优先股的持有人按固定股息率取得股息，对股息和剩余资产的分配权优先于普通股持有人，不拥有对银行的表决权。发行优先股是国外大银行常用的筹集银行资本的方式。

2. 银行盈余

银行盈余是银行资本的重要组成部分。主要包括资本性盈余和经营性盈余。资本性盈余又称资本公积，是指商业银行发行股票时，由于发行价超过股票面值而形成的盈余，也就是股票发行的溢价部分，以及银行资产的市场重估增值部分。经营性盈余又称盈余公积，是指在银行税后利润中提取的一部分逐年积累，成为银行自有资本的构成部分，其大小取决于银行的盈利状况、股息政策及税率等因素。有的国家以法律规定商业银行在经营期间必须将每年盈利的一部分缴入自有资本中，充实资本金。

3. 未分配利润

又称留存利润，是指商业银行在税后利润分配给股东股利之后的余额。这是商业银行主要的增加资本的方式。商业银行只需要将利润分配后的剩余部分直接转移到未分配利润账户上即可，可以节约用增发股票的方式增加资本而负担的成本。

4. 债务资本

债务资本是20世纪70年代起被西方发达国家的银行广泛使用的一种外源资本。债务资本只能作为补充资本，其求偿权仅次于存款者。债务资本包括两类即资本票据和资本债券。资本票据是指那些期限较短、发行额度大小不等的银行借据。资本债券是指以商业银行信用为担保的债务，一般期限较长，额度较大。

从性质来看，资本票据和资本债券是商业银行的债务，不属于银行的资本。但这些债务和商业银行的存款负债和其他一般债务相比，又有不同。如商业银行在进行破产清理偿还债务时，这些债务的求偿权在一般债务之后，具有某些资本的属性。因此商业银行的资本票据和资本债券也列为资本，但属于附属债务形式的资本。

5. 其他来源

其他来源主要是指准备金。主要包括资本准备和坏账准备。资本准备是指银行保留收益中的一部分用于应付意外事件或突发事件而使银行股票资本减少的准备金。坏账准备是指商业银行为了应付贷款无法收回，所持有的债券价格下降等可能的损失而从税后利润中提出的一部分资金。这两部分资本都是在商业银行的税后利润中提取，作为应对风险的准备，也是银行资本的构成部分。

目前中国中央银行规定的中国银行的资本构成中包括核心资本和附属资本，其中核心资本包括实收资本、资本公积、盈余公积、未分配利润四部分，附属资本包括贷款呆账准备金和长期次级债务。

一般来说，商业银行的自有资本只占其全部负债的很小一部分。但银行自有资本的大小，体现了银行的实力与信誉，也是一个银行吸收外来资金的基础。因此，商业银行的自有资本在商业银行的经营中，具有重要的作用。

（1）是商业银行应对金融风险的缓冲器。在商业银行的各种业务中，几乎都存在着风险。当金融风险发生时，银行体系可能会面临严重的危机，在商业银行可运用的资金中，占绝大比重的借入资金可能面临被抽走的风险。此时，银行信用的维持，就要依靠银行可以长期使用的自有资本了。

（2）是保护存款人和其他债权人利益的基础。当银行由于种种原因而破产时，能对存款人的存款进行支付的最后保障就是商业银行的自有资本。

（3）是商业银行开展业务的前提。一是自有资本为商业银行的业务开展提供了资金来源。商业银行能够凭借自有资本获得营业所需的固定资产，并准备一定的营运资金。二是自有资本是商业银行开业的基本条件。一般国家对商业银行的设立要求法定的最低资本，只有达到要求的银行，才允许开业经营。如中国要求成立全国性股份制商业银行最低的自有资本金额为10亿元人民币，城市商业银行为1亿元人民币。三是银行资本的多寡与银行吸收存款的能力有极为密切的关系，资本越雄厚，存款人对银行的信心越强，存款也易于增长。同时，由于银行自有资本主要由股本构成，银行股东对银行经营管理的严格要求和监督，也是促进银行改善经营、扩展业务的一种无形压力。

（二）各类存款

存款是商业银行最主要的资金来源，因此吸收存款成为商业银行最重要的负债业务。传统的划分方法将存款分为活期存款、定期存款和储蓄存款三大类。在实际生活中，虽然存款名目繁多，但都不外乎是这三类存款的变种。

1. 活期存款

指那些可以由存户随时存取的存款。这种存款没有确定的期限规定，银行也无权要求客户取款时作事先的书面通知。这种存款在支用时须使用银行规定的支票，因此也称支票存款。开立这种存款账户的目的是为了通过银行进行各种支付结算。由于活期存款存取频繁，而且还要提供多种服务，因此活期存款的营业成本较高，所以活期存款较少或不支付利息。虽然活期存款的平均期限很短，但在大量此存彼取、此取彼存的流动过程中，银行总能获得一些存款余额用于对外放款。活期存款是密切银行与客户关系的桥梁。银行通过与客户频繁的活期存款的存取业务建立比较密切的业务往来，从而争取更多的客户，扩大银行的经营规模。

2. 定期存款

指客户与银行预先约定存款期限的存款。存款期限通常为3个月、6个月和1年不等，期限最长的可达5年或10年。利率视期限长短而高低不等，但都要高于活期存款。定期存款存入时，银行向存户出具可转让或不可转让存单、存折等。定期存款一般要到期才能提取，如果持有到期存单的客户要求结存时，银行通常要另外签发新的存单。对于到期未提取存单，按惯例不对过期的这段存款支付利息，中国目前则以活期存款利率对其计息。西方国家对提前支款一般要罚款，中国没有对定期存款提前支取的罚款规定，过去是按原存单利率计付利息，但要扣除提前日期的利息；现在则以国际惯例全部按活期存款利率计息，并扣除提前日期的利息。定期存款对客户来说，是一种收入稳定而风险很小的投资方式；对商业银行而言，由于期限较长，按规定一般不能提前支取，因而是银行稳定的资金来源。

3. 储蓄存款

主要是针对个人积蓄货币之需而开立的存款。储蓄存款也可分为活期存款和定期存款。这种存款通常由银行发给存户存折，以作为存款和取款的凭证。储蓄存款多数是个人为了积蓄购买力而进行的存款，因而各国对经营储蓄存款业务的商业银行有严格的管理规定，并要求银行对储蓄存款负有无限清偿责任。有些国家只准专门的金融机构经营储蓄存款业务，不准商业银行以及其他金融机构经营这项业务。

中国商业银行的存款包括对公存款和对私存款。对公存款又称为单位存款，指国家机关、企事业单位、团体、部队等单位存款。具体有活期存款、定期存款、单位协议存款、单位通知存款、集团账户存款等。对私存款又称为储蓄存款，指居民的存款。具体形式有活期储蓄存款、定期储蓄存款、定活两便储蓄存款、银行卡存款、个人通知存款、教育储蓄存款等。其中定期储蓄存款又分为整存整取、零存整取、整存零取、存本取息等几种。

（三）借款

各类非存款性借入款也是商业银行负债的一个重要组成部分。商业银行的对外借款根据期限不同，可分为短期借款和长期借款。

1. 短期借款

短期借款是指期限在一年以内的对外借款，包括同业借款、向中央银行借款和其他渠道的短期借款。

同业借款也称同业拆借，是指金融机构之间的短期资金融通，主要用于支持日常性的资金周转，它是商业银行为解决短期资金余缺，调剂法定准备金头寸而融通资金的主要渠道，一般是通过商业银行在中央银行的存款账户而完成的。

向中央银行借款是中央银行向商业银行提供的信用,主要有再贴现和再贷款两种形式。再贴现是经营票据贴现业务的商业银行将其买入的未到期的贴现票据向中央银行再次申请贴现,也称间接借款。再贴现由于有票据作为抵押,是目前商业银行从中央银行取得短期融资的最重要、最普遍的形式。再贷款是中央银行向商业银行的信用放款,也称直接放款,各国中央银行一般对商业银行再贷款的要求比较严格,商业银行也一般只有在其他资金来源不足时才考虑向中央银行借款。再贴现和再贷款是中央银行宏观金融调控的重要手段。

中国的再贷款业务始于1984年。1994年后,随着金融改革的不断深入,再贷款的发放数量逐渐减少。目前,人民银行的再贷款对象主要是政策性银行,特别是政策性支农贷款。此外,再贷款主要是为促进经济体制改革提供支撑,如农村信用社改革。近年来,人民银行再贷款更多地体现了化解金融风险、维护社会金融稳定的作用。

其他渠道的短期借款有转贴现或转抵押、回购协议、大面额存单和国际金融机构借款等。转贴现是指商业银行将客户贴现的票据再向另一商业银行进行贴现的业务。转抵押是指商业银行将客户抵押的物品向另一商业银行转让进行第二次抵押已获得资金的业务。回购协议是商业银行在出售有价证券获得资金的同时,确定一个在未来某个时间按约定的价格购回该证券的协议。大面额存单是商业银行通过发行大面额可转让定期存单来获得短期资金。国际金融机构借款是在国内资金紧张、短期借款比较困难时,商业银行在国际金融市场上借款来弥补资金来源的不足,主要形式有欧洲货币市场借款、发行国际债券等。

2. 长期借款

长期借款是指偿还期在一年以上的对外借款。商业银行的长期借款一般采用发行金融债券的形式。金融债券的发行拓宽了银行的负债渠道,促进了负债来源的多样化,增强了负债的稳定性。但是,商业银行通过发行金融债券对外借款,也有其局限性。主要是金融债券的发行受到金融管理当局有关规定的严格限制,银行筹资的自主性不强;要承担相应的发行费用,筹资成本较高,受银行成本负担能力的制约;债券的流动性受市场发达程度的制约。

(四)结算过程中的短期资金占用

在商业银行为客户办理结算业务的过程中,从某一时点来看,总会有那么一些处于结算过程中的资金,可以被商业银行短期占用,成为商业银行信贷资金来源的一部分,形成结算性负债。

二、商业银行的资产业务

商业银行的资产业务是其资金运用业务,主要分为放款业务和投资业务两大类。商业银行通过各种渠道和手段取得资金后,就从事资金的运用以获取利润,因而资产业务也就成为商业银行最基本的业务。商业银行所聚集的资金除了留存部分准备金以外,其余部分用来贷款和投资(表4-1)。

(一)现金资产

商业银行的现金资产是指商业银行持有的、可以无风险的运用的、最具流动性的资产。包括以下几部分。

1. 库存现金

它是指银行金库中的现钞和硬币。商业银行库存现金是为了满足客户随时提取现金的需要而留存的。这些库存现金不能给银行带来收益,但却是银行保证现金支付活动所必需的。银行要根据自己所在的地区、业务量、客户用款习惯、季节性变化以及银行调拨现金的渠道和效率等因素，来合理确定库存现金量的大小。

表4-1 商业银行资产负债表的基本结构

资产	负债及股东权益
现金资产	存款
库存现金	活期存款
存款准备金	定期存款
同业存款	储蓄存款
在途资金	借款
贷款	向中央银行借款
工商业贷款	同业拆借
消费者贷款	其他借入资金
不动产贷款	其他负债
银行同业贷款	股东权益
其他贷款	股本
投资	资本盈余
政府债券	未分配利润
其他有价证券	准备金
其他资产	

2．存款准备金

存款准备金是商业银行存放在中央银行的存款，包括法定存款准备金和超额存款准备金两部分。法定存款准备金是商业银行按照中央银行规定的比例，将吸收的存款的一部分缴存中央银行形成的准备金。超额存款准备金是商业银行存放在中央银行账户上超过法定存款准备金的那部分存款。存款准备金不仅是一个商业银行稳健经营、保护存款人利益的工具，而且，中央银行通过变动法定存款准备金比率可以扩张或紧缩货币供应量，从而使它成为中央银行宏观调控的重要政策手段。各国中央银行对法定存款准备金率的规定各不相同，即使在同一国家，在不同的时期和不同的经济背景下，对其规定也不相同。

3．存放同业

商业银行为了便于同业之间的业务往来，往往在其他银行开立活期存款账户，经常保持一部分存款余额，随时支用，这类资金称为存放同业的存款。

4．托收未达款

指商业银行应收未收到的资金。这部分款项在收妥前虽不能抵用，但收到后，或增加该银行在中央银行的存款，或增加存放同业的存款，所以视同现金。

（二）贷款

贷款是商业银行作为贷款人按照一定的贷款原则和政策，以还本付息为条件，将一定数量的货币资金提供给借款人使用的一种借贷行为。贷款是商业银行主要的资产业务，也是商业银行取得利润的主要渠道。

商业银行贷款的种类很多，可以按照不同的标准进行分类。

1．按贷款期限分类

商业银行贷款按期限分类可分为短期贷款、中期贷款和长期贷款。短期贷款是指期限在

1年以内（含1年）的各项贷款；中期贷款是指期限在1年（不含1年）以上5年（含5年）以内的各项贷款；长期贷款是指期限在5年（不含5年）以上的各项贷款。近年来，商业银行发放的中长期贷款增加很快，这虽然可以使银行获得较多的利息收入，但由于资金被长期占压，流动性差，风险较大。按期限划分贷款种类，一方面有利于监控贷款的流动性和资金周转状况，使银行长短期贷款保持适当比例；另一方面，也有利于银行按资金偿还期限的长短安排贷款顺序，保证银行信贷资金的安全。

2. 按贷款的保障条件分类

商业银行贷款按保障条件分类可分为信用贷款、担保贷款和票据贴现。信用贷款是指银行完全凭借客户的信用而无需提供抵押物或第三者担保而发放的贷款。发放信用贷款，银行所承担的风险较大，因而利息率较高，对借款人的条件有较高的要求。

担保贷款是指银行要求借款人以其本人或第三人向银行提供一定的财产或信誉作还款保证的贷款。根据还款保证的不同，具体又分为抵押贷款、质押贷款和保证贷款。抵押贷款是指按规定的抵押方式以借款人或第三者的财产作为抵押发放的贷款；商业银行在发放抵押贷款时，借款人或第三人不转移对其财产的占有，将该财产作为商业银行贷款的担保。借款人不能履行还款责任时，贷款银行有权按照抵押合同规定以该财产折价或拍卖、变卖的价款优先受偿。抵押贷款的垫头比较大，通常为抵押物的30%~50%。质押贷款是指按规定的质押方式以借款人或第三者的动产或权利作为质物发放的贷款；质押贷款按质物的不同又分为动产质押和权利质押。动产质押是指借款人或第三人将其动产移交给放款银行占有，将该动产作为贷款的担保，银行承担质物保管义务。权利质押是指以单纯的经济性质的权利为质物，将款人向银行以此提供的担保。可以作为权利质押物的包括汇票、支票、本票、存款单、仓单、提单、股票、商标专用权、专利权等。保证贷款是指按规定的保证方式以第三人承诺在借款人不能偿还贷款时，按约定承担一般保证责任或者连带责任而发放的贷款。在中国，抵押贷款、质押贷款和保证贷款都按《中华人民共和国担保法》规定的方式办理。

票据贴现是指银行应客户的要求，以现款或活期存款买进客户持有的未到期的商业票据的方式发放的贷款。票据贴现实行预扣利息，票据到期后，银行向票据载明的付款人收取票款。计算公式如下：

$$贴现利息 = 票面金额 \times 贴现率 \times 未到期天数 / 360$$

$$\begin{aligned}贴现金额 &= 票面金额 - 贴现利息 \\ &= 票面金额 \times (1 - 贴现率 \times 未到期天数 / 360)\end{aligned}$$

其中，未到期天数是指从票据贴现日到票据到期日为止的天数。

票据贴现从形式上看是票据的买卖，但实际上是信用业务。票据载明的支付人对票据的持有人是一种负债关系。在票据贴现以前，付款人对票据的持有人负有债务责任，在票据贴现以后，则对购入票据的银行负责。所以，票据的贴现实际上是债权债务关系的转移，即银行通过贴现间接贷款给票据金额的支付人。

贴现是商业银行为贴现申请者提供的一种短期贷款，但与一般的短期贷款又有所不同：第一，普通短期贷款是货币资金的借贷，而贴现则表现为银行对未到期票据的购买；第二，相对于普通贷款，贴现的手续更方便，费用更低；第三，普通贷款的申请人是银行的债务人，而贴现的申请人并不是银行的债务人；第四，普通贷款一般到期后还本付息，而贴现则在办理时预扣利息。

按保障条件划分贷款的种类,可以使商业银行依据借款人的财务状况和经营业绩选择不同的贷款方式,以提高贷款的安全性。

3. 按贷款的用途分类

由于商业银行贷款的用途复杂,因而贷款用途本身也可以按不同的标准划分。按照中国习惯的做法,通常有两种分类方法:一是按照贷款对象的部门分类,分为工业贷款、商业贷款、农业贷款、科技贷款和消费贷款;二是按照贷款的具体用途分类,分为流动资金贷款和固定资金贷款。按用途划分贷款的种类,有利于银行安排贷款结构,防范贷款风险。

4. 按贷款的偿还方式分类

商业银行贷款按偿还方式分类可分为一次性偿还和分期偿还两种方式。一次性偿还贷款是指在贷款到期日一次性还清贷款本金的贷款,其利息可以分期支付,也可以在贷款到期时一次性付清。短期贷款一般采用一次性偿还方式。分期偿还贷款是指借款人按规定的期限分次偿还本金和支付利息的贷款。中长期贷款大都采用分期偿还方式。按偿还方式划分贷款的种类,一方面有利于银行监测贷款到期和贷款收回情况,准确测算银行头寸的变动趋势;另一方面,也有利于银行考核收息率,加强对应收利息的管理。

5. 按贷款的质量(或风险程度)分类

商业银行贷款按质量或风险程度分类,可以分为正常贷款,关注贷款、次级贷款、可疑贷款和损失贷款五类。正常贷款是指借款人能够履行合同,没有足够理由怀疑贷款本息不能按时足额偿还的贷款。关注贷款是指尽管借款人目前有能力偿还贷款本息,但存在一些可能对偿还产生不利影响因素的贷款。次级贷款是指借款人的还款能力出现明显问题,完全依靠其正常营业收入无法足额偿还贷款本息,即使实行担保,也可能会造成一定损失的贷款。可疑贷款是指借款人无法足额偿还贷款本息,即使执行担保,也肯定要造成较大损失的贷款。损失贷款是指在采取所有可能的措施或一切必要的法律程序之后,本息仍然无法收回,或只能收回极少部分的贷款。按质量或风险程度划分贷款的种类,有利于银行及时发现贷款发放后出现的问题,能更准确地识别贷款的内在风险、有效地跟踪贷款质量,便于银行及时采取措施,从而提高信贷资产质量。

中国银行业长期以来一直采用的是"一逾两呆"分类方法监督和评估贷款质量,即依据借款人的还款状况将贷款划分为正常、逾期、呆滞、呆账四类。这是一种事后监督的方法,具有很大的局限性。2001年12月24日,中国人民银行发布了《贷款风险分类指导原则》,决定从2002年1月1日起,在中国银行业全面推行贷款风险五级分类管理。这对于建立现代银行制度,加强银行信贷管理,提高信贷资产质量具有非常重要的意义。

按照中国发布的《贷款通则》,商业银行发放贷款须遵循以下贷款程序。

(1)贷款申请。借款人需要贷款,应当向主办银行或者其他银行的经办机构直接申请。借款人应当填写包括借款金额、借款用途、偿还能力及还款方式等主要内容的《借款申请书》并提供以下资料:①借款人及保证人基本情况;②财政部门或会计(审计)事务所核准的上年度财务报告,以及申请借款前一期的财务报告;③原有不合理占用的贷款的纠正情况;④抵押物、质物清单和有处分权人的同意抵押、质押的证明及保证人拟同意保证的有关证明文件;⑤项目建议书和可行性报告;⑥贷款人认为需要提供的其他有关资料。

(2)对借款人的信用等级评估。应当根据借款人的领导者素质、经济实力、资金结构、履约情况、经营效益和发展前景等因素,评定借款人的信用等级。评级可由贷款人独立进行,内部掌握，也可由有权部门批准的评估机构进行。

（3）贷款调查。贷款人受理借款人申请后，应当对借款人的信用等级以及借款的合法性、安全性、盈利性等情况进行调查，核实抵押物、质物、保证人情况，测定贷款的风险度。

（4）贷款审批。贷款人应当建立审贷分离、分级审批的贷款管理制度。审查人员应当对调查人员提供的资料进行核实、评定，复测贷款风险度，提出意见，按规定权限报批。

（5）签订借款合同。所有贷款应当由贷款人与借款人签订借款合同。借款合同应当约定借款种类，借款用途、金额、利率，借款期限，还款方式，借、贷双方的权利、义务，违约责任和双方认为需要约定的其他事项。保证贷款应当由保证人与贷款人签订保证合同，或保证人在借款合同上载明与贷款人协商一致的保证条款，加盖保证人的法人公章，并由保证人的法定代表人或其授权代理人签署姓名。抵押贷款、质押贷款应当由抵押人、出质人与贷款人签订抵押合同、质押合同，需要办理登记的，应依法办理登记。

（6）贷款发放。贷款人要按借款合同规定按期发放贷款。贷款人不按合同约定按期发放贷款的，应偿付违约金。借款人不按合同约定用款的，应偿付违约金。

（7）贷后检查。贷款发放后，贷款人应当对借款人执行借款合同情况及借款人的经营情况进行追踪调查和检查。

（8）贷款归还。借款人应当按照借款合同规定按时足额归还贷款本息。贷款人在短期贷款到期1个星期之前、中长期贷款到期1个月之前，应当向借款人发送还本付息通知单；借款人应当及时筹备资金，按时还本付息。贷款人对逾期的贷款要及时发出催收通知单，做好逾期贷款本息的催收工作。贷款人对不能按借款合同约定期限归还的贷款，应当按规定加罚利息；对不能归还或者不能落实还本付息事宜的，应当督促归还或者依法起诉。借款人提前归还贷款，应当与贷款人协商。

（三）投资

商业银行的投资与通常所说的投资不同。普通投资是指以资本从事工商业的经营活动，而商业银行的投资是指证券投资业务，即商业银行以其资金在金融市场上购买各种有价证券的业务。商业银行从事证券投资业务的目的主要是为了增加收益和提高资产的流动性。商业银行主要以各类债券特别是政府债券为投资对象，如美国商业银行的投资总额中，有60%以上是联邦政府债券。

至于投资于股票，情况比较复杂，各国的规定也有所不同。在金融分业经营的国家中，对商业银行的股票投资，管理极为严格，或严禁商业银行涉足此类业务，不允许购买和持有股票；或对个别可以涉足此类投资的特殊情况给予苛刻的限制，如只允许商业银行以其自有资金及盈余的一个极小比例投资于股票，不能超比例和不能动用存款负债去从事股票投资。在金融混业经营的国家，对商业银行的股票投资并无严格的管理，但不少国家在投资数量上也有限制性的规定，商业银行的证券投资仍以各类债券，特别是政府债券为主要类别。

中国目前实行的是金融分业经营管理制度，按照《商业银行法》和《证券法》的有关规定，商业银行不得从事境内信托投资和股票业务。它们的证券投资的对象主要是政府债券和政策性银行发行的金融债券等。

（四）其他资产

商业银行要开业，首先必须有办公地点，银行要用自有资金购买办公设施，这些属于银行的固定资产。

三、商业银行的中间业务

商业银行中间业务广义上讲"是指不构成商业银行表内资产、表内负债，形成银行非利息收入的业务"（2001年7月4日人民银行颁布《商业银行中间业务暂行规定》）。它包括两大类：不形成或有资产、或有负债的中间业务（即一般意义上的金融服务类业务）和形成或有资产、或有负债的中间业务（即一般意义上的表外业务）。

金融服务类业务是指商业银行以代理人的身份为客户办理的各种业务，目的是为了获取手续费收入。主要包括：支付结算类业务、代理类中间业务、信托、租赁和咨询顾问类业务。

1. 转账结算业务

转账结算业务，或称非现金结算业务，是商业银行通过划转客户存款来结清客户交易往来的业务。结算业务是商业银行传统的中间业务，是在银行存款基础上派生出来的一种业务，它是由商品交易、劳务供应、资金调拨等活动而引起的货币收付行为。结算业务是银行的三大传统业务之一。按照中国现行规定，在转账结算过程中，参与结算各方必须遵循"恪守信用、履约付款；谁的钱进谁的账，由谁支配；银行不垫款"三项基本原则。中国现行转账结算主要有汇票、银行本票、支票、汇兑、委托收款、托收承付、信用卡、信用证等支付工具和方式。中国银行结算正逐步走向票据化、国际化、电子化。

2. 代理业务

代理收付业务是商业银行利用自身结算便捷的优势，接受客户委托，代为收付款项的业务。在收付款之前，委托人要向银行出具收付款项的合法依据及有关单据。代理付款时，委托人还必须先将代付款项交存银行。代理收付款项时，商业银行只负责按规定办理具体的收付手续，不负责收付双方的任何经济纠纷。商业银行开展代理收付业务，既能帮助企业单位和居民个人从繁杂的款项收付中解脱出来，又可以取得手续费收入。目前，中国商业银行的代理收付业务主要有：代理发放工资和离退休人员退休金；代理企事业单位和个人收付公用事业费、税款、劳务费、学费、有线电视费等各项费用；代理个人或单位收取医疗保险费，并管理支付医疗保险费；受保险公司委托，代其办理财产保险和人身保险业务；为消费者购买住房、汽车等耐用消费品办理个人分期付款业务等。

代客买卖业务是商业银行接受客户委托，代替客户买卖有价证券、贵金属和外汇的业务。

代理监督业务是商业银行接受经济合同当事人的委托，代为监督签约各方认真履行合同的有关规定，以保证当事人的合法权利，银行相应收取一定费用的业务。如监督供货合同的执行、监督工程合同的执行、基金的托管等。

代理保管业务是指商业银行以自身所拥有的保管箱、保管库等设备条件，接受单位和个人的委托，代为保管各种贵金属、契约文件、设计图纸、文物古玩、珠宝首饰以及股票、债券等有价证券。

3. 信托业务

信托是指接受他人委托，代为管理、经营和处理经济事务的行为。商业银行主要从事的是金融信托业务，即银行作为受托人接受客户的委托，代为管理、经营、处理有关钱财方面的事项。金融信托、银行信贷和保险被看作是现代金融业的三大支柱。商业银行开展信托业务，有利于增加银行收益，而且也扩大了银行的业务范围，丰富了银行的业务种类，从而分散了银行的经营风险，提高了银行资产的安全性。根据《商业银行法》的规定，中国的商业银行不得从事信托业务。

4. 租赁业务

是指商业银行垫付资金购买商品，购买的商品出租给承租人，并以租金的形式收回资金的业务。银行租赁业务分为经营性租赁和融资性租赁。经营性租赁是指银行作为出租人购买设备、仪器等供承租人租用，收取租金的业务。融资性租赁是指商业银行根据客户要求购买仪器、设备，客户向银行租用这些设备并支付租金，在租赁期内，设备的所有权属于银行，使用权属于承租人，当设备租赁期满后，承租人可以退租、续租或购买设备。由于融资性租赁中设备的租赁期通常与设备的寿命相当，银行收取租金总额相当于设备价款、资金利息和管理费用总和。融资租赁是一种租赁方式，同时又是一种融资方式。它是以商品资金形式表现的借贷资金运动形式，兼备了商业信用与银行信用两重属性。

5. 信息咨询业务

信息咨询业务是指商业银行运用自身积累的大量信息资源，以专门的知识、技能和经验为客户提供所需信息和多项智能服务的业务。信息咨询业务主要包括工程项目评估、企业信用等级评估、验证企业注册资金、资信咨询、专项调查咨询、企业管理咨询、投资咨询等内容。

而狭义的表外业务是指那些未列入资产负债表，但同表内资产业务和负债业务关系密切，并在一定条件下会转为表内资产业务和负债业务的经营活动。通常把这些经营活动称为或有资产和或有负债，它们是有风险的经营活动，应当在会计报表的附注中予以揭示。主要包括以下几类业务。

1. 担保类业务

指商业银行接受客户的委托对第三方承担责任的业务。主要包括担保（保函）、备用信用证、跟单信用证、承兑等。

2. 承诺类业务

指商业银行在未来某一日按照事先约定的条件向客户提供约定的信用业务。包括贷款承诺等。

3. 金融衍生工具交易类业务

指商业银行为满足客户保值或自身头寸管理等需要而进行的货币利率的互换、远期合约、期货、期权等金融衍生工具交易业务。

4. 投资银行类业务

指商业银行所从事的证券代理、证券包销和分销、黄金交易等业务。

20 世纪 80 年代以来，在金融自由化的推动下，西方国家的商业银行在生存压力和发展需求的推动下，纷纷利用自己的优势大量经营中间业务，以获取更多的非利息收入。随着中间业务的大量增加，商业银行的非利息收入也迅速增加。目前，西方发达国家商业银行的中间业务收入占银行总收入的 60% 以上。中间业务已成为西方商业银行最主要的盈利来源。

近年来，虽然中国商业银行的中间业务有所发展，但从总体上看，中国商业银行基本上仍以传统银行业的直接存贷为主，中间业务还比较落后。这说明，一方面中国商业银行中间业务的发展极具迫切性；另一方面，中间业务的发展有巨大的潜力。可以预见，中国商业银行的中间业务在今后的发展中将会有良好的市场前景。

第二节　中央银行的业务

中央银行对国家金融的管理大多数是寓管理于营业之中，中央银行也有着自身的资产负债业务,中央银行业务操作情况集中反映在一定时期的资产负债表上(中央银行资产负债表的一般构成见表4-2)。中央银行的业务也可分为负债业务、资产业务和中间业务。

一、中央银行的负债业务

中央银行的负债业务是形成资产业务的基础,主要包括自有资本业务、货币发行业务、集中存款准备金、代理国库业务等(表4-2、表4-3)。

表4-2 中央银行资产负债表的一般构成

资 产	负 债
贷款	流通中的通货
有价证券	存款准备金
黄金外汇储备	政府部门存款
其他资产	其他负债
	自有资本
资产项目合计	负债项目合计

表4-3 2010年中国人民银行资产负债表

报表项目	2010.01	2010.03	2010.06	2010.09	2010.12
国外资产	188 021.75	192 118.96	198 356.34	204 810.61	215 419.60
外汇	177 869.14	182 310.84	188 703.99	195 222.49	206 766.71
货币黄金	669.84	669.84	669.84	669.84	669.84
其他国外资产	9 482.77	9 138.28	8 982.51	8 918.28	7 983.06
对政府债权	15 661.97	15 625.89	15 621.19	15 551.85	15 421.11
对其他存款性公司债权	7 129.50	8 618.22	8 966.50	9 136.40	9 485.70
对其他金融性公司债权	11 530.12	11 514.57	11 498.54	11 465.79	11 325.81
对非金融性公司债权	43.96	43.96	43.96	43.96	24.99
其他资产	7 827.41	8 169.07	8 445.52	7 675.26	7 597.67
总资产	230 214.71	236 090.67	242 932.04	248 683.87	259 274.89
储备货币	142 819.58	150 032.84	154 234.48	161 320.34	185 311.08
货币发行	44 349.17	42 836.09	42 566.89	46 219.81	48 646.02
金融性公司存款	98 470.41	107 196.75	111 667.58	115 100.53	136 665.06
其他存款性公司	98 359.32	107 057.69	111 506.39	11 4945.69	136 480.86
其他金融性公司	111.09	139.06	161.19	154.84	184.20
不计入储备货币的金融性公司存款	641.77	649.58	612.40	639.62	657.19
发行债券	42 380.80	43 442.31	46 975.16	44 005.15	40 497.23
国外负债	746.70	746.69	719.10	715.70	720.08
政府存款	25 275.20	23 251.03	31 023.02	32 458.79	24 277.32
自有资金	219.75	219.75	219.75	219.75	219.75
其他负债	18 130.91	17 748.46	9 148.14	9 324.50	7 592.23
总负债	230 214.71	236 090.67	242 932.04	248 683.87	259 274.89

（一）自有资本

中央银行和其他银行一样，为了保证正常的业务活动必须拥有一定数量的自有资本。中央银行自有资本主要有3个来源：政府出资、地方政府或国有机构出资、私人银行或部门出资。

政府出资是指由中央政府拨款形成中央银行的自有资本，通常由政府财政部门代表政府持有这部分资本的所有权或股权。目前世界上绝大数国家的中央银行都有政府出资，而且很多国家的政府出资是中央银行自有资本的唯一来源，即政府拥有中央银行的全部资本。另外一些国家的政府出资占中央银行全部资本的一半或一半以上，比如，日本的中央银行，政府持股占55%；墨西哥中央银行，政府持股占51%。

地方政府或国有机构出资是指政府不直接持有中央银行的股份，而是由地方政府、国有银行、公共部门等出资构成中央银行资本。例如，瑞士中央银行资本的58.6%由州政府、州银行和公共部门出资形成。

私人银行和部门出资是指中央银行的股份资本由私营机构，如银行、公司持有。这种情况不多见，主要有美国和意大利。尽管这些国家中央银行资本由私人拥有，但私人股东无权参与中央银行管理，也不能转让持有股份。

（二）货币发行

货币发行业务是指中央银行向流通领域投放货币的活动。中央银行所发行的货币主要是中央银行券，即信用货币。中央银行享有垄断货币发行的特权，货币发行是中央银行的一项重要负债。

中央银行实现货币发行的主要渠道有4个：一是中央银行向商业银行或其他金融机构提供贷款；二是中央银行对商业银行或其他金融机构进行商业票据再贴现；三是中央银行收购金银和外汇。四是在公开市场上购买有价证券。

货币是一种债务凭证，每张投入市场的纸币都是中央银行对社会公众的负债。在现代纸币流通的情况下，只要货币的价值稳定，持有纸币的社会公众就不会向中央银行索偿。因此，中央银行的这种负债在一般情况下，成为一种长期无需清偿的债务，从而实际上成为了中央银行的一种净收益。货币发行的越多，中央银行所获得的收益越大。

中央银行虽然垄断了货币发行权，但货币发行也是有客观界限的，也就是说，货币发行必须符合国民经济发展的客观要求。因为纸币发行过多，引起纸币贬值、物价上涨，发生通货膨胀，这必然导致一系列的社会经济问题。反之，纸币发行过少，也会防碍国民经济的正常运行，使国民经济因缺少货币而达不到应有的增长速度。为了使货币发行能适应国民经济发展的客观要求，各国都规定了货币发行制度。从历史发展过程看，货币发行制度大致经历了3个阶段：

第一阶段：金银准备制度。在金属货币制度下，曾规定中央银行发行银行券必须有百分之百的准备金，因为那时的银行券可以随时兑换黄金或白银。

第二阶段：保证准备制度。不兑现信用货币制度代替了金属货币制度后，允许中央银行的货币发行由证券、外汇甚至其他资产作保证。

第三阶段：管理通货制度。为了防止中央银行滥发钞票，不少国家通过法律控制纸币发行量，实行钞票发行的最高限额制。起初只注意钞票的发行量，后来认识到银行的存款也是货币，只控制钞票是不行的，于是发展到控制包括钞票和银行存款在内的货币供应量管理，而且现在已发展到通过中央银行货币政策来调节货币供应量，从而调控宏观经济的运行。

中国的货币发行并无发行保证的规定，但中国人民币坚持信用发行的原则，因而，实际上中国货币保证是国家信用和中央银行信用。

（三）集中存款准备金

在现代存款准备金制度下，中央银行集中商业银行和其他金融机构的存款准备金，形成了中央银行重要的资金来源。最初，中央银行集中存款准备金只是为了应付商业银行和其他金融机构的存款人大量挤兑存款的需要，以保证银行业的清偿能力和金融业的稳定。后来中央银行利用提高或降低存款准备金率来调节商业银行的放款能力，从而法定存款准备金率和法定准备金存款成为中央银行的货币政策工具。此外，商业银行和其他金融机构通过中央银行办理它们之间的债务清算，所以为了清算需要也必须把一定数量的存款存放在中央银行。这样，存款准备金包括法定存款准备金和超额存款准备金两部分。法定存款准备金由商业银行的存款总额和法定存款准备率决定，这部分存款必须按要求存放在中央银行的存款准备金账户上；超额存款准备金是商业银行超过法定存款准备金数额存在中央银行的存款，是商业银行自愿存放在中央银行账户上的。

中央银行集中存款准备金不仅形成中央银行的稳定资金来源，而且是低成本甚至是无成本的资金来源。这是因为中央银行对商业银行和存款机构收缴的存款准备金通常是不付利息的。而中央银行对这种负债不付利息，也使中央银行调控经济、金融以及在资产业务中不以盈利为目的业务经营成为可能。

（四）代理国库

通常情况下，中央银行作为政府的银行，政府都赋予其代理国库的职责，政府的财政金库款收支都由其代理。同时，那些依靠国家拨款的行政事业单位、机关团体、部队、学校等财政性存款也有中央银行办理。

中央银行代理国家金库的积极意义在于：首先，它可以吸收大量的财政金库存款，形成一种重要的资金来源。其次，它可以沟通财政与金融之间的联系，使国家财政与金融机构的资金来源之间相连接，提高资金的利用效率，并为政府和中央银行之间的资金融通提供了有力的调剂机制。再次，可以降低中央银行的筹资成本。这是因为，中央银行对财政存款一般不付利息。最后，对政府而言，由中央银行代理国库，既可以减少收付预算资金的成本，又可以安全地保管资金，为其妥善使用提供方便。

（五）其他负债业务

除上述负债业务外，中央银行还有其他一些负债业务。如对国际金融机构负债、国内其他金融机构往来、外国银行或外国政府存款以及一些应付未付款项等。

二、中央银行的资产业务

中央银行的资产业务，是指中央银行运用其资金的业务。主要包括贷款业务、再贴现业务、证券业务和黄金外汇储备业务。

（一）贷款

贷款是中央银行运用其资金的重要方式之一。由于中央银行的特殊地位，能够取得中央银行贷款的，只有商业银行和经过特殊批准的其他金融机构以及政府。在某种情况下，经过批准，中央银行可以向特定的非金融机构提供贷款。

1. 中央银行对商业银行的贷款

中央银行对商业银行的贷款,也叫最后贷款,中央银行由此获得最后贷款人的称号。中央银行对商业银行的贷款,主要目的是解决其短期资金周转的困难的需要,补充流动性以及在紧急情况下保证商业银行的最后清偿能力,防止出现金融恐慌,造成金融体系的混乱。通常,根据金融宏观调控和金融管理的需要,中央银行不能无限制地向商业银行贷款,而且贷款以短期为主,用途也受到一定的限制。中央银行对商业银行的贷款,不以盈利为目的,即中央银行对商业银行贷款主要是为了"救急",而不是为了"救穷"。

由于中央银行对商业银行的贷款主要是为了解决商业银行临时性的资金短缺需要,这就决定了中央银行发放贷款主要是流动性贷款或季节性贷款,很少有长期贷款。中央银行资产应保持最大流动性的原则,也决定中央银行不能对商业银行提供长期贷款。同时,各国中央银行往往对商业银行向中央银行借款的额度进行限制,如规定贷款的最高限额等,或以各种手段予以约束,如提高贷款利率等,以防止商业银行利用中央银行低利贷款转手进行高利放款。

中央银行对商业银行贷款的方式主要有3种:①信用放款。是中央银行依据商业银行的信用而提供的一种贷款,期限较短。中央银行对发放这种贷款控制较严;②担保放款。是商业银行以其客户发出的合格票据为担保向中央银行申请贷款。这种贷款手续比较繁杂,中央银行要审核商业银行提供的作为担保的票据,风险比较大,多数情况下已为再贴现所替代;③抵押放款。是商业银行以手中的政府债券或其他有价证券为抵押向中央银行贷款。这种贷款风险小,商业银行所抵押的证券有较为活跃的流通市场,能够迅速变现。目前,中央银行对商业银行发放的贷款多属此类。

2. 中央银行对政府的贷款

中央银行对政府的贷款是政府弥补亏空的应急措施之一,一般有两种形式:一是采用透支形式,二是按协议或法律规定采取直接贷款形式。目前,为防止政府向中央银行过度透支而使中央银行超额发行货币,引发通货膨胀,各国都对中央银行向政府透支进行严格控制,对政府放款也都限于短期性的,并通过法律或协议限制贷款的限额和期限。

在美国,财政筹款只能通过公开市场进行,即用发行公债的办法解决。如果财政筹款确实遇到困难,也只能向联邦储备银行做短期借款,并且要以财政部发行的特别国库券作担保。英格兰银行除对政府进行少量的隔夜资金融通外,一般情况下不对政府垫款,政府需要的资金通过发行国库券的方式解决。中国中央银行法规定,中国人民银行不对政府财政透支,不得直接认购、包销国债和其他政府债券,只能在公开市场上买卖国债和其他政府债券。

(二)再贴现

再贴现业务是中央银行按照一定的贴现率买进商业银行所持有的未到期商业票据的业务。也是中央银行向商业银行的一种贷款方式,不过中央银行办理再贴现业务时,一般以真实商业票据作为保证。作为一种贷款形式,对再贴现的数量也要加以限制,限制的手段是中央银行规定的再贴现率。一般而言,再贴现率不同于随市场资金供求状况变动的利率。它是一种官定利率,是根据国家的信贷政策所规定的,在一定程度上反映中央银行的政策意向,是中央银行货币政策的重要工具之一。现实中,由于再贴现率在大多数国家通常略低于货币市场利率,因此,商业银行在资金不足或其他条件许可时,通常希望通过再贴现窗口取得资金。但是,并不是所有的商业银行都有向中央银行贴现的权利,如美国联邦储备体系的再贴现业务只限于会员银行，英国中央银行英格兰银行的贴现对象只有11家贴现银行；其他商业银行要通过中央银行贴现票据只能通过贴现银行来办理。可以向中央银行贴现的票据也有一定的限制。在早期的贴现业务中，一般要求以确定的有价值的真实票据为限，现在可在贴现的票据虽然有所增加，但一般也以经审查合格的商业票据为主。

（三）有价证券买卖

指中央银行在金融市场上买卖有价证券，这项业务是中央银行执行货币政策的重要手段，也称公开市场业务。在证券市场发达的西方国家，很多国家中央银行的一部分资金占用在有价证券上。但是，中央银行之所以拥有证券资产，并不是中央银行证券投资的结果，而是其公开市场业务操作的结果。各国中央银行买卖有价证券的具体品种，都由法律规定，各国也不尽一致，但主要是政府债券，其中尤其以国库券为主。因为国库券流动性强、发行数量大、便于市场操作。中央银行一般不直接购入新发行的证券，而是通过对金融机构办理再贴现、再抵押或在公开市场购入有价证券进行。中央银行买卖证券不是以盈利为目的，而是在于通过证券买卖使金融机构的可用资金和市场货币流通量发生增减变化，从而达到宏观调控的目的。中央银行买入的证券构成其资产业务的一部分。

（四）黄金外汇储备

各国中央银行为了调节国际储备，促进国际收支平衡，保持汇率和国内货币流通的稳定，都保留一定数量的黄金外汇储备，并根据客观经济发展需要在国内外市场上买卖这些储备资产。中央银行接受政府授权集中国家的黄金外汇储备，必然占用中央银行的款项，形成中央银行的资金运用业务。当中央银行收购黄金外汇时，必然同时向市场释放与黄金外汇等值的本币，这样，伴随着中央银行黄金外汇储备的增加，流通中的货币量相应增长，往往会造成本国通货膨胀压力。因此，一定时期内一国黄金外汇的储备量必须与本国的经济、金融发展相适应。

（五）其他资产业务

其他资产业务是指上述四项主要资产业务以外的业务。由于各国的经济发展水平不同，信用机构的完善程度不同，各国中央银行也根据不同时期的具体情况经营一些其他资产业务。这些业务在不同国家的差异较大，在同一国家的不同时期也有不同。

三、中央银行的中间业务

中央银行的中间业务是指中央银行为商业银行和其他金融机构办理资金划拨清算和资金转移的业务。由于中央银行集中了商业银行的存款准备金，因而商业银行彼此之间由于交换各种支付凭证所产生的应收应付款项，就可以通过中央银行的存款账户划拨来清算，从而中央银行成为全国清算中心。各国中央银行都设立专门的票据清算机构，集中办理票据交换，并结清交换差额。票据交换是指将在同一地区范围内所有金融机构的应收应付票据进行集中交换，仅就其差额在中央银行的存款账户进行划转结清的一种清算方式。同城或同一地区的票据交换通常是在票据交换所进行。中央银行不仅为商业银行办理票据交换和清算，而且还在全国范围内为商业银行办理异地资金转移。中央银行为了提供上述服务，必须设有电子资金划拨系统，并将全国各主要地区的主要政府部门和银行用网络连接起来。目前中央银行清算业务采用的技术已逐步从手工核算、人机并行向电子网络化、建立卫星通信专用网方向发展。

【案例4-1：人民银行支付清算基础设施不断完善】

"十一五"期间，人民银行支付清算系统建设成绩斐然。按照一年建成运行一个系统的"中国速度"，中国支付清算基础设施发展已跻身国际先进行列。2005年，人民银行大额实时支付系统于在全国建成运行，系统支持各政策性银行、商业银行和绝大多数农村信用社的接入，实现了资金实时到账，提高了资金周转速度，通过连接中央债券综合业务系统、公开市场业务交易系统、银行卡跨行支付系统、全国银行间外汇交易系统以及中国香港、澳门人民币清算行业务系统，为金融市场资金结算和跨境贸易人民币结算提供了有力支持。2006年，人民银行小额批量支付系统建成运行，通过支撑多种支付工具的应用，为银行业金融机构跨行清算和业务创新提供了公共平台。2007年，全国支票影像交换系统建成运行，通过引入影像技术实现实物支票截留，支持支票全国通用，便利了企事业单位和个人的异地支付活动。2008年，境内外币支付系统建成运行，为境内银行业金融机构提供美元等八个币种的境内外币清算服务，提高了外币清算效率，降低了外币结算风险。2009年，电子商业汇票系统建成运行，为电子票据的签发、流转等提供基础设施支持，标志着中国商业汇票进入电子化时代，有效防范了票据风险，繁荣了票据市场。2010年，网上支付跨行清算系统建成运行，进一步提高了网上支付等新型电子支付业务跨行清算的处理效率，支持并促进电子商务的快速发展。各类跨行支付清算系统的建成运行，为银行业金融机构和金融市场参与者构建了跨行清算的高速公路，对建立中国安全高效的金融运行体系发挥了有效的支持、推动和促进作用，极大地便利了企事业单位的生产经营活动和人民群众的日常生活。

资料来源：欧阳卫民."十一五"时期中国现代化支付体系基本建成.中国人民银行网站，2011-03-03

四、中央银行的业务活动原则

中央银行在开展业务时，与商业银行有着截然不同的经营原则，这是由中央银行的特殊性质所决定的。具体说来，中央银行的业务活动原则如下。

（一）不以盈利为目的

盈利是商业银行从事业务活动的主要目标。但是，中央银行的特殊性质和特殊地位决定其必须以稳定宏观经济、稳定全国金融和稳定币值为己任，一切业务活动都要为这一基本任务服务。所以，中央银行是非盈利性机构，不能以盈利为目的。

（二）不经营商业银行业务

中央银行在金融活动中拥有各种特权，享有其他一般金融机构不能享有的待遇。因此，中央银行不能经营商业银行业务，也不与商业银行争利。如果允许中央银行从事商业银行的业务，势必与商业银行发生竞争，在竞争中中央银行处于绝对优势的地位，这不仅极为不合理，而且中央银行也就丧失了自己的威信，从而就不可能完成宏观金融调控的任务。

（三）保证资产的流动性和安全性

中央银行的资产主要是再贷款、再贴现和政府债券。中央银行开展资产业务的目的，一是向商业银行提供短期周转资金，弥补其流动性不足；二是调节货币供应量，稳定和促进经济发展。这就决定了中央银行不能将其资金占用在投资期限长、风险大的资产上，而必须保持资产的流动性和安全性。

（四）管理权相对独立

中央银行从事业务活动时，独立行使法律赋予自己的权力，不受各方面的干扰。但管理权的相对独立,并不是中央银行可以完全摆脱政府,背离国家的货币政策,而是避免政府在财政上过多地依赖中央银行,使中央银行处于比较超然的地位,以利于中央银行和政府以及社会各界相互配合、相互制约,共同促进国家经济的顺利发展。

【本章小结】

1. 商业银行的负债业务主要有自有资本、各类存款、借款等构成。资产业务主要有贷款、投资等构成。

2. 商业银行的中间业务是指能够给商业银行带来非利息收入的业务。

3. 中央银行的负债业务主要有货币发行、金融机构存款等构成,资产业务主要是对再贷款、再贴现、黄金外汇储备、购买债券的业务。

4. 中央银行的业务活动坚持不以盈利为目的、不经营商业银行业务、保证资产的流动性和安全性、管理权相对独立等原则。

【复习思考题】

一、名词解释

1. 中间业务 2. 担保贷款 3. 表外业务 4. 抵押贷款 5. 货币发行 6. 银行负债业务 7. 银行资产业务

二、选择题

1. 下列( )不属于商业银行的现金资产。

A. 库存现金 B. 准备金 C. 存放同业款项 D. 应付款项

2. 下列( )属于商业银行狭义的表外业务。

A. 信托业务 B. 融资租赁业务 C. 信用卡业务 D. 承诺业务

3. 信托与租赁属于商业银行的( )。

A. 资产业务 B. 负债业务 C. 中间业务 D. 表外业务

4. 商业银行从事的不列入资产负债表内但能影响银行当期损益的经营活动,是商业银行的( ),且其可以有狭义和广义之分。

A. 资产业务 B. 负债业务 C. 表外业务 D. 中间业务

5. 商业银行的资产业务是指其运用资金的业务。对商业银行来说,其资产一般包括现金、信贷和投资。其中商业银行的现金资产主要包括( )。

A. 库存现金 B. 存放在中央银行的超额准备金 C. 同业存放的款项 D. 贴现

E. 托收中的现金

6. 在商业银行的表外业务中,承诺性业务占据了相当重要的地位,下列所列业务中属于商业银行表外业务中承诺性业务的是( )。

A. 回购协议 B. 债券承销 C. 信贷承诺 D. 承兑业务

三、判断并改错(在下列题目中,你认为是对的打√,错的打×)

1. 在中国政府机关、企业单位的所有存款都不能称之为储蓄存款。( )

2. 永久性的股东权益和债务资本都属于商业银行的一级资本或核心资本。( )

3. 从会计处理角度而言,所有的表外业务都属于中间业务。( )

4. 票据贴现是商业银行的负债业务。( )

5. 狭义的表外业务是那些虽未列入资产负债表，但同表内的资产业务或负债业务关系密切的业务。银行在经办这类业务时，不垫付任何资金，但将来可能因具备了契约中的某个条款而转变为表内的资产或负债，因此又可称为或有资产业务或有负债业务。（　）

四、简述题

1. 商业银行的资金来源由哪几部分构成？
2. 银行的资产业务主要分为哪几类？现金资产是收益率最低的资产，那么，现金资产占总资产比例越少越好吗？为什么？
3. 什么是中间业务？什么是表外业务？两者是同一个概念不同表述吗？请简要分析之。

第五章 金融市场

> 学习目的与要求：金融市场是市场体系中极为重要的组成部分，金融市场是否健全是一国金融体系是否健全的重要标志，同时也是一国经济发展的重要条件。本章主要讲述金融市场的组成要素、功能、结构，货币市场、资本市场、外汇黄金市场、金融衍生工具市场的构成、特点，要求学生掌握各类金融市场的组成要素、结构、功能，掌握主要金融市场的业务运作。

【导入案例】1987年黑色星期一

1987年10月19日，星期一，像一股积蓄已久的力量寻求爆发一样，在纽约交易所开盘不久，股票市场就掀起了一轮又一轮的下跌狂潮。

9:10，道·琼斯指数下跌67点，股票交易员疯狂地执行卖出指令，9:30～11:00，股市以难以遏制的态势下跌。由于纽约股票交易所的计算机处理系统难以在短时间内处理规模如此巨大的抛盘行为，到中午时分，DOT系统中还有1.2亿股的交易操作没有被实现。14:00，道·琼斯指数下跌250点，4亿多股股票被交易。此后，尽管股市有短暂的反弹迹象，但在4点收盘时这次令人惊恐的下跌才被迫中止。据统计，"黑色星期一"当天，道琼斯指数从2 246.74点跌至1 738.74点，共下跌508点，下跌幅度为22.6%，市值损失为5 030亿美元。

美国股市的崩盘令其经济和金融备受打击，尤其是投资市场，投资者对于美国市场的信心受挫，社会生产的速度也逐渐放缓。由于消费者信心不足，因此，美国人民的购买力有所下降，在这一年时间内，美国的私人消费开销锐减了大约500亿美元。低迷的经济和投资量的减少又加剧了经济状况的恶化，恶性循环开始起作用，社会上出现大量的失业工人，经济问题慢慢转化为社会问题，1987年的股灾将以消费为主导的美国经济带入了转折点。

"赤字"杀手

几乎所有的国家在危机到来前都会经历一段时期的美好时光。但当乐观的情绪无限上扬之际，资金的投入和消耗便像脱缰的野马一样难以控制。1985年，美国终于结束了69年的光辉历史，自1916年后第一次变成净债务国。1986年，美国的财政赤字又创新高，财政赤字为2 210亿美元，贸易赤字亦高达1 562亿美元。在危机前的这一时期，美国早已债台高筑。为了弥补国内资金的不足，补偿美国财政的巨大亏空，只好以高利率来吸引投资进入。在这次经济危机爆发前，美国已经连续5次提高利率。高利率吸引来的资本进入美国后自然不会注入生产性的经济，它们疯狂地涌入证券市场。这种资本流动方向的异常完全是由美国政府本身的金融政策造成的——美国提高利率的举措使得国库券和其他债券相应提高，这才把投资者的资金流逼向债券市场，从而造成了市场上短期的虚假繁荣。另一方面，巨大的贸易逆差是造成1987年经济危机的另一个主要原因。历史表明，美国对外贸易出现大额逆差时，美元在国际市场上的汇率下降，从而动摇了国际市场对于美元以及美国股市的信心，美元便有步入弱势时代的危险。

1987年美国股市的大跌重创了美国经济，对国内的消费水平和投资观念都产生了极大的影响。加上工人失业严重，国民收入锐减等危机的后续影响，1987年股灾之后，美国的经济就一路下滑，不断有企业破产和倒闭，美国政府对市场几经调整后，其经济才于1993年重新步入正轨。

资料来源：http://book.Douban.com/reaDing/10835841/

【问题】
1. 此次股市暴跌的原因是什么？
2. 股市动荡对经济有何影响？

第一节 金融市场概述

金融市场作为金融体系中的一个重要组成部分，其作用在于使各地区、各部门、各微观经济主体的资金融通以及金融商品的供求融为一体，实现资金的重新配置，为金融间接调控提供传导中介，推动经济的协调发展。

一、金融市场的构成要素

（一）金融市场的含义和特点

金融市场有广义和狭义之分，前者是指进行金融资产交易的场所和各种金融资产交易行为的总和，既包括以金融机构为中介的间接金融，也包括资金供求者之间的直接金融。后者则专指资金供求者之间的直接融资，即证券发行和流通，最典型的形式是证券交易所。本书所指金融市场主要是指广义金融市场。

金融市场作为各种金融资产交易的场所，它既包括特定的有组织的交易场所，如银行和其他金融机构的营业大厅、各类专门的有价证券交易市场，也包括非特定的无组织的场外交易场所；既包括具体的有形的交易场所，也包括无形的交易场所，即利用现代技术设施建立起来的交易网络。

作为各种金融资产交易行为的总和，金融市场既包括银行和其他金融机构与其他交易主体间的间接融资行为，也包括其他交易主体间的直接融资行为。既包括银行和其他金融机构间的融资行为，也包括中央银行与商业银行和其他金融机构间的融资行为。这些交易主体交易行为的总和，既是他们在进行金融资产交易时所发生的全部信用关系的综合反映，也是他们进入市场进行金融资产交易的必要环境和条件。

金融市场同一般商品交易市场相比有其自身的特点。

（1）市场商品的特殊性和单一性。普通商品市场的交易对象是具有各种使用价值的商品，而金融市场交易的对象则是货币和资金。普通商品市场上的各种商品虽然都有价值，但使用价值各异，而金融市场上的交易对象虽有许多种类，但它们都代表一定数量的货币资金，使用价值是相同的，即能给货币资金供应者带来利息，给货币资金需求者带来利润。

（2）市场交易价格的一致性。普通商品市场上的商品价格是其价值的货币表现，其价格因商品价值量的不同而千差万别。而金融市场上货币资金的商品价格则是利润的分割，其价格表现形式——利率在平均利润率的限制约束和竞争调节下，有趋向一致的特性。

(3)市场交易活动的集中性。在商品流通市场上,买卖双方往往是直接见面,看货成交,一般不经过中介机构。而在金融市场上,货币资金的买卖一般都要通过金融中介来实现。即使在直接金融市场发行股票、债券,也不是在投资人和筹资人之间直接交易,而是由证券公司和经纪人作中介来完成。

(4)交易双方的可变性。在普通商品市场上,市场主体消费者与商品供应者通常是买卖行为分明,消费者只买不卖,而供应者以卖为主,即使有买,也是为了卖。而在金融市场上,市场主体的买卖行为并非固定分明的。资金短缺的企业是资金的需求者,但当其资金出现暂时闲置状态时,又可能成为资金的供应者。

(二)金融市场的构成要素

金融市场是一个由多种要素构成的有机统一体,主要包括金融市场的参加者和各类金融工具。

1. 金融市场的参加者

同商品交易及其他一切交易一样,形成金融交易首先要有交易双方。参加金融交易的双方叫做金融市场参加者。

(1)资金供给者。金融市场的资金供给者即投资者,是金融工具的购买人,它包括居民个人、企业、政府及政府机构、金融机构。

① 居民个人。在各国金融市场上,居民往往是最大的资金供给者。居民的货币收入除用于生活消费之外,会有一定的剩余。他们手中的闲置货币往往就成了金融市场的重要资金来源,其供给的方式有直接购买政府、企业、金融机构发行的各种债券或股票,购买证券投资信托公司发行的各种收据证券,委托该公司间接投资于金融市场上其他的有价证券。

② 企业。企业在生产经营中会形成一部分暂时闲置的货币资金,它可以在各种金融资产中作出合理选择,或存银行,或购买债券,或投资于其他金融机构,以获取投资收入。

③ 政府及政府机构。政府及政府机构在收支过程中也经常发生资金的临时闲置,如预算资金和预算外收入,在使用或支付时也会形成资金的暂时多余,作为金融市场资金的供给源,或存于银行,或在金融市场上回购、买入短期证券。

④ 金融机构。金融机构包括银行和非银行金融机构。它们一方面从社会上吸收闲散资金,为需要资金的部门和单位提供资金;另一方面银行本身能够创造信用,从而形成自己的资金来源,为金融市场提供资金。

金融机构在金融市场上往往扮演着特殊的中介角色,作为货币资金的供给者,它可以购买金融市场上的各种证券,但它的资金又主要来自于各种存款或其他资金。金融机构作为货币资金的需求者,也可以通过存款、发行股票债券等形式筹集资金,但筹集的资金却是为他人所需而准备,金融机构只是从中赚取部分利差。

中央银行作为市场参与者,虽然也在金融市场上买卖证券参与资金的交易活动,但它从事所有交易活动的目的,主要是为了通过一定的货币政策,调节和控制货币供应量,而不纯粹是为了集中资金或者在交易中赚取利润。所以,中央银行不同于其他的市场参与者,因为它不是单纯的资金供求者。

(2)资金需求者。金融市场上资金需求者即筹资人,是金融工具的发行人和买卖者,它包括企业、政府部门、金融机构和居民个人。

① 企业。在金融市场上,企业是最大的资金需求者或筹资人。企业生产经营所需要的

短期资金,主要在放款市场上通过短期借款和在票据市场上进行票据贴现等形式筹措;而企业固定资产投资所需的长期资金,则主要在证券市场通过发行股票和债券等途径来解决。

② 政府部门。国家及政府有关部门为了经济建设需要或为调节财政收支平衡,可以发行债券的方式向金融市场筹措资金,用于弥补暂时的收支缺口、弥补财政赤字或经济建设的需要。这时,政府部门是以筹资人的身份出现在金融市场上的。

③ 金融机构。当其自身资金准备不足或为满足客户需要时,金融机构就要通过同业拆借或向中央银行申请再贴现、再贷款等获取资金,必要时也可以向金融市场发行金融债券或出售其他有价证券筹集资金。所以,金融机构不仅是金融市场上重要的资金供给者,而且是金融市场上重要的资金需求者。

④ 居民个人。居民包括个体经营者,为了应付某种紧急需要或购买高档耐用消费品,或得到必要的生产经营周转资金等目的,也会到金融市场上筹集资金,例如向银行贷款、转让有价证券等。

(3) 金融市场的中介。金融市场上的资金融通,通常是经过金融中介来实现的。金融中介是指资金融通过程中,在资金供给者与资金需求者之间起媒介或桥梁作用的人和机构。

① 金融机构。以银行为主体的金融机构,既是金融市场上资金的供给者和需求者,又是金融市场上的中介。金融机构向市场筹集资金的目的也是为了向市场供给资金,所以金融机构在金融市场上始终处于桥梁和中介的地位。一般而言,商业银行、票据承兑所、票据贴现所、短期融资公司等都是货币市场上的金融中介,其中又以商业银行为主。商业银行的业务有两个特点:一是办理单位和个人的支票存款,可以创造信用(创造存款货币);二是活期存款和短期存款比重较大,所以主要活跃在金融市场上的短期资金融通中。而从事长期信用的银行和非银行金融机构则是资本市场上的主要金融中介。

② 证券公司。包括:一是证券发行公司。它是指在金融市场上专门从事新证券发行工作的机构,它们为证券发行者提供包销或代销服务,按规定从中收取一定的费用。二是证券交易公司。它是指专门从事信用工具流通转让的机构。虽然它本身就是信用工具买卖的主体,但目的不是为了筹措资金进行生产经营,其买卖行为完全属于转手性质——在信用工具的转让过程中,低价买进,高价卖出,从中赚取一定的价差。

③ 经纪人和交易商。在建有固定交易场所(如证券交易所)的地方,只有经纪人和交易商才能进入市场,由他们代替资金供给者和资金需求者买入或卖出信用工具。经纪人本身并不买卖信用工具,只是以中介的身份代理买者或卖者买卖各种信用工具,从中赚取一定的佣金即手续费。与经纪人不同的是:交易商除了代理客户买卖之外,还可以根据自身的财力状况买卖各种信用工具,从中赚取价差。

2. 金融市场的交易对象

金融市场的交易对象是交易的客体,一般指金融工具。金融工具是金融市场不可或缺的因素之一。金融市场交易活动总要借助于一定的金融工具来实现。金融工具的种类和数量的多寡,决定着金融市场的结构及其发展。如果没有商业票据,就不可能有票据贴现市场及其发展;没有各种债券和股票,就不可能有证券市场及其发展。金融工具的种类较多,表明金融市场已相当完善。而金融工具的交易量较大,则是金融市场繁荣的标志。但是,需要强调的是,金融市场交易的虽然一般是各种金融工具,但其交易的实质仍然是货币资金。

3. 金融交易的价格

金融市场上交易的价格在具体的市场上表现形式不一致。在借贷市场，交易价格表现为利率；在证券市场上，表现为证券价格；在外汇市场上，表现为汇率。在发达的金融市场，交易价格一般主要由市场供求关系决定，价格的高低也就成为引导资金流向和配置的风向标。

4. 金融市场的组织方式

纵观世界各国的金融市场，其交易方式主要有以下几种类型。

（1）交易所方式。交易所方式又叫拍卖方式或竞价方式，它是通过金融交易双方的公开竞价促成买卖成交的。在这种方式下，交易集中于交易所内，由代理人按照价格优先、时间优先的原则进行交易。

（2）柜台方式。它也称店头市场方式或场外交易方式，它是一种不通过交易所而是分散在各个金融机构柜台上的交易来实现的。

（3）中介方式。它是一种特殊的组织形式，其特殊性在于金融交易双方的直接联系被金融中介机构割断，金融机构成为金融交易中债务人的债权人和债权人的债务人。例如美国的养老基金和日本的中期国债基金，它们作为债务人吸收个人储蓄，又作为债权人将其用于购买国债等有价证券。

中介方式与柜台方式有相同的一面，但也有明显的区别，其区别主要在于金融机构在组织交易过程中是否有改变金融市场工具的性质。从柜台方式看，买卖的对象是同一的；而从中介方式看，金融机构自身购入的是一般的信用工具，例如国债、公司债、股票等，卖出的则是金融机构自己创造的信用工具，诸如基金股份、储蓄存单等。可见，中介方式在交易时已改变了信用工具的原有性质。

二、金融市场的分类

金融市场按照不同的标准，有多种划分方法，下图解析了金融市场的结构。

（一）证券市场和借贷市场

证券市场是政府或公司发行证券以及证券流通买卖的市场。证券市场以股票、债券、商业票据、大额可转让定期存单等有价证券为交易对象；它的交易价格是以有价证券所体现的货币额为基础、由供求关系所决定的。而借贷市场则不同，它是直接以货币资金自身的使用价值，即能创造利润的能力作为交易对象，通过借贷若干货币资金，而不是交易其代表物形成的。贷款者把货币资金借给借款人，并未得到对等的价值，而只得到借款人承诺到期偿还本金和支付利息的书面文书。与证券市场这种公开市场——参加交易的人员多、现货交易的双方不一定都相互了解——有所不同，借贷市场是顾客市场，贷款者对借款者有较深的了解，而且在借款行为发生之前要当面洽谈。

借贷行为之所以要列入金融市场，借贷资金之所以要成为商品，主要原因是在借贷行为中，贷款者把信贷资金投入生产或经营能够产生平均利润的能力当作商品让渡出来，进行"买卖"。借贷市场上，借款者对这种购买付出的价格即利息，只能把信贷资金投入生产或经营所创造出的利润拿出一部分。

有价证券市场和借贷市场的统一，构成广义的金融市场。

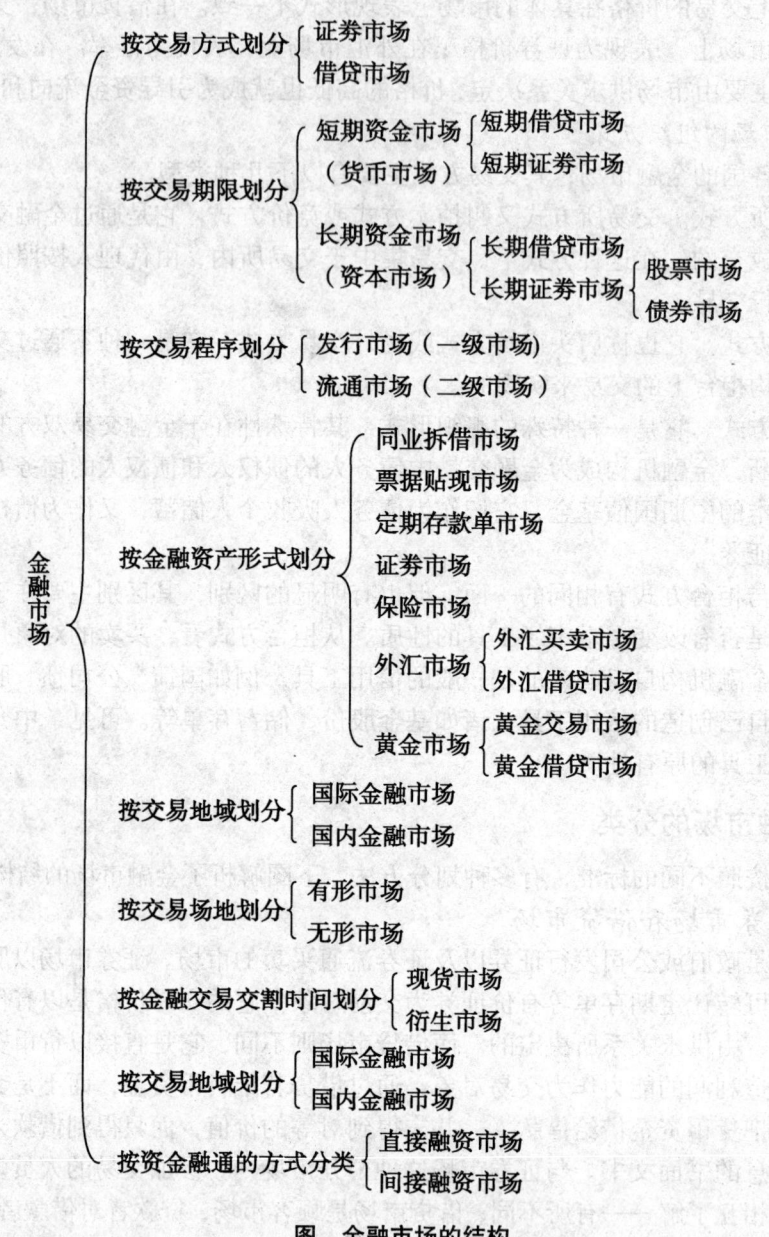

图　金融市场的结构

（二）货币市场与资本市场

短期资金市场和长期资金市场是根据其偿还期的长短来划分的，一般以一年为界，短期市场包括一年期。短期资金市场是专门融通短期资金的场所。由于这类市场资金活动的目的，主要是为了保持其流动性，也就是货币性，随时都可以转化为现实的货币，所以叫做货币市场。长期资金市场是指提供长期资本融通的场所。由于这类市场资金活动的主要目的是为了投资，提高经济效益，以获得盈利，所以这类市场也被称为资本市场。

货币市场的交易对象包括国库券、商业票据、可转让定期存单、银行汇票、短期债券等。这些票券多为"准货币"，其特点是偿还期短、流动性或变现力高、风险小。货币市场是指从事流动资产的产生、交易和买回活动的场所。对商业银行来说，它是"多余清偿力的暂存处和临时存款的来源"。资本市场的交易对象包括股票、长期债券等，其特点是偿还期长、流动性或变现力较弱、风险比较大。资本市场为更大范围内的非货币金融资产增加了清偿力，并提供一种机制来实现企业之间的资金融通，从而促进"储蓄—投资"过程的发展，并能为中央银行提供利用公开市场业务调节较长时期的货币流通。

货币市场和资本市场既有区别，又是相互联系的。一方面，资本市场的证券发行要由承销机构垫款，而垫款所需资金常由货币市场供给；另一方面，当资本市场上交易旺盛，证券价格上涨时，货币市场的部分资金就会流入到资本市场上去。

（三）发行市场和流通市场

按照金融商品交易的程序来划分，金融市场可分为发行市场和流通市场。发行市场也称为一级市场或初级市场，它是证券或票据等金融工具最初发行的市场。流通市场也称二级市场或次级市场，它是办理股票、债券和其他有价证券买卖的市场。

发行市场和流通市场的关系非常密切，二者相互制约、相互促进，共同构成了金融市场上金融商品交易的整体。首先，没有证券的发行市场，也就不可能有证券的流通市场。其次，没有证券的流通市场，证券的发行市场就不可能顺畅。因为证券发行以后，倘若没有二级市场为其流通转让提供服务，股票、债券等有价证券对投资者的吸引力必然要大大下降。

流通市场的重要意义在于：①为有价证券增强流动性，从而保证其安全性和货币性。②为有价证券持有者分散风险，从而保证其可靠性和盈利性。③为证券持有者争取分季发行股票，使债券企业的财产升值。

证券流通市场一般分为证券交易所市场和柜台市场，有的国家还有第三市场和第四市场之分。

（四）同业拆借市场、票据贴现市场、证券市场、保险市场、外汇市场和黄金市场

按照金融资产的种类或形式来划分，金融市场可以分为银行同业拆借市场、贴现市场、证券市场、保险市场、外汇市场和黄金市场等。银行同业拆借市场是指金融机构之间为了平衡其业务活动中资金来源和运用而发生的一种短期资金借贷行为。票据贴现市场是指银行以现款购进未到期商业票据或其他短期债券，为持票人提供资金的市场。证券市场是从事有价证券买卖或转让的市场。保险是指因意外灾害事故所造成的财产和人身损失所提供的补偿，保险市场则是以保险单和年金单的发行与转让为交易对象，是一种特殊形式的金融市场。外汇市场是进行外汇买卖和借贷的交易场所，它通过各种外汇买卖，使国际之间相互结算、资金融通和资本流动得以实现。黄金市场即集中进行黄金买卖和金币兑换的交易市场。黄金既可以用作一般商品，也可用作世界货币，而用作一般商品的黄金交易不应列入金融市场之内，但由于它又具有货币职能，在实际交易中很难区分其用途，所以一般将黄金交易列入金融市场范围之内。

（五）国际金融市场和国内金融市场

按照金融市场融资的地域或活动的范围划分，可分为国际金融市场和国内金融市场。国际金融市场是指从事各种国际金融业务活动的场所，也就是由国际间资金的借贷、结算以及证券、黄金和外汇买卖所形成的市场。国际金融市场上的交易超越了一个国家的国境，交易

的货币也不只限于一种,交易比较自由,不一定设有固定的场地。国际金融市场是随着国际经济发展的需要,在具备一定条件的国内金融市场上发展起来的。国内金融市场则是在一个国家内部主要以本国货币表示的金融交易市场,其交易活动受到该国法律制度的限制,国内金融市场又有地区性金融市场和全国性金融市场之分。

(六) 有形市场和无形市场

按金融交易是否存在固定场所来划分,金融市场可以分为有形市场和无形市场。有形市场是指有固定的交易场所、有专门的组织机构和人员、有专门设备的组织化市场,例如证券交易所。无形市场是一种观念上的市场,即没有集中固定的场所,没有专门的组织机构,其交易是通过电传、电话、电报等手段联系并完成的非组织化市场,柜台交易就是其中的一种。有形市场和无形市场的主要区别在于有无一个有组织的、固定的交易场所。

(七) 现货市场和衍生市场

按金融商品交易的交割时间来划分,金融市场可分为现货市场和衍生市场。现货市场是指买卖成交后,当天或两个营业日内办理交割、钱货两清的市场。现货交易是最基本的交易形式,它的风险性与投机性都很小。衍生市场是交易各种衍生金融工具的市场。现代衍生金融工具交易的主要形式包括远期、期货、期权等,具有保值和投机等功能,风险较大。相对于现货交易,衍生金融工具交易达成后并不立即进行交割,而是在合约规定的一段时间以后才履行交割。交割时不论市场价格如何变化,都必须按照成交时的约定价格进行。

投资者投资于现货市场,一般是为追求金融资产的正常收入,而投资于衍生金融工具市场,则往往是试图在市场价格变化的预期中谋取价格差异,从中获得额外收入。因为在衍生金融工具市场中,从成交日到交割日之间有一段时间,这段时间里金融资产的市场价格可能会发生变化,也就有可能从中谋取价格差异而获得额外收入。

(八) 直接融资市场和间接融资市场

间接融资是指资金供求双方通过银行等金融机构间接实现资金转移的融资活动。在这里,银行这类金融机构是信用活动的中间环节,是媒介。从聚集资金的角度,它们是货币资金所有者的债务人;从贷出资金的角度,它们是货币资金需求者的债权人。至于货币资金的所有者同货币资金的需求者之间,并不发生直接的债权债务关系。

直接融资是指资金供求双方借助于某些金融工具直接实现资金转移的融资活动,在直接金融中,不需要银行发挥中介作用。也就是说,公司、企业在金融市场上通过发行股票或债券取得货币资金,而不是"借入"货币资金;资金所有者买进了股票、债券,付出了货币资金,这是"投资",而不是"贷出"。在这个过程中,没有既扮演债务人角色又扮演债权人角色的中介者处于其间。从国际金融市场的发展趋势来看,20世纪80年代中期以来,直接融资规模超过间接融资,成为主要的融资方式。

三、金融市场的功能

(一) 融资功能

金融市场为筹资者和投资者提供了良好的场所,它可以跨越时间、空间的界限,既能迅速调剂不同的资金供求,可以把无数期限较短的资金供应连接成较长的资金供应,实现借贷资金期限的长短连接;也可以突破资金规模限制,通过各种金融工具把无数分散零星小额的资金聚集起来，形成有投资能力的大额资金，满足不同规模资金的需要。金融市场把资金供求者集中在一起，使买者和卖者直接见面，在平等条件下相互竞争买卖，使资金融通更加方便和快捷。

（二）效率功能

金融市场的存在，提高了融资的选择性和有效性，通过公开发行金融证券，扩大了筹资者和投资者的接触范围，节省了流通时间，降低了融资成本。多样化的金融工具使筹资者能以最有利的方式筹资，投资者也能选择最佳的投资对象而获得高收益。其结果是可以把社会剩余资金引向效率最高的部门，而金融工具的买卖流通不仅可以替代货币流通，节省流通费用，而且可以节省现金流通所需的清点、运输、保管等时间，加快了资金的流通速度。通过金融市场筹资的企业应当定期向社会公众披露其财务状况及经营业绩，通过把筹资企业置于公众的监督之下，使其更好地改善经营管理。

（三）调控功能

首先是调节资金供求总量。调节的手段主要是再贴现和存款准备金率等。如果整个市场因中央银行提高再贴现利率而发生利率上升，筹资者会因筹资成本提高而减少对资金的需求，而金融投资因利率提高而获利息增加，资金总供应会增加。但当资金的供给超过总需求时，市场利率又会下降，资金的需求增加，而供应相对减少。其次是调节资金的结构。盈利高的行业和部门，因其信誉良好．有发展前途，且能负担起较高利率，因而对投资者很有吸引力，可很快从市场上筹措到资金，其结果就会使资金从利率低的行业和部门向盈利高的行业和部门流动，使资金的分布结构发生变化。再次是调节市场货币流通量。主要是通过调节贷款的投向和投量来影响流通中货币量的收缩与扩张。同时，运用公开市场业务手段买卖有价证券，达到调节市场货币流通量的目的。

（四）信息功能

金融市场利率的升降，是社会资金供求状况的具体反映。资金供应不足，需求过大，利率上升；反之则下降。而股票等证券价格的变动反映了企业的经营状况和盈利水平。利率和证券价格的变动成为反映未来经济发展趋势的灵敏的金融指示器。金融市场信息为政府进行金融决策和企业经营决策提供了依据，并引导资金流动，有利于资源和生产力要素的合理配置。

（五）规避功能

金融市场的规避功能是指其分散和转移风险、保证资金安全的功能。在较为发达的金融市场上，金融资产的具体存在形式是多种多样的，金融投资者在进行投资决策中有着充分的选择余地。他们可以选择安全系数相对较高的金融资产进行投资，以确保投资的安全性，也可以把预期收益和安全系数不同的金融资产组合在一起进行投资，以兼顾投资的安全性和盈利性。同时，金融市场为长期性资金提供了流动性，投资者可以根据自己对所持有金融资产价格变动的预期及时将其抛售变现，也可以通过远期交易、期货交易、期权交易等来转移和分散风险。而且在一个比较成熟的金融市场上，不仅拥有完备的组织体系对交易主体进行严格的管理，而且又有健全的法规制度对交易行为进行有力约束，从而可以在一定程度上防止舞弊与欺诈行为，增强了交易的安全性。

（六）产权复合功能

金融市场为货币转化为资本，为货币所有者转化为生产资料所有者提供了多种渠道，也为生产资料所有权的分割、融合和重组创造了条件。最典型的是股票投资形式,购买股票使小额的货币持有者也能成为巨额生产资本的所有者的成员,原来单一所有权结构转变为个人所有和集体所有为一体的复合所有权结构。

四、金融市场形成和发展的条件

(一) 商品经济高度发达

金融市场是商品经济高度发展的产物。商品生产和商品流通十分活跃,规模庞大,社会上存在对资金的巨大需求和供给,这是金融市场形成和发展的必不可少的经济基础。大量的资金需求为金融市场的发展提供了前提,投资者对金融市场资金的供给支撑了金融市场的壮大。

(二) 健全和完善的金融机构体系

金融机构体系是金融市场的主体和主导力量,只有形成中央银行、商业银行和其他多种金融机构并存的健全的金融体系,并通过它们提供灵活而有效的金融服务,沟通资金需求者和资金供应者,从而赋予金融市场活力,提高金融市场效率。

(三) 信用制度比较成熟

比较成熟的信用制度是资金流动的前提与保证。表现为一是信用形式的多元化,同时存在和发展了商业信用、银行信用、国家信用、个人信用等多种信用形式,不同信用形式体现了不同信用主体之间的信用关系。二是信用工具的多样化。信用工具即金融资产或金融商品,信用工具的多样化,为不同交易者选择适当的金融工具从事金融交易、防范和化解金融风险提供了便利,可以满足市场上不同消费者的各种需求,同时也为各种金融资产均衡价格的形成奠定了基础。三是信用活动法律化。各种信用活动都有法可依,这是市场经济发展的内在要求和基本保障,可以保证信用活动的规范化和标准化,能够规范市场参与者的主体行为,维护市场秩序,保护参与者的合法权益。

(四) 金融监管体系比较健全

这就要求具有健全的监管机构和监管法规,作为监管者的政府当局,要能够适应金融市场不断变化的现实,运用恰当的金融手段来调控市场的运行,确保其健康持续发展。同时,健全的金融监管法规体系的建立,能够规范各市场主体的经济行为,保证金融工具的信用,维护良好的市场秩序,保护参与者的合法权益。

此外,良好的国际环境、发达的交通和通讯条件、稳定的货币制度、高素质的专业人员等也是金融市场形成和发展的重要条件。

第二节 货币市场

一、货币市场概述

(一) 货币市场的含义

货币市场是专门融通短期资金的市场。所谓短期,最短只有一天(24小时以内),最长不超过一年,一般是三个月至六个月。货币市场工具形形色色,包括政府发行的短期国库券、大公司发行的商业票据、银行承兑票据和可转让的大额定期存单以及超过中央银行的法定准备金的超额储备存款。这些交易工具可以随时在市场上出售变现，从这个意义上说，它们近似于货币，故将融通短期资金的市场称之为货币市场。市场上的交易者都是资金的暂时闲置者和临时周转资金的需求者。

（二）货币市场的特点

货币市场具有以下基本特征。

（1）货币市场是通过金融工具的交易实现资金直接融通的市场，与以银行为中介的借贷市场不同，货币市场具有直接融资的特征。在货币市场中，资金需求者如政府通过发行国债，公司通过发行商业票据直接从资金供给方获得资金。

（2）货币市场是一种债务工具的交易市场。与资本市场不同，在货币市场进行交易的都是债务工具；相反，在资本市场交易的主要是股权工具。因此，相对于资本市场而言，货币市场的收益和风险相对固定，具有低风险、低收益的特征。

（3）货币市场是短期资金的市场，期限通常都在一年以内，表现出高流动性的特征。货币市场交易的主要品种期限都非常短，如隔夜拆借、联邦基金等期限只有一天。当然这种划分也不是绝对的，在中国通常将银行间债券市场（包括长期债券交易）列入货币市场的范畴。

（4）货币市场是一种交易量很大的市场，在某种意义上可以称为资金批发市场，它是相对于居民和中小机构的借款和储蓄的零售市场而言的。在货币市场从事交易的主要是少数的大机构，单笔交易额通常以百万美元计，特别是银行同业之间的拆借和回购交易，金额更大。

（5）多数没有固定的交易场所。货币市场的交易活动多数是以各种金融机构为基础进行的，因此，没有集中统一的交易场所。但也有一些货币市场交易是相对集中地在一些交易场所进行的，如银行同业拆借市场等。

二、货币市场的结构

货币市场按照交易对象可分为银行短期信贷市场、银行同业拆借市场、票据贴现市场、票据承兑市场、国库券市场、可转让大额存款单市场等。下面分别加以介绍。

（一）银行短期信贷市场

银行短期信贷市场是以商业银行为主要资金提供者的短期信贷市场。该市场的资金来源主要是商业银行向客户吸收的各种存款，其资金用途主要是由银行提供给工商企业用来满足临时性或季节性短期流动资金的需要。这实际也是商业银行日常的业务，对于短期资金借贷市场来说，商业银行既是它的参与者，也是它的组织者。短期资金借贷市场的竞争相当激烈，商业银行要经常研究市场行情的变化，在借贷的利率、期限、优惠条件等方面不断调整其经营策略，不断推出各种新的金融工具以争取更多的客户，保证其最大收益。

（二）银行同业拆借市场

银行同业拆借市场是指银行同业之间为解决短期资金的余缺而相互调剂融通的场所，主要是指商业银行之间利用信贷资金周转过程中的时间差、地区差，在地区间、行际间进行资金的横向融通，相互拆借，以平衡资金头寸的暂时性余缺。商业银行在中央银行准备金账户上的金额不能低于法定存款准备金余额，而实际经营过程中，由于资金的流入和流出常常是不稳定的，银行不可能恰好使其在中央银行账户上的余额等于法定存款准备金余额。当银行准备金账户余额大于法定准备金余额时，银行拥有超额准备金，反之，则准备金不足。因此，准备金"盈余"银行与"赤字"银行之间相互拆借准备金的活动就构成了传统的银行同业市场。此外，一些非银行金融机构如证券商、储蓄贷款协会等大多以贷款人身份参与同业拆借交易，不过他们在需要短期资金时，也进行临时性的资金拆入，从而解决季节性、临时性资金需求。

银行同业拆借期限多为日拆，也有一个星期、一个月、三个月、六个月的，有的甚至长达一年。同业拆借由于是银行及其他金融机构之间平行的资金融通行为，因此，拆放利率由融资双方根据资金供求关系自由商定，因而是市场利率。同业拆借利率是货币市场的核心利率，也是一国最重要的利率之一。其高低，灵敏地反映出货币市场资金供求情况，同时也是整个金融市场资金松紧程度和借贷成本高低的指示器，所以广为金融市场上的观察家所重视。国际货币市场上典型的银行拆借利率有LIBOR（伦敦银行同业拆借利率）、SIBOR（新加坡银行同业拆借利率）、HIBOR（中国香港银行同业拆借利率）等。

银行同业拆借市场形成初期，银行及其他金融机构之间的资金拆借，一般不通过第三者而直接进行交易。后来，随着拆借数量的增长和拆借市场的扩展，出现了专门在拆借双方之间充当交易中介的经纪人。这些经纪人经常通过电话与资金拆出者和拆入者保持联系，介绍成交，并向双方各按成交额的一定比例收取佣金。这种经纪人，在美国称为"联邦基金"经纪人，在英国被称为银行经纪商，在日本被称为短期资金公司。

银行拆借市场主要有以下特征：①范围有限，一般仅限于金融机构之间。②期限短。一般是一两天，或不超过一个星期。③利率低，拆借的利息是按日计算的，即拆息，一般低于银行再贴现率或短期借贷市场利率。④同业拆借一般采用信用放款方式，没有抵押或担保。⑤交易金额大。因为它是在金融机构之间进行，适应金融机构日常业务运作的需要，属于机构之间的交易。⑥一般是金融机构之间没直接交易，但有的也有通过经纪人交易。

【案例5-1：上海银行间同业拆放利率简介】

上海银行间同业拆放利率（Shanghai Interbank Offered Rate，简称Shibor），以位于上海的全国银行间同业拆借中心为技术平台计算、发布并命名，是由信用等级较高的银行组成报价团自主报出的人民币同业拆出利率计算确定的算术平均利率，是单利、无担保、批发性利率。目前，对社会公布的Shibor品种包括隔夜、1周、2周、1个月、3个月、6个月、9个月及1年。

Shibor报价银行团现由16家商业银行组成。报价银行是公开市场一级交易商或外汇市场做市商，在中国货币市场上人民币交易相对活跃、信息披露比较充分的银行。中国人民银行成立Shibor工作小组，依据《上海银行间同业拆放利率（Shibor）实施准则》确定和调整报价银行团成员、监督和管理Shibor运行、规范报价行与指定发布人行为。

全国银行间同业拆借中心授权Shibor的报价计算和信息发布。每个交易日根据各报价行的报价，剔除最高、最低各2家报价，对其余报价进行算术平均计算后，得出每一期限品种的Shibor，并于11:30对外发布。

资料来源：http://www.shibor.org/shibor/web/html/inDex.html

（三）票据贴现市场

所谓贴现市场，是指通过票据贴现的途径和方式提供和取用资金的一种关系。贴现是商业银行的放款形式之一，也是银行借款形式之一。工商企业为了取得现金，将未到期的票据向银行融通资金，银行按市场利率以及票据的信誉程度，制定出某一贴现率，减去自贴现之日起至到期日止的贴现利息，然后将票据余额以现金支付给持票人。等票据到期日银行凭票向债务人兑取面值现金。它与放款的区别是利息先扣。假设票据面额为 10 000 元，3 个月后到期，贴现率为 5%，则银行从票据面额中扣除 125 元（10 000×5%×3/12），而只付给持票人 9 875 元，等票据到期时，银行凭票向票据付款人索取面额 10 000 元。如开票人拒付，可向背书人索取。假如该银行也等不及到期取款，它可向中央银行再贴现，据此向中央银行借款。上述贴现和再贴现一般统称为贴现。故通常所说的贴现率是指商业银行向中央银行的借款利率，中央银行贴现率的变动对市场利率的升降有很大影响。

参与贴现市场活动的主要是贴现银行、商业银行和作为最后贷款人的中央银行。贴现的票据主要是银行承兑汇票和商业承兑汇票，此外还有国库券和短期债券等。

贴现业务是西方银行的传统业务之一，这种业务对银行和企业均有益处。所以在经济发达的资本主义国家，贴现业务量占短期放款的比重很大，贴现市场在货币市场中居主要地位。

（四）票据承兑市场

所谓票据承兑，是指由票据上的付款人在票据正面作承诺到期付款的文字记载并签名盖章作为凭据。由工商企业进行承兑的叫商业承兑票据；由银行承兑的票据叫做银行承兑票据。在承兑前，付款人是主债务人；在承兑后，承兑人是主债务人。票据承兑市场有广义和狭义两种概念。广义的票据承兑市场既包括票据承兑过程的市场，同时也包括了承兑票据买卖或贴现市场。它基本上与票据市场的概念等同。而狭义的票据承兑市场就是因票据承兑活动而形成的市场，这里讲的票据承兑市场就是狭义的票据承兑市场。这种市场本身不发生实际的票据买卖或贴现，即不发生实际的融资行为，但票据的买卖或贴现市场发展状况如何都要依据票据承兑市场的发展，因为未经过承兑的票据，从法律上讲，付款人还没有成为票据的债务者。一经承兑，承兑者即成为票据的第一债务人。也就是说，只有经过承兑后，才在法律上确定了票据关系人之间的权利和义务。因而，只有经过了承兑的票据才易于转让或贴现。可见，票据承兑市场为票据的买卖或贴现市场提供了符合条件的信用工具。

票据承兑市场的内容又包括了商业承兑和银行承兑两部分。从影响上看，银行承兑是票据承兑市场的主要部分。银行承兑票据因为有银行信用为保证，信用风险低，具有较发达的二级市场，因此，也具有高度的流动性，成为一种货币市场工具。但是，由于银行承兑票据的面额与期限以融资商品的数量与交货时间为基础，对投资者造成一种限制，很难形成统一的规范化证券，故银行承兑票据市场交易规模具有一定的周期性与季节性，这主要取决于一国一定时期对内、对外贸易的发展情况。

英国的银行承兑市场发展比较早，除了商业银行之外，还设有专业办理承兑的承兑所。美国虽然稍晚一些，但发展迅速。日本是一个后起的资本主义国家，到 1985 年才形成比较完整的银行承兑市场。中国的票据承兑业务是 1981 年初在上海市人民银行下属的杨浦和黄浦区办事处开始试办的。现在，各商业银行都开办了票据承兑业务。

（五）国库券市场

所谓国库券市场就是进行国库券发行和集中买卖的场所，国库券市场的形成是以解决政府财政困难和便于财政金融相互沟通为前提的。第二次世界大战结束后，主要资本主义国家连年出现巨额财政赤字，政府为了弥补这一巨额财政赤字，需要在金融市场上发行国家债券，其中主要是国库券。目前发行国库券已成为西方国家政府为弥补财政赤字经常采用的一种手段。国库券期限在一年以内，三个月期居多，它是政府的直接债务，在市场上随时可以办理贴现或买卖，它往往被看作是具有较高利息收入的活期存款，一国政府往往利用国库券市场来调节国库收支和货币信用。

国库券市场是美国货币市场的重要组成部分，交易量最大。国库券市场交易有发行市场和流通市场。美国财政部通过发行市场于每星期四宣布7天后发行的三个月期和六个月期的国库券的数量。要求投资者如银行、信托公司、证券交易商及其他投资者公开投标，并将标书于次周星期一以前送达一家联邦储备行或其分行。投标分竞争性和非竞争性两种，联邦储备银行于星期一下午开标，以价格高低顺序通知财政部，财政部宣布非竞争性投标者全部得标，价格以竞争性中标者的平均价格为准。而且将金额按价格高低宣布竞争性中标者的中标数量和金额，最高、最低及平均利率等。此项公布通常于星期二公布在有关报刊上。

在流通市场上购买国库券有两种途径：第一，从银行购买，这种途径最方便。第二，向证券交易商购买，大交易商收费较少，小交易商收费较多。此外，投资者也可向财政部直接购买，但手续比较麻烦。当客户需要出售时，可以卖给银行或交易商，也一样方便。购买国库券时，一般不给国库券，只给一张收据，所以卖出时，银行凭收据付款。国库券的行市，因为是折扣发行，故不以价格计算，而以收益计算。收益率和价格的计算方法如下：

$$Y = \frac{V-P}{P} \times \frac{360}{M}$$

式中，Y为收益率，P为价格，V为面额，M为到期天数。

根据此式可导出国库券价格为：$P = \dfrac{360V}{Y \times M + 360}$

（六）可转让大额存款单市场

可转让大额存款单市场是指可转让大额存款单发行和买卖的场所。可转让大额存款单是银行接受存款的收据，注明存款期限，并按一定利率付息，到期时持有人可收得本金和利息，也可以在期内随时出售和转让。期限最短在一个月，大多在3~9个月。可转让大额定期存单的发行方式分为两种：一种是批发式发行，发行银行把拟发行的总额、利率、发行日期、到期日和每张存单的面额等信息预先公布，供投资者认购；另一种为零售式发行，按投资者的需要随时发行，利率也可以进行议价。可转让大额定期存单的发行一般不需要借助证券承销商，而由发行银行直接出售给大企业或其他客户。在西方国家由于存单有最低发行限额的规定，且面额较大，所以大额存单的投资者主要是企业，个人投资者不占主要地位。此外，投资者还有地方政府、外国中央银行等，可转让大额存单在二级市场买卖时，一般需要交易商作为中介。

大额可转让定期存单于1961年首创于纽约花旗银行，是商业银行改善负债结构的融资工具，其流动性为它的发行和流通提供了有力的保证。其特点是：不记名，可流通转让；面额固定，起点较高，如10万美元、100万美元等；必须到期方可提取本息；期限短，一般在一年以内；利率有固定的，也有浮动的。

中国于1996年上半年起由中国银行和交通银行首次发行可转让大额定期存单，分为对个人和对单位发行两种。对个人发行的存单面额分别为500元、1 000元、5 000元，对单位发行的面额分别为1万元、5万元、10万元、50万元和100万元等。存单期限有1个月、3个月、6个月、9个月和12个月。存单利率由中国人民银行制定出最高限度，各发行银行在这个限度内自行调整，一般比同期定期利率上浮 1～2 个百分点。存单不能提前支取，到期一次还本付息。后来因多种原因中国于 1996 年取消了该项业务。

（七）回购协议市场

回购协议是指按交易双方的协议，由卖方将一定数量的证券卖给买方，同时承诺若干日后按照约定价格将该证券如数买回的协议。回购协议的卖方即回购方，实际上是借款人，将一定数量的证券出售以获得资金；回购协议的买方即逆回购方，是贷款人。回购方到协议约定的日期时，按约定价格购回证券，卖价与回购价之差就是借款利息。回购协议实际上是一种以证券为质押品的短期资金融通方式。无论在西方国家还是在中国，国债都是主要的回购对象。

回购协议为回购方提供了一条有效的筹措资金的方式，使回购方可以避免因急于变现而在市场低迷的情况下放弃优质债券资产的损失。对于购买方来说，由于有证券做抵押，风险小，是一条不错的短期投资方式。所以，回购是一种安全有效的短期融资工具，投资者和筹资者都愿意用它来投资或融资。

中国的国债回购业务开始于 1991 年。最初采用场外交易方式，集中在地方性的证券交易中心进行。自 1995 年起，国债回购协议的场内交易量迅速增长，越来越多的回购业务在上海证券交易所和深圳证券交易所内进行。1997 年，为了防范金融风险，规范和引导银行资金的流向，中国人民银行规定将回购市场分为两部分：一个是通过两大证券交易所交易的国债回购市场，参与者主要是券商、机构投资者与个人投资者；另一个是通过全国银行同业拆借市场的国债回购市场，参与者主要是商业银行和其他非银行金融机构。不管是哪个市场，回购交易的主要品种是国债，融资期限均为短期。

（八）货币市场共同基金

所谓货币市场共同基金是指在货币市场上进行运作，在各种短期信用工具中进行投资组合的一种共同基金。它为小额投资者提供了参与货币市场交易的机会。该种金融工具通过专家理财、分散投资可为投资者提供一种高于商业银行存款利率的利率水平。投资者还可以签发以基金账户为基础的支票，因而货币市场共同基金实际上起到了支票存款的作用。在美国该基金的出现是为了规避 Q 条例的利率管制。

货币市场共同基金本质上是一种存款性金融机构，却没有受到存款机构的种种限制，与一般商业银行存款相比，利率水平较高。但货币市场共同基金也有一定的局限性：一是货币市场共同基金不存在存款保险；二是这种基金也面临着商业银行不断的存款创新，在此局面下必然进行高风险高收益的投资组合。这些因素都不利于货币市场共同基金吸引稳健的投资者。

第三节　资本市场

一、资本市场概述

（一）资本市场的含义

资本市场是指证券融资和经营一年以上中长期资金借贷的金融市场，包括股票市场、债券市场、基金市场和中长期信贷市场等其融通的资金主要作为扩大再生产的资本使用，因此称为资本市场。作为资本市场重要组成部分的证券市场，具有通过发行股票和债券的形式吸收中长期资金的巨大能力，公开发行的股票和债券还可在二级市场自由买卖和流通，有着很强的灵活性。

（二）资本市场的特点

与货币市场相比，资本市场特点主要有：

（1）融资期限长。至少在1年以上，也可以长达几十年，甚至无到期日。

（2）流动性相对较差。在资本市场上筹集到的资金多用于解决中长期融资需求，故流动性和变现性相对较弱。

（3）风险大而收益较高。由于融资期限较长，发生重大变故的可能性也大，市场价格容易波动，投资者需承受较大风险。同时，作为对风险的报酬，其收益也较高。在资本市场上，资金供应者主要是储蓄银行、保险公司、信托投资公司及各种基金和个人投资者；而资金需求方主要是企业、社会团体、政府机构等。其交易对象主要是中长期信用工具，如股票、债券等。资本市场主要包括中长期信贷市场与证券市场。

（4）交易活动一般集中在固定的交易场所。由于买卖风险大，行情多变，交易过程复杂，必须保证交易活动的公开、公平、公正，这就有必要制定严格规范的交易规则、制度，并通过提置各种服务设施，使交易集中在固定的场所内进行。因此，世界各国严格规范的股票交易一般都集中在交易所进行，只有一些不太严格的证券交易，才允许在交易所外进行。

二、资本市场的结构

（一）银行中长期信贷市场

银行中长期信贷市场是银行等金融机构经营1年期以上的存贷款的市场，主要经营企业定期存款和固定资产放款，以及居民定期储蓄存款和长期消费信贷等业务。企业定期存款是企业用于积累资金的积聚，可以长期留存银行直至用于投资为止。因为这部分资金较长时期不动用，银行可以利用其发放1年以上的贷款，主要用于企业基本建设。居民定期储蓄存款占储蓄存款的比重较高，由于这种存款来源比较稳定，因此银行可以用来发放长期贷款。

（二）证券市场

1. 证券市场的定义和特征

（1）证券市场的定义。证券市场是股票、债券、基金单位等有价证券及其衍生产品（如期货、期权等）发行和交易的场所。它在现代金融市场体系中处于极其重要的地位。在发达的市场经济国家，资金的融通主要通过短期金融市场（货币市场）和长期金融市场（资本市场）来完成，而证券市场是资本市场的核心，股票和债券又是金融市场上最活跃、最重要的长期融资工具和金融资产。因此，在发达的市场经济中，证券市场不仅能够反映和调节货币资金的运动，而且对整个经济的运行具有重要影响。证券市场已成为金融市场中最为重要的一个组成部分。

（2）证券市场的特征。证券市场作为证券发行和交易的场所，与一般商品市场相比，具有以下一些明显的特征。

①一般商品市场的交易对象是各种实物商品，人们购买商品的目的是获得其使用价值。证券市场的交易对象则是股票、债券等金融商品，人们购买的主要目的是为了获得股息、利息和买卖证券的差价收入。

②证券市场的流动性通常比商品市场高得多,证券持有者可以随时转让证券。一般而言,证券市场越发达,交易规模越大,投资者越多,其流动性也越强。

③一般商品市场的商品价格,是商品价值的货币表现,商品的价值取决于生产该商品的社会必要劳动时间。证券市场上的证券价格决定机制则比较复杂,证券价格不但受到发行人的资产、盈利能力的影响,还受到政治、经济,甚至投资者心理等方面因素的影响。证券市场上的供求关系变动频繁,因此证券的市场价格也随之不断上下波动,并由此产生了证券市场的风险。

④同企业用于购买厂房、机器和原材料等的实物资本不同,证券是一种虚拟形式的资本,它不在生产过程中发挥直接作用。因此,从经济运行的本质来看,一般商品市场的活动体现了经济流程中"实质经济"的运转,而证券市场的活动则体现了经济流程中"金融经济"的运转,其最终作用是实现实物资源的有效配置和使用,从而实现社会实物财富的增长。但是,证券市场的虚拟性也容易使证券价格脱离实质经济而上涨,过大的偏离会产生"泡沫经济",从而给实质经济带来巨大的负面影响。例如,日本20世纪90年代泡沫经济崩溃之后,日本的证券市场和社会经济长期低迷不振。

2. 证券市场的分类

按照不同的标准,可以对证券市场进行不同的分类。

(1)按照市场职能划分,证券市场可以分为发行市场和流通市场。

①证券发行市场又称一级市场或初级市场,是证券发行者为扩充经营,按照一定的法律规定和发行程序,向投资者出售新证券所形成的市场。它与证券流通市场不同,并没有一个特定的市场场所。有时证券的出售是在发行者和投资者之间直接进行的,但更多的则是通过证券经营机构来进行的。

证券发行市场由证券发行人、投资人和经纪人构成。发行人包括本国及外国的中央政府、地方政府、金融机构、企业等。认购者包括国内外广大投资者、大型机构投资者等。经纪人在连接发行主体和认购者之间关系时,发挥很大的作用。他们不仅要对即将发行的证券投资价值作出正确分析、评价,而且还要对发行条件、发行额等进行具体分析,并对发行时的金融、证券市场环境等进行市场预测,同时,根据分析预测结果进行综合判断。经纪人的这种综合分析判断能力,是其长期经验积累所形成的专门技能。

按发行对象的不同,证券发行方式可分为公募发行和私募发行。公募发行是通过承购集团,向广泛的投资者,包括政府、公共机构、企业、外国公司和个人等社会公众销售证券的形式。公募发行的优点是,可以扩大证券的发行量,筹资潜力大;无需提供特别优厚的条件,发行者具有较大的经营管理独立性;证券可以上市流通,从而提高发行者的知名度和证券的流动性。其缺点是发行工作量大,难度也大,通常需要承销商协助,发行者必须向证券管理机构办理注册登记手续,必须证券发行者的有关情况,以供投资者作出正确决策。

私募发行是通过承购集团向特定的投资者,主要是人寿保险公司、养老基金等特定的对象销售证券的形式。私募发行的优点是,节省发行费用、通常不必向证券管理机构办理注册手续、有确定的投资者从而不必担心发行失败等。其缺点是需向投资者提高高于市场平均条件的特殊优厚条件、发行者的经营管理易受干预、证券难以转让等。

按是否有中介机构协助发行划分,证券发行分为直接发行和间接发行。直接发行是由发行主体自己办理发行所必需的一切事务,直接从投资者那里筹措资金。采用直接发行方式,不需要向发行中介机构支付手续费，可以节省发行费用。但是如果发行规模较大，则不仅需要专门的业务知识，而且需要庞大的销售组织，仅靠发行主体自己是很难办到的。因此，直接发行只适用于小规模的发行。间接发行是指通过证券商作为受托机构，由其牵头，组织承购集团来销售新发行的证券，间接地从投资者手中筹措资金。间接发行大体可分为三种情况：一是代销，承购集团仅仅是代表发行主体销售，没有自购的义务。如果销售不完，剩余证券退还给发行主体。二是包销，由承购集团全部承担证券的销售，如售不完，其余证券由承购集团买下。三是全额认购，由承购集团与发行主体签订合同，用自己的资金将证券发行总额一次全部购入，然后再根据情况在市场上售出。

②证券流通市场又称二级市场或次级市场，它是已发行证券进行交易的场所。通过证券流通市场，各类证券得以顺利交易，并形成一个公开、合理的价格，以实现货币资本和证券资本的相互转化。证券交易市场的核心功能之一是综合市场上众多投资者的信息形成资产价格。

证券的发行市场和流通市场存在着密切的联系。发行市场是流通市场存在的基础和前提，发行市场的规模决定了流通市场的规模，影响着流通市场的成交价格。而流通市场的交易规模和成交价格，又决定或影响着发行市场的规模、发行价格和时机等。因此，发行市场和流通市场是相互依存、互为补充的整体。

（2）按照证券市场的组织形式划分，证券市场可以分为场内市场和场外市场。

①场内市场也称交易所市场，它是由证券交易所组织集中交易的市场，是证券流通市场的核心。交易所市场的特点表现为：具有集中、固定的交易场所和严格的交易时间，证券交易以公开的方式进行；交易对象限定为符合特定标准在交易所上市的证券；交易者为具备一定资格的会员证券公司及特定的经纪人和证券商，一般投资者不能直接在交易所买卖证券，而只能委托经纪商进行交易；证券交易所具有严格的组织和管理制度，坚持"公开、公正、公平"的原则。

②场外市场是在交易所场外进行证券交易的市场。相对于交易所市场而言，场外交易市场具有以下特点：场外交易市场往往是一种分散的市场，证券交易大多是在各个证券经营机构的柜台上进行的；交易的品种众多，既包括大量未上市证券，也包括一部分上市证券；证券投资者可委托证券经纪商进行买卖，也可直接同经纪商进行交易；证券交易管理规则比较宽松，但也必须在证券监督管理机构监督下进行。

③场外市场又可以分为柜台市场、三级市场和四级市场。柜台市场是指在证券经营机构柜台上进行证券直接交易的市场，其交易的证券主要有在交易所挂牌交易的证券以及未在交易所挂牌交易的证券。三级市场是指在证券交易所场外由大户之间直接进行大宗证券交易的市场，其交易的证券主要是在交易所挂牌交易的证券。之所以在场外进行交易，主要是有利于降低大户的交易费用，同时可以避免因证券的大宗买卖对股价产生的大幅波动。四级市场是指在证券交易所场外形成的证券交易的电子自动报价网络系统。

【案例5-2：中国的一板市场、二板市场和三板市场】

一板市场：也称为主板市场，指传统意义上的证券市场（通常指股票市场），是一个国家或地区证券发行、上市及交易的主要场所。主板市场先于创业板市场产生，二者既相互区别又相互联系，是多层次市场的重要组成部分。相对创业板市场而言，主板市场是资本市场中最重要的组成部分，很大程度上能够反映经济发展状况，有"晴雨表"之称。主板市场对发行人的营业期限、股本大小、盈利水平、最低市值等方面的要求标准较高，上市企业多为大型成熟企业，具有较大的资本规模以及稳定的盈利能力。

二板市场：又称"第二板"，是与一板市场相对应而存在的概念，主要针对中小成长性新兴公司而设立，其上市要求一般比"一板"宽一些。与主板市场相比，二板市场具有前瞻性、高风险、监管要求严格、具有明显的高技术产业导向等特点。国际上成熟的证券市场与新兴市场大都设有这类股票市场，国际上最有名的二板市场是美国纳斯达克市场，中国大陆目前没有。

它的明确定位是为具有高成长性的中小企业和高科技企业融资服务，是一条中小企业的直接融资渠道，是针对中小企业的资本市场。与主板市场相比，在二板市场上市的企业标准和上市条件相对较低，中小企业更容易上市募集发展所需资金。二板市场的建立能直接推动中小高科技企业的发展。

进一步讲，第二板市场是不同于主板市场的独特的资本市场，具有自身的特点，其功能主要表现在两个方面：一是在风险投资机制中的作用，即承担风险资本的退出窗口作用；二是作为资本市场所固有的功能，包括优化资源配置，促进产业升级等作用，而对企业来讲，上市除了融通资金外，还有提高企业知名度、分担投资风险、规范企业运作等作用。建立第二板市场，是完善风险投资体系，为中小高科技企业提供直接融资服务的重要一环。

三板市场：即代办股份转让业务，是指经中国证券业协会批准，由具有代办非上市公司股份转让业务资格的证券公司采用电子交易方式，为非上市公司提供的特别转让服务，其服务对象为中小型高新技术企业。其作用：发挥证券公司的中介机构作用，充分利用代办股份转让系统现有的证券公司网点体系，方便投资者的股份转让，为投资者提供高效率、标准化的登记和结算服务，保障转让秩序，依托代办股份转让系统的技术服务系统，避免系统的重复建设，降低市场运行成本和风险，减轻市场参与者的费用负担。三板市场这一名字为业界俗称，其正式名称是"代办股份转让系统"，于2001年7月16日正式开办。作为中国多层次证券市场体系的一部分，三板市场一方面为退市后的上市公司股份提供继续流通的场所，另一方面也解决了原STAQ、NET系统历史遗留的数家公司法人股的流通问题。

资料来源： 股市马经http://www.goomj.com，2011.3.2

（3）按照交易对象划分，证券市场还可以分为股票市场、债券市场和基金市场。

①股票市场就是进行各种股票发行和买卖交易的场所。股票市场按其基本职能划分，又可分为股票发行市场和股票交易市场，二者在职能上是互补的。股票交易市场亦称流通市场、二级市场，是已发行的股票交易与转让的市场。发行市场则是股票发行人向投资者发售股票进行筹资活动的市场。

②债券市场是进行各种债券发行和买卖交易的场所。债券市场按其基本职能划分，也可分为债券发行市场和债券交易市场，二者也是紧密联系、相互依存、相互作用的。发行市场是交易市场的存在基础，发行市场的债券条件及发行方式影响着交易市场债券的价格及流动性。交易市场能促进发行市场的发展，为发行市场所发行的债券提供变现场所，保证了债券的流动性。交易市场的债券价格及流动性，直接影响发行市场新债券的发行规模

和发行条件等。

③基金市场是指进行基金证券发行和转让的市场。由于投资基金是一种利益共享、风险共担的集合投资制度，它通过发行基金证券，集中投资者的资金，交由基金托管人托管，由基金管理人管理，主要从事股票、债券等金融工具投资。基金证券本身作为一种投资工具，也可以自由买卖和转让，从而形成了投资基金的流通市场。

第四节　外汇黄金市场

一、外汇市场

（一）外汇市场的概念

狭义的外汇市场是指外汇交易的场所，广义的外汇市场是指各种外汇交易关系的总合。

外汇市场是金融市场的一个重要的组成部分，是金融市场中交易量最大的一个市场。外汇市场设置在各国主要金融中心，是由外汇供给者、外汇需求者与外汇供求的中介人构成的、进行外汇买卖的交易场所或交易网络。当今世界，交易量最大的外汇市场在伦敦、纽约、东京、苏黎世、新加坡、中国香港、法兰克福等著名的国际金融中心。

外汇市场上进行买卖交易的商品是外汇。外汇是一种特殊商品，也可称为货币商品。它是一种以外国货币表示或计值的国际支付手段，通常包括可自由兑换的外国货币、外币支票、汇票、本票、存单等，广义的外汇还包括外币有价证券如股票、债券等。

外汇市场上的交易货币都属可兑换货币。交易币种主要集中在美元、欧元、英镑、日元、瑞士法郎、加元等十几种关键货币的买卖，其他货币的交易量较少。其中美元和欧元的交易量最大，这不仅是因为美元和欧元是最主要的国际货币，而且还由于美元和欧元经常充当媒介货币。

外汇市场上的外汇交易一般都通过现代化的通讯手段如电话、电报、电传和网络进行。各个外汇市场都用这些通讯手段和电脑设备保持联系，相互连接，形成一个紧密联系的交易网络。

外汇市场同其他金融市场如货币市场、资本市场、黄金市场等，特别是同交易对象涉及外国货币的金融市场如境外货币市场、国际债券市场、金融创新市场等联系非常密切。它们相互依存、相互配合、相互促进、相辅相成，共同发展，因为这些市场的金融交易经常会涉及外汇买卖。有外汇买卖，就必须通过外汇市场进行。外汇市场的存在不仅便利了其他金融市场进行交易，同时也使外汇市场本身获得发展。

（二）外汇市场的特点

外汇市场主要有以下特点。

1. 外汇交易的国际性

尽管目前各个外汇市场的名称仍冠以各国地名，如伦敦外汇市场，纽约外汇市场，但在各个外汇市场上进行的外汇交易却有广泛的国际性。主要表现在：

（1）外汇交易采用现代化通讯手段进行，并辅之以电子计算机操作，各外汇市场虽不在同一国家或同一地区，但都能密切联系，相互进行交易。

（2）一天24小时不间断地进行交易并非在一国国内的外汇市场，而是跨越国境在世界各地的外汇市场。

（3）外汇交易者并不仅限于一国的外汇供求者，而是涉及一国居民与别国居民之间的交易。

（4）交易币种包括在世界范围内都可自由兑换的货币，即都是国际货币。

2．外汇行市的波动性

20世纪70年代初，世界各国普遍实行浮动汇率制，货币汇率完全由外汇市场供求情况决定，涨跌幅度并无限制，原则上有关国家的政府并不承担必须进行干预的义务，而是听任汇率自由升降。这一汇率制度本身就造成外汇市场上行市动荡不定。20世纪80年代后，西方发达国家国际收支顺差或逆差增大，经济形势对某些国家有利，对另外一些国家不利，经济发展不平衡的格局更加明显，再加上大量国际游资经常在各国间自由流动，更促使外汇行市波动频繁，在某一段时间内甚至出现大涨大落的现象。

3．交易币种的集中性

从理论上说，凡是可兑换货币都能够在外汇市场上进行交易，但实际上交易币种主要集中在能充当国际支付手段的十几种关键货币。当前，由于多种货币储备体系的形成，外汇交易更是大多集中在美元、欧元、英镑、日元、瑞士法郎等货币上。

4．买卖外汇的风险性

外汇行市的频繁变动、涨跌不定，必然会给外汇买卖带来风险，而汇率大起大落又会使风险增大。风险意味着遭受损失的可能性。因此，除外汇投机者外，外汇供求双方在买卖外汇时，通常都采取一些措施来规避风险。规避风险除了可采用远期外汇、套期保值等传统做法外，还可使用20世纪70年代应运而生的一系列金融创新工具，如期权、期货、互换等。

5．外汇市场的受干预性

尽管在浮动汇率制度下，西方各国中央银行并无义务在外汇市场上对汇率升降进行干预，但为了维持本国货币汇率的相对稳定，有关国家政府仍然不时进行干预。而且为了制止美元汇率的过度涨跌，以免影响各国经济，开始运用国际协调机制，即由个别国家的单独干预，发展成为多国联合干预。

（三）外汇市场的类别

外汇市场可以从不同的角度进行分类。每类外汇市场都从不同的侧面反映出外汇市场的特征。

1．按交易场所划分

（1）有形的外汇市场，也称具体的外汇市场。它是指有固定交易场所的外汇市场。通常是在当地证券交易所大楼内或在交易大厅内划定一部分空间作为外汇交易所，如巴黎、法兰克福、布鲁塞尔、阿姆斯特丹等外汇市场。各家外汇银行的代表在每一营业日的规定时间内集合在这里进行外汇交易。这类外汇市场又被称为大陆式市场，它在世界范围内占少数。

（2）无形的外汇市场，也称抽象的外汇市场。它是指无固定交易场所的外汇市场。它通过电话、电报、电传与电子计算机组成的电子通讯网络进行外汇交易，如伦敦、纽约、东京、苏黎世、新加坡、中国香港等外汇市场。这类外汇市场又被称为英美式市场，大多数西方外汇市场都属于这一类。

2．按交易者性质划分

（1）地区性外汇市场，也称本国国内外汇市场。它是指外汇交易者基本上只限于当地居民，交易货币也只限于本国货币与有限的几种外国货币，如美元、欧元、英镑、日元、港币等，如曼谷、马尼拉等外汇市场。

（2）国际性外汇市场。它是指外汇交易者除当地居民外，还包括境外居民，交易货币多种多样，涉及本国货币与多种外国货币之间以及各种外国货币之间的交易，而且同其他金融市场如资本市场，黄金市场，金融创新市场等联系密切，在这类外汇市场上进行外汇交易往往同资金借贷、投资等有关，如伦敦、纽约、苏黎世等外汇市场。

3. 按交易规模划分

（1）批发性外汇市场。它是指外汇交易规模较大，通常都规定最小交易额，如每笔外汇交易的成交额至少为100万美元或其等值外币。外汇银行同业间买卖外汇都属于批发性外汇市场。

（2）零售性外汇市场。它是指外汇交易规模不大，并不限定最小交易额，每笔外汇交易的金额零星。外汇银行与一般客户之间的外汇买卖都属于零售性外汇市场。

4. 按交易是否受管制划分

（1）自由外汇市场。它是指外汇交易不受所在国政府当局管制的外汇市场。在这里，居民与非居民都可自由买卖外汇，汇率由市场供求决定，交易金额、币种都不受限制。

（2）官方外汇市场。它是指外汇交易要受所在国政府当局管制的外汇市场。目前指实行外汇管制的国家，即大部分发展中国家的外汇市场。在这里，外汇买卖必须符合该国的外汇管制条例，要受该国外汇管理当局的监督管制，外汇交易一般按官方汇率进行。

（3）平行外汇市场。它是指与官方外汇市场并存的外汇市场，也称替代市场。外汇供求者如不愿或不能按官方汇率买卖外汇，就可在这个市场进行外汇交易。在这里，外汇买卖都按高于官方汇率的外汇行市进行。

（4）黑市外汇市场。它是一种非法的外汇市场，并不是有组织的，而是自发形成的，但所在国政府当局一时取缔不了。它的产生是由于这个国家的外汇极度短缺，而且实行非常严格的外汇管制，官方汇率又很不合理，经常是高估本国货币币值，于是出现大大高于官方汇率的外汇黑市。在这里，外汇供求者都按黑市汇率进行外汇买卖。

（四）外汇市场的功能与作用

总的来说，外汇市场的存在和发展，促进了国际间货币运动，便利了国际资本转移、借贷资金融通，方便了国际支付结算、债权债务清偿，也促进了国际经济贸易金融活动的扩展，从而对各国的经济发展乃至整个世界经济的发展起到积极的推动作用。外汇市场的主要功能与作用如下。

1. 充当国际金融活动的枢纽

国际金融活动包括由国际贸易、国际借贷、国际投资、国际汇兑等引起货币收支的一系列金融活动。这些金融活动必然会涉及外汇交易，只有通过在外汇市场上买卖外汇才能使国际金融活动顺利进行。再进一步说，外汇市场同其他金融市场如货币市场、资本市场等联系密切，形成纽带。货币市场、资本市场上的交易活动经常需要进行外汇买卖，两者相互配合才能顺利完成交易，而外汇市场上的外汇交易在很大程度上更会带动和促进其他金融市场的交易活动。因此，外汇市场是国际金融活动的中心。

2. 调剂外汇余缺，调节外汇供求

任何个人、企业、银行、政府机构，甚至国际金融机构都可在外汇市场买卖外汇，调剂余缺。外汇充裕者出售其多余外汇；外汇紧缺者购买其短缺外汇。调剂余缺还包括这种情况，即出售某种或某些多余货币，换取某种或某些短缺货币。

一般情况下，通过外汇市场上的外汇交易，能使外汇供给与需求达到平衡。如果出现外汇供求不平衡，供大于求或求大于供时，则可通过汇率变动，调节供求，使之趋于平衡。外汇银行本身的外汇头寸不平衡，也可通过在外汇市场上进行抛补，使之最终达到平衡。

3．便利不同地区间的支付结算

由于各国货币制度不同，一国货币不能在另一国流通使用，只有把一国货币兑换成另一国货币，才能进行由于国际经济贸易而产生的不同地区间的支付结算。这一任务也只能通过外汇市场来完成。由于外汇市场集中经营各种国际支付货币，而且外汇市场又采用现代化通讯手段和设施来进行交易，这些通讯手段和设施把世界各地的外汇市场联在一起。因此，办理国际支付结算，不论各个地区相隔多远、需要使用何种货币、金额多大，都可充分利用外汇市场加以解决。通过外汇市场办理支付结算，既快速、又方便，而且安全可靠。

4．运用操作技术规避外汇风险

在外汇市场上买卖外汇，由于行市变动而存在外汇风险。除外汇投机者甘愿冒外汇风险，以获取投机利润外，一般外汇交易者都希望有一些保护措施来规避或减少外汇风险。如果外汇风险无法规避，就会妨碍外汇交易的开展。外汇市场的存在，为外汇交易者提供了可以运用某些操作技术如买卖远期外汇期权、掉期、套期保值等来规避或减少外汇风险的便利，从而使外汇买卖受行市波动的不利影响降低到最小，从而达到避险保值的目的。

二、黄金市场

（一）黄金市场的概念

黄金市场是进行黄金买卖的交易场所。进行黄金交易的有各国的公司、企业、银行、个人以及各国官方机构。参与黄金交易的目的，主要是工业用金、私人贮藏、官方增加储备、投机商投机牟利等。

黄金市场是金融市场的重要组成部分。黄金以其稀有贵重的自然属性和社会属性成为财富的象征，而且作为国际间的最后支付手段，执行世界货币职能，因此，黄金市场成为一国国内金融市场和国际金融市场的重要组成部分。

在典型的金本位制下，黄金市场在金融领域中起着非常重要的作用，主要表现为通过黄金市场来稳定币值（黄金自由铸造、熔化有利于币值稳定）以及通过黄金自由输出入来稳定汇价两个方面。随着金本位制在20世纪30年代的崩溃，黄金的货币职能大为削弱，黄金市场在金融市场中的地位逐步下降。第二次世界大战后在布雷顿森林体系中，黄金市场在金融市场的联系靠黄金与美元的固定比价关系维持。1976年牙买加体系切断了黄金与货币的固定联系，黄金逐步丧失其货币职能，成为普通的贵金属，至此黄金市场恢复其商品市场的本来面目。

黄金非货币化后，黄金市场虽然恢复了商品市场的地位，但由于黄金保值作用的存在，黄金市场无法割断与其同金融市场的联系，表现为：黄金一直作为世界货币发挥作用；黄金仍然是中央银行干预外汇市场的重要手段和国际储备的重要组成部分。

（二）黄金市场的分类

1．按范围大小划分

（1）国际性市场。是指国际性交易中心，其价格形成及交易量变化对其他市场有很大影响。这类市场主要有伦敦、苏黎世、纽约、芝加哥、中国香港，上述市场被称为世界五大黄金市场。

(2)区域性市场。是指交易规模有限且多集中在本地区及市场影响不大的市场。这类市场主要有巴黎、法兰克福、布鲁塞尔、卢森堡、新加坡、东京等。

2. 按交易方式和交易类型划分

(1)现货交易市场。是交易黄金现货的市场。如伦敦市场、苏黎世市场。其中伦敦黄金市场的作用尤为突出,至今该市场的黄金交易和报价仍然是反映世界黄金行市的一个"晴雨表"。

(2)期货交易市场。是交易黄金期货的市场,如纽约、芝加哥、中国香港等。

3. 按交易管制程度划分

(1)自由交易市场。是指黄金可以自由输出入,居民和非居民都可以上市自由买卖,如苏黎世。

(2)限制交易市场。一种类型是开放型市场,即只允许非居民自由买卖,不准居民自由交易的黄金市场;一种是封闭型市场,即只允许本国居民自由买卖,非居民不能自由参与,但它同国际黄金市场也有联系,在交易价格上也是相互影响的。

(三)国际黄金市场简介

1. 伦敦黄金市场

伦敦黄金市场历史悠久,其发展历史可追溯到300多年前。1804年,伦敦取代荷兰阿姆斯特丹成为世界黄金交易的中心,1919年伦敦金市正式成立,每天进行上午和下午的两次黄金定价。由五大金行定出当日的黄金市场价格,该价格一直影响纽约和中国香港的交易。市场黄金的供应者主要是南非。1982年以前,伦敦黄金市场主要经营黄金现货交易,1982年4月,伦敦期货黄金市场开业。目前,伦敦仍是世界上最大的黄金市场。伦敦黄金市场的特点之一是交易制度比较特别,因为伦敦没有实际的交易场所,其交易是通过无形方式——各大金商的销售联络网完成。交易会员由最具权威的五大金商及一些公认为有资格向五大金商购买黄金的公司或商店所组成,然后再由各个加工制造商、中小商店和公司等连锁组成。交易时由金商根据各自的买盘和卖盘,报出买价和卖价。伦敦黄金市场交易的另一特点是灵活性很强。黄金的纯度、重量等都可以选择,若客户要求在较远的地区交售,金商也会报出运费及保费等,也可按客户要求报出期货价格。最通行的买卖伦敦金的方式是客户可无须现金交收,即可买入黄金现货,到期只需按约定利率支付利息即可,但此时客户不能获取实物黄金。这种黄金买卖方式,只是在会计账上进行数字游戏,直到客户进行了相反的操作平仓为止。伦敦黄金市场特殊的交易体系也有若干不足。其一:由于各个金商报的价格都是实价,有时市场黄金价格比较混乱,连金商也不知道哪个价位的金价是合理的,只好停止报价,伦敦金市的买卖便会停止;其二是伦敦市场的客户绝对保密,因此,缺乏有效的黄金交易头寸的统计。

2. 苏黎世黄金市场

苏黎世黄金市场,是二战后发展起来的国际黄金市场。由于瑞士特殊的银行体系和辅助性的黄金交易服务体系,为黄金买卖提供了一个既自由又保密的环境,加上瑞士与南非也有优惠协议,获得了80%的南非金,以及前苏联的黄金也聚集于此,使得瑞士不仅是世界上新增黄金的最大中转站,也是世界上最大的私人黄金的存储中心。苏黎世黄金市场在国际黄金市场上的地位仅次于伦敦。苏黎世黄金市场没有正式组织结构,由瑞士三大银行:瑞士银行、瑞士信贷银行和瑞士联合银行负责清算结账。三大银行不仅可为客户代行交易,而且黄金交易也是这三家银行本身的主要业务。苏黎世黄金总库(Zurich Gold Pool)建立在瑞士三大银行非正式协商的基础上，不受政府管辖，作为交易商的联合体与清算系统混合体在市场上起中介作用。苏黎世黄金市场无金价定盘制度，在每个交易日任一特定时间，根据供需状况议定当日交易金价，这一价格为苏黎世黄金官价。全日金价在此基础上的波动不受涨跌停板限制。

3．美国黄金市场

纽约和芝加哥黄金市场是20世纪70年代中期发展起来的，主要原因是1977年后，美元贬值，美国人（主要是以法人团体为主）为了套期保值和投资增值获利，使得黄金期货迅速发展起来。目前，纽约商品交易所（COMEX）和芝加哥商品交易所（IMM）是世界最大的黄金期货交易中心。两大交易所对黄金现货市场的金价影响很大。以纽约商品交易所（COMEX）为例，该交易所本身不参加期货的买卖，仅提供一个场所和设施，并制定一些法规，保证交易双方在公平和合理的前提下进行交易。该所对进行现货和期货交易的黄金的重量、成色、形状、价格波动的上下限、交易日期、交易时间等都有极为详尽和复杂的描述。

4．中国香港黄金市场

中国香港黄金市场已有90多年的历史。其形成是以中国香港金银贸易场的成立为标志。1974年，中国香港政府撤销了对黄金进出口的管制，此后，中国香港金市发展极快。由于中国香港黄金市场在时差上刚好填补了纽约、芝加哥市场收市和伦敦开市前的空当，可以连贯亚、欧、美，形成完整的世界黄金市场。其优越的地理条件引起了欧洲金商的注意，伦敦五大金商、瑞士三大银行等纷纷来港设立分公司。他们将在伦敦交收的黄金买卖活动带到中国香港，逐渐形成了一个无形的当地"伦敦金市场"，促使中国香港成为世界主要的黄金市场之一。目前，中国香港黄金市场由三个市场组成：①中国香港金银贸易市场，以华人资金商占优势，有固定买卖场所，主要交易的黄金规格为99标准金条，交易方式是公开喊价，现货交易；②伦敦金市场，以国外资金商为主体，没有固定交易场所；③黄金期货市场，是一个正规的市场，其性质与美国的纽约和芝加哥的商品期货交易所的黄金期货性质是一样的。交投方式正规，制度也比较健全，可弥补金银贸易场的不足。

5．东京黄金市场

东京黄金市场于1982年成立，是日本政府正式批准的唯一黄金期货市场。会员绝大多数为日本的公司。黄金市场以每克日元叫价，交收标准金的成色为99.99%，重量为1千克，每宗交易合约为1 000克。

（四）中国的黄金市场

新中国成立后的很长一段时间，中国在黄金问题上一直是严格管制阶段，黄金开采企业必须将所生产出来的黄金交售给中国人民银行，而后由中国人民银行将黄金配售给用金单位。那时新生产出来的黄金主要用于中国紧急国际支付和国家储备。到1982年社会大众才重新开始有权力拥有黄金，拥有黄金的渠道还只是通过商场可以购买到黄金首饰而已。2001年8月1日，原国家计委宣布中国黄金交易取消央行定价，实行市场调节价。2001年11月28日，上海黄金交易所开始模拟运行黄金交易，2002年10月30日正式营业，标志着中国黄金市场走向全面开放，黄金投资逐步走进社会大众，黄金投资在中国迎来了全新开端。2005年12月13日，上海黄金交易所深圳备份交易中心正式开业，拉开了黄金夜市交易的序幕，标志着中国黄金市场与纽约、伦敦等金市在时间上实现了接轨。

【案例5-3：上海黄金交易所简介】

上海黄金交易所是经国务院批准，由中国人民银行组建，在国家工商行政管理局登记注册的，不以营利为目的，实行自律性管理的法人。遵循公开、公平、公正和诚实信用的原则组织黄金、白银、铂等贵金属交易。交易所于2002年10月30日正式开业。

交易所实行会员制组织形式，会员由在中华人民共和国境内注册登记，从事黄金业务的金融机构、从事黄金、白银、铂等贵金属及其制品的生产、冶炼、加工、批发、进出口贸易的企业法人，并具有良好资信的单位组成。现有会员162家，分散在全国26个省、市、自治区；交易所会员依其业务范围分为金融类会员、综合类会员和自营会员。金融类会员可进行自营和代理业务及批准的其他业务，综合类会员可进行自营和代理业务，自营会员可进行自营业务。目前会员单位中年产金量约占全国的80%；用金量占全国的90%；冶炼能力占全国的90%。

标准黄金、铂金交易通过交易所的集中竞价方式进行，实行价格优先、时间优先撮合成交。非标准品种通过询价等方式进行，实行自主报价、协商成交。会员可自行选择通过现场或远程方式进行交易。

交易所主要实行标准化撮合交易方式。交易时间为每周一至周五（节假日除外）上午9:00～11:30，下午13:30～15:30，晚上21:00～2:30。目前，交易的商品有黄金、白银和铂金，交易标的必须符合交易所规定的标准。黄金有Au99.95、Au99.99、Au50g、Au100g四个现货实盘交易品种，和Au（T+5）与Au（T+D）两个延期交易品种及Au（T+N1）、Au（T+N2）两个中远期交易品种；白银有Ag99.9、Ag99.99现货实盘交易品种和Ag（T+D）现货保证金交易品种；铂金有Pt99.95现货实盘交易品种；中国银行、中国农业银行、中国工商银行、中国建设银行和深圳发展银行、兴业银行和华夏银行等作为交易所指定的清算银行，实行集中、直接、净额的资金清算原则。交易所实物交割实行"一户一码制"的交割原则，在全国37个城市设立55家指定仓库，金锭和金条由交易所统一调运配送。

上海黄金交易所的建立，与货币市场、证券市场、外汇市场等一起构筑成中国完整的金融市场体系。未来，交易所将在中国人民银行的领导下，一如既往，与时俱进，为中国黄金市场的繁荣作出更大贡献。

资料来源：http://www.sge.sh/publish/sge/jysgk/jysjs/58.htm

第五节 金融衍生工具市场

金融衍生工具的发行与交易市场就是金融衍生品市场。一般来说，金融衍生工具市场分为四大基本类别，即远期合约、期货合约、期权合约和互换合约。

一、金融衍生工具市场的产生和发展

衍生商品市场可谓源远流长。17世纪上半叶荷兰掀起的郁金香球茎投资狂潮，开创了衍生商品交易的先河；19世纪中叶以来，谷物、肉类、金属、原油等衍生金融交易陆续出现并迅速扩大。1922年美国通过了第一部联邦期货法，即1922年谷物期货交易法，这标志着衍生商品交易步入正规发展阶段。农作物、金属、能源等衍生交易的出现，是由于这些商品的价格变化太大，通过衍生交易可以锁定价格，规避风险。20世纪70年代起，世界金融商品或金融工具的主要价格形式——汇率、利率开始了较大的波动，金融市场风险急剧放大。用衍生交易避险，也成为金融发展的客观要求。

20 世纪 70 年代，维系全球的以美元为中心的固定汇率制——布雷顿森林体系连续出现危机并于 1973 年正式瓦解，各国纷纷实行浮动汇率制，汇率的波动幅度随之加剧。频繁而大幅度的汇率波动给进出口商、金融机构等多方面带来了风险。1972 年 5 月 16 日，芝加哥商品交易所开辟了国际货币市场分部，办理澳元、英镑、加元、日元、瑞士法郎和西德马克等 6 中主要外币的期货交易，这是全世界第一个能够转移汇率风险的集中交易市场，也是衍生金融商品诞生的标志。两次石油危机后，西方工业化国家通货膨胀或滞涨问题愈发严重，为了调节经济发展，各国中央银行纷纷利用利率杠杆控制货币供应量，实行宽松或紧缩的货币政策，利率从相对稳定状态转向频繁波动状态，利率风险加大。

货币利率、汇率的变化，对债券、股票等金融资产常常有着根本的影响，全面加剧了金融商品的内在风险，同时为衍生金融商品的发展提供了契机。1975 年，芝加哥期货交易所率先开办了抵押协会债券利率期货。1982 年 2 月 24 日，美国堪萨斯市推出了第一份股票指数期货合约。

股票期权是金融期权最早出现的品种，20 世纪 20 年代美国就有了股票期权交易，不过由于长期以来只是场外交易，规模不大，影响力极小。1973 年 4 月 26 日，全世界第一家期权集中交易所——芝加哥期货交易所成立，该所初期交易以股票为标的物的买权契约。1977 年 6 月，芝加哥期货交易所、美国证券交易所、费城交易所推出英镑期权合约。1983 年，芝加哥期货交易所推出了股票指数期权即标准普尔 100 指数期权、标准普尔 500 指数期权。1984 年 1 月，芝加哥商品交易所开办期货合同期权交易，期货与期权两种衍生交易方式组合到了一起。

20 世纪 80 年代以来，西方工业化国家进一步放松了金融管制，利率自由化趋势更为明显，于是，货币、利率互换这类衍生金融商品出现。1981 年 8 月，世界银行发行了 2.9 亿美元的欧洲债券，并决定将其本金与利息同 IBM 公司进行法国法郎和德国马克的货币交换，开创了互换市场的先河。1992 年，第一笔利率互换在美国完成，随后，又出现了期货互换、期权互换等。

二、金融衍生工具市场的功能

1. 基本功能

（1）避险功能。金融衍生工具诞生的原动力就是风险管理。金融衍生工具可以将市场经济中的市场风险、信用风险等分散在社会经济各个角落的风险集中在几个期货、期权市场或互换、远期等场外交易市场上，将风险先集中，在分割，然会重新分配。使套期保值者通过一定的方法规避正常经营中的大部分风险，而不承担或只承担极少部分的风险，从而能专心于生产经营。由于衍生市场中套期保值者的头寸并不恰好是互相匹配的对冲的，所以市场中需要一部分投机者来承担保值者转嫁出去的风险，从而博得高额投机利润。而且，由于衍生交易的杠杆比率非常高，可以使套期保值者以极小的代价、占用较少的资金，实现有效的风险管理，因而比证券组合投资更能满足市场需求。金融衍生工具的出现使汇率、利率、价格等因素的变化被限定在较小范围内，即使出现不利情况发生风险，损失也将大为减少。

（2）价格发现功能。金融衍生工具交易特别是场内交易，拥有众多的交易者，它们通过类似于拍卖的方式确定价格。这种情形接近完全竞争市场，能够在相当程度上反映出交易者对金融工具价格走势的预期。这使形成的价格反映了对于该产品价格有影响的所有可获得的信息以及交易双方的预期，使真正的未来价格得以实现。另一方面，衍生商品的价格通过行情揭示和各种媒体广泛传播，为各界了解汇率、利率及金融趋势提供了重要的参考信息，使这一价格成为指导生产、合理配置社会生产要素的重要依据。同时，所有的参与者集中到交易所，使寻找价格和交易对象的信息成本大大降低。根据被揭示出来的市场价格预期，各交易主体可以相应地制定生产与经营计划，使经济社会每一成员都能更好地从远期价格预测中获益。实际上，期货市场从信息上主导了现货市场以及远期现货商品市场的行情。

（3）盈利功能。衍生工具的盈利，既包括交易本身所带来的收入，也包括提供经纪人服务的收入。金融衍生工具的价格变化会产生盈利。由于存在着明显的杠杆效应，投资者操作正确就可以得到很高的利润率。

2．延伸功能

（1）资产负债管理。汇率、利率的波动，既影响金融机构的资产，又影响其负债。保持适宜的资产负债结构，对于金融机构特别是商业银行而言可谓生存发展之本。品种繁多的金融衍生工具，为资产负债管理提供了多种有效的方法和工具。商业银行经常运用金融期货、金融期权对资产负债进行缺口管理，用利率互换来回避资产与负债到期时间不匹配而产生的利率风险。

（2）筹资投资。因为存在许多不确定因素，不少投资项目都令投资者望而却步。恰当地运用衍生交易，往往能降低投资风险，使筹资由难变易。

（3）产权组合。通过产权组合提高企业的经济效益，这在现代市场经济中十分普遍。其中，民营化和职工持股又是常见形式。然而，有时受个人购买力的限制，或者因个人对企业前景缺乏信心，投资欲望不强，产权重组障碍重重。用银行的融资功能向投资者提供资金，再用衍生交易手段避险，可以帮助个人投资者参与产权交易。

（4）激励功能。一些企业所有者用期权作为激励经营管理人员的工具，给与经营管理人员较长期内的该企业股票的买入期权，合约规定的买入价一般与当时的股价接近。这样，管理人员只要努力工作使企业经济效益不断提高，股票价格也会随之上涨，股票买入期权的价格同样上升，经营管理人员便可从中获益。

三、金融衍生工具市场的类型和特点

从总体上看，以金融衍生工具作为交易对象的市场，有两种类型：一是有形市场，也即在有形的交易所内进行的场内交易，如期货和期权；二是无形市场，也即在有关银行或金融机构进行的柜台交易或场外交易，如远期交易、期权、互换业务等。需注意的是期权交易既有场内交易，也有场外交易。

在交易所内进行金融衍生工具交易的有形市场具有以下特征。

（1）在交易所进行集中交易。只有交易所的会员才能进入交易所交易，非交易所会员必须委托具有成员身份的经纪人，才能购买或出售金融衍生品。

（2）公开竞价。金融期货或期权合约通过叫买叫卖的竞价过程而确定。

（3）合约标准化。金融期权或金融期货合约均按标准化原则确定：成交单位、价格、交割地点均有统一的标准化的规定，按规定的原则买卖，不得逾越，也不能灵活掌握，加以变更。

（4）清算所结算。金融期货或金融期权的结算，都通过交易所设定的清算所进行。

（5）缴纳保证金。所有的交易者，均需向交易所缴纳一定比例的保证金。保证金一般以现金形式存入清算所账户。

（6）交割率很低。绝大多数的交易者，在合约到期日前，"以买冲卖"或"以卖冲买"进行反向交易，对冲了结。

而在无形市场通过银行或金融机构进行的衍生金融工具交易，则与有形市场的特点相反：一般无需通过经纪人；合约无标准化规定，合约的买方或卖方对有关条件可以自由议定，灵活掌握；交易价格或费用收取不公开叫买叫卖，由交易双方协商确定；并且一般不需缴纳保证金等。

【本章小结】

1. 金融市场是买卖金融工具以融通资金的场所或机制，其范围包容了资金借贷、证券、外汇、保险和黄金买卖等一切金融业务，一个完整的金融市场往往离不开交易主体、交易工具、交易对象及交易价格四大要素。

2. 金融市场的分类方法有很多，较为常见的分类方法有三种：一是按融资期限将金融市场分为短期金融市场和长期金融市场；二是按融资方式将金融市场分为直接融资市场和间接融资市场；三是按交易对象将金融市场分为货币市场、资本市场、外汇市场、黄金市场、证券市场和金融衍生品市场。

3. 货币市场是进行短期资金融通的市场，期限比较短，最长为一年，最短为一天甚至半天，它包括短期信贷、同业拆借、短期贴现等交易形式。其交易主体和交易对象十分广泛，既有直接融资，如短期国库券交易、票据交易等交易活动，又有间接融资，如银行短期信贷、短期回购等交易。

4. 资本市场主要是指长期资金交易的场所，比较典型的是股票市场和长期债券市场。其中，股票市场既有发行市场与流通市场之分，也有场内市场与场外市场之别；长期债券流通市场由长期政府债券市场、长期公司债券市场和长期金融债券市场所组成。

5. 金融衍生工具市场主要由金融远期、金融期货、金融期权、互换等市场构成。

【复习思考题】

一、单项选择题

1. 按资金的偿还期限分，金融市场可分为_____。
 A. 一级市场和二级市场　B. 同业拆借市场和长期债券市场
 C. 货币市场和资本市场　D. 股票市场和债券市场

2. 下列金融工具中属于间接融资工具的是_____。
 A. 可转让大额定期存单　B. 公司债券　C. 股票　D. 政府债券

3. 下列属于短期资金市场的是_____。
 A. 债券市场　B. 资本市场　C. 票据市场　D. 股票市场

4. 短期资金融通市场又称为 _____。
   A. 初级市场　　B. 货币市场　　C. 资本市场　　D. 次级市场
5. 长期资金融通市场又称为 _____。
   A. 货币市场　　B. 资本市场　　C. 初级市场　　D. 次级市场
6. 下列属于资本市场的有 _____。
   A. 同业拆借市场　　B. 股票市场　　C. 票据市场　　D. 大额可转让定期存单
7. 在出售证券时与购买者约定到期买回证券的方式称为 _____。
   A. 证券发行　　B. 证券承销　　C. 期货交易　　D. 回购协议
8. 在证券交易所外进行的交易称为 _____。
   A. 场内交易　　B. 场外交易　　C. 柜台交易　　D. 第二市场交易
9. 一般而言，金融资产的风险性与收益性之间的关系存在 _____。
   A. 正相关　　B. 负相关　　C. 不相关　　D. 不确定关系
10. 金融市场主体是指（　　）。
    A. 金融工具　　B. 金融中介机构　　C. 融市场的交易者　　D. 金融市场的价格

二、多项选择题

1. 金融市场的参与者有（　　）。
   A. 居民个人　　B. 商业性金融机构　　C. 政府　　D. 企业　　E. 中央银行
2. 按交易标的物可以把金融市场划分为（　　）。
   A. 衍生工具市场　　B. 货币市场　　C. 证券市场　　D. 黄金市场　　E. 外汇市场
3. 货币市场上的交易工具主要有（　　）。
   A. 大额可转让定期存单　　B. 票据　　C. 长期国债　　D. 债券　　E. 股票
4. 按发行主体不同，债券主要分为（　　）。
   A. 公司债券　　B. 政府债券　　C. 金融债券　　D. 贴现债券
5. 大额可转让存单的特点是（　　）。
   A. 面额大　　B. 利率低　　C. 期限固定　　D. 可以自由转让

三、简答题

1. 金融市场的分类？金融市场有哪些基本功能？
2. 证券的发行与流通市场的构成如何？
3. 金融市场有哪些构成要素？

四、论述

1. 试分析衍生金融工具市场的基本功能。
2. 分析中国金融市场存在的问题和发展策略。

第六章 货币供求

> **学习目的与要求**：货币理论同其他经济理论一样，也是从供求两个方面展开研究，其理论基础也是供求规律，其研究起点也是需求理论。本章首先从货币需求理论出发，讲述货币需求、货币供给理论派别和模型，目的在于探讨影响和决定货币供给的因素，以便为中央银行的适度货币供给提供理论基础。本章在论述国内货币供求均衡的基础上，也讨论了开放经济条件下一国对外均衡问题。要求学生掌握货币需求的影响因素，中央银行和商业银行在货币供给中的作用，国际收支的调节政策等内容。

【导入案例】美联储量化宽松政策

2009年金融危机期间，美国第一季度经济面临负增长0.6%，利率降到历史最低水平0%~0.25%，创25年新高的9.6%的失业率和仅0.4%的通胀率，美联储第一次启动了"量化宽松"的货币政策。

19个月后，美国经济复苏不容乐观，GDP、利率、通胀和失业率几乎又达到临界点。第二季度GDP增长仅1.6%，利率依旧保持在1%~1.25%，失业率高达9.6%，通胀率1.1%。为促进经济更强劲复苏和避免通缩的出现，美联储于2010年11月3日宣布了新一轮的量化宽松货币政策，表示将在2011年年中前购买总额为6 000亿美元的长期国债以提振经济，并对资产负债表中的债券资产到期回笼资金进行再投资。这是继2008年12月到2010年3月间购买价值17 250亿美元的资产后，美联储第二次采用量化宽松政策，导致美国货币供应量大规模增加。

通过分析，美国第二轮宽松货币政策具体连锁反应如下。

1. 大量美元货币注入美国市场。美国第二轮宽松货币政策中，购买6 000亿美元长期国债，由于乘数效应的存在，将对市场中注入数倍于6 000亿美元的货币。

2. 新注入的货币于全球市场中寻找投资机会。新货币通过以下四种方式进入市场：流向实体经济、流向虚拟经济、金融体系内部循环、流向国际市场。大量资本流入国际市场，从而催生资产泡沫，推高物价，掣肘各国货币政策。

3. 推动美元贬值，其他货币相对增值。由于美元的世界货币地位，及其供应的大量增加，势将导致美元在世界市场上的贬值，其他国家货币相对增值。美元走弱，有利于刺激美国商品出口，促进美国经济，但不利于其他国家商品出口，阻碍其经济复苏。

4. 冲击国际金融市场。美元贬值，势必带来国家汇率波动，资产泡沫及国际金融震荡，致使国际金融市场不稳定。

5. 各国增发货币，竞相贬值，引发全球货币混战。美国超发美元货币，实际上是以邻为壑，有利于本国经济出口，却不利于其他国家经济发展，各国为保护本国利益，势必竞相贬值，以保护本国经济。2010年10月5日，日本央行在利率会议中决定进一步放松货币政策，并承诺将维持零利率，直至物价稳定。2010年10月20日，英国央行会议以8：1通过购买2 000亿英镑国债，增发货币，以刺激国家经济。

6. 导致全球黄金、石油及大宗商品价格上扬。2010年3月8日，黄金价格每盎司一下子从883美元冲上了948美元，美国自身持有黄金加上控制的国际货币基金组织的黄金，约有1/3，无疑成为最大受益者。美国控制着中东大量石油，石油暴涨，美国也将成为最大受益国。大量垄断的大宗商品行业，也将为美国带来巨大利益。

【问题】
1. 美国施行量化宽松货币政策的原因是什么？
2. 决定货币供给的因素有哪些？

第一节　货币需求

一、货币需求的涵义

所谓货币需求，就是指在一定时期内，社会各阶层（个人或家庭、企业单位、政府）愿以货币形式持有财产的需要，或社会各阶层对执行流通手段、支付手段和价值贮藏手段的货币需求。把社会各阶层的货币需求加总起来，就是全社会的货币需求。

从货币需求的定义可以看出：

（1）不能将货币需求仅理解为一种主观欲望、一种纯心理的占有欲望。经济学意义上的需求虽然也是一种占有欲望，但它与个人的经济利益及其社会经济状况有着必然的联系，始终是一种能力和愿望的统一。所以，经济学研究的对象是这种客观的货币需求。

（2）人们产生对货币需求的根本原因在于货币所具有的职能。在现代市场经济中，人们需要以货币方式取得收入，用货币作为交换和支付手段，用货币进行财富的贮存，由此对货币产生了有一定客观数量的需求问题。

（3）货币需求主要是一个宏观经济学的问题。因为市场需求是由货币所体现的有现实购买力的需求，所以宏观调控主要是需求面的管理。当然，它的实现又必须通过对货币供给的控制来进行，因此，不能忽视与货币需求相对应的货币供给问题在宏观调控中的突出地位。

（4）货币需求是与货币供给直接相对应的一个范畴，研究货币供给不能超越货币需求这一范畴。

为准确理解货币需求，需正确把握以下几对概念。

1. 微观货币需求和宏观货币需求

货币需求可以分为微观货币需求和宏观货币需求。当从个人或家庭、企业单位的微观角度，考察其在既定的收入水平、利率水平和其他经济条件下保持多少货币最为合适，称这种类型的货币需求为微观货币需求。当从整个国民经济的宏观角度，考察一个国家在一定时期内的经济发展和商品流通所必需的货币量，这种货币量既能够满足社会各方面的需要，又不至于引发通货膨胀，称这种类型的货币需求为宏观货币需求。

对微观货币需求的分析，主要在于研究每一个经济单位持有多少货币最为合算，并剖析货币需求变化的原因。对宏观货币需求的分析，主要在于根据影响货币需求的变量，探讨一国经济发展客观上所需的货币量，从而为货币供给决策提供依据。

2. 名义货币需求和实际货币需求

当在讨论具体的货币需求问题时，还应当区分名义货币需求和实际货币需求。所谓名义货币需求是指一个社会或一个经济部门在不考虑价格变动时的货币需要量，一般用 M_D 表示。而实际货币需求则是在扣除价格变动以后的货币需要量，也就是以某一不变价格为基础计算的商品和劳务量对货币的需求。如果将名义货币需求用某一具有代表性的物价指数 P 进行平减后，就可以得到实际货币需求 M_D/P。在现代市场经济中，价格变动是经常性的，因而有必要区分名义货币需求和实际货币需求。

二、货币需求理论

货币理论是经济学中最富有争论的理论之一，而货币需求理论又是货币理论的主要内容。货币需求理论是一种关于对货币需求的动机影响因素和数量决定的理论，是货币政策选择的理论出发点。货币需求理论所研究的主要内容是一国经济发展在客观上需要多少货币量，货币需求由哪些因素决定，受哪些因素影响和如何计算货币需求量，以及一个经济单位（家庭或个人、企业）在现实的收入水平、利率和商品供求等经济背景下保持多少货币的机会成本最小、收益最大等问题。

（一）马克思的货币需求理论

马克思的货币需求理论或称货币必要量理论。他在提出问题时，有时是问流通中"有"多少货币，有时是问流通中"需要"多少货币，有时是问流通中"可吸收"多少货币。对于马克思的诸多提问，通常是用"货币必要量"概念来表述。马克思的货币必要量理论，集中表现在其货币流通规律公式中，即

$$M=PQ/V$$

式中，M 为执行流通手段职能的货币量；P 为商品价格水平；Q 为流通中的商品数量；PQ 为商品价格总额；V 为同名货币的流通速度。

这一公式表明：货币必要量取决于进入流通的商品量、价格水平和货币流通速度 3 个因素。这 3 个因素的变动与货币必要量变动的关系是：货币必要量与商品价格总额成正比，与货币流通速度成反比。

为了分析方便，马克思是以完全的金币流通为假设条件。其论证过程为：商品价格取决于商品价值和黄金价值，商品价值决定于生产过程之中，而商品价格是在流通之外决定的，商品是带着价格进入流通的；商品价格有多大，就需要有多少金币来实现它；商品与金币交换后商品退出流通，金币却留在流通之中，所以一枚金币流通几次就可使相应几倍价格的商品出售。所以商品价格总额是一个既定的值，货币需要量是根据这一既定值确定的，货币流通公式只能是右方决定左方。经济中存在的数量足够大的黄金贮藏发挥着充分的调节功能，它既是排水渠，是引水渠，货币永远不会流出它的流通渠道。

马克思进而分析了纸币流通条件下货币量与价格之间的关系。他指出，纸币本身没有价值，只有流通才能作为金的代表。由于流通所能吸收的金量是客观决定的，所以无论向流通中投入多少纸币，所能代表的也只是客观所能吸收的金量。马克思概括的纸币流通规律是：纸币的发行限于它象征地代表的金（或银）的实际流通的数量。这样，纸币投入越多，每一单位纸币所能代表的金量越少，即纸币贬值，物价就上涨。所以在纸币流通条件下，纸币数

量的增减成为商品价格涨跌的决定因素。

马克思的货币必要量公式表示了决定货币必要量的本质，指出了货币流通规律的实质就是货币与商品流通必须相适应，从而货币流通必须要符合经济发展的需要。马克思对货币需求的分析，在理论上和表述上都达到了当时最完美的境界。

（二）西方货币需求理论

1. 费雪方程式和剑桥方程式

（1）费雪方程式。20世纪初，美国经济学家欧文·费雪提出了交易方程式，也被称为费雪方程式。这一方程式为：

$$MV=PT$$

式中，M为货币的数量；V为货币流通速度；P为物价水平；T为各类商品的交易总量。

根据这一方程式，P的值取决于M、V、T 3个变量。费雪分析，在这3个经济变量中，M是一个由模型之外的因素所决定的外生变量；V是由制度因素决定的，而制度因素变化缓慢，因而可视为常数；T与产出水平保持一定的比例，也是大体稳定的。因此，只有P和M的关系最重要，所以P的值特别是取决于M数量的变化。

交易方程式虽然主要说明M决定P，但当把P视为既定的价格水平时，则：

$$M=PT/V$$

这说明，在既定的价格水平下，总交易量与所需要的名义货币量具有一定的比例关系，这个比例就是$1/V$。换言之，要使价格保持既定水平，只有当货币量与总交易量保持一定比例关系才能实现。

（2）剑桥方程式。在费雪发展他的货币数量论观点的同时，以马歇尔和庇古为首的英国剑桥大学的经济学家也在研究同样的问题，并提出了剑桥方程式。剑桥学派在研究货币需求问题时，重视微观主体的行为。他们认为处于经济体系中的个人对货币的需求，实质是选择以怎样的方式保持自己的资产问题而决定人们持有货币多少的，有个人的财富水平、利率变动，以及持有货币可能拥有的便利等诸多因素。但是，在其他条件不变的情况下，对每个人来说，名义货币需求与名义收入水平之间保持着一个较稳定的比例关系。对整个经济体系来说，也是如此。因此，剑桥学派提出的货币需求方程是：

$$Md=kPY$$

式中，Md为货币需求量；P为价格水平；Y为总收入；PY为名义总收入；k为Md与PY的比例。

剑桥方程式与交易方程式的主要区别：①交易方程式重视货币的交易手段功能，强调货币的支出；剑桥方程式重视货币作为一种资产的功能，强调货币的持有。②交易方程式重视货币流通速度以及经济社会等制度因素；而剑桥方程式则重视人们持有货币的动机。③交易方程式所指的货币数量是某一时期的货币流通量；而剑桥方程式所指的货币数量是某一时点人们手中所持有的货币存量。

2. 凯恩斯和凯恩斯学派的货币需求理论

凯恩斯（John Maynard Keynes）是著名的英国经济学家，是宏观经济学的创始人。凯恩斯早期是剑桥学派的一员，1936年他的《就业、利息和货币理论》一书出版，标志着独树一帜学说的形成。凯恩斯对货币需求理论的突出贡献是关于货币需求动机的分析。他认为，人们的货币需求行为是由交易动机、预防动机和投机动机这3种动机决定的。

（1）交易动机。是指个人或企业为了应付日常交易需要而产生的持有货币需要。个人保存货币量的多少直接与货币收入的多少及货币收支时间的长短有关。企业持有货币则是为了满足业务上的从支出到收入这一段时间所需的货币需求，它取决于企业当期生产规模的大小及生产周期的长短。交易动机决定人们进行交易持有多少货币。

（2）预防动机。是指人们为应付意外的、临时的或紧急需要的支出而持有货币的动机。它的产生主要因为未来收入和支出的不确定性，为了防止未来收入减少或支出增加这种意外变化而保留一部分货币以备不测。虽然货币需求的交易性动机和预防性动机都与收入有关，但两者也有区别：货币需求的交易性动机产生主要因为在收入和支出之间有一定时差；而货币需求的预防性动机则主要是因为收入和支出的不确定性。

（3）投机动机。是指由于未来利率的不确定性，人们便根据对利率变动的预期，为了在有利的时机进行投机而持有货币的动机。投机动机分析是凯恩斯对货币需求理论的发展做出的重大贡献之所在。

由此可见，由交易动机和预防动机决定的货币需求取决于收入水平；基于投机动机的货币需求则取决于利率水平。因此，凯恩斯的货币需求函数如下：

$$M=M_1+M_2=L_1(Y)+L_2(r)$$

式中，M_1 为由交易动机和预防动机决定的货币需求，是收入 Y 的函数；M_2 为投机性货币需求，是利率的函数；L 为流动性偏好函数的代号，货币具有流动性，所以流动性偏好函数也就相当于货币需求函数。

凯恩斯的后继者认为，凯恩斯的货币需求理论还存在缺陷，需要修正、补充和发展。从 20 世纪 50 年代开始，他们从以下两个方面推进了凯恩斯的货币需求理论。

（1）论证交易动机和预防动机引起的货币需求同样也是利率的函数。因为作为交易和意外准备的货币，其中部分也会用来购买可以带来收益的资产，如债券。据此，他们提出了一个"平方根法则"，其公式如下：

$$M=kY^{1/2}r^{-1/2}$$

上述方程式说明，交易性货币需求是收入 Y 的函数，随着用于交易的收入数量的增加，货币需求量随之增加。但 Y 的指数 1/2 又说明其增加的幅度较小，即交易性货币需求有规模节约的特点。同时又表明货币需求是利率 r 的函数，而 r 的指数 $-1/2$ 说明，交易性货币需求与利率的变动呈反方向变化，变动幅度小于利率的变动。

（2）凯恩斯的后继者认为，凯恩斯论证投资者依据其对利率变动的预期会在货币与债券之间进行选择。但在现实生活中，通常并不会简单地进行非此即彼的选择，而是全面权衡得失，调整两者持有的比例。并且可供选择的也并不限于货币、债券两者。这样就发展了多样化资产组合选择理论。

3．货币主义的货币需求理论

货币主义是一个与凯恩斯主义和凯恩斯学派直接对立的西方经济学流派，它形成了自己的一套独具特色的理论观点和政策主张，其代表人物是美国芝加哥大学教授弗里德曼。

货币主义对货币需求的分析同样以微观主体行为作为始点，并吸收了包括凯恩斯在内的经济学家对货币需求理论的推进成果，对货币需求量的各种因素进行了深入分析，建立了独具特色的货币需求函数：

$$M_d/p = f(Y, W; r_m, r_b, r_e, 1/p \cdot dp/dt; U)$$

式中，M 为个人财富持有者持有的货币量，即名义货币需求量；P 为一般物价水平；M_d/p 为财富持有者持有的货币所能支配的实物量，即实际货币需求量；Y 为按不变价格计算的实际收入；W 为非人力财富占总财富的比率；r_m 为预期的货币名义收益率；r_b 为固定收益的债券收益率；r_e 为非固定收益的债券（股票）收益率；$1/p \cdot dp/dt$ 为预期物价变动率即实物资产的名义收益率；U 为货币的效用以及影响此效用的因素。

弗里德曼将恒久性收入 Y 看做是货币需求的一个重要的决定因素，其意义在于货币需求不会随着产业周期的波动有较大的变动；代表非人力财富占总财富比率的 W，它与货币需求负相关，这是货币主义列出的独特变量；将货币名义收益率纳入货币需求函数式，说明货币主义所考察的货币口径已大于过去各学派对货币考察的口径；持有货币的机会成本由相对于货币的各种资产的预期收益率和由分别代表相对于货币的债券和股票的预期收益率来表示，当它们增大时，持有货币的机会成本增大，对货币的需求就会减少；预期的物价变动率与货币需求负相关，将它列入函数式，与强调通货膨胀的发生有关；U 为收入以外的可以影响货币效用的其他因素。

三、货币需求理论的发展轨迹

（1）考察对象的演变。马克思及其前人基本上重视贵金属。费雪方程式已将金币排除在外，同时开始注意存款通货。凯恩斯较为明确地指出，他所说的货币是指现钞和支票存款。而弗里德曼所说的货币以扩大到较大口径的 M_2。总之，他们考察的对象是从金到纸币一切可称为货币的金融资产，是一个不断演进的过程。

（2）考察范围的扩大。费雪及其前人从宏观总量上考察货币需求，而开始与剑桥学派的思路则是着眼于微观经济主体的持币动机，从而扩大了对货币需求的考察范围。

（3）影响货币需求变量因素的深化。费雪方程式阐明总支出仅仅取决于货币数量的变动，而对利率不具有敏感性。剑桥学派认为，对现金余额的需求是与实际收入成比例的，且不排除利率对货币需求的影响。凯恩斯提出了持有货币的三种动机，并将其归结为流动偏好理论，并认为影响货币需求的因素是收入和利率。弗里德曼的货币理论，将恒久收入看做是一个重要的决定因素。由此可见，对影响货币需求变量研究的深化过程，就是从 $f(Y)$ 发展为 $f(Y, r)$ 并不断纳入更多变量的过程。

四、货币需要量的测算

对货币需求问题的研究，最困难和最富有实际意义的主要是量的分析。符合经济发展要求的货币需要量既是货币供给的标的，又是货币政策调控的依据所在。但是由于影响货币需求的因素很多，且各因素的相互关系极为复杂，因而对货币需要量还谈不上准确计算，而只能进行粗略的估算或测算。在中国，许多经济学家都对货币需求问题进行了研究，并提出了以下几种测算货币需要量的方法。

1．"1∶8"的经验数据

所谓"1∶8"的经验数据，其具体含义是，每 8 元零售商品供应需要 1 元人民币实现其流通。符合这个标准，说明货币流通正常；不符合这个标准，就说明货币流通不正常，如 1∶7，1∶6 等，则说明货币供给超过了需求。

经验数据的理论依据是马克思的货币需要量公式。在中国计划经济体制下，货币需要量指的是现金需要量，商品价格总额实际上是指社会商品零售总额。依据马克思关于 $M=PQ/V$ 的货币流通公式，可以得知，M 选取正常年份的货币流通量（实际上是现金流通量。所谓正常年份是指国民经济发展平稳，货币流通正常的年份选取正常年份的货币流通量，实际上是指这一量和该年的货币需要量相近。据此，由 $V=PQ/M$ 求出正常年份的 V，如果该年 PQ 为 800、M 为 100，那么 V 就等于 8。根据 V 等于 8，则可以计算出测算期的货币需要量。

中国在 20 世纪六七十年代曾主要运用"1∶8"经验数据测算货币需要量，这对分析中国的货币流通状况起到一定的作用。但是，随着中国改革开放的不断深化，各种相关因素的变化，这一经验数据也就逐渐失去其实用价值和应有意义。

2．增长率测算法

为了取代业已过时的"1∶8 经验数据，人们提出了一个简明而又易于度量的公式，即：

$$m=y+p$$

式中，y 为经济增长率；p 为预期或计划物价上涨率；m 为名义的货币需求增长率。

这一公式从 20 世纪 80 年代中期提出后流行颇广，但也有不少人提出了批评，认为运用这种简单的方法来测算货币需要量，很难得出有意义和指导实践的结论。

3．多项挂钩法

近年来，中国不少学者对货币需要量的测算作了进一步的探索，提出了货币需要量与经济增长、物价变动和货币流通速度 3 个因素挂钩的测算方法。其基本公式如下：

$$m=y+p-v$$

式中，y 为经济增长率；p 为预期或计划物价上涨率；m 为名义的货币需求增长率。V 为货币流通速度变动率。

4．比例系数法

这种测算方法就是根据有关历史数据，求出经济增长率与货币需要量增长率之间的比例系数，然后确定合理的货币需要量增长率，最后测算货币需要量。其基本公式是：

$$m=k\cdot y$$

式中，m 为货币需要量增长率；k 为经济增长率和货币需要量增长率之间的比例系数；y 为经济增长率。

这里首先要求出 k 值，如果经济增长 1%，货币供应量增长 1.5%，那么 k 值就是 1.5，这就表明货币超前增长。假如经济增长率在 9% 的情况下，货币需要量增长率就应为 13.5% 左右。可见，要完善这一测算方法，就必须科学地确定 k 值。

综上所述，目前还没有一种理想的测算方法，只能对各种测算方法综合运用，来大体上测算货币需要量。

第二节　货币供给

一、货币供给的涵义

所谓货币供给，是指一国在某一时点上为社会经济运行服务的货币量，它由包括中央银行在内的金融机构供应的现金货币和存款货币两部分构成。

关于货币供给的含义，需要说明以下几点。

（1）货币供给中的所指的货币，经济理论界对此尚无统一的认识，有必要进一步弄清货币供给的定义和包含的内容。

（2）货币供给是一个存量概念。

（3）货币供给量反映为商业银行和中央银行的负债。其中，现金发行量是中央银行的负债，而存款量则是商业银行的负债。

（4）研究货币供给的目的在于使所供给的货币量满足社会经济发展的客观需要，也就是使社会实际提供的货币量能够与商品流通和经济发展对货币的需求（即预测的货币需要量）相吻合。

（5）货币供给既是一个外生变量，也是一个内生变量。从中央银行能够运用货币政策工具扩张和收缩货币供给量看，货币供给量首先是一个外生变量；但货币供给量除受中央银行货币政策工具操作左右外，还决定于经济社会中其他经济主体的货币收付行为，因而货币供给量同时又是一个内生变量。所以，货币供给及其控制问题也相当复杂，是需要不断研究解决的课题。

二、商业银行存款货币的创造

存款货币量是货币供给量的主要组成部分。如果银行体系既不增加现金投入，也不组织现金回笼，那么无论现金如何流通，它只会发生持有人结构的变化，而不会有总量上的变化。但是，存款货币是在银行体系内运行的，运行的结果不仅会引起存款货币结构的变化，而且还会导致总量的增加。考察和理解存款货币的创造过程，对于认识商业银行的信用创造功能，并且对于认识货币供给机制，均有着极为重要的意义。

1. 原始存款和派生存款

为了理解存款货币的创造，首先来了解原始存款和派生存款的概念。所谓原始存款，是指商业银行吸收的现金存款或中央银行对商业银行贷款所形成的存款。所谓派生存款，它是相对于原始存款而言的，是指由商业银行以原始存款为基础发放贷款而引申出来超过最初部分存款的存款。之所以称为派生存款，就是因为它是在原始存款基础上派生出来的存款。

2. 存款货币创造得以实现的两个基本条件

（1）普遍实行转账结算制度即非现金结算制度。这就是说银行普遍采用转账结算，现金结算只是一小部分。客户取得银行贷款后，通常不（或不全部）支取现金，而是转入其银行存款账户，客户就可以签发转账支票完成支付行为。或者说，银行接受了原始存款后，以转账方式向客户放款；而不是以现金方式放款；这样商业银行就会以原始存款为基础，创造出派生存款。

如果没有转账结算制度，仅靠现金结算，那么银行接受了现金存款后，就要用现金贷款。假如全部贷出去，贷款和存款一致，不会出现派生存款；假如留一部分现金准备，所贷出去的必定小于存款，更不会出现派生存款。

（2）实行存款的部分准备金制度。现代各国的银行制度，一般都采用存款的部分准备金制度，也就是说银行吸收了存款后，只将其中的一部分作为准备金（其中一部分上缴中央银行），其余的用来放款。这样，商业银行才能创造派生存款。如果实行全额准备金制度，即吸收的存款全部留为准备金，则银行根本就无法用存款去发放贷款，也就谈不上派生存款的创造。部分存款准备金制度的建立，是商业银行存款创造的基础，准备金率越高，银行交于中央银行的现金越多，银行可运用的资金越少，派生存款量就越少，反之越多。

第六章 货币供求

所以，正是由于实行普遍的转账结算制度和部分存款准备金制度，才为商业银行的信用创造提供了基本条件。

3. 存款货币的创造过程

为了分析的方便，先作几点假定：①商业银行的存款全部用于放款，不用于投资；②法定准备金率为20%；③存款中无提取现金的现象；④银行客户将其一切收入均存入银行体系。

为了更清楚地说明存款货币的创造过程，下面借用简化的资产负债表——T式账户，来详细分析存款货币的创造过程。

假设，某客户将其现金100万元存入A银行，那么A银行原始存款增加100万元，A银行在提取法定存款准备金 $100 \times 20\% = 20$ 万元后，将剩余的80万贷方给乙企业，其资产负债表变化如表6-1所示。

表6-1 A银行账户   单位：万元

资产		负债	
法定存款准备金	20	存款	100
放款	80		

乙企业将这80万元存入B银行。B银行在未获得此存款时资产负债情况如表6-2所示。B银行在提取法定存款准备金 $80 \times 20\% = 16$ 万元后，将剩余的64万元贷放给丙企业，其资产负债表变化如6-3所示。可见，即使没有现金存入B银行，通过转账支付B银行也增加了存款80万元，这80万元就是派生存款。

表6-2 变化前的B银行账户   单位：万元

资产		负债	
法定存款准备金	10	存款	50
放款	40		

表6-3 变化后的B银行账户   单位：万元

资产		负债	
法定存款准备金	26	存款	130
放款	104		

丙企业获得了64万元的贷款，将此贷款存入C银行。C银行在未获得该笔存款前资产负债情况如表6-4所示。C银行在获得64万元存款后，按20%的准备金率提取12.8万元法定存款准备金，将余额51.2万元贷放出去，给丁企业。变化后的资产负债如6-5所示。同理，即使没有现金存入C银行，C银行通过转账仍然获得了64万元的派生存款收入。

表6-4 变化前的C银行账户   单位：万元

资产		负债	
法定存款准备金	30	存款	150
放款	120		

表6-5　变化后的C银行账户　　　　　　　　　　　　　　　　　　单位：万元

资产		负债	
法定存款准备金	42.8	存款	214
放款	171.2		

贷款给丁企业的51.2万元又会产生下一个银行的派生存款。这个过程就这样持续下去，情况如表6-6所示。在最初的100万元现金流入银行体系的基础上，通过银行的存贷款活动，整个银行体系的存款总额相应增加。

表6-6　商业银行体系存款货币的创造过程　　　　　　　　　　　　　单位：万元

银行	存款增加额	法定准备金	放款增加额
A	100	20	80
B	80	16	64
C	64	12.8	51.2
D	51.2	10.24	40.96
E	40.96	8.192	32.768
…	…	…	…
合计	500	100	400

上表表明各家银行创造出的派生存款呈递减趋势：

A银行吸收的原始存款为100万元

B银行存款增加额为80万元 $=100-100\times 20\%=100\times(1-20\%)$

C银行存款增加额为64万元 $=100\times(1-20\%)\times(1-20\%)=100\times(1-20\%)^2$

D银行存款增加额为51.2万元 $=100\times(1-20\%)^2\times(1-20\%)=100\times(1-20\%)^3$

……

因此，各银行增加的存款数量是一个无穷递减等比数列。其初始值为100，公比为$(1-20\%)$，其总和可以用等比数列的求和公式求得，即：

存款总量 $=100+100\times(1-20\%)+100\times(1-20\%)^2+100(1-20\%)^3+\cdots\cdots$

$=100\times[1+(1-20\%)+(1-20\%)^2+(1-20\%)^3+\cdots\cdots]$

$=100\times\{1/[1-(1-20\%)]\}$

$=100\times(1/20\%)$

$=500$

将上述过程用公式表示为：

$S=R\cdot(1/r)$

$D=S-R$

其中：S为整个银行体系的存款总量，R为原始存款，r为法定存款准备金率，D为存款总量

在上例中：

$S=100\times(1/20\%)=500$万元

D = 500-100=400 万元

因此，在法定存款准备率为 20% 的情况下，商业银行体系派生存款的最大数额为 400 万元，是原始存款的 4 倍，或者说，存款货币总额会达到 500 万元，即存款货币总额可以达到原始存款的 5 倍。由此可见，存款货币的扩张数额，主要取决于两大因素：一是原始存款量的大小；二是法定准备率的高低。原始存款量越多，创造的存款货币量越多；反之，则越少。法定准备率越高，存款货币量扩张的数额越小；反之，则越大。

商业银行存款货币创造机制所决定的存款总额，其最大扩张倍数称为派生倍数，也即存款创造乘数。一般来说，它是法定存款准备率的倒数。上例中，存款创造乘数是 1/r=5。如果法定准备率降为 10%，则存款可扩张 10 倍；如果法定准备率提高到 25%，则存款可扩张 4 倍。

上面分析的是存款货币的扩张过程，实际上存款货币也还有一个紧缩过程。如果某客户从银行提取 100 万元现金，则引起原始存款减少，就会出现存款货币的紧缩过程。紧缩过程与扩张过程是相对称的，其原理完全一样。

4. 制约存款货币创造的其他因素

整个商业银行体系创造存款货币的能力并不是无限的，而是有限的。这是因为存款货币的创造，不仅要受法定准备率的制约，而且还要受现金漏损率、超额存款准备金率等因素的影响。

（1）现金漏损率。前面假定，银行的存款中无提取现金的现象，实际上这在现实生活中并不存在，多数存款户总会有提现行为。所谓现金漏损，是指银行存款中的提现现象，即总有一部分存款被客户以现金形式提取，流出银行系统。

现金漏损与活期存款总额之比称为现金漏损率，也称提现率，一般以 c 来表示。这个比率高，说明流出银行的现金就多，银行系统的存款准备金相应减少，所创造的派生存款也相应减少。反之，提现率较低，说明流出银行的现金较少，银行系统的存款准备金相应增加，所创造的派生存款就相对多些。所以，现金漏损率对商业银行存款货币创造的制约与法定准备率具有同等的影响，是制约商业银行信用创造能力的一个重要因素。

（2）超额存款准备金率。为安全和应付意外之需，银行实际拥有的存款准备金总是大于法定准备金，这种差额称为超额准备金。超额准备金与活期存款总额的比率，称为超额准备率，一般用 e 表示。

超额准备率的变化对商业银行信用创造的影响，同法定准备率和现金漏损率具有同等作用。如果超额准备率高，则银行信用扩张的能力缩小；如果超额准备率低，则银行信用扩张的能力提高。

（3）活期存款转化为定期存款的比例。在银行存款创造过程中，总有一部分客户的活期存款转化为定期存款。由于活期存款和定期存款的准备金率不同，一般定期存款的准备金率低于活期存款的准备金率，因此银行的准备金总额就有所不同，这也影响到银行存款的派生能力。一般来说，活期存款转化为定期存款的比例越大，银行存款创造能力越小。

如果用 t 表示活期存款转化为定期存款的比例，r_t 表示定期存款的法定存款准备金率，r_d 为活期存款的法定存款准备金率，则整个银行体系的存款总量由下式决定：

$$S=R \times 1/(r_d + c + e + t \times r_t)$$

以上，只是分析了存款货币创造过程中若干可测性因素对存款创造乘数的影响。但就实际情况来说，银行能否多贷，不仅取决于银行的意愿，还要看企业是否需要贷款。在经济停滞和和预期利润率下降的情况下,即使银行愿意多贷,企业也可能不要求贷款,从而可能的派生存款规模并不一定能够实现。

三、中央银行与货币供给

以上分析了商业银行在货币供给中的作用,下面分析中央银行在货币供给中的作用。

1. 基础货币

(1) 基础货币的含义。基础货币又称为强力货币或高能货币,它是货币理论中一个十分重要的概念,是指具有使货币总量倍数扩张或者收缩能力的货币。基础货币从中央银行发行出来,流入商业银行体系就会增强银行信用创造能力。为了更好地掌握这一概念,可以从两个角度来认识。第一,从其来源来看,基础货币是中央银行的负债,即是由中央银行投放并为中央银行所能控制的那部分货币。需注意的是,基础货币并不是全部的货币供给量,它只是货币供给的一小部分。第二,从其运用来看,基础货币由公众持有的现金和商业银行的准备金构成,这二者实际上都是中央银行对社会公众的负债。基础货币用公式表示为:

$$B=C+R$$

式中,B 表示基础货币,R 为商业银行准备金(包括商业银行库存现金和商业银行存放于中央银行的存款),C 为流通与银行体系之外的现金。

因此,基础货币的构成又可以用下式表示:

基础货币 = 流通于银行体系外的现金 + 商业银行准备金
= 流通于银行体系外的现金 + 商业银行库存现金 + 商业银行存放于中央银行的存款

基础货币是中央银行能够直接控制的这部分货币(包括控制现金发行和商业银行的存款准备金),基础货币的改变对商业银行的信用规模的影响直接而巨大,它直接决定了商业银行存款货币创造能力。基础货币是商业银行借以创造存款货币的源泉。从这个意义上说,它是基础货币。从实践上看,中央银行对全社会货币供给量的调控很大程度上都是通过调节基础货币来实现的。

(2) 基础货币的形成。货币供给的全过程,就是中央银行供给基础货币,基础货币形成商业银行的原始存款,商业银行通过存款创造产生派生存款,最终形成货币供给量的过程。中央银行投放基础货币,主要有三条渠道:一是对商业银行等金融机构和政府的再贷款和再贴现;二是通过收购金银外汇等储备资产投放货币;三是通过公开市场业务等投放货币。

(3) 影响基础货币投放的因素。基础货币是中央银行可以控制其投放量货币,基础货币的投放受以下几个因素的制约:①财政收支状况。当财政出现赤字并且通过向中央银行透支借款弥补时,基础货币投放增加;若财政出现结余,则基础货币投放减少。②向金融机构贷款和公开市场业务。中央银行无论采取再贷款或再贴现的方式,只要是向商业银行等金融机构注入资金,则基础货币投放增加;若向公开市场卖出证券,则基础货币投放减少。③国际收支状况。国际收支的变动,会引起中央银行金银外汇储备的变动。如果中央银行在本国国际收支顺差时增加黄金和外汇储备,则基础货币投放增加;如果本国出现国际收支逆差,中央银行减少黄金和外汇储备,则基础货币减少。

2. 货币供给模型

在以上分析存款货币的创造过程时,已经看到,商业银行只有在吸收到一定数量的原始存款后，才能进行信用创造。显然，商业银行的原始存款来源于中央银行提供的基础货币：中央银行把通货投入流通，公众用通货向商业银行存款，这就增加了商业银行的原始存款；中央银行向商业银行再贷款，也增加了商业银行的准备金，这也相当于增加了商业银行的原始存款。如果流通中非银行部门及居民持有的现金量不变，只要中央银行不增加基础货币的供应量，商业银行也就无从反复扩大贷款和创造存款。如果中央银行缩减或收回对商业银行的信用支持，从而减少了基础货币的供给，则必将导致商业银行体系对贷款乃至存款的多倍收缩。所以，基础货币量的增减变化直接决定着商业银行准备金的减少，从而决定着商业银行创造存款货币的能量。

由此可见，中央银行的基础货币在货币供给过程中发挥着基础性作用，或者从最抽象的意义上说，货币供给量是基础货币的倍数。如果设 M_s 为货币供应量，m 为货币乘数，B 为基础货币，那么，货币供给模型为：

$$M_s = m \cdot B$$

从上式可知，货币供给量是由基础货币和货币乘数共同决定。基础货币由中央银行决定，通过现金发行和货币政策来实现对基础货币的控制。如果基础货币的量既定，那么货币供给的扩张和收缩则取决于货币乘数的变化。所以，认识和利用货币乘数原理，对中央银行实施正确的货币政策，及时地控制和调节货币供给量具有十分重要的意义。

第三节 货币供求均衡

一、货币均衡的涵义

均衡是一个由物理学引入经济学的概念。经济学引入均衡概念，一般将其用于描述市场供求的对比关系。货币均衡是指货币供给与货币需求之间的一种对比关系。一般而言，货币供求相等，就称之为均衡；如果货币供求不相等，则谓之失衡。货币均衡用公式表示为：

$$Ms = M_d$$

式中：Ms 表示名义货币供给量；M_d 表示实际货币需要量。

必须指出，货币供给量与货币需要量的绝对均衡是不可能的，货币均衡的实际意义应是货币供给量与货币需要量的大体相适应，各自变动着的货币供给和货币需求，只要在客观允许的一定弹性区间内，都属于货币均衡。

在现代市场经济条件下，一切经济活动都必须借助于货币的运动，社会需求表现为有货币支付能力的需求。因此，货币均衡只是一个现象，其实质是指货币收支运动与其所反映的国民收入及社会产品运动之间的相互协调一致。

二、货币供求均衡与社会总供求平衡

（一）社会总供求的涵义

社会总供求是社会总供给和社会总需求的合称。在市场经济条件下，一切需求都表现为有货币支付能力的购买支出，因而社会总需求指的是有现实购买力的需求，即一定时期内，全社会在市场上按一定价格购买商品和劳务所支付的货币量，以及人们为持有一定的其他金融资产所支付的货币量。

所谓社会总供给，通常是指在一定时期内，一国生产部门按一定价格提供给市场的全部产品和劳务的价值之和，以及在市场上出售的其他金融资产总量。

社会总需求和社会总供给的平衡是市场的总体均衡。社会总供求状况是由货币市场和商品市场的状况来决定的。因此，社会总需求和社会总供给的平衡，也就是货币市场和商品市场的统一平衡。同时，社会总需求和社会总供给的平衡也不是绝对的平衡，而是一种基本的平衡，在客观允许的范围内，社会总需求略大于社会总供给或社会总供给略大于社会总需求，都属于社会总供求的平衡。

（二）货币供求和社会总供求之间的关系

在现代市场经济条件下，任何需求的实现，都必须支付货币。正是由于货币的支付，才使社会的消费需求和投资需求得以实现。所以，在一定时期内，社会的货币收支流量就构成了当期的社会总需求。真正构成社会总需求的是流通性货币，货币供给量变化以后，能否引起社会总需求的变化，除了货币供给量中潜在性货币和流通性货币的比例外，主要取决于货币流通速度的变化。货币供给量变动后，一般在半年以后，才引起社会总需求的变动。

社会总供求平衡是商品市场和货币市场的统一平衡。商品的供给决定了一定时期的货币需求，而货币需求又决定了货币的供给。中央银行控制货币供给量的目的，就是维持货币的均衡。货币供给形成了对商品的需求，决定了对当期的社会需求水平。货币供求的均衡也就成为宏观经济平衡的关键。要保持货币供求的均衡，就需要中央银行控制货币的供给，以保证经济的发展有一个良好的宏观金融环境，从而促进经济协调发展。

三、货币失衡及其原因

如果货币的供给偏离了货币的需求，即 $Ms>M_d$ 或 $Ms<M_d$，则称之为货币失衡。尽管各国金融管理当局都不遗余力地控制货币供应量，但事实证明，货币失衡是一种普遍的现象。

由于货币失衡表现为货币供给量小于或大于货币需要量，所以分两种情况来分析货币失衡的原因。

（一）货币供给量小于货币需要量的原因

在商品生产和商品流通规模扩大的情况下，货币供给量没有及时增加，从而导致流通中货币紧缺。在货币均衡的情况下，金融管理当局紧缩银根，减少货币供给量，从而使本来均衡的货币走向供给小于需求的失衡状态。

（二）货币供给量大于货币需要量的原因

在纸币流通条件下，货币供给量大于货币需求量是一种经常出现的失衡现象。出现这一现象的直接原因是中央银行采用了扩张的货币政策，不适当地放松了银根，使货币的供给超过了货币的实际需要量。但更深层次的原因却是：货币供给支持了没有物资相对应的过度需求；经济结构失衡，使一部分持币者无法购买到所需的商品，从而有一部分货币无法被商品流通所吸收；财政出现赤字向银行透支，而银行又无法压缩贷款规模，凭空创造流通手段和支付手段来弥补财政赤字；银行脱离物质基础发放贷款，使信贷资金和物资运动相脱离；国民经济整体效益不佳，使流通中货币失去了相应的物质基础。此外，外汇收支方面的问题也会导致货币供给量大于实际的货币需求量。

四、货币失衡的调节

对货币失衡的调节，从现象上看，只是对货币供给的扩张或收缩，似乎是一件简单的事情。但是，从实践来看，如何有效地调节货币的失衡，却是世界各国面临的一个共同难题。这说明了控制货币供给的困难性和复杂性。这里,仅对货币供给量大于货币需要量的情况作一些初步分析。对这种货币失衡,一般从以下几方面进行调节。

（一）供给型调节

所谓供给型调节,是指在货币供给量大于货币需要量时,从紧缩货币供给入手,使货币供给与货币需求实现基本均衡。

在供给型调节中,一般采用的措施是：

（1）中央银行通过公开市场业务,在金融市场上卖出有价证券直接回笼货币；提高法定存款准备率,限制商业银行的贷款扩张能力；减少基础货币的供应,收缩商业银行体系的信用扩张规模。

（2）商业银行缩减贷款规模,主要是停止对客户发放新贷款,收回到期的贷款,提前收回部分贷款。

（3）财政部门减少拨款,增发政府债券,提高税率和加强纳税管理等。

从实现货币均衡看,这种调节方式在短期内会收到显著的效果,但是,货币供给量的收缩,往往会导致经济萎缩,影响经济发展速度。

（二）需求型调节

所谓需求型调节,是指在货币供给量大于货币需求量时,从扩大货币需求入手,使货币供给与货币需求实现基本均衡。

在需求型调节中,一般采用的措施是：

（1）国家动用物资后备和商品储备,以增加商品供应量；

（2）银行动用黄金储备和外汇储备,外贸部门组织国内急需的生产资料的进口,从而扩大商品可供量；

（3）提高商品价格,吸收过剩购买力。

（三）混合型调节

所谓混合型调节,实际上就是供给型调节和需求型调节的综合运用,通过两者的双管齐下,尽快实现货币均衡。

第四节 国际收支

国际收支及其相关问题是伴随一国对外交往的发生而产生的,而世界经济一体化的日益加深,更使之成为宏观经济学及国际金融学的一个重要课题。

一、国际收支的概念

国际收支有狭义和广义两重含义。

（一）狭义国际收支概念

是一个国家在一定时期内对外政治、经济和文化往来所引起的货币收入与支出的总和。在这一时期内,该国在外汇收支相抵后所出现的差额为国际收支差额。如果收入大于支出则为国际收支顺差,反之,如果收入小于支出则为国际收支逆差。国际收支差额从一定程度上反映一个国家在对外金融方面的实力。

狭义的国际收支概念是建立在是现金基础上的,仅仅包含一个国家必须立即结清和支付的外汇收支款项，而没有包含国际贸易和借贷中尚未到期，并不需要以现金结算的外汇收支部分，因此，它不能反映一个国家国际收支的全部内容。

（二）广义国际收支概念

一国在一定时期内居民与非居民全部经济交易的系统的货币记录。广义的国际收支概念是第二次世界大战以后形成的，它不仅包含一国外汇收支的状况，还包含一个国家在一定时期内的全部对外经济活动，如捐款、赠款、无偿援助、侨汇以及未发生外汇收付的债权债务等。它强调的是经济交易基础，能够更全面地反映一国国际收支的状况。

国际货币基金组织在其所编写的《国际收支手册》中表述："国际收支是一种一定时期的统计报表，它表明：①一个经济实体与世界其他经济体之间在商品、劳务和收益方面的交易；②该经济实体所持有的货币性黄金和特别提款权的变化以及它对世界其他经济体的债权、债务的变化和其他变化；③无偿转移支付，以及会计上为平衡前述不能相互抵消的交易和变动所做的对应记录。"

一国对外往来会产生货币支付，但不是所有的往来都涉及支付问题，而且这种不涉及货币收支的国际往来在当今已占有相当重要的地位。目前，各国为了全面确切地掌握错综复杂的对外关系，根据国际货币基金组织的定义，对国际收支的分析绝大部分是根据广义的国际收支概念来进行的。

二、国际收支平衡表

（一）国际收支平衡表的记账规则

由于各国的国情不同、编表的目的和需求不同，各国的国际收支表的内涵和繁简程度不一样，项目分类与局部差异的统计与计算也存在差别。国际货币基金组织，对于国际收支的统计与编表内容，均有较为详细的规定，其中较为基本和重要的内容如下。

（1）记账制度。国际收支平衡表采用复式簿记原理，按照会计的借贷记账法编制。一国的全部对外经济活动被划分为借方、贷方和差额三项。一切收入项目都列入贷方或称正号项目，一切支出项目都列为借方或称负号项目。每笔具体的交易都用价值完全相等的两个账目表示，表中全部账目的净余额为零。在整个国际收支中，当收入大于支出而出现盈余时，就是国际收支顺差；反之，当支出大于收入而出现亏空时，就是国际收支逆差。借方是个"减"的概念，表示外汇的流出，贷方是个"加"的概念，表示外汇的流入。

（2）交易的记载时间。一笔交易在什么时间被记录为国际收支，涉及国际收支平衡表的覆盖范围。基金组织建议采用"权责发生制"，即采用与所有权变更相一致的原则，只要两国发生了债权债务关系，即参与交易的实际资源或金融资产的所有权在法律上发生转移，即使并未实现现金收付，也要按转移时间进行记录。反之，倘若即使已经发生现金收付，但参与交易的实际资源或金融资产的所有权并未在法律上发生转移，也不能进行记录。

（二）国际收支平衡表（参见表6-7）

1. 国际收支平衡表的概念

一个国家的国际收支状况是通过其国际收支平衡表来反映的。国际收支平衡表，亦称国际收支差额表，是指一国居民和外国居民之间在一定时期内的一切对外活动的综合收支记录，是对国际收支按项目分类统计的一览表。各国一般都按照国际货币基金组织对国际收支所赋予的含义编制国际收支平衡表。它记录了一个国家与其他国家的全部经济交易，其中不仅包括由经济往来所产生的外汇收支,还包括由政治、文化、军事等产生的外汇收支。

表6-7　2009年中国国际收支平衡表

单位:亿美元

项目	行次	差额	贷方	借方
一.经常项目	1	2 971	14 846	11 874
A.货物和服务	2	2 201	13 333	11 132
a.货物	3	2 495	12 038	9 543
b.服务	4	−294	1 295	1 589
1.运输	5	−230	236	466
2.旅游	6	−40	397	437
3.通讯服务	7	0	12	12
4.建筑服务	8	36	95	59
5.保险服务	9	−97	16	113
6.金融服务	10	−3	4	7
7.计算机和信息服务	11	33	65	32
8.专有权利使用费和特许费	12	−106	4	111
9.咨询	13	52	186	134
10.广告、宣传	14	4	23	20
11.电影、音像	15	−2	1	3
12.其他商业服务	16	59	247	188
13.别处未提及的政府服务	17	1	9	8
B.收益	18	433	1 086	653
1.职工报酬	19	72	92	21
2.投资收益	20	361	994	632
C.经常转移	21	337	426	89
1.各级政府	22	−2	0	3
2.其他部门	23	340	426	86
二.资本和金融项目	24	1 448	7 464	6 016
A.资本项目	25	40	42	2
B.金融项目	26	1 409	7 422	6 014
1.直接投资	27	343	1 142	799
1.1 中国在外直接投资	28	−439	42	481
1.2 外国在华直接投资	29	782	1 100	318
2.证券投资	30	387	981	594
2.1 资产	31	99	669	570
2.1.1 股本证券	32	−338	122	461
2.1.2 债务证券	33	437	547	110
2.1.2.1 (中)长期债券	34	370	479	110
2.1.2.2 货币市场工具	35	67	68	0
2.2 负债	36	288	312	24
2.2.1 股本证券	37	282	288	7
2.2.2 债务证券	38	6	23	17
2.2.2.1 (中)长期债券	39	6	23	17
2.2.2.2 货币市场工具	40	0	0	0
3.其他投资	41	679	5 299	4 620
3.1 资产	42	94	1 174	1 080

（续表）

单位：亿美元

项目	行次	差额	贷方	借方
3.1.1 贸易信贷	43	-544	0	544
长期	44	-38	0	38
短期	45	-506	0	506
3.1.2 贷款	46	130	450	320
长期	47	-315	0	315
短期	48	445	450	5
3.1.3 货币和存款	49	52	267	216
3.1.4 其他资产	50	456	457	1
长期	51	0	0	0
短期	52	456	457	1
3.2 负债	53	585	4 125	3 540
3.2.1 贸易信贷	54	321	321	0
长期	55	22	22	0
短期	56	298	298	0
3.2.2 贷款	57	37	3 222	3 185
长期	58	-97	135	232
短期	59	134	3 087	2 953
3.2.3 货币和存款	60	116	456	340
3.2.4 其他负债	61	111	126	15
长期	62	110	110	0
短期	63	1	16	15
三. 储备资产	64	-3 984	0	3 984
A. 货币黄金	65	-49	0	49
B. 特别提款权	66	-111	0	111
C. 在基金组织的储备头寸	67	-4	0	4
D. 外汇	68	-3 821	0	3 821
E. 其他债权	69	0	0	0
四. 净误差与遗漏	70	-435	0	435

2. 国际收支平衡表的主要内容

国际收支平衡表的主要项目构成了国际收支的主要内容。为了简明扼要地反映情况，各国一般都按照国际收支发生的原因和性质，对国际收支的内容进行分类。

（1）经常账户。是一国与别国进行经济交往而经常发生的项目。经常项目构成了国际经济关系的主体，是国际收支中最基本、最主要的项目。包括：

贸易。又称有形贸易收支，是指由于商品的进出口而引起的货币收支。这是整个国际收支中最重要的项目，其收支数额的多寡及其差额的大小，对经常项目差额及整个国际收支是否平衡关系极大。

劳务。又称无形贸易收支，是一国对外提供或接受劳务所发生的货币收支。劳务收支的内容广泛，主要包括：运输、旅游、通讯服务、建筑服务、保险服务、金融服务、计算机和信息服务、专有权力使用费和特许权费、其他商业服务、个人文化和娱乐服务以及政府服务。

收入。该项目系统记录生产要素在国际间流动的要素报酬收支。主要包括职工报酬和投资收入。职工报酬主要记录在国外工作期限不超过一年的季节工、边境工人，以及在外国使领馆及国际组织驻本国机构工作人员的外汇工薪收支。投资收入主要记录由于借贷、货币或直接投资、证券投资而产生的利息、利润、股利等外汇收支。

单方面转移。是指与国外进行的无对等、不须偿还的货币收支。包括商品、劳务、现金等方面的单方面转移，具体又可分为民间转移与政府间转移两类。其中民间转移主要有：①汇款，如侨民汇款、"慈善机构"汇款等；②年金，如从国外企业或事业单位获得的养老金、国外团体或组织颁发的奖金等；③赠与，包括教会、教育基金、"慈善团体"等对国外的赠与，也包括私人财产继承的遗赠等。政府转移主要包括政府间的经济援助、军事援助、战争赔款、捐赠等。

（2）资本与金融账户。资本与金融账户是对资本在国际间的流动行为进行记录的账户。它分为资本账户和金融账户两个子目。

资本账户包括资本转移和非生产性、非金融性资产的收买/放弃两个子目。资本转移主要记载投资捐赠和债务注销的外汇收支。投资捐赠可以现金形式，也可以实物形式进行。债务注销即债权国放弃债权，而不要求债务国给予回报。非生产性、非金融性资产的收买/放弃主要记载非生产就已存在的资产和某些无形资产收买或放弃而发生的外汇收支。

金融账户反映居民和非居民由于借贷、直接投资、证券投资等经济交易所发生的外汇收支。具体包括：

直接投资。直接投资通常采用两种形式。一是在国外直接建立分支企业，二是购买国外企业一定比例的股票。按照《国际收支手册》第五版的规定，该比例最低不得低于10%。

证券投资。指居民和非居民之间投资于股票、债券、大额存单、商业票据以及各种衍生工具等。

其他投资。包括各种长短期的贸易信贷、贷款（包括利用基金组织的信贷、基金组织的贷款和同金融租赁联系在一起的贷款）、货币和存款（可转让的和其他类型，如储蓄存款和定期存款，入股形式的存款等），以及其他在直接投资、证券投资和储备投资中未包括得应收应付款等。

储备资产。储备资产是货币当局为应付国际收支和满足某些情况下其他目的需要所持有的资产。

（3）错误与遗漏账户。该账户是人为设置的一个账户，以确保国际收支平衡表达到会计意义上的平衡。

三、国际收支调节

（一）国际收支失衡

国际收支失衡是指特定项目的逆差或是顺差。不论逆差还是顺差，只要达到一定程度，都会给本国经济带来不利影响和沉重打击。就一个国家来讲，由于资产减少或负债增加所产生的收入，是财政收支的一种不健全现象，账面上虽然是平衡的，而实质上却是不平衡的。国际收支不平衡有不同的表现，通常将国际收支失衡分为以下几种类型。

1. 周期性不平衡

是指由于经济的循环性波动所引起的国际收支不平衡。典型的经济周期具有危机、萧条、复苏和高涨四个阶段。这四个阶段各有其特征并对国际收支产生不同影响。通常，危机阶段由于生产过剩、国民收入下降、失业增加、物价下降等，一般有助于该国增加出口和减少进口，从而可以缓解该国的国际收支逆差。反之，高涨阶段一般会刺激进口，从而容易造成贸易逆差。因此，经济周期会造成一国国际收支顺差和逆差的更替。如果各国经济周期存在非同期性，即一国处于危机阶段时其他国家处于高涨阶段，则周期性因素对国际收支差额的影响较大。第二次世界大战后，经济周期各阶段的特征有所变化，如危机和萧条阶段仍可能出现物价上涨。但是，经济周期对国际收支差额的影响仍然存在，只不过表现力度有所不同。

2. 收入性不平衡

指各国收入平均增长速度出现差异所引起的国际收支不平衡。在其他条件不变的前提下，一国收入平均增长速度越高，该国进口也会增长得越快。因为收入增加会使企业增加对进口生产资料的需求，使居民增加对进口消费资料的需求。因此，收入增长较快的国家容易出现国际收支逆差，而收入增长较慢的国家容易出现国际收支顺差。但是，如果一国在收入增长过程中通过规模经济效益和技术进步引起生产成本下降，那么，收入增长不仅使进口增加，还会使出口增长。

3. 货币性不平衡

是由于一国货币供应量和货币对内价值的变化所引起的国际收支不平衡。

4. 结构性不平衡

指一国经济结构不能适应世界市场供求结构变动所引起的国际收支不平衡。结构性变化取决于一国的生产技术水平和资源条件。一般说来，生产结构的变动滞后于需求结构的变动。特别是发展中国家存在许多制约生产结构调整的客观因素，如科技落后、教育不发达、资金短缺、信息系统不健全、资源缺乏流动性等。

5. 偶然性不平衡

指一些随机因素导致的国际收支不平衡。例如，自然灾害、战争、骚乱等因素引起国内产量大幅度下降，出口供给减少，进口需求增加从而导致本国国际收支赤字。但这类冲击是偶然的、暂时性的。

（二）国际收支不平衡对一国经济发展的影响

国际收支是一个国家整个经济的有机组成部分。就一国而言，国际收支平衡是偶然的、相对的，而不平衡则是经常的、绝对的。国际收支无论是出现顺差还是逆差，都会对一国经济产生不同程度的不利影响。

国际收支逆差的影响主要表现为：①逆差引起本国外汇支出超过外汇收入，这会通过外汇市场供求关系形成使该国货币汇率下跌的压力，从而使该国贸易条件恶化；②如果一国政府在国际收支出现逆差时动用黄金外汇储备干预外汇市场，从而使得该国黄金外汇储备减少，削弱其对外支付能力。此外，黄金外汇储备减少会导致国内银根紧缩和利率上升，这对收入和就业有消极影响；③如果国际收支逆差是由贸易逆差所引起的，则它会通过外贸乘数造成本国收入下降和失业增加。贸易逆差意味着净出口为负值，它可能使国民收入的减少额达到数倍；④如果国际收支逆差是由资本项目逆差所引起的，则会加剧国内资金紧张造成本国收入下降和失业增加。资本外流使积累率下降，从而导致收入增长速度下降或负增长。

国际收支顺差的消极作用虽不像逆差那样明显。但是，如果国际收支顺差过大且长期存在，也会给一国经济带来消极影响：①顺差形成促使本币对外升值的压力，后者会鼓励进口和抑制出口，从长远来看不利于该国扩大市场和发展生产；②尽管顺差导致该国黄金外汇储备增加，但是它同时也引起该国货币供应大量增长，加剧该国通货膨胀；③由于一国顺差意味着其他国家出现国际收支逆差,它容易引起对方采取报复性措施,这不利于该国长期稳定开展对外经济联系;④对于主要面临资源约束而非需求约束的发展中国家来说,如果贸易顺差产生于过度物资出口,它会通过加强资源约束而影响该国经济发展。

(三)政府调节国际收支的政策与措施

市场机制具有一定程度上自发调节国际收支的功能,且市场调节机制发挥作用不需要政府付出调节代价,可以避免各种人为的价格扭曲。因此,各国政府都不同程度地为市场调节机制创造适宜的环境。但是,市场调节机制也具有诸多局限性。在现实生活中纯粹的市场调节机制是不存在的。各国政府总会在不同程度上干预经济运行。

通常采取的政策措施有以下几个方面。

1. 财政政策

一个国家的政府通过调整税收和财政支出,来控制总需求和物价水平的政策措施。当国际收支出现逆差时,一国政府可以采用紧缩性财政政策,即缩减财政支出,提高税率以增加财政收入,减少投资,减少消费,促使物价下降,从而降低出口产品成本,达到扩大出口、减少进口,扩大外汇收入的目的。相反,当国际收支出现顺差时,则可以采取扩张性财政政策,以达到抑制出口、增加进口、减少国际收支顺差的目的。

2. 货币政策

亦称金融政策,是西方国家普遍频繁采用的调节国际收支的政策措施。货币政策的调节一方面通过银根的紧缩和放松来影响总需求,进而调节贸易收支;另一方面则通过利率的升降来调节资本的流入流出;这两方面的作用均使国际收支发生变化。

(1)再贴现政策。当一国的国际收支出现逆差时,中央银行可以通过提高再贴现率来调节国际收支。中央银行提高再贴现率,商业银行的贷款利率受其影响也相应提高,这就使市场货币供应量相应减少,物价随之下跌,这有利于商品出口而不利于进口,有利于减少国际收支逆差。同时,国内市场利率的提高有利于促使外国资本的流入,也有利于减少国际收支逆差。相反,当国际收支出现顺差时,中央银行可以采取降低再贴现率的办法来减少国际收支顺差。

(2)存款准备金政策。中央银行可以通过调整存款准备金的比率来控制信用规模的大小和货币供应量的多少,从而影响总需求和国际收支。当中央银行提高存款准备金率时,就会使货币供应量减少,物价下跌,这有利于商品出口而不利于进口,有利于减少国际收支逆差;反之,当中央银行降低存款准备金率时,就会扩大信用规模和增加货币供应量,引起物价上涨,从而有利于商品的进口而不利于出口,有利于减少国际收支顺差。

(3)公开市场业务。指中央银行在公开市场上买卖政府债券及银行承兑票据等有价证券的业务活动。当中央银行买入有价证券,货币供应量可按存款乘数成倍增加;卖出有价债券可使货币供应量减少。政府可以通过公开市场业务改变货币供应量,并通过利率、物价和收入的变化来影响国际收支。

财政政策和货币政策作为国际收支调节手段具有明显的局限性。主要表现在为解决国际收支失衡问题而采取的财政或货币政策可能同国内经济目标发生冲突。因此,政府选择财政货币政策实现国际收支平衡,必须注意时机。

3. 外汇政策

(1)外汇平准基金。由中央银行拨出一定数量的外汇储备而专门设立的货币基金。外汇平准基金由中央银行掌握，用来对外汇市场进行干预，以维持本币与外币的一定比价。当国际收支出现顺差时，外汇供过于求，本币升值，外币贬值，出口减少，进口增加，中央银行则购进外汇，平衡汇价，推动出口。反之，则抛出外汇，平衡汇价。

（2）汇率政策。指一个国家通过调整其货币的汇率，以影响商品的进出口来调整贸易收支，从而调整国际收支的政策措施。这里所讲的"调整汇率"，不是指金融市场上一般性的汇率波动，而是指国家货币金融管理当局宣布本国货币的法定升值或贬值。

当一国发生国际收支逆差时，政府实行货币贬值可以增强出口商品的国际竞争力并削弱进口商品的竞争力，从而改善该国的贸易收支。当一国长期存在国际收支顺差时，政府可以通过货币升值来促使国际收支平衡。实践中各国政策对采取贬值措施调节国际收支是十分慎重的，因为通过贬值收到预期效果需具备一定的条件。

4．直接管制政策

政府直接干预对外经济往来实现国际收支调节的政策措施。直接管制可分为外汇管制、财政管制和贸易管制。

外汇管制是一国政府通过有关机构（中央银行、财政部或外汇管理局）对外汇买卖和国际结算进行行政手段干预。各国常用的外汇管制手段包括：限制私人持有外汇和购买外汇；限制资本输入输出；实行复汇率制；禁止黄金输出，限制个人携带本币进出国境的数量等。

财政管制是政府通过有关机构（财政部、海关、官方金融保险机构等）管制进出口商品的价格和成本从而调节国际收支。各国常用的财政管制手段有：关税管制；出口补贴；出口信贷等。

贸易管制指政府直接限制进出口数量的政策手段，通过加强贸易管制来缓和国际收支逆差。各国常用的贸易管制手段有：进口许可证制度；进口配额制度；苛刻的进口技术标准；歧视性采购政策；歧视性税收政策；国家垄断外贸业务等。

一般说来，采取直接管制调节国际收支，比其他调节手段的效果更迅速明显。但是，其弊端也是也是显然的。

5．国际经济合作

各国政府调节国际收支都以本国利益为出发点，就整个国际经济关系而言，一国的国际收支逆差，必然反映为其他国家的顺差。各国基于本国立场采取措施，不仅政策效果本身受到一定的制约，也可能对别国经济产生不利影响，并使其他国家采取相应的报复措施。随着国际经济间相互依赖程度的加深，为维护世界经济的正常秩序，战后各国政府加强了对国际收支调节政策的国际协调。国际经济合作的主要内容有：

（1）国际清算自由化。力求恢复各国通货的自由兑换性；创设超国家的国际通货合作机构，协调各国间的国际收支问题。如国际货币基金、国际清算银行、欧洲支付同盟等战后的各种货币合作机构均以缓和外汇管制，促进国际清算的顺利进行为主要目的。通过这些国际金融机构，会员国可以申请贷款以缓解国际收支逆差。

（2）贸易自由化。建立世界性、区域性或特定范围的经济机构，促进国际间商品的自由流动。如世界贸易组织、自由贸易区、区域性的共同市场、输出国联盟、关税联盟等。这些经济机构的建立，对于推进贸易自由化、经济一体化，推动国际经济的均衡发展，改善和调节国际收支起着重要的作用。

（3）通过各种国际会议协调多种经济政策，以提高经济政策特别是国际收支调节政策的

第六章 货币供求

效力。各国的经济政策可以相互影响，有可能使其作用相互抵消，各国领导人通过国际会议对财政、货币、汇率等多种政策进行协调，在一定程度上缓解了相互间的矛盾。

【本章小结】

1. 货币需求理论主要有马克思的货币必要量规律、费雪方程式、剑桥方程式、凯恩斯流动性理论、货币主义需求理论等。

2. 在货币供给过程中，商业银行和中央银行发挥了不同的作用。商业银行通过存款创造为社会提供货币，中央银行通过提供高能货币在货币供给中发挥基础作用。

3. 研究货币供求的目的在于确保货币供给与货币需求相等，使二者处于均衡状态，在此基础上促进社会总供求的均衡。

4. 在开放经济条件下，一国宏观经济的均衡包括对内均衡和对外均衡，对外均衡即国际收支均衡。国际收支均衡与否可以通过国际收支平衡表的顺差或逆差额来判断。国际收支不平衡的原因是多方面的，各国可以根据本国实际通过调整财政货币政策、调整汇率、直接管制等途径加以解决。

【复习思考题】

一、名词解释

1. 货币需求 2. 货币供给 3. 基础货币 4. 存款创造乘数 5. 国际收支

二、选择题

1. 马克思的货币需求理论认为，决定货币需求量的因素是（ ）。
 A. 商品数量 B. 价格水平 C. 货币流通速度 D. 投资

2. 现金交易说和现金余额说的相同之处在于（ ）。
 A. 把物价变动作为货币数量变动的原因
 B. 把货币数量作为物价变动的原因
 C. 都认为物价水平与货币存量反方向同比例变化
 D. 都把货币数量确认为某一时期的货币流动速度

3. 剑桥学派认为货币价值的大小主要由（ ）决定。
 A. 货币供给 B. 货币需求 C. 物价 D. 货币数量

4. 现金余额说认为货币流通速度是（ ）。
 A. 在短期内变动较快 B. 不稳定 C. 不变 D. 在长期内变动较快

5. 传统数量论忽略了对下列哪项的研究？（ ）
 A. 货币流通速度 B. 利率 C. 货币数量 D. 物价

6. 凯恩斯的货币需求理论认为，预防动机和交易动机的货币需求主要取决于（ ）。
 A. 利率 B. 货币流通速度 C. 物价 D. 收入

7. 凯恩斯的新贡献在于，他认为决定货币需求量的最主要因素还有（ ）。
 A. 国民收入 B. 物价 C. 利率 D. 货币流通速度

8. 弗里德曼认为影响货币需求的因素有（ ）。
 A. 恒久性收入 B. 各种资产的预期收益率
 C. 财富持有者的偏好 D. 货币制度

9. 弗里德曼的货币需求函数的主要特点是（　　）。

A．强调利率对货币需求的主导作用

B．强调收入预算对货币需求的主导作用

C．强调恒久性收入对货币需求的主导作用

D．强调物价水平对货币需求的主导作用

10．下列关于凯恩斯的流动性偏好理论说法正确的是（　　）。

A．"流动性偏好"实质上是一种心理法则

B．凯恩斯认为利率只与投机需求有关，而与预防需求和交易需求无关

C．凯恩斯的政策主张是自由经济

D．凯恩斯认为只有财政政策才是最有效的

11．凯恩斯认为人们的货币需求主要由以下哪些动机决定（　　）。

A．交易动机　　B．预防动机　　C．投机动机　　D．消费动机

三、简答题

1．写出现金交易说方程式并说明其含义。

2．写出现金余额说方程式并说明其含义。

3．简述现金交易说和现金余额说的不同之处。

4．简述凯恩斯有效需求理论的主要内容。

5．简述凯恩斯货币需求理论的主要政策含义。

6．简述弗里德曼的货币需求函数并说明其含义。

7．国际收支的调节政策有哪些？

8．影响存款创造的因素有哪些？

9．中央银行在货币供给中的作用？

第七章 通货膨胀与通货紧缩

> 学习目的与要求：通货膨胀与通货紧缩是经济生活中的一种病态，是货币供求失衡的重要表现。特别是20世纪60年代以后，通货膨胀更是成为一种常规性、世界性现象。20世纪末，一些国家又出现了通货紧缩现象。因此，通货膨胀与通货紧缩一致是经济金融界的主要课题，它已成为当代货币理论的重要组成部分。通过本章的学习，要求学生主要掌握通货膨胀与通货紧缩的概念，熟悉通货膨胀与通货紧缩的主要类型和原因，了解通货膨胀和通货紧缩的经济影响，掌握通货膨胀和通货紧缩的治理方法。

【导入案例】中国1993～1994年的通货膨胀

中国自改革开放以来，特别是20世纪90年代初期，经济一直保持良好的增长势头：1991年的经济增长率为8%，1992年为13.2%，1993年为13.4%，1994年为11%，工业总产值达到42 572.7亿元。但是，1994年的通货膨胀率也是历史上最高的：全国商品零售物价指数涨幅高达27.1%，居民消费价格指数涨幅高达24.1%。

从货币投放量来看，中国1994年的货币投放并未超过经济增长所需要的数量。全年国家银行贷款余额为31 602.9亿元，比1993年增长19.5%，1994年末市场货币流通量约为7 270亿元，比1993年增长24%，与年工业总产值增长率21.35%的增幅相差不太大。但是，1992年流通中的货币量比上年增加了36.4%，1993年则增加了35.3%，两年的增长率均高于经济增长与物价上涨幅度之和。它们累积起来的影响滞后到1994年，最终导致零售物价和居民生活费用的上涨。

另外，当时正值中国价格改革迈出一大步之际，主要农产品收购价格和石油、煤炭等生产资料价格有明显提高。这本是对计划经济中不合理定价方式的调整，但在客观上提高了企业的生产成本。随后，中央又出台了税制改革和汇率并轨，以及国家机关、事业单位的工资改革，企业也进行了工资套改，这些都加重了各种企业的成本负担，最终造成物价上涨。

从投资需求看，20世纪90年代初以来也开始呈现明显的膨胀。1985年，全社会的固定资产投资为2 543亿元，1990年增至4 451亿元，1993年猛增至11 829亿元，1994年竟达16 000亿元。就固定资产投资率来说，1993年已高达39.7%，1994年增速虽略有回落，但也仍然高达36.5%。投资结构本身也不够合理，这主要表现是：农业投入连年下降，工业的投入则猛增；高速增长的工业投入有与消费需求脱节之处，一些产品超过了市场需求（市场容量），造成生产能力过剩，其中尤以耐用品为突出。其中，汽车的生产能力过剩量达3/4，冰箱达2/3，彩色电视达1/2，空调达1/2，洗衣机达1/3，棉毛纺达1/3。生产过剩的结果必然是商业库存迅速增加。1984年，中国的商业库存仅为2 000亿元，1990年突破了6 000亿元。与此同时，国有企业亏损严重，到1994年末亏损面已超过40%。由于企业亏损过多，财政收入减少，支出大增，导致赤字。全国财政赤字硬预算1988年为78.55亿元，1994年为700亿元；软预算赤字1988年为349亿元，1993年突破了1 000亿元。由于财政赤字越来越严重，政府不是向银行大量透支，就是大量发行国债，无论怎样做，都会促成大量的货币发行,引发通货膨胀。

【问题】
1. 通货膨胀发生的原因是什么?
2. 通货膨胀的经济影响如何?

第一节 通货膨胀内涵及成因

一、通货膨胀的内涵及其度量

(一)通货膨胀的内涵

关于通货膨胀的内涵,有多种表述,归纳起来有以下几种。

①通货膨胀是货币量的过度增长,货币量的过度增长会引起物价总水平的上涨,但不能说只要是物价总水平的上涨就是通货膨胀。

②通货膨胀是物价总水平的上涨,任何原因造成的物价总水平上涨均属于通货膨胀。

③通货膨胀是生产成本增加而造成的物价上涨,其中包括因工资的过度增长而引起的生产成本的增加。

④通货膨胀是需求过度的一种表现,在这种状态下,过多的货币追逐过少的商品。

⑤通货膨胀是货币总存量、货币总收入或单位货币存量、单位货币收入增长过快的表现。

以上观点都从不同的侧面描述了通货膨胀的内涵。概括起来,一般性的表述为:通货膨胀是指在纸币流通条件下,流通中的货币量超过实际需要量而引起的货币贬值、物价总水平相当幅度的持续上涨现象。

要正确理解通货膨胀现象,需要明确以下几个问题。

①通货膨胀与纸币流通相联系。通货膨胀是一种货币现象,它的前提是现代信用货币制度。在足值金属货币流通的条件下,一般不会出现货币过多、物价上涨的现象。因为金属货币本身具有内在价值,它可以通过自身数量的变动,自发地调节货币流通量,从而控制物价上涨,使货币流通与商品流通相适应,而现代货币没有这种功能。从某种意义上讲,通货膨胀的根源就是现代信用货币制度。

②通货膨胀与物价相联系。通常通货膨胀表现为物价的上涨,但不能将通货膨胀与物价上涨画等号。因为引起物价上涨的原因是多方面的,货币供给过多只是物价上涨的原因之一,价格运动有其自身的规律,不能都归咎于通货膨胀。

③通货膨胀与物价总水平(即全社会所有商品的商品和劳务的平均价格水平)相关。通货膨胀中物价上涨是指在一定时期内的物价总水平上涨,而不是个别种类、个别地区的商品和劳务价格的上涨。

④通货膨胀与物价上涨到一定程度相关。通货膨胀表现为物价水平的相当幅度的持续上涨现象。即物价总水平上涨到一定程度并且在此基础上持续上涨,才认为发生了通货膨胀。当然,上涨的幅度具体为多少,各国并无统一的界限,即使在某一国家不同时期其界限也不同,

一般认为,只要不超过社会可承受的水平即可。

（二）通货膨胀的度量

通货膨胀的必然结果是物价总水平上涨,因此通过计量物价水平的变动幅度,就可以大致测定通货膨胀的程度。

$$当期通货膨胀率（\%）\frac{当期价格水平 - 上一期价格水平}{上一期价格水平} \times 100$$

通常都用物价指数来反映通货膨胀情况,一般常用的物价指数主要是消费物价指数、批发物价指数及国民生产总值平减速指数。

1. 消费物价指数(CPI)

它反映不同时期消费者为购买日常生活所必需的消费品而付出的价格变动情况。这种指数是由各国政府根据国内若干种主要食品、衣服和其他日常消费品的零售价格以及水、电、气、住房、交通、医疗、娱乐等服务费用而计算编制出来的。有些国家还根据不同收入阶层的消费支出结构的不同,编制不同的消费物价指数。消费物价指数能够衡量消费者一定时期内生活费用上升或下降的程度,能够反映消费者商品和劳务价格变动的趋势和程度。

这个指数的主要优点是及时反映消费品供给与需求的对比关系,公布次数较为频繁,能够迅速直接地反映居民生活的价格趋势。缺陷是范围较窄,只包括社会最终产品中的居民消费品这一部分,不包括公共部门的消费、生产资料和资本产品以及进出口商品,从而不足以说明全面的情况。一部分消费品价格的提高,可能是由于品质的改善,消费物价指数不能准确地表现这一点,因而有夸大物价上涨的可能。消费物价指数的另一个缺点是它的调查仅限于城镇居民,因此,它不能反映全国居民的生活费用的变化情况。

不管怎么说,因为消费物价指数与人们生活直接相关,并且消费物价的变动最容易引起人们的注意,因此,在度量通货膨胀程度的时候,人们往往多倾向于采用消费物价指数。

2. 生产价格指数（PPI）

又称,批发物价指数(WPI)是根据大宗商品,包括最终商品、中间产品及进口商品的加权平均批发价格编制的物价指数。它能够反映商品流通的物价变化情况,但不能反映劳务价格情况,对生产资料价格的变动有较为敏感的反映,可用它能反映生产部门生产成本的变化。同时,由于企业的生产成本最终要在消费品价格中表现出来,所以批发物价指数变化预示着消费者物价指数的变化。

但是,这种指数也有一定局限性。主要是:原材料也只是社会最终产品的一部分,原材料价格变动,也不能反映整个社会物价总水平变动情况。由于批发价格的变动幅度常常小于零售商品的价格波动幅度,因而,在用批发物价指数来判断总供给与总需求的对比关系时,可能会出现信号失真的现象。

3. 国民生产总值平减指数(GNP deflator)

国民生产总值平减指数,或称国民生产总值折算价格指数,是按当年价格计算的国民生产总值与按固定价格或不变价格计算的国民生产总值的比率,实际上就是名义 GNP 与实际 GNP 的比值。这种指数的特点是包括范围广泛,既包括消费资料,又包括生产资料和资本品;既包括商品,也包括劳务,能够较为准确地反映一般物价水平的趋势。但是,由于涉及面太广,资料更难收集,多数国家每年只统计一次,公布次数不如消费物价指数频繁,因而不能迅速准确地反映物价的变动及通货膨胀的程度和发展趋势。

二、通货膨胀的类型

从不同的角度,用不同的分类标准,可以把通货膨胀分成若干类。

（一）按通货膨胀的程度,分为温和型通货膨胀、跑马型通货膨胀和恶性型通货膨胀

温和型通货膨胀,又称爬行式通货膨胀。发展缓慢,短期内不易察觉,但持续时间很长,通货膨胀率通常只在3%左右。一般来说,这样的通货膨胀不会引起经济活动的严重失序,人们对未来货币的购买力还有足够的信心,不会发生大规模的挤提和抢购行为,经济还能正常运行。

跑马型通货膨胀,或称小跑式通货膨胀,通常是指通胀率达到两位数甚至两位数以上的情况。这时人们对物价上涨有明显的感觉,不愿保存货币,而是抢购商品或寻找其他的保值方式。许多拉美国家,在20世纪70年代和80年代就经历过高达50%～70%的通货膨胀。

恶性型通货膨胀,指物价成天文数字般急剧上涨的现象。此时,价格飞速上涨,物价无法控制,货币贬值严重,正常的经济活动紊乱,最后导致整个货币制度的崩溃。第一次世界大战后的德国与第二次世界大战后的中国,20世纪80年代的巴西都曾出现过类似情况。

（二）按通货膨胀的表现形式,分为隐蔽型通货膨胀和公开型通货膨胀

隐蔽型通货膨胀,又称抑制性通货膨胀。主要特征是,表面上看物价变动不大,国家或政府管理当局对物价进行管制或冻结,对某些商品进行补贴,保持物价平稳,或者采取定量供应的办法,限制消费。但实际上,商品供不应求,消费紧张,黑市活跃,通货膨胀潜伏存在着,政府一旦放松管制,商品价格将大幅度上涨,通货膨胀必然公开化。

公开型通货膨胀,指商品和劳务价格完全放开时出现的通货膨胀。此时,市场经济功能发挥发挥的比较充分,价格对供求反映灵敏,过度需求一定会通过价格上涨的变动来平衡。当市场商品出现缺口时,商品的价格就会上升。

（三）按通货膨胀预期,分为预期通货膨胀和非预期通货膨胀

预期通货膨胀,是指由于人们对通货膨胀的预期而采取过度购买商品,或者通过各种方式和途径使货币工资率的增长尽可能地跟上物价上涨速度而导致的物价总水平上涨的结果。通货膨胀预期是指人们根据生活中的实际感受,预测通货膨胀即将发生或将继续发展。这种预测决定人们的经济行为。通货膨胀预期心理往往加剧了通货膨胀的速度与幅度。通货膨胀预期的出现与存在,导致投资者不愿持有货币,使货币流通速度加快；导致企业囤积商品,减少对商品的供应,扩大供求矛盾；导致企业提前涨价,推动物价迅速上涨。因此,通货膨胀会导致通货膨胀的预期,通货膨胀预期又加速通货膨胀的发展。不考虑通货膨胀预期,而是由其他因素引起的通货膨胀,即为非预期通货膨胀。

（四）按通货膨胀的成因,分为需求拉动型通货膨胀、成本推动型通货膨胀、供求混合推进型通货膨胀、结构型通货膨胀、输入型通货膨胀

关于这种分类及其理论在下面分析通货膨胀产生的原因部分详细介绍。

三、通货膨胀的成因

通货膨胀是物价总水平持续上涨的现象。引起物价总水平持续上涨的原因是多方面的,通常也是相互交错、共同作用,最终导致通货膨胀。这里主要介绍几个主要方面的原因。

（一）需求拉动

这种理论认为，通货膨胀的原因在于总需求大于总供给，即物价水平上涨是由于过多的总需求拉上来的。能对物价水平产生拉上作用的有两个方面：实际因素和货币因素。实际因素，由于政府采取措施扩大需求，降低利率和某些产业投资优惠等刺激投资，使投资需求增加，因而使商品和劳务的总需求不断增长。货币因素：①经济体系对货币需求大大减少，即使在货币供给无增长的条件下，原有的货币量也会相对过多；②在货币需求不变时，货币供给增加过快，货币量也会相对过多；大多数时候是货币供给增长过快，货币过多造成的供不应求与投资需求过多所造成的供不应求引起的物价上涨是一样的，但也有区别。如投资需求过旺必然导致利率上升，而货币供给过多必然导致利率下降。过旺的投资需求又往往要求追加货币供给的支持，反过来增加货币供给也往往是为了刺激投资等。如果投资的增加引起总供给同等规模的增加，物价水平可保持不变；如果总供给不能以同等规模增加，物价水平上升较缓慢；当劳动力充分就业，可用资源被充分利用的情况下，投资的增加不能再引起总供给的增加，需求的拉动将完全作用在物价上，这就必然引起物价持续上涨，出现通货膨胀。需求拉上型通货膨胀形成过程可以用图7-1加以说明。

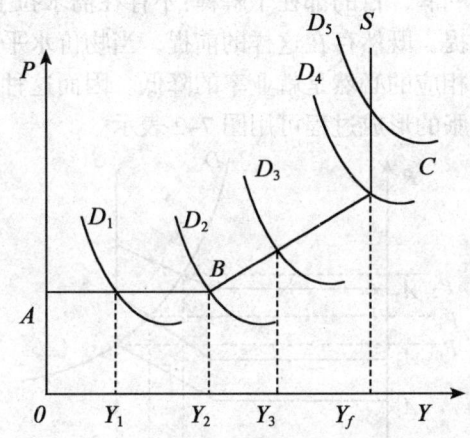

图7-1 需求拉动型通货膨胀形成过程

在图7-1，横轴代表总产出或国民收入（Y），纵轴代表物价水平（P）。社会总供给曲线$ABCS$按货币供给的产出效应分成AB、BC、CS三个阶段。

（1）AB阶段的总供给曲线呈水平状态，这意味着弹性无限大。这是因为这时社会上存在着大量的闲置资源或失业，故总供给的增加能力很大，当总需求从D_1增至D_2时，国民收入便从Y_1增至O_2，而物价并不上涨。

（2）BC阶段的总供给曲线则表示社会逐渐接近充分就业，这意味着社会上闲置的资源已经很少，故总供给的增加能力也较小，此时为扩大产量而增加的需求会促使产量和生产要素资源价格上涨，当总需求从D_2增至D_3时，国民收入也增加，但增加幅度减缓，同时物价开始上涨。

（3）CS阶段的总供给曲线表示社会的生产资源已经达到充分利用的状态，即不存在任何闲置的资源，Y_f就是充分就业条件下的国民收入，这时的总供给曲线就成为无弹性的曲线，在这种情况下，当总需求从D_4增加至D_5时，只会导致物价的上涨。

（二）成本推进

成本推进通货膨胀理论认为，通货膨胀的根源在于总供给，而不是总需求。在商品和劳务的需求不变的情况下,因生产成本的不断提高,最终推动物价上涨,从而导致通货膨胀。而生产成本的提高主要有以下3方面因素。

工资与物价螺旋上升。工资的增长引起成本的增加,商品价格上涨;物价上涨后,消费增大,要求工资再一次增长,生产成本继续提高,物价继续上涨,如此工资与物价呈刚性上涨,最终导致通货膨胀。

垄断商品的价格垄断。当垄断企业操纵某些垄断产品及其价格后,往往造成以该产品为原材料的企业生产成本的增加,在通货膨胀预期的情况下,带动了其他产品价格的上涨,引起物价总水平上涨。

追求高额利润。成本推动的另一因素是追求高额利润,其前提条件是存在着商品和服务销售的不完全竞争市场。在完全竞争市场上,商品价格由供求双方共同决定,没有哪一方能任意操纵价格。但在垄断存在的条件下,卖主就有可能操纵,使价格上涨速度超过成本支出的增加速度,以赚取高额利润,如果这种行为的作用达到一定程度,就会形成利润推进型通货膨胀。

总之,因各种原因造成的产品成本的增加,企业在保证既得利润率的前提下,必然提高产品价格,特别是消费品价格,由于存在通货预期,必然引起物价水平的上涨。无论是工资推进、价格垄断还是追求高额利润,目的都在于解释:不存在需求拉上的条件也会产生物价上涨。所以,总需求给定是假设前提。既然存在这样的前提,当物价水平上涨时,取得供求均衡的条件只能是实际产出的下降,相应的必然是就业率的降低。因而这种条件下的均衡是非充分就业的均衡。成本推进型通货膨胀的形成过程可用图7-2表示。

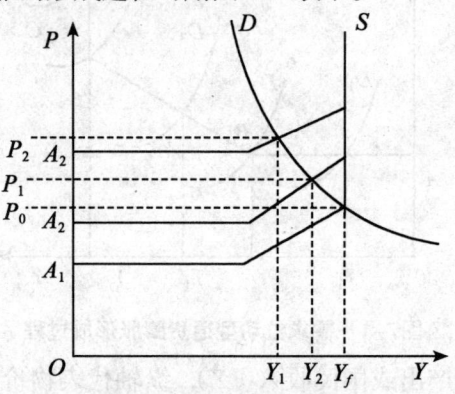

图7-2　成本推动型通货膨胀

在图 7-2 中,初始的社会总供给曲线为 A_1S。在总需求不变的条件下,由于生产要素价格提高,生产成本上升,使总供给曲线从 A_1S 上移至 A_2S、A_3S。结果,由于生产成本提高,导致失业增加、实际产出缩减。在产出由 Y_f 下降到 Y_2、Y_1 的同时,物价水平却由 P_0 上升到 P_1、P_2。

成本推动型通货膨胀旨在说明,在整个经济尚未达到充分就业条件下物价上涨的原因。这种理论也试图用来解释"滞胀"。

（三）供求混和推动

这种观点认为,在现实经济社会中,通货膨胀的原因究竟是需求拉上还是成本推进很难分清:既有来自需求方面的因素,又有来自供给方面的因素,即所谓"拉中有推、推中有拉"。例如,过度需求——物价上涨——提高工资——成本(工资)推进通胀。"成本推进"只有加上"需求拉上"才有可能产生一个持续性的通货膨胀。

当非充分就业的均衡存在时，就业的难题往往会引出政府的需求扩张政策，以期缓解矛盾。这样，成本推进与需求拉上并存的混合型通货膨胀就会成为现实。

供求混合推进型的通货膨胀如图 7-3 所示。

图 7-3 实际上是将图 7-1 和图 7-2 综合在一起所得的结果。由于需求拉上（即需求曲线从 D_1 上升至 D_2、D_3）和成本推进（即供给曲线从 A_1S 上升至 A_2S、A_3S）的共同作用，物价则沿 CEFGI 呈螺旋式上升。

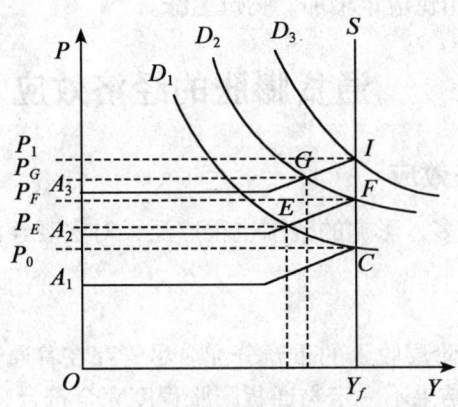

图7-3 供求混合推进型通货膨胀

（四）结构失衡

即使在总需求和总供给平衡的条件下，某些结构性因素也可能导致通货膨胀，产生结构型通货膨胀。结构型通货膨胀是指由于社会经济结构方面的因素，而非因为社会总需求与社会总供给的不平衡所引起的物价总水平的持续上涨。引发通货膨胀的结构性因素包括：

"瓶颈制约"。有的国家，由于缺乏有效的资源配置机制，有的行业如农业、交通、能源等发展严重滞后，形成经济发展的"瓶颈"。当这些部门因供不应求而价格上升时，便引起其他部门的连锁反应，形成一轮又一轮的价格上涨。

需求移动。这种理论认为，即使总需求不过多，但只要需求在各部门之间发生移动，也会引起通货膨胀。当需求移动时，一些部门需求增加，而另一些部门需求减少，产业结构发生变化；需求增加的部门，工资和物价因需求的增加而上涨，需求减少的部门应该降低工资和物价，需求才会平衡；然而由于工资和物价是刚性的，只能涨不能降，结果整个社会的物价总水平就会上升。

部门差异。同一个国家不同的经济部门如第二产业部门和第三产业部门，工业部门和农业部门之间的劳动生产率总是有差别的，而各部门之间的工资增长却存在着互相看齐的倾向。当发展较快的行业提高工资时，其他部门由于看齐也会增加工资，从而引发工资成本推进的通货膨胀。

结构型通货膨胀理论标志着人们对通货膨胀成因认识的进一步深化，特别是在许多发展中国家，经济结构的失衡和部门间劳动生产率的差异确实是通货膨胀的主要原因。

（五）国际传播

一个国家的物价上涨在一定程度上会受到国际上一些因素的影响，通货膨胀的国际传播主

要途径如下：

价格途径。由于不同国家和地区价格存在差异，价格较低的国家尽量出口商品，向价格较高的国家出售。价格较低的国家因出口量增长，导致国内市场供应减少，价格上升；而价格较高的国家因进口商品增多，又导致国内该种产品价格下降。

需求途径。出口商品的国家由于出口增加，需求增加，刺激国内生产，当生产量不能再增加时，同样会出现总需求大于总供给的情况，物价上涨。

国际收支途径。当一个国家国际收支出现顺差时，外汇增多，为了收兑外汇，向市场投放大量本国货币，造成国内货币供应量增加，物价上涨。

第二节　通货膨胀的经济效应及治理

一、通货膨胀的经济效应

通货膨胀产生的原因很多，影响的范围也很广泛，对宏观经济与微观经济活动以及整个社会都产生了影响。

（一）收入分配效应

通货膨胀会造成社会各阶层收入的重新分配。尽管存在着通货膨胀预期，但预期产生时间、预期程度不同，预期的结果不一定与通货膨胀程度完全符合，总会有一定的偏差。因此，通货膨胀都或多或少地会带来一定的影响和损失，首先是收入的重新分配。一般情况下，在通货膨胀期间，固定收入者因其名义收入严重滞后于通货膨胀，往往实际收入下降；而非固定收入者，可以及时调整其名义收入所得，当名义收入的上涨快于物价上涨的时候，其实际收入不但没有下降，反而得到提高，从通货膨胀中获益。事实上，在通货膨胀中，除固定收入阶层比较明显地受到通货膨胀的侵害外，其他阶层是否会受到通货膨胀的影响，主要取决于其名义收入是否得到及时调整，调整幅度与物价上涨速度是否一致。

假设一个社会中有家庭、企业和政府3个部门，每个部门持有100万元；该社会的经济已达到充分就业状态，整个社会只生产一种商品，每个售价1元，若三个部门均把所有资产都用来购买这种商品，则每个部门均能消费100万个。可将货币数量看作名义收入，商品数量看作实际收入。

现在政府向中央银行借款300万元，央行增发了300万元货币，使整个社会货币总量增加一倍。此时，家庭和企业仍是各持有100万元（名义收入不变），政府则持有400万元。由于整个社会的商品生产已达到充分就业状态，货币的增加只能导致该种商品价格上涨，由于货币总量是原来的2倍，则该种商品的价格也变为2元（通货膨胀率100%）。

如果家庭和企业仍按原来的模式（即把所有货币都用来购买这种商品）进行消费，则只能各自获得50万个该种商品（实际收入减少），此时，政府可以用其所拥有的400万元获得200万个该种商品。政府的消费量增加了100万个，刚好是家庭和企业减少的消费量的和。这减少的100万个商品就是政府运用通货膨胀实现的强制储蓄部分。

（二）财富分配效应

当通货膨胀出现后，对各阶层所拥有的财富也会有一定的影响。一个家庭的财富或资产由实物资产和金融资产构成，同时多数还有负债，其财产净值是它的资产价值与债务价值之差。一般情况下，实物资产随通货膨胀率的变动而相应升降，而金融资产则比较复杂，在通货膨胀期间，价格固定的资产或者固定面值的金融证券等，其名义价格不变，其实际价值则会随着物价上涨和货币贬值而下跌。比如存款、购买债券等，存单与债券的持有者是债权人，因此在通货膨胀中，往往是受害者。而各种非固定价格的资产或者可变动金融证券等，其名义价格随着物价上涨而上升，从而实际价值不一定下跌。实际价值是否下降，主要取决于名义价格与物价上涨的速度及幅度是否一致。

正是由于以上情况，每个家庭的财产净值，在通货膨胀之下，往往会发生很大变化。

假设一个家庭有存款 20 000 元；债务 60 000 元；货币值可随物价变动而相应变动的资产 25 000 元。

当没有通货膨胀时，其资产净值为 20 000 + 25 000 − 60 000 = −15 000 元，这时的资产净值既是名义值，也是实际值。

当出现了通货膨胀时，设定通货膨胀率为 100%。为简化分析，暂不考虑利息因素：

存款仍为 20 000 元；债务仍为 60 000 元；

货币值可变的资产则变为 25 000 ×（1+100%）= 50 000 元；总名义资产净值为 20 000 + 50 000 − 60 000 = 10 000 元，而实际值是：存款 20 000 ÷（1 + 100%）= 10 000 元；债务 60 000 ÷（1 + 100%）= 30 000 元；货币值可随物价而变动的资产其实际值仍为 25 000 元，故实际资产净值只有（25 000 + 10 000）+ 30 000 = 5 000 元。

（三）资源分配效应

通货膨胀扰乱了社会对资源的分配与调节秩序，使有限的资源不能高效率、合理地利用。在市场经济条件下，价格机制与各种市场机制共同作用，引起社会资源合理流动。但是，在通货膨胀情况下，由于价格上涨，特别是由于各种商品价格上涨的时间、速度与幅度不同，表现出时间不均衡、价格不均衡，加之通货膨胀预期的存在，最终会使价格机制发生扭曲，各种市场失去正常的秩序，由此而造成的价格与市场对资源的引导与分配也会变得扭曲，甚至会导致社会资源的浪费。

例如，在通货膨胀到来之前，或者在通货膨胀初期，社会公众会认为房地产是比较理想的保值投资对象，其价格上涨率也很高，因此，对房地产业的投入大量增加，但随着通货膨胀的发展，人们就会发现大量的房地产开发超过了市场需求，或许出现大量闲置的土地、房屋等，这就是通货膨胀造成价格扭曲，导致资源不合理分配与流动的结果。

又如，在通货膨胀期间，由于实际利率下降，公众储蓄意愿降低，对银行正常的储蓄减少，银行信贷资金来源减少，金融市场正常融资渠道受阻，民间高利贷应运而生；与此同时，由于货币贬值，企业积累的资金不能满足扩大再生产需要，需要借助银行与金融市场融资，资金需求增加。这时利率机制不起作用，资金资源供求不一致，资金不能合理、有效流动，降低了资金的使用效率和社会效益。

（四）经济增长效应

关于通货膨胀是否促进经济的增长，西方经济学家展开了激烈的争论，形成了 3 种观点。

1. 促进论

这种观点认为通货膨胀具有正的产出效应，通过强制储蓄扩大投资，实现增加就业和促进经济增长。其理由是：首先，当政府财政资金匮乏时，常常借助于向中央银行借款以解决财政开支，若政府将膨胀性收入用于实际投资，就会增加资本形成，只要私人投资不降低或者降低幅度低于政府投资,就能提高社会总投资水平,促进实际增长。其次,由于人们通货膨胀的预期调整比较缓慢,会使名义工资的变动滞后于价格的变动,这样通过转移分配,从而增加高收入者阶层的储蓄。由于通货膨胀提高了盈利率,因而还会扩大私人投资,即在通货膨胀过程中,高收入阶层的收入比低收入阶层高。因此,在通货膨胀时期,高收入阶层的储蓄总额增加,转化为投资,导致实质经济增长。这样,一方面增加政府投资,一方面刺激私人投资,无疑有利于促进经济增长。

2. 促退论

这种观点认为持续通货膨胀会通过降低效率的效应阻碍经济增长,并且带来严重的危害,如物价上涨,社会政治动荡和人心不安等,最严重的后果是对市场机制的破坏。具体地说:①通货膨胀会降低借款成本,从而诱发过度的资金需求,而过度的资金需求会迫使金融机构加强信贷配额管理,从而削弱金融体系的运营效率。②较长时期的通货膨胀会增加生产性投资的风险和经营成本,从而资金流向生产性部门的比重下降,流向非生产性部门的比重增加。③通货膨胀持续一段时间后,在公众舆论的压力下,政府可能采取全面价格管制的办法,削弱经济的活力。就通货膨胀的危害而言,也有不同的认识。

以弗里德曼为代表的货币学派认为,通货膨胀虽然可以给政府带来收入,可以在短期内呈现出良好的初始效果,但当通货膨胀持续进行的时候,人们很快就发现他们手中的货币数量多了一些,但可购买的商品却少了;工商企业发现销售收入虽然扩大了,但成本上升了。这就迫使他们把工资和物价抬得更高,否则,将遭受通货膨胀的损失。于是,恶果开始出现:被抬高的物价、通货膨胀与经济停滞连在一起。如果不采取强硬措施有效制止通货膨胀,这种恶果将越演越烈,不仅破坏市场活动的正常进行,导致经济混乱和危机,而且将带来政治的动荡。

新剑桥学派也认为,通货膨胀是经济中的严重疾病,它从多方面危害经济产社会生活。首先,通货膨胀是一种极不合理的收入再分配,通货膨胀有利于经济力量强大的集团,不利于社会的贫弱阶层。在通货膨胀中,最能捞到好处的是大集团,他们可以不断地从物价上涨中攫取更多的超额利润;而对大部分的从业者来说,他们的货币收入的增加总是落后于物价的上涨。在这个时差中,他们的损失变成了投资者或资本家的收益。那些失业或退职人员,既没有提高收入的希望,又得不到通货膨胀的好处,通货膨胀并将其应得收入再分配,这种不公平的收入再分配加剧了原有的国民收入分配不均。其次,通货膨胀打击了生产与投资,不利于经济发展。在通货膨胀环境下,从事生产和投资的风险较大,相比之下,进行财产投机更为有利可图。因为在通货膨胀下,货币价值不断下跌,而物质财富的价值不断上涨。特别是在"物价将要上涨"这种通货膨胀预期作用下,人们将提前抬高各种财产的现值,这样一来各种财产就成为投机的对象。而资金也从生产性领域转向流通领域,服务于投机活动,生产资本减少,经济衰退。最后,在现代的开放经济中,通货膨胀容易形成外贸逆差。只要汇率的调整没有及时跟上通货膨胀的幅度,通货膨胀就将打击出口而有利于进口。因为在通货膨胀中出口成本增加,国内价格上升,降低了国际市场的竞争力,阻碍出口,而进口商品则因有利可图便源源不断地涌入国内,造成国际贸易的紧张局面,出现外贸逆差。

供给学派认为通货膨胀的危害表现在以下 5 个方面:①通货膨胀使个人和企业承受更多的实际税率。一方面,通货膨胀提高了人们的名义收入,使他们升至更高的税率级,造成"纳税等级上移",加重了税收负担;另一方面,由于沿用历史的成本计算程序造成对折旧的错误估价，致使成本偏低，形成虚假利润，因高估资本收益而使企业交纳更多的税款。②通货膨胀降低储蓄的数量和效率。一方面，通货膨胀减少了人们的实际收入，削弱了人们的储蓄能力；另一方面通货膨胀造成本金贬值和储蓄实际收益下降，使人们对储蓄和未来收益产生悲观的预期，储蓄意愿大大降低，导致即期消费对储蓄的替代。通货膨胀还会影响储蓄的配置，人们不愿意持有将随通货膨胀而贬值的长期金融证券，而把储蓄转向短期金融资产和各种有形资产，致使储蓄效率低下。③通货膨胀减少投资。除上述两点致使投资力不足和资金来源匮乏以外，通货膨胀还降低实际盈利率，加剧对投资的抑制。④通货膨胀严重损害供给。通货膨胀造成工资——物价互相追逐，导致价格、利率反复无常的变动，形成市场更大的不确定性，市场相对价格的可靠性和市场信号的准确性降低，不利于各种经济资源的估价和有效配置，经济活动的风险增大，企业创新困难重重，从根本上破坏了市场机制，损伤了供给力量。⑤通货膨胀导致贸易逆差。由于国内价格上升，有利于进口而不利于出口，造成贸易收入的巨大逆差。

3．中性论

这种观点认为通货膨胀对产出、对经济增长既无正效应也无负效应。因为公众的预期，在一段时间内会对物价上涨做出合理的行为调整，所以通货膨胀各种效应的作用就会相互抵消。

从理论上看，通货膨胀对经济增长的影响，主要取决于资源利用状况。

（1）通货膨胀与短期经济增长。通货膨胀对短期经济增长的影响，主要取决于资源配置水平。在一个经济体系中，如果存在资源闲置，此时经济系统中的现实产量低于最大潜在供给，由于需求的增加，使被闲置的资源得以充分利用，产量相应增加，因此保持一定程度的通货膨胀有可能刺激经济的短期增长。当在无闲置资源的情况下，无可调控的闲置资源，不管怎样增加需求，产出也不会增加，意味着市场需求开始膨胀，但总的产出保持不变，这就制约了经济的增长。

（2）通货膨胀与经济增长的动态关系。动态地看，生产能力应是不断提高的，通常生产能力的提高先于需求的扩张，企业扩大需求是以其生产能力的提高为前提的，生产能力提高意味着供给的增加，总需求也随之增加，需求增加到一定程度导致通货膨胀，在一定条件下又会导致生产能力的进一步上升，形成一个循环往复的动态作用过程。

（3）经济停滞与通货膨胀。在当前世界经济中，存在着经济发展停滞与物价总水平持续上涨并存的现象，这种现象被通称为"滞涨"。关于"滞涨"的原因，经济学家各有不同的看法。凯恩斯学派认为，"滞涨"主要来自于供给方面，如能源危机、工资上涨等，导致失业率与物价同时提高。货币学派认为，各国政府不断采取扩张性的财政政策和货币政策，会引起公众对物价上涨的预期，最终使失业率与物价上涨同时存在。供给学派认为，各国政府奉行扩张性财政政策，一方面政府支出增加，总需求增加，导致物价上涨；另一方面增加政府收入，提高税收，使企业投资意愿及个人工作意愿降低，导致失业率提高。

二、通货膨胀的治理政策

虽然产生通货膨胀的原因很多，但归根到底是总需求与总供给的不均衡，通常表现为货币供给量大于流通中必要量。因此，治理通货膨胀的目标就是适当控制货币供给量，适度调节流通中货币需求。

（一）货币政策

1. 提高法定存款准备金率

中央银行对商业银行提高法定存款准备金率，可以降低商业银行可运用的信贷资金总额，缩小派生存款，减少投资额，达到控制货币供应量的目的。这种手段简单易行，见效快，对控制货币供应量效果较好。但明显缺乏弹性，对经济震动过大。

2. 提高再贴现率

中央银行对商业银行提高再贴现率，可以促使商业银行对企业提高贴现利率，导致企业利息负担加重，利润减少，从而抑制企业对信贷资金的需求，以此减少投资，减少货币供应量。

同时，提高储蓄存款利率，鼓励居民增加储蓄，把更多的消费基金转化为生产资金，减少直接需求，减轻通货膨胀的压力。

提高利率是控制货币供应量比较有效的手段，但也有一定的负作用，主要表现是：会直接降低企业的投资，导致经济衰退；直接增加企业贷款成本，容易使企业提高商品价格，出现成本推动，加剧通货膨胀；高利率会诱使大量境外资金涌入，掌握甚至控制本国经济等。

3. 加强公开市场业务

中央银行在金融市场中，向商业银行、企业及其他社会公众出售手中的有价证券，主要是政府公债、国库券、中央银行金融证券等，吸引社会各界资金，并回笼至中央银行，减少商业银行及其他社会公众手中的现金或存款，达到减少市场货币供应量的目的。

（二）财政政策

压缩开支：削减财政支出，包括减少军费开支和政府采购，限制公共事业投资等。增加收入：提高税率，使可支配收入减少，以抑制私人企业投资和个人消费支出，降低需求。发行公债：用发行公债代替发行货币，弥补财政赤字，减少货币供应量。

（三）需求管理政策

需求管理政策就是指利用货币政策与财政政策的统筹运作，改变全社会的总收入与总支出，控制全社会货币供应量，实现控制通货膨胀的目的。

（1）控制消费支出。控制消费支出主要是通过财政政策，提高税率；通过货币政策，提高储蓄利率。两种政策在时间、调整幅度上可以综合运用，以达到最佳的效果。

（2）控制固定资产投资规模。控制固定资产投资规模的关键作用是抑制社会总需求。固定资产投资的影响主要表现在三个方面：①它制约流动资金的需求，因为投资规模大，对流动资金的需求也大，这将对银行信贷规模构成一种压力；②固定资产投资规模膨胀，会使财政支出膨胀；③固定投资规模中必然有一部分转化为消费基金，扩大对消费品的需求。可见，控制固定资产投资规模，不仅能约束投资需求本身，还可以起到"一箭双雕"的约束作用。在中国的历次通货膨胀中，固定资产投资规模的膨胀都扮演了重要角色，因此，总是把压缩固定资产投资规模作为治理通货膨胀的重点措施之一。

（3）控制政府支出。影响政府支出的主要因素是办公经费、国防支出、社会福利支出等。这些支出是社会总需求的重要方面。控制总需求的重点是控制政府支出。但是，由于政府支出的刚性，因而控制幅度是非常有限的。

（四）商品供给政策

如果说调节、控制社会总需求可以起到"立竿见影"效果的话，那么增加有效供给则是稳定货币的根本措施。因此，要想方设法扶持国民经济薄弱部门的生产和市场紧俏商品的生产。但一提到扩大生产，往往涉及增加投资。在资金已经紧张和货币供应已经偏多的情况下，其出路主要是提高资金使用效率，发掘生产潜力，"降本挖潜"。从银行的角度来说，就是调整信贷结构，积极支持国民经济薄弱部门和市场紧俏商品生产；同时从严控制对市场滞销商品的生产支持，促进产品结构调整。

关于供给政策，美国供给学派认为过去的反通货膨胀过于依赖需求方面的调整而忽视供给方面，他们主张通过减税和削减政府的福利开支等政策来刺激投资和就业，克服供给不足所造成的通货膨胀。

（五）所得管理政策

所得管理就是指对总供给方面进行管理，主要内容是：工资管理、物价管理、利润管理、消费基金管理。很多国家政府及越来越多的经济学家都认为，依靠紧缩需求政策抑制通货膨胀，代价过高，紧缩财政与紧缩货币的结果虽然在一定程度上控制了通货膨胀，但往往伴随经济衰退和大量失业，政策的负面效应太大。

（1）工资管理。主要是抑制工资上升，控制生产成本的提高，控制成本推进型通货膨胀。工资管理与控制的目标应为：货币工资增长率＝劳动生产率＋预期通货膨胀率。工资管理与控制的方法主要是：道德规劝，自愿为主；工会、企业与政府达成协议；政府强制，主要是冻结工资或制定工资管理措施。

（2）物价管理。主要是政府强制管理物价，或者规定物价上涨的范围与幅度，坚决杜绝哄抬物价扰乱市场的行为。

（3）利润管理。主要是对可获得暴利企业的利润额或利润率实行限制的管理政策与措施。以此限制大企业或垄断行业（价格引导者）控制产品价格，操纵市场，加剧通货膨胀。利润管理的主要方法是：管制利润率，政策规定各种产品的合理利润率，企业只能据此定价和销售；对高额利润加征税收，即不直接管制利润率，但对不合理利润或暴利采取高税收措施，如娱乐业。

（4）社会消费基金管理。管理好社会消费基金主要从3个方面入手：① 真正做到工资、奖金增长与劳动生产率挂钩，实现按劳动效率分配与按资分配相结合，防止消费基金增长超过生产增长的现象；② 在企业自我约束机制不健全的情况下，对企业收入分配严加管制；③ 采取各种方法引导居民消费，增加储蓄，使居民购买力分流，减少对市场的冲击。

所得管理政策也有很大的负作用，对工资与物价的管制，软性措施不奏效，硬性措施则容易形成对立；对利润的管制，规定利润率技术难度大，不容易达到科学合理的程度，加税和收入管制则容易引起不满。

（六）指数联动政策

指数联动政策，又称收入指数化政策，是指对与货币有关的契约或协议附加物价指数条款，使与货币有关的收入和支出能够与物价指数连锁变动的政策，即使工资、利息、各种债券收益以及其他收入随物价的变动而变动的政策与措施。指数联动政策适用于广泛的经济活动，例如，银行存款利息的支付（保值储蓄）、工资的调整、贸易进出口、国债利息的确定等等。

指数联动政策有利于国民收入分配的公平和社会的稳定，特别是可以使固定收入者的名义工资收入得到及时调整，实际收入不下降；指数联动政策可以提高社会资源的分配效率，可以保证价格机制与市场体系合理、稳定，不会发生混乱扭曲，因此会正常引导资源流动与分配；指数联动政策可以在一定程度上保持经济的正常发展，使社会各界在通货膨胀期间，名义收入得到及时调整，因此，经济与生活秩序正常；指数联动有可能抑制通货膨胀，减少不正确通货膨胀预期，从而减少加剧和推动通货膨胀的因素，最终抑制通货膨胀。

但是，指数联动政策也有很多不理想之处，例如，指数的选择很困难，很难达到科学合理。不同的物价指数各有特色，其变化速度、方向不尽相同，指数联动政策只能择其一，因而很难做到科学准确。另外，指数联动政策并非适用于一切经济活动与所有的经济结构。

（七）其他政策

1. 币制改革

通常这是在经历了严重的通货膨胀后而采取的措施，其做法是废除旧币，发行新币，并制定一些保证新币稳定的措施。其目的是消除原来货币流通混乱的局面，在新的货币制度基础上实现稳定的货币流通。也有的是通过新旧币兑换，附带调节个人之间的收入分配。但必须指出的是，币制改革本身不能保证消除通货膨胀，关键在于能否实施币制改革中的各项稳定措施，为消除通货膨胀提供条件。

2. 国际合作

近年来，不少经济学家认为，通货膨胀是世界性问题，加之国际传播的原因，不再只是某一个国家或地区的问题。世界经济的增长和价格水平的稳定在于"世界货币供应量"。世界货币供应量是指全世界的货币供应量的总和。

世界货币供应量不是某一个国家的某一项具体管理政策，而是一种管理思想，至少在管理政策与思想上是一种全新的思维，改变了传统的对单个国家具体问题的研究。在世界经济一体化、国际化时代，这种管理思想很具前瞻性，特别是在经济日益自由化的情况下，货币政策局限在单个国家，难以奏效，一种货币波动过大，很快会引起货币与资金在国际间的移动，这使得任何一个国家的中央银行都显得无所适从。从1997年亚洲金融危机对世界经济的影响就可以清楚地看到这一点。

第三节　通货紧缩的涵义及成因

世界各国在经历了通货膨胀的困扰后，当今又不能不面临通货紧缩的问题。对于通货紧缩这个范畴，也如同对于通货膨胀范畴一样，不能简单地按字面理解。本节对通货紧缩问题展开一些讨论。

一、通货紧缩的涵义及其度量

（一）通货紧缩的涵义

通货紧缩与通货膨胀是一组对称的概念，人们往往从对照通货膨胀的内涵中提出通货紧缩的定义。经济学界也有几种不同的表述。

（1）通货紧缩是物价疲软乃至下跌的持续态势。这种观点认为通货紧缩是与通货膨胀相反的一种经济现象，通货膨胀是一般物价水平的持续上涨现象，通货紧缩就是一般物价水平持续下降的现象。

（2）通货紧缩是货币供应量持续下降、价格水平持续下降的经济现象。即认为通货膨胀有两个特征：一是物价的持续下降；二是货币供应量的持续下降。

（3）通货紧缩是经济衰退的货币表现，因而具有3个特征：价格持续下降；货币供应量持续下降；经济全面衰退。

一般的定义为：通货紧缩是指由于货币供应量相对于经济增长率和劳动生产率增长减少而引起有效需求不足，商品和劳务价格总水平持续下降、经济衰退的现象。

要正确认识通货紧缩问题，应从以下几个方面加以理解：①通货紧缩也是一种货币现象。在发生通货紧缩的情况下，物价全面持续下跌，必然伴有货币供给不足的问题：要么货币供给总量减少，造成社会总需求不足；要么货币供给总量没有显著减少，但货币流通速度减慢，由此造成的社会总需求不足；要么前两者兼而有之。所以通货紧缩如同通货膨胀一样，也是一种货币现象。②通货紧缩是指物价疲软乃至持续下跌的态势，同通货膨胀一样不是偶然的、一时的，而是成为经济走向、趋势的物价疲软乃至下跌。③通货紧缩通常伴有生产下降，经济衰退。如果通货膨胀反映的是社会总需求大于社会总供给，那么通货紧缩则反映的是社会总需求小于社会总供给。在通货紧缩时期，消费需求和投资需求低迷，市场萎缩，产品价格下降，企业开工不足，失业率上升，工资收入降低，是整个社会的总需求小于社会总供给。

（二）通货紧缩的度量

通货紧缩也反映在物价上，表现为物价水平持续疲软或负增长，前面分析的消费物价指数、批发物价指数和国民生产总值平减速指数的变动，也都可以说明通货紧缩的状况。但其中消费物价指数更具有代表性，其下降幅度更能灵敏地反映居民需求和市场疲软的状况。

另外一个衡量通货紧缩的重要指标是货币供给量增长率。表现为货币供给总量增长率下降乃至出现负增长，或者表现为货币流通速度明显减慢。因为两者的乘积缩小，表明社会总需求正在萎缩。

有的学者也把经济增长率减缓或负增长视为衡量指标之一，因为物价和货币供给持续下降，必然影响实物经济增长。不过这必须以物价和货币供给持续下降的存在为条件。

二、通货紧缩的类型

通货紧缩也是因多种原因产生的，可以从不同的角度进行分类。

（一）按通货紧缩的程度，分为温和型通货紧缩和危害型通货紧缩

温和型通货紧缩，又称爬行式通货紧缩。主要特征是价格水平下降，但总产出水平增长。主要是由于技术进步、运输及通信设施改善和引入竞争等因素降低了生产成本和交易成本，提高了生产效率。

危害型通货紧缩是由于生产能力过剩和需求低迷所至，表现为实际产出与潜在产出之间"产出缺口"不断扩大，不仅价格水平降低，而且减少了总产出。

（二）按通货紧缩的表现形式，分为公开型通货紧缩和隐蔽型通货紧缩

公开型通货紧缩是指在价格完全放开的情况下，市场价格自动持续下跌而引起的经济缓慢增长的现象。

隐蔽型通货紧缩，又称抑制型通货紧缩，是指在价格出现长时间上涨后，政府当局对价

格实行管制，对一些商品进行政策性支持或采取补贴的方式，强制使价格下降，而且长期持续走低。

（三）按价格下降的程度和幅度，分为轻度通货紧缩、中度通货紧缩、严重通货紧缩

轻度通货紧缩是指一年内价格下降幅度在5%以内；中度通货紧缩是指一年内价格下降幅度在5%~9%；严重通货紧缩是指一年内价格下降幅度超过两位数。

（四）按通货紧缩的形成机理，分为供给抑制型通货紧缩、成本推进型通货紧缩、结构型通货紧缩

供给抑制型通货紧缩是指在总需求增长时，流通所需货币量不能及时供给（货币供给的数量不足或货币供给增长速度与需求增长速度不一致）而形成的价格疲软或下跌。

成本推进型通货紧缩是指因社会劳动生产率提高，商品成本大幅下降而引起的物价下跌。

结构型通货紧缩是指由于产业结构的不合理而形成某些商品市场需求严重不足、价格下跌，使得一些企业减产或者倒闭，而导致企业投资和居民消费减退，反过来又加剧市场需求不足、物价下跌。

（五）按通货紧缩发生可否预测，分为预期通货紧缩和非预期通货紧缩

预期通货紧缩是指人们根据市场行情和物价走势，可以预测到物价处于持续降低的过程，并能实实在在地感受到。非预期通货紧缩是指对其发生无法预见，自然而然地发生。

三、通货紧缩的成因

通货紧缩集中表现为社会总需求、物价水平疲软或下跌，究其产生的机理，可能由直接的货币因素构成，也可能由其他因素引起，如经济结构失调，国际市场变化等因素。

（一）货币因素

这主要指因货币供给偏紧或不足，而直接引发通货紧缩。在以下情况下，就有可能出现紧缩问题。

正如在上一节中谈到的，在实行反通货膨胀政策时，通常要采取控制贷款和财政支出、限制工资增长等一类措施，以压缩社会需求。这有利于控制物价上涨幅度，从而促进经济稳定；但是由于大力压缩投资和控制消费，又有可能形成社会需求过分萎缩，使市场出现疲软。结果是通货膨胀得到抑制，而实施的从紧的财政政策和货币政策还有一定的惯性，或是主管部门未能适时调整政策，由此而形成政策的负面影响出现。

另一种情况是，经济增长速度已经逐步放慢，而财政政策、货币政策未能及时调整。一般在经济高速增长时，都会实行偏紧的财政、货币政策，以防经济过热。如果经济增长已经趋缓，依然奉行原来的从紧政策，就可能产生紧缩的消极影响。

例如，1982年美国政府为了反通货膨胀，采取了提高利率等紧缩措施，使通货膨胀率得以下降，同时，当年GDP也转为负增长。1996年日本经济增长恢复到3.9%的较高水平，日本政府于1997年实施提高消费税率、减少财政支出的紧缩政策，结果造成物价水平和居民消费持续下降，并导致经济连续两年出现负增长。中国在1988~1989年为反通货膨胀实行紧缩方针时，也出现商品销售下降、商品库存上升的市场疲软问题。

（二）结构失调

当经济结构失调状况积累到一定程度，就必然进行较大的调整。这种调整表现在两个方

面：①开发新产业和新产品，实行技术升级；②某些传统产业和产品则面临相对过剩，需要压产或进行产品换代。在这种情况下，相当部分产品面临市场需求不足、价格进一步下跌的压力，有些企业可能被迫减产和减员。这就必然会导致企业投资和居民消费减退，反过来又加剧了市场需求不足、物价下跌的压力。

此外，还有消费结构变化的问题。在经济发展的基础上，居民消费经历着由低向高的发展过程，消费结构不断调整。在消费升级中往往出现这种情况：某些原来式样的消费品消费相对饱和，销售不旺；同时，居民增加储蓄，以备进入下一阶段的高档消费。这种情况自然会使一段时间中消费增长放慢，市场需求和物价疲软不振。

上述结构性变化当然不是由货币供给状况所引起的，但是却会影响货币供给在数量和结构上的变化。这种变化表现在两个方面：①在投资需求不振的情况下，银行增加货币供给总量的努力要受到抑制，使货币供给增长速度放慢；②投资和消费需求减少，储蓄相应增加，又会引起货币流通速度减缓。两者同时减缓，就是市场需求不振在货币供给上的反映。

（三）有效需求不足

一方面生产能力过剩，需求的增长跟不上生产能力的扩大，产品价格下降成为趋势；另一方面由于存在消费预期和未来不可测因素，居民消费保守，现实消费需求不足。中国在1999年就出现了有效需求不足的问题，国家只好通过发行国债拉动内需。"9·11事件"使美国消费信用下降，出现消费需求不足。

（四）国内市场竞争

随着市场机制的建立完善，国内市场竞争愈加激烈，特别是同一产业同类产品的价格竞争，打"价格战"，必然带动相关产业甚至社会物价总水平下降。同时，高新技术的运用在一定程度上大大提高劳动生产率，从而降低了产品成本。

（五）国际市场的冲击

一个对外开放的国家，往往会受到国际市场情况变化的冲击。当国际商品市场和金融市场发生动荡时，受到的影响将是：①出口下降和外资流入减少，导致国内需求减少；②国际市场商品价格下跌，进出口商品价格下降必然会增加因国内物价下降的压力。一个国家开放程度越高，则承受的冲击越大。

第四节　通货紧缩的经济效应及治理

一、通货紧缩的经济效应

人们曾经经历过多次通货膨胀，对通货膨胀的印象很深。谈到物价飞涨，让人心存余悸，对物价下跌可能感觉不错。那么物价是否越降越好呢？其实，如果物价持续下降，也会产生很大的消极作用。

（一）通货紧缩造成经济衰退

物价的普遍下跌，使企业经营状况恶化。一方面，由于商品价格的下跌，企业利润率会下降，甚至出现亏损，这必然会削弱企业投资的积极性；另一方面，持续的物价下跌还会迫使企业缩减生产，裁减员工，乃至破产倒闭，导致工人收入水平的大幅下降，这进一步加重了社会总需求不足的状况，总需求的严重不足最终导致经济衰退。

（二）通货紧缩使社会财富大大缩水

社会财富由居民财富、企业财富和政府财富组成。企业财富用企业的资产价格来反映。通货紧缩情况下，一方面企业的产品价格下降，降低了企业的资产价格，另一方面，企业债务负担加重，减少了其净资产甚至使企业陷入了债务泥潭。居民财富由货币收入、金融资产和实物资产构成。通货紧缩情况下，居民收入减少，金融资产价格和实物资产价格下降，造成居民财富缩水。从政府来看，通货紧缩时期，财政赤字增长，造成政府的财富缩水。

（三）通货紧缩使债务人负担加重

通货紧缩发生时，由于实际利率的提高，造成债务人的债务负担加重，并可能产生偿债困难。从而不仅引发企业破产和债务的相互拖欠，而且由于现代经济是信用经济，经济主体之间的联系十分紧密，局部债务链条的中断可能引发整个信用体系的紊乱，从而波及整个国民经济活动。同时，由于债务人借款的目的是为了投资和运营，而通货紧缩时期产品价格的下降，使投资者预期的收益率下降，导致整个社会投资水平的下降，进一步加剧通货紧缩的状况。

（四）通货紧缩使公众预期更趋悲观

通货紧缩不仅影响消费者的当期经济活动，还会对消费者和投资者的未来预期产生消极影响，从而进一步影响国民经济发展的未来趋向。经济中一旦出现通货紧缩趋势，消费者可能就会形成通货紧缩进一步加剧的预期，从而进一步强化消费者持币待购或储蓄的想法，消费需求不会因价格的下跌而增长。对投资者来说，一旦通货紧缩预期形成，他就会减少投资。因此，通货紧缩是需求不足的产物，但反过来却又打击消费者和投资者的信心，使需求进一步下降，经济的失衡加剧。

（五）通货紧缩使社会失业率提高

企业生产萎缩，投资环境恶化，引起企业经济活动的收缩，企业为了自身的生存往往采取裁员措施。因此，社会的失业率开始上升，人们的收入水平下降，消费需求降低，企业生产缩减，失业进一步增加，经济陷入所谓的"通货紧缩螺旋"之中，难以恢复。

（六）金融业面临更多的不良资产

银行是企业的债权人，从理论上说，银行应该是通货紧缩的受益人。但事实上是受威胁最大的一个部门。由于通货紧缩增加了债务人的实际负担，企业间的"三角债"问题加剧，企业对银行贷款拖欠现象日益加重，银行的大量贷款可能无法收回，从而导致其不良资产的增加。大量的银行坏账影响银行放款的积极性，引发银行的"惜贷"行为。这时，银行存款准备金增加，即使中央银行希望继续增加货币供应量，也会因为货币政策传导机制发生变化而不能如愿以偿地增加货币供应量，从而加剧通货紧缩的程度。

（七）宏观调控效果减弱

财政政策和货币政策是政府干预与管理宏观经济的主要工具。在通货紧缩情况下，虽然名义利率可能已经很低，实际利率却依然保持在较高的水平上，导致由通货紧缩引发的"流动性陷阱"的出现，这不仅使货币政策面临失效，而且也会使旨在带动私人投资增长的财政政策在实际利率预期提高的情况下面临不乐观的前景。这种情形持续过久，经济体系中累积的一些矛盾，如银行体系积累的大量不良资产问题、社会失业问题等就可能爆发，进而引起社会的不安和动荡。

二、通货紧缩的治理

（一）治理的政策与途径

通货紧缩既然集中表现为社会需求不足，作为社会需求有重要影响的财政和金融部门自然应实行扩张性的财政政策和货币金融政策。

就刺激社会需求而言，财政扩张政策的效应比较直接、明显，货币金融政策的效应则比较迟缓。即使金融主管部门奉行扩张货币供给的政策，其效果还要看企业和居民有无需求。在通货紧缩的情况下，企业恰好不愿投资，借款不积极，对投资信贷需求不足；居民恰好不愿扩大现实消费。这就制约了货币金融扩张政策的实施。财政扩大支出，或是直接投资于基础设施等公共项目，或是增大社会福利支出，自然会受到各方欢迎，有立竿见影之效果。

当然，财政扩张政策也会受到一定的限制，即财政收入增长和财政赤字规模的可承受能力。此外，财政直接投资主要用于基础设施等公共工程，其拉动经济需求的链条较短，因此其作用也有一定限度。

在启动社会需求和经济增长上，货币金融政策并不是毫无作为的，特别是对长期启动经济而言，扩张性的货币金融政策具有明显的推动作用。实行扩张性的货币金融政策不外乎有以下措施：①下调利率，降低资本成本，刺激企业投资；②增加对企业贷款和对居民的消费贷款；③疏通"储蓄→投资"的渠道，包括各种间接、直接融资形式，更有效地引导增加投资需求。

必须看到，启动需求，关键在调动企业投资的积极性和居民消费愿望。因此，光靠实行扩张性财政、货币金融政策是远远不够的；同时还应运用其他政策和措施，协调配合，综合治理。这些政策包括：实施扶植新的经济增长点的产业政策，以刺激企业投资；调整收入分配政策，适当增加居民收入，引导消费；财政政策与货币金融政策还应密切配合，以最大限度发挥"合力"效果等。

（二）中国通货紧缩的治理

1998～2002年，中国出现了比较明显的通货紧缩现象，这主要是由于：为治理前一阶段的通货膨胀，中国自1993年起开始实施"适度紧缩"的货币政策，一直到1998年货币供应量增幅一直呈下降趋势。因此，1993～1998年的紧缩性货币政策，是造成通货紧缩的货币性原因；1997年爆发的亚洲金融危机使得中国出口需求下降，直接导致了总需求的减少，是引发中国通货紧缩的导火索；由于中国长期的盲目投资和重复建设，导致市场供过于求，价格下降。生产能力严重过剩是通货紧缩的内在原因；由于中国此间推出的一系列重大改革措施，包括国企改革、精简机构、医疗改革、住房改革、教育体制改革等，使得人们的即期收入减少、预期收入的不确定性增强，导致人们的消费需求和投资需求大大降低，投资需求和消费需求不足是造成通货紧缩的最直接内在原因；随着中国经济的迅速发展，居民的消费需求和消费层次发生了很大变化，但生产结构的调整，远远不能适应需求结构的变化，造成供需结构的失衡。商品供给结构和购买力结构的失衡又进一步加剧了通货紧缩的局面。

为治理通货紧缩，中国自1998年起，采取了一系列扩张性政策为主的政策措施。总体上说，包括实行扩张性的财政、货币金融政策，并与产业政策、收入分配政策配合运用。

在财政方面，实施积极的财政政策，增发国债，所筹资金主要用于基础设施、重点建设和开发高新技术，以拉动投资需求和经济增长。同时着力减轻国有企业负担，提高出口退税率，从调整税负上增加投资和出口。1998～2002年，国家共发行长期建设国债6 600亿元，总投资24 600亿元，集中建成了一批关系国计民生的重大基础设施项目；及时拨付破产补助资金，支持国有企业关闭破产工作；利用国债资金作为财政贴息资金，支持重点行业、重点企业的技术改造项目，促进企业技术进步；连续多次提高出口退税率，使中国的出口货物平均退税率由原来的8%左右提高到15%左右。这些措施效果明显。

在货币金融政策方面，从适度从紧改为稳健，适当扩大货币供给和贷款规模。运用多种政策工具，加大基础货币的供应，稳定增加货币供应量；改革存款准备金制度，1998年将金融机构交来的一般存款和备付金存款两个账户合并为准备金存款账户；把缴存中央银行的机关团体存款和财政预算外存款划转商业银行，增加金融机构的融资能力，同时下调存款准备金率，增强金融机构可用资金；下调利率，1996～2002年中央银行连续8次下调了利率，稳步推进利率市场化；从1998年起取消国有商业银行新增贷款指令性管理模式，改为指导性计划管理，在逐步推进资产负债比例管理和风险管理的基础上，实行"计划指导、自求平衡、比例管理、间接调控"的管理体制；大力发展银行间同业拆借市场、银行间债券市场、票据市场，积极发挥最后贷款人的作用，促进中小金融机构的发展。

不过，由于中国通货紧缩不仅仅是货币供给不足的问题，还有投资和消费问题，也有货币流通速度问题。因此，在适当扩大货币供给总量的同时，着力采取了以下措施：

扩大需求，启动市场。提高居民收入，特别是中低收入阶层收入，培育和提高居民购买力；根据不同收入层次，开发消费热点；根据地区和城乡差异，建立商品和服务供给的层次结构，以扩大有效需求；拓展消费信用，促进消费信用和生产信贷同步发展，防止需求和供给之间出现长时间断裂；积极稳妥地推进各项改革，健全社会保障制度，稳定城乡居民的经济预期。

鼓励民间投资和非国有经济的发展。从市场准入、公平竞争、减轻负担、便利融资等方面鼓励民间投资的发展，并通过立法保护投资人的财产权。

调整供给结构，扩大有效需求。一方面，充分发挥政府这只"看得见的手"的作用，压缩过剩的生产能力，关闭效益低下的企业。另一方面，发挥市场这只"看不见的手"的作用，引导企业通过技术创新、加强管理，降低成本，发展高技术产品、专利产品和特色产品。

中国为治理通货紧缩，采取的积极的财政政策和稳健的货币政策以及其他一系列措施收到了良好的效果，到2002年中国逐渐走出通货紧缩。由于经济发展规律的复杂性，今后也仍然会有长期反通货膨胀任务，但随着经济的发展，通货紧缩的问题也越来越被人们所重视，这是世界经济领域必须正视的现实。

【本章小结】

1. 通货膨胀可以通过消费物价指数、国民生产总值平减价格指数、批发物价指数等指标加以度量。

2. 通货膨胀按不同的标准可以分为多种类型。通货膨胀的成因主要有成本推动型、需求拉上型、结构型、混合型、输入型等。

3. 通货膨胀的经济效应有收入分配效应、财富分配效应、经济增长效应、资源分配效应等。

4. 通货膨胀需综合治理。可供选择的具体措施有紧缩性财政货币政策、收入政策、商品供给政策、所得管理政策等。

5. 通货紧缩的形成原因与通货膨胀的形成原因相反。相应的治理政策应是扩张性的财政金融政策。

【复习思考题】
一、选择题
1. 下列关于通货膨胀的表述中，不正确的是（　　）。
   A. 通货膨胀是物价持续上涨 B. 通货膨胀是物价总水平的上涨
   C. 通货膨胀是指物价的上涨 D. 通货膨胀是纸币流通所特有的
2. 通货膨胀时期债权人将（　　）。
   A. 增加收益   B. 损失严重
   C. 不受影响   D. 短期损失长期收益更大
3. 成本推动说解释通货膨胀时的前提是（　　）。
   A. 总需求给定   B. 总供给给定
   C. 货币需求给定 D. 货币供给给定
4. 对于需求拉上型通货膨胀，调节和控制（　　）是关键。
   A. 社会总需求   B. 收入分配
   C. 财政收支   D. 经济结构
5. 下列各项政策中，（　　）可以解决通货膨胀中收入分配不公的问题。
   A. 限价政策   B. 指数化政策
   C. 减税政策   D. 增加供给的政策
6. 通货膨胀对社会成员的主要影响是改变了原有收入和财富分配的比例。这是通货膨胀的（　　）。
   A. 强制储蓄效应 B. 收入分配效应
   C. 资产结构调整效应 D. 财富分配效应
7. 通货膨胀对策中，压缩财政支出属于（　　）。
   A. 改善供给   B. 紧缩性收入政策
   C. 收入指数化政策 D. 紧缩性财政政策
8. 通货膨胀对策中，冻结工资和物价属于（　　）。
   A. 控制需求   B. 改善供给
   C. 收入指数化政策 D. 紧缩性财政政策
9. 有关通货膨胀描述正确的是（　　）。
   A. 在纸币流通条件下的经济现象 B. 货币流通量超过货币必要量
   C. 物价普遍上涨   D. 货币贬值
   E. 生产过剩
10. 由供给因素变动形成的通货膨胀可以归结为两个原因（　　）。
    A. 工资推进   B. 价格推进
    C. 利润推进   D. 结构调整
    E. 生产效率

11. 根据形成原因可将通货膨胀分为（　　）。
   A. 需求拉上型通货膨胀　　　　　　B. 体制型通货膨胀
   C. 成本推动型通货膨胀　　　　　　D. 结构型通货膨胀
   E. 供求混合推进型通货膨胀
12. 治理通货膨胀的对策包括（　　）。
   A. 宏观扩张政策　　　　　　　　　B. 宏观紧缩政策
   C. 增加有效供给　　　　　　　　　D. 增加收入政策
   E. 指数化方案

二、判断题 (在下列题目中，你认为是对的打√，错的打×)

1. 使用 GDP 平减指数衡量通货膨胀的优点在于其能度量各种商品价格变动对价格总水平的影响。（　　）
2. 需求拉上说解释通货膨胀时是以总供给给定为前提的。（　　）
3. 工资——价格螺旋上涨引发的通货膨胀是需求拉上型通货膨胀。（　　）
4. 所谓通货膨胀促进论是指通货膨胀具有正的产出效应。（　　）
5. 一般说来通货膨胀有利于债权人而不利于债务人。（　　）
6. 需求拉上论认为通货膨胀的原因在于产品成本的提高，因而推动着物价上涨。（　　）
7. 通货膨胀得以实现的前提是现代货币供给的形成机制。（　　）
8. 通货紧缩时物价下降，使货币购买力增强，使居民生活水平提高，对经济有利。（　　）
9. 隐蔽型通货膨胀没有物价的上涨，因此无法用指标来衡量。（　　）
10. 采用向商业银行、企业和个人发行债券的方法弥补财政赤字，一般不会扩大货币总量，引发通货膨胀。（　　）

三、简述题

1. 什么是通货膨胀？简述通货膨胀的类型。
2. 如何理解通货紧缩的含义？
3. 简述关于通货膨胀成因的几种理论观点。
4. 判定通货膨胀的指标有哪些？
5. 在通货膨胀的治理中，指数化政策起什么作用？

四、论述题

试论通货紧缩的影响与治理措施。

第八章 货币政策

> 学习目的和要求：货币政策是金融理论的核心内容之一，它具有较强的理论性，又具有较强的实践性。通过本章的学习，要求掌握货币政策的概念、货币政策最终目标、中介指标、货币政策工具等内容，了解货币政策的传导机制理论。

【导入案例】美国维持量化宽松政策

新华社华盛顿 2011 年 4 月 27 日电，美国联邦储备委员会 27 日宣布继续执行去年底推出的第二轮量化宽松货币政策，以刺激美国就业和经济复苏。

美联储货币政策决策机构——联邦公开市场委员会 4 月 26~27 日召开货币政策决策例会。会议发表的声明表示，美联储将在今年 6 月底之前继续实施第二轮量化宽松货币政策，购买美国长期国债。

当日的声明指出，美国经济正在温和复苏，家庭消费和企业投资持续增长；就业市场正在逐渐改善，但美国当前的失业率依旧居高不下；美国房地产市场仍然低迷不振。

美联储同时宣布，将联邦基金利率维持在 0%~0.25% 的水平不变。为应对金融危机和经济衰退，美联储于 2008 年 12 月将联邦基金利率降至历史最低位，并一直保持在这一水平。

美联储主席伯南克当日在华盛顿举行的新闻发布会上表示，由于需求强劲等因素推动，近期国际大宗商品价格大幅上扬，但美国长期通胀趋势依旧保持不变，美联储将紧密关注美国未来的通胀走势。

当日的新闻发布会是美联储历史上第一次由美联储主席在货币政策决策例会后对公众进行货币政策说明，此举表明美联储正致力于提高政策的透明度。

美联储去年 11 月宣布推出第二轮量化宽松货币政策，即在 2010 年 6 月底以前逐月购买总量为 6 000 亿美元的美国长期国债，以增加流动性，进一步刺激美国经济复苏。

美国财政部长盖特纳 26 日在纽约出席美国外交学会的活动时发表讲话称，美国目前面临经济增长、金融体系改革以及财政赤字三方面的挑战。

资料来源：蒋旭峰、刘丽娜.美国维持量化宽松货币政策.http://world.people.com.cn/GB/14521713.2011年4月30日

【问题】
1. 美国采取量化宽松政策的原因是什么？
2. 美国采取量化宽松政策的影响如何？

第一节 货币政策的最终目标

所谓货币政策,是中央银行为实现其特定的经济目标而采用的各种控制和调节货币供应量或信贷规模的方针和措施的总称。它是一个包括货币政策最终目标、货币政策工具、货币政策的中介指标、货币政策传导机制、货币政策的效果等一系列内容在内的广泛概念。货币政策是国家经济政策的重要组成部分,是为经济政策服务的。货币政策是中央银行实现其职能的核心所在。

一、货币政策目标的演变

中央银行的货币政策目标是随着时间的推移和宏观经济环境的变化而逐渐丰富和发展起来的。20世纪30年代以前,西方各国普遍信奉"自由放任"原则,认为资本主义是一架可以自行调节的机器,能够自行解决经济运行中的矛盾。当时西方社会普遍存在各种形式的金本位制度,维持金本位制,被认为是稳定货币的基础。因此,维持货币币值的稳定是当时货币政策的唯一目标。

20世纪30年代世界经济大危机震撼了世界。在这场大危机中,美国的物价水平下跌22%,实际国民生产总值减少了31%,失业率高达22%。各国政府及经济学家开始怀疑黄金本位的自动调节机能,纷纷抛弃金本位制度。1936年,凯恩斯的《通论》问世,系统提出国家调节经济的理论,以解决失业问题。第二次世界大战结束后的1946年,美国国会通过就业法案,具体地将充分就业列入经济政策的目标。从此,充分就业成为货币政策的主要目标之一,货币政策目标就由原来的单一目标转化为稳定币值和充分就业双重目标。

自20世纪50年代起,由于普遍的、持续的通货膨胀,在各国中央银行的货币政策目标中,稳定币值的分量又加重了。但针对新的情况,提法又有些变化,如把稳定币值的目标解释为将物价上涨控制在可以接受的水平之内。同时,各国经济发展的不平衡性,使美国经济增长率一度落后于其他国家。因此,西方国家中的经济增长理论广泛流行,为了保持自身的经济实力和政治地位,美国着重强调经济发展速度问题,把发展经济、促进经济增长作为当时的主要目标。所以,各国中央银行的货币政策目标也发展成为稳定物价、实现充分就业和促进经济增长三大目标。

20世纪60年代,国际贸易得到了迅速的发展。在长期推行凯恩斯主义的宏观经济政策后,各国普遍出现了不同程度的通货膨胀,国际收支状况也日益恶化,特别是美国经济实力削弱,国际收支出现巨额逆差,以美元为中心的国际货币制度受到严重威胁。70年代,美元出现了两次大危机。许多国家密切注意这种态势的发展,相应提出了平衡国际收支的经济目标。因此,中央银行的货币政策目标也相应地发展为四个,即稳定物价、充分就业、促进经济增长和平衡国际收支。

二、货币政策目标的内容

(一)稳定物价

所谓稳定物价,就是指在某一时期,设法使一般物价水平保持大体稳定。亦即在某一时期,平均的价格是相对不变的,但这并不意味着个别商品的价格是绝对稳定的。在动态经济中,整个价格的稳定与个别市场的价格变动并不矛盾。在实际生活中,整个社会物价稳定的同时，会出现某种商品价格上涨或下跌的情形。因为当社会对某种商品的需求增加时，该商品的价格就会上涨，促使这种商品的产量增加，以满足对这种商品需求的增加，价格机制自动发挥了作用。这种价格变动，往往会促使全社会资源得以有效地分配，提高整个社会的经济效益。所以货币政策目标不是简单地抑制物价水平的上升，而是维持物价总水平的基本稳定。物价上涨与通货膨胀并不是同义词，但稳定物价的实质是控制通货膨胀，防止物价总水平普遍、持续、大幅度的上涨。物价"稳定"应到什么程度呢？具体指标视各国不同情况而异。但是，任何国家都想把物价上涨控制在最小的幅度内。1970年后，西方各国通货膨胀日益严重，成为经济上的普遍问题，因而各国都把反通货膨胀、稳定物价当作主要目标。

（二）充分就业

充分就业并不意味着每个人都有工作，或每个劳动力在现行工资率下都能有一个职位。实际上，充分就业是同某种数量的失业同时存在的。在动态经济中，社会总存在某种最低限度的失业。失业有两种情况：一是摩擦性失业，即由于经济制度的动态结构调整、技术、季节等原因造成的短期内劳动力供求失调而形成的失业；二是自愿失业，即劳动者不愿意接受现行的工资水平或嫌工作条件不好而造成的失业。这两种失业在任何社会经济制度下都是难以避免的。

除了自愿失业和摩擦性失业之外，任何社会都还存在一个可承受的非自愿失业幅度，即劳动者愿意接受现行的工资水平和工资条件，但是仍然找不到工作，也就是对劳动力需求不足而造成的失业。所以，充分就业并不意味着失业率等于零。

通常以失业率，即失业人数与愿意就业的劳动力的比率来表示就业状况。那么，失业率为多少就可称之为充分就业呢？或者说一国的可容忍失业程度为多大呢？有的经济学家认为，3%的失业率就是充分就业；也有的认为，失业率长期维持在4%~5%就是充分就业；在美国，大多数经济学家则认为，失业率在5%左右就是充分业。因此，究竟失业率为多少才是充分就业只能根据各国不同的经济发展状况来判断。要想制定一个精确的指标，作为合理的失业水平，是很难办到的。

（三）经济增长

经济增长是指一国人力和物质资源的增长。经济增长的目的是为了增强国家实力，提高人民生活水平。经济增长常常带来一些社会问题，如环境污染。靠破坏生态平衡、污染环境带来的经济增长，不能算是真正的经济增长；价格上涨常常会引起国内生产总值的增加，这也并不表示经济增长。衡量经济增长最常用的方法是以剔除价格因素后的国内生产总值增长率来衡量一国的经济增长状况。

（四）国际收支均衡

国际收支状况是一个国家同世界其他国家之间的经济关系，反映一国在一定时期对外经济往来的综合情况。一国国际收支会出现三种情况：国际收支逆差、国际收支顺差或国际收支平衡。一般情况下，很难实现绝对国际收支平衡，短期的逆差或顺差却很常见。在一定条件下，逆差不一定是坏事，它意味着得到了所需要的外国商品、服务或必要的援助，有利于吸收国内市场偏多的货币，增加商品供应。在国际经济交往中，要想所有国家的国际收支都保持顺差是不可能的，这意味着经济关系无法维持下去。因此，各国中央银行的货币政策中的国际收支平衡目标，就是要努力实现本国对外经济往来中的全部货币收入和货币支出大体平衡或略有顺差、略有逆差，避免长期出现大量的顺差或逆差。因此，各国在决定货币政策时，不能单纯考虑通货膨胀、失业和经济增长等国内经济目标，国际收支均衡也必须是货币政策的主要目标之一。

三、货币政策目标之间的矛盾

货币政策的四个目标，都是国家经济政策的战略目标的组成部分，它们既有一致性，又有矛盾性，各国在制定货币政策时都必须充分考虑到这一点。要同时实现四个目标是非常困难的。在实际经济运行中，通过某种货币政策工具实现某一货币政策目标的同时，常常会干扰其他货币政策目标的实现。具体表现在以下方面。

（一）稳定物价与充分就业之间的矛盾

英国经济学家菲利普斯在研究了1861～1957年英国的失业率和工资物价变动之间的关系后，得出结论，认为在失业率与物价上涨率之间存在着一种此消彼长的关系。在图8-1中，二者的关系表现为一条向左上方倾斜的曲线，被称为"菲利普斯曲线"。

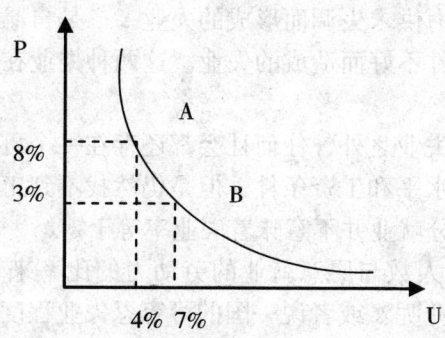

图8-1　菲利普斯曲线

要保持充分就业，如将失业率控制在4%的水平上，就必须扩大生产规模，增加货币供应量，从而会导致物价上涨，如物价可能会上涨到8%的水平；而要降低物价上涨率，如使其达到3%的水平，就要紧缩银根，压缩生产规模，这又会提高失业率，使失业率达到7%的水平。稳定物价与充分就业两者之间表现出一种矛盾的关系：要实现充分就业目标，必然要牺牲若干程度的物价稳定；而要维持物价稳定，又必须以失业率若干程度的提高为代价。因此，在失业率和通货膨胀二者的组合上，存在三种可能的选择：①失业率较高的物价稳定；②通货膨胀率较高的充分就业；③将失业率和物价上涨率控制在一定的可接受的范围内。对中央银行来说，并不存在同时实现充分就业和物价稳定两全其美的办法，其货币政策的目标职能是根据当时社会经济条件的需要选择失业率和通货膨胀率的最佳组合点，如在图8-1中A、B点之间的某一点。

（二）经济增长与国际收支平衡之间的矛盾

经济迅速增长，就业增加，收入水平提高，结果进口商品的需要比出口贸易增长更快，导致国际收支状况恶化。而要消除逆差，则必须压缩国内需求，但紧缩的货币金融政策又同时会引致经济增长缓慢乃至衰退，引发失业增加。

（三）物价稳定同经济增长之间的矛盾

对这个问题颇有争议，有的人认为，通货膨胀可作为经济增长的推动力；也有人认为，通货膨胀与经济增长是形影不离的；还有人认为，除非保持物价稳定，否则不能实现持续的经济增长。从根本上讲，经济的增长和发展，为保持物价稳定提供了物质基础，两者在根本上是统一的，关键在于采取什么样的政策来促进经济增长。如果采取通货膨胀政策来刺激经济发展，暂时可能奏效，但最终会使经济发展受到严重影响。因为通货膨胀政策会导致物价恶性上涨，反过来迫使政府采取反通货膨胀政策，最终又降低经济增长率。总之，既要保持高速的经济增长率，又要防止通货膨胀，这确实是一道难题。

在实际经济运行中，既要达到合理的经济增长率，较低的失业水平，又要维持物价稳定，保持国际收支均衡，四者兼顾，同时实现这些目标，是非常困难的。事实证明，货币政策各个目标之间的矛盾是客观存在的。强调一个或两个目标，其他目标就可能会向相反的方向发展；要实现一个目标，就可能会牺牲其他目标。因此，在制定货币政策时，要根据本国的具体情况，在一定时间内选择一个或两个目标作为货币政策的主要目标。随着政治经济形势的发展变化，货币政策目标的侧重点也会发生变化。

四、货币政策最终目标的权衡与取舍

货币政策各目标间的矛盾与冲突决定了对一国政府而言，在同一时期内全面兼顾各个目标是难以做到的，对此各国中央政府普遍采用的策略有如下几种。

（一）相机抉择

相机抉择是指根据经济形势的要求，从货币政策目标中优先选择部分目标作为重点。如在经济萧条时期，各国政府通常会选择以经济增长、增加就业为主要目标，而在经济繁荣时期则会以抑制通货膨胀为优先目标；再如若一国在对外经济项目中出现严重问题，则会选择把国际收支平衡作为实行货币政策的重要目标。

（二）政策搭配

财政政策与货币政策的适当搭配。根据蒙代尔的政策配合说，财政政策主要解决国内经济问题，货币政策主要解决国际经济问题。

（三）单一规则

这是以弗里德曼为首的货币主义学派的主要政策主张。认为时松时紧的货币政策是导致经济发展不稳定的重要因素，主张根据一段时期经济发展的要求，确定某一稳定的货币供应增长率，在上下浮动不大的范围内具体把握。

在实践中，各国对货币政策各目标间的冲突基本上是本着统筹兼顾、视经济环境的需要而选择重点的原则进行处理的。

五、中国货币政策目标的选择

中国的中央银行——中国人民银行，按照《中华人民共和国中国人民银行法》，所宣布的货币政策目标为："保持货币币值的稳定，并以此促进经济增长"。显然，在"稳定"与"增长"之间，有先后之序，主次之分。中国对于中国货币政策应有什么样的目标问题，一直存在着争论。主要观点有以下几种。

（一）单一目标观点

这又可分成两种相当对立的意见。一种是从稳定物价是经济正常运行和发展的基本前提出发，强调物价稳定是货币政策的唯一目标。另一种是从货币是再生产的第一推动力出发，主张以最大限度的经济增长作为货币政策的目标，并在经济发展的基础上稳定物价。

（二）双重目标观点

这种观点认为，中央银行的货币政策目标不应是单一的，而应当同时兼顾发展经济和稳定物价两方面的要求。强调它们两者的关系是：就稳定货币而言，应是一种积极的、能动的稳定，即在经济发展中求稳定，就经济增长而言，应是持续、稳定、协调的发展，即在稳定中求发展。不兼顾，则两者的要求均不能实现。

（三）多重目标观点

鉴于经济体制改革的进一步深化和对外开放的加快，就业和国际收支问题对宏观经济的影响越来越重要。因此有人提出：中国的货币政策目标必须包括充分就业、国际收支均衡和经济增长、稳定物价等诸多方面。

第二节 货币政策工具

中央银行对货币和信用的调节政策有两大类：一是从收缩和放松两个方向调整银行体系的准备金和货币乘数，从而改变货币供应量，这就是一般性货币信用管理，它影响货币信用的总量，属宏观性措施。另一类是用各种方式干预信贷市场的资金配置，有目的地调整某些经济部门的货币信贷供应量，从而引起货币结构变化，这就是选择性信贷管理，属微观性措施。此外，还包括直接信用控制和间接信用指导。因此，中央银行的货币政策工具可分为一般性政策工具、选择性工具、直接信用控制和间接信用指导。

一、一般性货币政策工具

一般性货币政策工具是指经常使用且能对整个经济运行发生影响的货币政策手段，即传统的三大货币政策工具，也就是我们通常所说的"三大法宝"：法定存款准备金率、再贴现业务和公开市场业务三种。

（一）法定存款准备金率

法定存款准备金率是指商业银行以及其他金融机构缴存中央银行的存款准备金占其吸收存款的比率。在中央银行体制下，各国大都建立了存款准备金制度。确立这一制度的初衷是在一定程度上确保银行存款的流动性，以提高银行等金融机构的清偿能力，从而保证存款人利益以及银行本身的安全；而在现代信用制度下，中央银行还可通过对法定存款准备金率的调整来控制货币供给量。

根据商业银行派生存款的扩张倍数原理可知，当存款准备金率为零时，派生存款的扩张倍数是无穷大的，而提高存款准备金率则会引起派生存款的倍数减少。借助于存款准备金率与派生存款的倍数间的负相关关系，中央银行在需求过剩、信用膨胀时期可提高存款准备金率以紧缩银根，减少货币供给量；当需求不足、信用紧张时期，中央银行可通过降低存款准备金率以放松银根，加大货币供给量。

与其他货币政策工具相比，法定存款准备金率的运用具有如下优点：首先，中央银行在货币政策的制定上具有主动权，实施起来方便灵活；其次，法定存款准备金率的变动对货币供应量发生作用的时滞短，可以较快见效；最后，由于对法定存款准备金率的调整的执行是强制性的，所以对所有的金融机构产生的影响是对称的。

法定存款准备金率在运用中的不足在于：一是法定存款准备金率的调整对于货币供应量的影响具有倍数放大（或缩小）效应，导致调整带来的后果过于激烈，一般不宜作为常用的货币政策工具,因此中央银行有将其固定化的倾向;二是在商业银行存在超额准备金的情况下,法定存款准备金率提高应达到的政策效果将部分被冲抵,难以按计划削减信贷规模和减少货币供应量。

表8–1 中国法定存款准备金率调整表

公布时间	生效日期	大型金融机构			中小金融机构		
		调整前	调整后	调整幅度	调整前	调整后	调整幅度
2011年5月12日	2011年5月18日	20.50%	21.00%	0.50%	17.00%	17.50%	0.50%
2011年4月17日	2011年4月21日	20.00%	20.50%	0.50%	16.50%	17.00%	0.50%
2011年3月18日	2011年3月25日	19.50%	20.00%	0.50%	16.00%	16.50%	0.50%
2011年2月18日	2011年2月24日	19.00%	19.50%	0.50%	15.50%	16.00%	0.50%
2011年1月14日	2011年1月20日	18.50%	19.00%	0.50%	15.00%	15.50%	0.50%
2010年12月10日	2010年12月20日	18.00%	18.50%	0.50%	14.50%	15.00%	0.50%
2010年11月19日	2010年11月29日	17.50%	18.00%	0.50%	14.00%	14.50%	0.50%
2010年11月9日	2010年11月16日	17.00%	17.50%	0.50%	13.50%	14.00%	0.50%
2010年5月2日	2010年5月10日	16.50%	17.00%	0.50%	13.50%	13.50%	0.00%
2010年2月12日	2010年2月25日	16.00%	16.50%	0.50%	13.50%	13.50%	0.00%
2010年1月12日	2010年1月18日	15.50%	16.00%	0.50%	13.50%	13.50%	0.00%
2008年12月22日	2008年12月25日	16.00%	15.50%	−0.50%	14.00%	13.50%	−0.50%
2008年11月26日	2008年12月5日	17.00%	16.00%	−1.00%	16.00%	14.00%	−2.00%
2008年10月8日	2008年10月15日	17.50%	17.00%	−0.50%	16.50%	16.00%	−0.50%
2008年9月15日	2008年9月25日	17.50%	17.50%	0.00%	17.50%	16.50%	−1.00%
2008年6月7日	2008年6月25日	16.50%	17.50%	1.00%	16.50%	17.50%	1.00%
2008年5月12日	2008年5月20日	16.00%	16.50%	0.50%	16.00%	16.50%	0.50%
2008年4月16日	2008年4月25日	15.50%	16.00%	0.50%	15.50%	16.00%	0.50%
2008年3月18日	2008年3月25日	15.00%	15.50%	0.50%	15.00%	15.50%	0.50%
2008年1月16日	2008年1月25日	14.50%	15.00%	0.50%	14.50%	15.00%	0.50%
2007年12月8日	2007年12月25日	13.50%	14.50%	1.00%	13.50%	14.50%	1.00%
2007年11月10日	2007年11月26日	13.00%	13.50%	0.50%	13.00%	13.50%	0.50%
2007年10月13日	2007年10月25日	12.50%	13.00%	0.50%	12.50%	13.00%	0.50%
2007年9月6日	2007年9月25日	12.00%	12.50%	0.50%	12.00%	12.50%	0.50%
2007年7月30日	2007年8月15日	11.50%	12.00%	0.50%	11.50%	12.00%	0.50%
2007年5月18日	2007年6月5日	11.00%	11.50%	0.50%	11.00%	11.50%	0.50%
2007年4月29日	2007年5月15日	10.50%	11.00%	0.50%	10.50%	11.00%	0.50%
2007年4月5日	2007年4月16日	10.00%	10.50%	0.50%	10.00%	10.50%	0.50%
2007年2月16日	2007年2月25日	9.50%	10.00%	0.50%	9.50%	10.00%	0.50%
2007年1月5日	2007年1月15日	9.00%	9.50%	0.50%	9.00%	9.50%	0.50%

资料来源:http://data.eastmoney.com/cjsj/ckzbj.html

(二)再贴现业务

再贴现业务是指中央银行对商业银行持有的合格的未到期票据提供的资金融通。因为中央银行提供的贴现规模和再贴现率的高低直接关系到货币供给的多少,所以它是中央银行控制货币供给量的传统工具。

再贴现率是指中央银行对合格票据的贴现利率,即商业银行在向中央银行借款时所付的利率。商业银行向中央银行申请贴现的可以是它本身开出的票据,也可以是从顾客那里贴现进来的票据。再贴现业务一般包括两方面的内容:一是再贴现率的确定与调整;二是规定向中央银行申请再贴现的资格。

当中央银行对再贴现率进行调整时,商业银行会根据再贴现率与贷款利率的对比来决定调整贷款。当再贴现率高于商业贷款利率时,商业银行就会停止向中央银行申请再贴现,并减少对客户的贷款,或者提高贷款利率,导致客户的贷款减少。当再贴现率低于商业贷款利率时,商业银行会采取相反的措施,导致信贷的扩张。

再贴现业务的政策效果体现在3个方面。

1. 告示效应

再贴现率的变动向市场提供了中央银行的政策意向,具有告示效应。中央银行提高再贴现率,表明将采取紧缩性的货币政策,反之,中央银行降低再贴现率表明将采取扩张性的货币政策。通过对再贴现率的调整,中央银行对市场发出信号,以对市场的资金供求产生预期影响。

2. 融资成本效应

当中央银行提高贴现率时,意味着提高了商业银行和其他金融机构的融资成本,因此,商业银行必然会提高对企业放款的利率,从而引起整个市场利率的上升,利率上升导致企业的投资边际效益降低,贷款需求受到抑制,货币需求总量随之下降。这样,通过对再贴现率的调整,中央银行实现了由货币供给间接影响货币需求的目的。

3. 结构调整效应

中央银行在运用再贴现率政策时,可规定再贴现票据的种类及再贴现规模,通过差别对待体现对不同行业部门的支持或限制,借以改变资金流向,按中央银行的意图调整产业结构。

再贴现业务作为中央银行有影响力的货币政策之一,也存在着一定的局限性:首先,中央银行运用再贴现政策缺乏主动性,该政策的预期目标能否实现在相当程度上取决于商业银行的行为,若商业银行拥有多种融资渠道,便可以避开中央银行的干预而从其他途径融入资金,使再贴现率的调节难以奏效;其次,再贴现率的高低有限度,经常性地随时调整再贴现率会引起市场利率的频繁波动,扰乱经济的正常秩序。

【案例8-1:中国的再贴现政策】

自1986年人民银行在上海等中心城市开始试办再贴现业务以来,再贴现业务经历了试点、推广到规范发展的过程。再贴现作为中央银行的重要货币政策工具,在完善货币政策传导机制、促进信贷结构调整、引导扩大中小企业融资、推动票据市场发展等方面发挥了重要作用。

1986年,针对当时经济运行中企业之间严重的货款拖欠问题,人民银行下发了《中国人民银行再贴现试行办法》,决定在北京、上海等十个城市对专业银行试办再贴现业务。这是自人民银行独立行使中央银行职能以来,首次进行的再贴现实践。

1994年下半年,为解决一些重点行业的企业货款拖欠、资金周转困难和部分农副产品调销不畅的状况,中国人民银行对"五行业、四品种"(煤炭、电力、冶金、化工、铁道和棉花、生猪、食糖、烟叶)领域专门安排100亿元再贴现限额,推动上述领域商业汇票业务的发展。再贴现作为选择性货币政策工具为支持国家重点行业和农业生产开始发挥作用。

1995年末,人民银行规范再贴现业务操作,开始把再贴现作为货币政策工具体系的组成部分，并注重通过再贴现传递货币政策信号。人民银行初步建立了较为完整的再贴现操作体系，并根据金融宏观调控和结构调整的需要，不定期公布再贴现优先支持的行业、企业和产品目录。

1998年以来，为适应金融宏观调控由直接调控转向间接调控，加强再贴现传导货币政策的效果、规范票据市场的发展，人民银行出台了一系列完善商业汇票和再贴现管理的政策。改革再贴现、贴现利率生成机制，使再贴现利率成为中央银行独立的基准利率，为再贴现率发挥传导货币政策的信号作用创造了条件。适应金融体系多元化和信贷结构调整的需要，扩大再贴现的对象和范围，把再贴现作为缓解部分中小金融机构短期流动性不足的政策措施，提出对资信情况良好的企业签发的商业承兑汇票可以办理再贴现。将再贴现最长期限由4个月延长至6个月。

2008年以来，为有效发挥再贴现促进结构调整、引导资金流向的作用，人民银行进一步完善再贴现管理：适当增加再贴现转授权窗口，以便于金融机构尤其是地方中小金融机构法人申请办理再贴现；适当扩大再贴现的对象和机构范围，城乡信用社、存款类外资金融机构法人、存款类新型农村金融机构，以及企业集团财务公司等非银行金融机构均可申请再贴现；推广使用商业承兑汇票，促进商业信用票据化；通过票据选择明确再贴现支持的重点，对涉农票据、县域企业和金融机构及中小金融机构签发、承兑、持有的票据优先办理再贴现；进一步明确再贴现可采取回购和买断两种方式，提高业务效率。

资料来源：http://www.pbc.gov.cn/publish/zhengcehuobisi/3388/2010/20100915193814092642080/20100915193814092642080_.html

（三）公开市场业务

公开市场业务是指中央银行在证券市场上公开买卖有价证券，以调节货币供给量的一种业务。中央银行公开市场业务的买卖对象主要是政府公债、国库券和银行承兑汇票等。中央银行通过公开市场的购买扩大基础货币投放，通过公开市场的出售来减少基础货币，以此来调节货币供应量。公开市场业务从其动机来看，可分为两类，一类是主动性的调节，中央银行通过公开市场业务达到影响基础货币和市场利率，进而调节货币供应量的目的；另一类是防卫性调节，用来抵消影响基础货币的其他因素变动所产生的影响。一般而言，当中央银行需要放松银根时，就会买进商业银行手中的有价证券，把货币投入市场；当中央银行需要紧缩银根时，就会卖出持有的有价证券，回笼货币。

公开市场业务的优点在于：①中央银行在此项业务中具有主动权，可以根据需要选择业务的数量和规模；②中央银行能够运用公开市场业务，影响商业银行的准备金，从而直接影响货币供应量；③业务方向调整上具有灵活性，易于逆转，能够随时根据金融市场的变化进行连续性的操作，同时由于它是通过金融市场对货币量进行微调，不会对货币供给产生很大冲击。公开市场业务的如上优势决定了它是既较理想的货币政策工具，也是信用较发达国家中央银行最常用的调控手段。

从实践来看，并不是所有的中央银行都可以通过公开市场业务取得对货币政策干预的良好效果，公开市场业务作用的发挥需要具备一定的条件：首先，客观上必须具备一个全国性的规范的、完善的金融市场，使公开市场业务有足够的操作空间；其次，中央银行必须具有干预和控制整个金融市场的实力。在此基础上，还需其他政策工具的配合才能达到预期效果。

中国公开市场操作包括人民币操作和外汇操作两部分。外汇公开市场操作1994年3月启动,人民币公开市场操作1998年5月26日恢复交易,规模逐步扩大。1999年以来,公开市场操作已成为中国人民银行货币政策日常操作的重要工具,对于调控货币供应量、调节商业银行流动性水平、引导货币市场利率走势发挥了积极的作用。

【案例8-2:中国的公开市场业务】

中国人民银行从1998年开始建立公开市场业务一级交易商制度,选择了一批能够承担大额债券交易的商业银行作为公开市场业务的交易对象,目前公开市场业务一级交易商共包括40家商业银行。这些交易商可以运用国债、政策性金融债券等作为交易工具与中国人民银行开展公开市场业务。从交易品种看,中国人民银行公开市场业务债券交易主要包括回购交易、现券交易和发行中央银行票据。其中回购交易分为正回购和逆回购两种,正回购为中国人民银行向一级交易商卖出有价证券,并约定在未来特定日期买回有价证券的交易行为,正回购为央行从市场收回流动性的操作,正回购到期则为央行向市场投放流动性的操作;逆回购为中国人民银行向一级交易商购买有价证券,并约定在未来特定日期将有价证券卖给一级交易商的交易行为,逆回购为央行向市场上投放流动性的操作,逆回购到期则为央行从市场收回流动性的操作。现券交易分为现券买断和现券卖断两种,前者为央行直接从二级市场买入债券,一次性地投放基础货币;后者为央行直接卖出持有债券,一次性地回笼基础货币。中央银行票据即中国人民银行发行的短期债券,央行通过发行央行票据可以回笼基础货币,央行票据到期则体现为投放基础货币。

资料来源:http://www.pbc.gov.cn/publish/zhengcehuobisi/619/126912696/12696_.html

二、选择性货币政策工具

一般性的货币政策工具都是通过调节货币供应量这一总量指标来实现货币政策的最终目标的,除此以外,中央银行还会针对个别领域、个别部门或特殊用途的信贷有选择地运用一些措施进行管理,这类措施统称为选择性的货币政策工具。

(一)消费信用控制

这一手段主要是指中央银行对不动产之外的各种耐用消费品的销售信贷给予的控制。其内容通常包括:①对耐用消费品的分期付款方式规定首期支付的最低额度;②规定分期付款的最长年限;③规定可用消费信贷方式购买的耐用消费品的种类,并对不同种类规定不同的信贷条件。在消费信用膨胀和通货膨胀时期,中央银行会采取措施抑制消费信贷;在相反的条件下,中央银行会采取反向措施刺激消费。

(二)证券市场信用控制

证券市场信用控制主要是指中央银行对各商业银行进行的以证券为担保的贷款,规定第一次付款的金额,并有权随时规定保证金比率,以控制对金融市场的信贷。保证金比率愈高,可以向商业银行贷款的比重就愈小,从而引起该领域内信用规模的紧缩;反之,当中央银行调低证券贷款保证金比率时,则会引起该领域内信用规模的扩张。

(三)不动产信用控制

此项货币政策工具的主要目的是为了阻止房地产投机,防止银行对建筑业过度贷款,以减轻通货膨胀压力，同时降低商业银行风险，实现稳健经营。其措施一般包括：①对不动产贷款最高额度的限制；②对不动产贷款首期支付额度的规定；③对不动产贷款分期支付的最长年限的规定等。

（四）优惠利率

这是中央银行为促进产业结构调整，对不同行业、部门的企业贷款实行差别利率，对国家重点扶持的企业给予优惠贷款利率以促进其发展。

（五）进口保证金制度

进口保证金制度主要是指规定进口企业在交付进口外汇前先预缴进口商品总额的一定比例的外汇，存于中央银行，这样对进口商来讲相当于一定程度上的提前付款，提高了进口成本，抑制了进口积极性。而中央银行通过该项措施可以减少外汇储备的流失，缓解国际收支不利的状况。

三、直接信用控制

（一）贷款额度限制

也叫信贷配给。是指中央银行根据金融市场形势及经济发展的需要，以行政命令的方式直接规定各商业银行信贷的最高限额和最大增长幅度，强制地控制商业银行的信贷规模。在大多数大发展中国家，由于其资金严重供不应求，所以，信贷配给是一种较为常见的直接信用控制工具。

（二）利率最高限额

中央银行为维护金融市场秩序，防止商业银行用抬高利率的办法竞相吸收存款，或为谋取高额利润而进行高风险贷款而采取的强制性措施。如美国1980年前曾长期实行的Q条例，该条例规定，商业银行对活期存款不支付利息，对定期存款和储蓄存款支付的利率不得高于规定的最高利率水平。当时实行Q条例是为了防止商业银行之间通过提高利率来竞相争夺存款，并进行高风险的贷款。目前在信用制度不发达的发展中国家，中央银行对金融机构的存贷款利率仍有最高限制。

【案例8-3：中国人民银行的利率政策】

利率政策是中国货币政策的重要组成部分，也是货币政策实施的主要手段之一。中国人民银行根据货币政策实施的需要，适时的运用利率工具，对利率水平和利率结构进行调整，进而影响社会资金供求状况，实现货币政策的既定目标。

目前，中国人民银行采用的利率工具主要有：①调整中央银行基准利率，包括：再贷款利率，指中国人民银行向金融机构发放再贷款所采用的利率；再贴现利率，指金融机构将所持有的已贴现票据向中国人民银行办理再贴现所采用的利率；存款准备金利率，指中国人民银行对金融机构交存的法定存款准备金支付的利率；超额存款准备金利率，指中央银行对金融机构交存的准备金中超过法定存款准备金水平的部分支付的利率。②调整金融机构法定存贷款利率。③制定金融机构存贷款利率的浮动范围。④制定相关政策对各类利率结构和档次进行调整等。

近年来，中国人民银行加强了对利率工具的运用。利率调整逐年频繁，利率调控方式更为灵活，调控机制日趋完善。随着利率市场化改革的逐步推进，作为货币政策主要手段之一的利率政策将逐步从对利率的直接调控向间接调控转化。利率作为重要的经济杠杆，在国家宏观调控体系中将发挥更加重要的作用。

资料来源：http://www.pbc.gov.cn/publish/zhengcehuobisi/3388/2010/20100915193814092642080/20100915193814092642080_.html

（三）规定流动性比率

为限制商业银行的信用扩张和保护存款人的安全，中央银行对商业银行的全部资产中的流动性资产的比重做出规定。在一般情况下，资产的流动性越高，其收益率越低。所以，商业银行要保持中央银行规定的流动性比率，就不能任意地将流动性资金过多地用于长期性的贷款和投资。在必要时，商业银行必须缩减长期贷款所占的比重，相应地扩大短期贷款所占的比重，以提高其资产的流动性比率。

四、间接信用指导

间接信用指导是指中央银行通过道义劝告和窗口指导等间接方式影响商业银行的信用创造。间接信用指导具有灵活性的特点，同时它以中央银行具有较高的威望和地位，以及拥有控制信用的足够法律权力和工具为前提。间接信用指导是一种非强制的手段，其作用的大小，取决于商业银行及其他金融机构对中央银行的依赖程度。

（一）道义劝告

道义劝告是指中央银行利用其在金融体系中的特殊地位和威望，通过书面或口头方式，以说服和政策指导的方法通报金融形势，表明自己的立场，促使商业银行与中央银行配合，按照中央银行的意图行事，从而达到调控金融、监管商业银行的目的。例如，当证券市场投机盛行时，中央银行即会劝告商业银行紧缩对证券市场的放款。

（二）窗口指导

窗口指导的主要内容是中央银行根据对市场情况、物价变动趋势及金融市场动向的判断，对商业银行每季度的贷款增减额作出规定，并要求其执行。这是20世纪50年代日本银行采用的一种主要货币政策工具。日本银行利用自己在金融体系中的威信以及民间金融机构对它的高度依赖性，通过与民间金融机构的频繁接触，来指导他们自觉地遵守日本银行提出的要求，从而达到控制信贷和调节货币供应量的目的。

第三节　货币政策的传导过程

货币政策的四大最终目标，作为宏观性、战略性的目标，其实现依托于货币政策中间目标的选择、实现及货币政策机制的有效传导。货币政策的最终目标是金融调节在长时期内争取达到的一种理想境界，具有高度的宏观性和稳定性的特征，因此，一方面其衡量标准很难数量化，另一方面其统计资料的及时汇集整理难度较大，不能满足中央银行对经济、金融情报及时性、详尽性的要求。这样就需要一系列的阶段性目标或中间目标作为中介和桥梁，使反映长期形势的最终目标短期化、具体化、数量化，并通过中间目标来检查、衡量最终目标的实现情况。

一、货币政策中间目标

货币政策的中间目标，也称为货币政策的中介指标或中介目标，是相对于货币政策的最终目标而言的，能够为中央银行观测和控制的指标。服务于中间目标具体化和数量化的要求，中间目标通常用一些经济变量和指标来表示，它是货币政策实施的中间环节，它的准确与否关系到最终目标能否实现。

（一）货币政策中间目标的选择标准

中央银行在选择中间指标时主要考虑以下几方面条件。

1. 可测性

它包含两个方面：一是中央银行能够迅速获得有关中间指标的资料数据，二是这些资料数据便于人们分析和预测。

2. 可控性

它是指作为中央银行目标的经济指标的变动要能为中央银行所控制，是直接处于中央银行货币政策工具作用的范围内的那类指标，典型的如利率指标等。一些指标如就业率、劳动生产率等属于中央银行直接控制范畴以外的指标，不能当作货币政策的中间目标。

3. 相关性

它要求中央银行所采用的中间目标与货币政策工具间有稳定的、密切的联系，这样中央银行通过控制货币政策工具可以较强地控制中间目标，从而实现最终目标。

（二）中间目标的种类

结合可测性、可控性和相关性这三个基本条件，各国中央银行在实践中选择的中间目标主要有如下几种。

1. 利率

利率作为市场价格的重要组成部分，其所代表的资金价格为社会总需求和总供给提供了重要的指导信号。利率是经济过程的内生变量，其变动是顺循环的，经济景气期，利率随着投资需求的增加而上升，经济萧条期，利率随投资需求的减少而下降。同时利率作为货币政策的外生变量，利率的变动与总需求之间是负相关的，二者呈反方向变动。这样以利率作货币政策的中间目标便有两方面的优势：一是利率的变动能敏感地反映信贷与货币供需之间的相对变化；二是利率指标具有明显的可控性，中央银行可通过多种手段影响利率，进而影响信贷规模和货币供应量，达到金融宏观调控的预期目标。

此外，利率作为货币政策的中间目标存在着一些缺陷。这主要源于利率是货币政策的外生变量，政策性效果与非政策性效果的综合影响，使利率作为中间目标不尽理想。中央银行能够迅速而准确地计量名义利率，而对GDP产生重要影响的实际利率却难以计算，因为实际利率为名义利率与预期通货膨胀率二者之差，而预期通货膨胀率往往无法准确计算，因此中央银行所控制的名义利率可能是通货膨胀的心理作用或投机行为等非政策性因素所致。可见，影响利率的政策性因素与非政策性因素的逆向运动会导致政策效果相互抵消，利率政策的效果难以确定。

2. 货币供应量

货币供应量与利率一样是经济发展的内生变量，与经济周期呈一致性变化。经济的繁荣往往伴随着信贷扩张，货币供应量随之增加，而经济萧条往往引起信贷减缩，货币供应量即会下降。同时，货币供应量作为政策变量，其增减变动与货币政策的松紧和社会总需求呈正相关关系。这样，货币供应量作为货币政策的中间目标，不会产生内生变量与外生变量间的相互干扰，二者间是正相关关系，相互推动。

以货币供应量作为货币政策的中间目标还有很多其他优势：货币供应量的各个层次都很直观地反映在各级银行的资产负债表中，方便测量和计算，同时中央银行通过控制基础货币可以有效地控制货币供应量 M_1 和 M_2。

此外，货币供应量作为货币政策的中间指标也存在不尽完美之处，如决定货币供应量的现金漏损率的变动等，在实际操作中是难以把握的。

3. 基础货币

基础货币是指流通中现金和商业银行的存款准备金的总和。它是商业银行体系创造存款货币的基础，中央银行通过调整基础货币量，再通过乘数作用来改变商业银行创造的存款货币数量，从而引起全社会的货币供应总量的变化。基础货币作为中央银行的负债，直接反映在中央银行的资产负债表上，由中央银行直接控制，同时，基础货币量的改变会导致利率和货币供应量都发生变化，具有较强的操作性。

与货币供应量一样，以基础货币作为货币政策的中间目标的不足在于，中央银行通过其对市场所施加的影响会受制于影响货币乘数的诸多因素的变动性的影响。

4. 超额准备金

超额准备金是商业银行实际持有的准备金在除去法定准备金之后的余额。超额准备金作为货币政策的中间目标，其首要的优势在于它仅涉及银行系统，较易为中央银行所控制，同时能够比较敏感地反映信贷与货币供需变化。

以超额准备金作为中间目标的不利之处与利率一样，可能会误导中央银行。超额准备金既是经济发展的内生变量，又是经济政策的外生变量。作为内生变量，它的变动方向与经济周期的变动方向是相反的，经济扩张期，投资的上升使信贷利率提高，商业银行体系的超额准备金减少；经济紧缩期，投资的下降使信贷利率降低，商业银行体系的超额准备金增加。作为货币政策的外生变量，超额准备金的变动方向与总需求的变动方向是一致的，中央银行紧缩银根时，超额准备金的数额减少，中央银行放松银根时，超额准备金的规模则会增加。这样，超额准备金作为中间目标会引起政策效果与非政策效果的相互干扰和抵消，使中央银行难以做出正确决策。

二、货币政策的传导机制

货币政策的传导机制是指中央银行为实现既定的货币政策最终目标，借助货币政策工具，通过中间目标的实现和传递进而引起经济活动的变化的过程。

具体而言，整个过程可分为四个步骤，即中央银行货币政策的制定、货币政策工具的运用、中间目标的预期实现和进一步实现最终目标。货币政策的传导过程如图8-2所示。

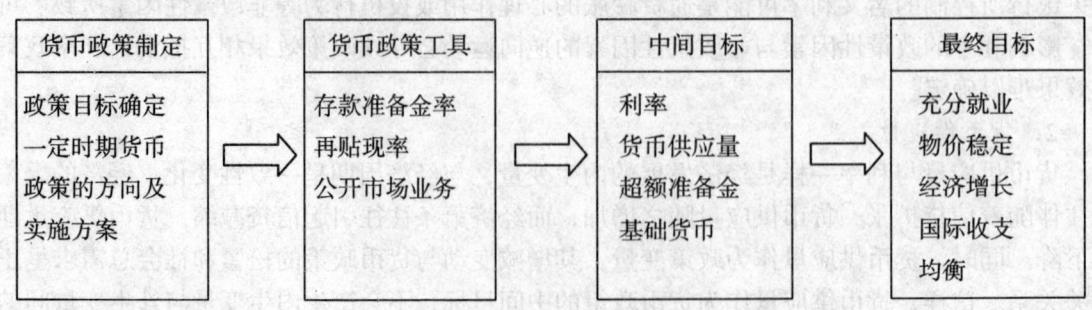

图8-2 货币政策传导过程

第一步是准备阶段,也即中央银行对货币政策的制定。在这一初始环节,中央银行首先会根据当时国内的宏观经济状况和国际形势确定货币政策的最终目标,并制订相应的具体实施方案。同时,由于货币政策四大最终目标的矛盾性和冲突性决定了中央银行需要对它们相机进行取舍。一般在经济过热、通货膨胀时期,中央银行需采取紧缩性的货币政策,而在经济衰退、失业严重时期,中央银行会采取扩张性的货币政策。

第二步是对货币政策工具的选择与运用阶段。在确定了货币政策目标后,中央银行将利用各种货币政策工具来实现其目的。常用的货币政策工具包括存款准备率、再贴现率和公开市场业务。由于这三种货币政策工具的特点和实施利弊各有不同,因此,中央银行在实际操作中一般会有选择地重点利用某种工具,同时以其他货币政策工具为辅。除货币政策工具自身的选择外,中央银行还涉及与其配套的财政政策的选择。货币政策与财政政策间存在着三种组合搭配方式:即扩张性的货币政策与扩张性的财政政策相搭配,紧缩性的货币政策与紧缩性的财政政策相搭配及采取二者一松一紧的搭配方式。货币政策实施时的具体情况决定了二者间的配合方式。

第三步是预期中间目标的实现。中间目标是货币政策传导机制中的关键环节,是衡量中央银行能否达到最终目的的重要指标。如前所述,利率、货币供应量、超额准备金和基础货币是最重要的中间目标。

第四步是四大最终目标的实现。通过货币政策工具的运用,在中间目标的实现过程中分阶段地检查货币政策实施的效果,通过逐渐地修正,使其不断向最终目标靠拢,从而尽可能最大限度地实现经济持续增长、物价稳定、充分就业和国际收支平衡的目标。

三、凯恩斯主义与货币主义货币政策传导机制理论

在西方的货币政策传导机制理论中,以凯恩斯主义学派和货币主义学派的理论最具有代表性,二者的核心分歧在于对使货币政策传导机制发挥作用的中间目标的看法不同,前者认为利率是最重要的中间目标,而后者则认为货币供给量是最重要的中间目标。

(一)凯恩斯主义的货币政策传导机制理论

凯恩斯主义的货币政策传导机制理论按其发展思路可分为两部分,即局部均衡分析和一般均衡分析。

局部均衡分析的基本思路是:货币供给是中央银行控制的外生变量,中央银行通过调控货币供应量影响市场利率的升降,而利率的变化会引起资本边际效率的变化,使投资以乘数方式增减,而投资的增减最终会影响总支出和总收入。

若以 M 表示货币供给,以 r 代表利率,以 I 代表投资,以 E 代表总支出,以 Y 代表总收入,则上述关系可表述为:

$$M \to r \to I \to E \to Y$$

在以上分析中,利率是最主要的环节,货币供应量通过利率的变动对投资乃至整个经济过程发生影响。由于此处分析只涉及了货币市场对商品市场的影响,而没有显示出货币市场与商品市场间相互影响的循环往复作用,因此被称为局部均衡分析。

在局部均衡分析的基础上,一般均衡分析所做的进一步研究是沿着如下思路展开的。

(1)假定货币供给增加而产出水平不变,则增加的货币供给量会导致市场利率的下降,利率下降使资本边际效率提高,刺激投资,引起总支出增加,社会总需求的增加推动了总产

出量的上升,这是货币市场对商品市场的作用。

(2)当总产出增加时,社会货币需求会增加,此时若没有新增的货币供给量投入,则会使市场利率提高,投资减少,由此商品市场便对货币市场产生了影响。

(3)利率回升后,使总需求减少,产出下降;产出下降,又使社会货币需求下降,利率重新回落,这便产生了商品市场和货币市场间相互影响的循环往复过程。在这种周而复始的过程中,收入和利率会逐渐逼近一个平衡点,这一点同时满足货币市场和商品市场的均衡。

从如上分析可知,凯恩斯主义特别重视利率在货币政策传导机制中的作用,利率是凯恩斯主义的主要中介指标。

(二)货币主义货币政策传导机制理论

货币主义货币政策传导机制理论提出了与凯恩斯主义不同的看法。货币供应量在整个传导机制中起决定性的作用,而不是利率。

(1)货币学派认为货币供给是由中央银行决定的外生变量,而货币需求具有内在的稳定性,因此决定货币需求的函数中不包含任何货币供给的因素,货币供给的变化不会直接引起货币需求的变化,这样当外生变量货币供给改变时,导致公众支出的增加,即 $M \rightarrow E$。

(2)当公众持有的货币量超过其愿意持有量时,多余的部分会被用来购买金融资产、非金融资产或进行人力资本的投资,不同取向的投资选择会引起不同资产相对收益率的变动。当金融资产投资偏多时,则金融资产市值上升,收益相对下降,从而会刺激非金融资产的投资;当非金融资产投资增加时,则可促进产出增加,导致生产品价格上涨。在人们进行如上的不同投资选择时会引起全社会资产结构的调控,在这种动态的调整过程中,不同资产收益率的比例会渐趋稳定状态。这一阶段的变化体现了由支出变化导致投资变化的过程,即 $E \rightarrow I$。

(3)由于货币供给量的增加导致支出和投资发生变化,最终必然引起名义收入的变化,即 $I \rightarrow Y$,由于名义收入是价格和实际产出的乘积,这就涉及名义收入的增加多大程度上分别反映在实际产出量的变化和价格的变化上。货币学派的基本观点是货币供给的变化在短期内对两方面均会产生影响,但在长期上只会影响价格水平,因此货币学派主张实行单一规则的货币政策。

如前所述,货币主义的货币政策传导机制可概括为:

$$M \rightarrow E \rightarrow I \rightarrow Y$$

(三)货币政策传导的外部环境

货币政策传导的外部环境要求是:第一,中央银行的地位应具有超然性,以保证中央银行制定的货币政策具有超前性、长远性和正确性。第二,市场机制要健全。市场是货币政策传导的舞台,市场起着配置资源的作用,只有在一个能够合理配置资源的市场机制作用下,货币政策传导才能灵活、高效,对经济与金融的调节效果才能迅速、明显。第三,法制要健全,各市场主体的法律意识要强,经营行为要规范。这些是货币政策得以顺利有效传导的必要保证。由于传导机制环节多,如果没有完善的法规和公民良好的法律意识,任何一个环节的违规都可以导致整个传导机制的扭曲和变形,进而影响货币政策最终目标的实现。第四,企业与商业银行行为要市场化。由于企业和商业银行是货币政策传导中的作用对象,其市场化程度如何,直接影响货币政策的调控效果,只有企业和商业银行真正按照市场规则运行,才能保证货币政策调控成效显著。

四、货币政策的效应

货币政策效应是指中央银行推行一定的货币政策之后,最终实际取得的效果。货币政策的传导过程相当复杂,必须经由若干个中间变量的连锁反应才能发生作用。因此,货币政策的实施有时不能达到或不能完全达到政策制定者的预期效果,从而对经济发展造成不利影响。

（一）货币政策的时滞效应

货币政策时滞是指货币政策从中得到获得主要或全部效果所必须经历的一段时间。货币政策时滞可分为内部时滞和外部时滞。

1. 内部时滞

内部时滞是指中央银行从制定政策到采取行动所需要的时间。内部时滞又可以细分为认识时滞和决策时滞两个阶段。

所谓认识时滞,是指从确实有实行某种政策的需要,到货币当局认识到存在这种需要所耗费的时间距离。这段时滞的存在,一是因为搜集各种信息资料需要耗费一定的时间；二是对各种复杂的经济现象进行综合分析,作出客观的、符合实际的判断需要耗费一定的时间。

所谓决策时滞,是指从认识到需要改变政策,到提出一种新的政策所需耗费的时间。这部分时滞的长短取决于中央银行占有各种信用资料和对经济形势发展的预见能力。

2. 外部时滞

外部时滞是指中央银行从采取行动到这一政策对经济过程发生作用所需要的时间距离。外部时滞可细分为操作时滞和市场时滞两个阶段。

所谓操作时滞,是指从调整政策工具到其对中介指标发生作用所需要的时间距离。这段时滞的存在,是因为在实施货币政策过程中,无论何种货币政策工具都要通过影响中介指标才能起作用。究竟能否生效,主要取决于商业银行及其他金融机构对中央银行政策的态度、对政策工具的反应能力和金融市场对央行政策的敏感程度。

所谓市场时滞,是指从中介指标发生反应到其对最终目标产生作用所需要的时间距离。这是因为企业部门对中介指标变动的反应有一个滞后过程,而且投资或消费的实现也有一个滞后过程。这一时滞的长短取决于调控对象对中介指标变动的反应,从而表现为对最终目标发生影响。

与外部时滞不同,内部时滞可由中央银行掌握,而外部时滞的长短主要取决于政策的操作力度和金融部门、企业部门对政策工具的反应大小,它是一个由多种因素综合决定的复杂变量。因此,中央银行对外部时滞很难进行实质性的控制。

货币政策各种时滞之间的相互关系见图8-3。

3. 货币政策作用时滞的实证分析

货币政策的内部时滞主要取决于中央银行信息反馈系统的灵敏程度、预测能力以及货币管理当局根据自己的预测采取行动的意向,这种时滞长短不定,如果在经济衰退发生之前或通胀明显暴露之前,中央银行就改变扩张或紧缩的货币政策,那么内部时滞就不存在。所以它与中央银行能否预测和采取行动呈高度相关。

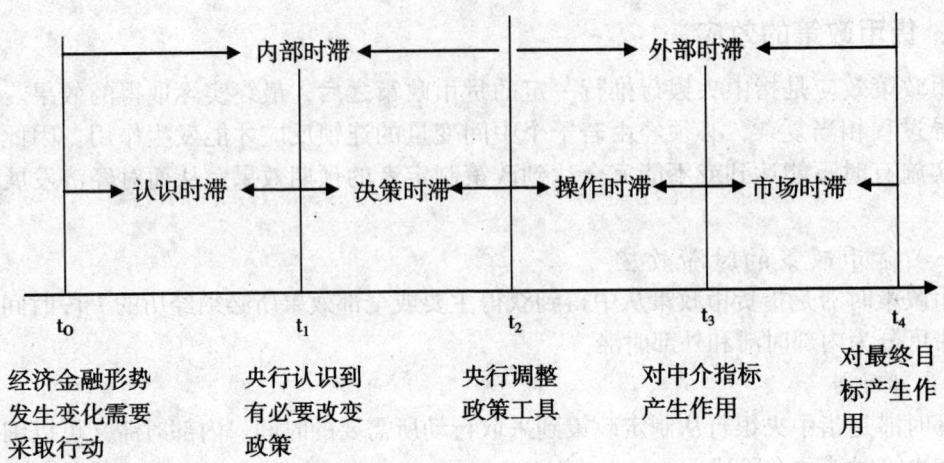

图8-3 货币政策时滞的相互关系

与内部时滞相比,外部时滞比较客观,并非中央银行能直接加以控制。外部时滞的长短,主要取决于投资者和消费者对市场变化及信息的反应、经济管理体制、经济发展水平、货币政策力度、社会公众的预期等。

需要加以说明的是,按照西方经济学家的解释,外部时滞不是指货币政策的最初入点到最终出点之间所耗用的时间,而是指货币政策的最初入点到最初出点之间的时间过程。因为货币政策对经济变量的影响不会在某个特定的时间同时发生,而必定是有些地区、部门、单位和个人反应得快,而另一些地区、部门、单位和个人反应得慢。实际上,货币政策效应的发挥必定是一个渐变的过程。例如,某种货币政策实施后,有可能9个月后政策的作用30%生效,12个月后60%生效,15个月后80%生效,18个月后100%生效(这里的时间长度与百分比例的分配纯系假设)。

货币政策时滞究竟有多长,这在很大程度上是一个实证经济学问题,西方有不少经济学家对此进行过探讨,但结论有很大的差异。

有人认为,内部时滞较短,外部时滞较长。通常,认识时滞为1个半月,也有人说是6个月。决策时滞基本上都认为是2个月左右;外部时滞最短的说法是8个半月,最长的说法要18个月甚至30个月。通常认为,货币政策改变后6个月,其效应只能达到其最终效应的一半。

如果从货币政策影响经济变量的持续过程来看,则时间更长。弗里德曼曾断言,货币供给量的增加,将直接影响名义收入水平的变化,短期内(5~10年)这种变化既可表现在物价水平上,也可表现在产量水平上。只是在长期内,货币供给量的变动才会全部表现在物价水平上。

弗里德曼还认为,一般而言,货币增长率的变化导致名义收入的变化,要在6~9个月后才会发生。如果货币增长率降低,那么约在6~9个月后,名义收入及实际产量也将下降,但这时的物价水平几乎不变,只有在实际产量与潜在产出之间出现差距时才对物价下跌产生压力。通常,货币数量的变化对物价变动的影响要在它对名义收入和产量发生影响之后的6~9个月才会发生。因此,从货币供给量增长率的变动到通货膨胀率变动之间的时滞平均为12~18个月。

货币政策时滞的客观存在对货币政策效应的影响按政策效应的不同而不同。就货币政策的产出效应而言，货币政策时滞始终是一大抵消因素，即时滞出现时，产出效应会变差，时滞愈长，产出效应就愈差，并且呈现出一种边际效率递减的趋势。然而，就货币政策的价格效应而言，货币政策时滞的存在又有其积极作用。因为在主观上，人们都希望货币数量增加后经济能很快增长，价格最好不涨，即使要涨，也应该推迟时间，放慢速度。所以，价格时滞愈长，货币政策的效应就可能愈好。

（二）货币流通速度的影响

货币流通速度是影响货币政策效应的另一个主要因素。对于货币流通速度的一个相当小的变动，如果政策制定者未能预料到，或在估算这个变动幅度时，出现小的差错，都可能使货币政策效果受到严重影响，甚至有可能使本来正确的政策走向反面。但在实际生活中，由于影响货币流通速度的因素太多，在估算时很难做到不发生误差，这也就限制了货币政策的有效性。

（三）微观主体合理预期的抵消作用

合理预期是指人们对未来的经济变量的变动能够做出合乎理性的，从而也是正确的预期。当一项货币政策提出时，各微观经济主体立即会根据可能获得的各种信息预测政策的后果，从而很快地采取相应的对策，而且时滞较短。微观经济主体广泛采取的对策对中央银行制定的政策所产生的效果会起到一定的破坏作用。例如，当政府拟采用长期的经济扩张政策时，人们通过各种信息预期社会总需求会增加，物价会上涨。在这种情况下，工人会通过工会与雇主谈判，要求提高工资。企业预期工资成本增大而不愿意扩大经营。最后出现的结果可能是，只有物价上涨而没有产出的增长，货币政策无效。但实际情况是，中央银行同样会对公众的合理预期做出正确的预期，而且，公众的预期即使非常准确，对策的实施即使很快，其效应的发挥也要有一个过程。也就是说，货币政策仍有可能奏效，但公众的预期行为会使其效应打很大的折扣。

（四）其他因素的影响

除以上三个因素外，货币政策效应还受到客观经济条件和政治条件变化的影响。一项既定的货币政策出台后需要持续一段时期，在这段时期内，如果客观经济条件发生了某些始料不及的变化，而货币政策又难以及时做出相应的调整时，就可能出现货币政策效果下降甚至失效的情况。比如，在实施扩张性货币政策中，生产领域出现了生产要素结构性短缺，这时即使货币资金的供给很充裕，由于瓶颈部门的制约，实际的生产也难以增长，扩张的目标无从实现。政治因素对货币政策效应的影响也是巨大的，当政治压力足够时，就会迫使货币政策进行调整或影响其效果。

【本章小结】

1. 货币政策有充分就业、经济增长、物价稳定、国际收支平衡四大目标。但这四大目标两两之间存在矛盾，这就使决策者在政策目标选择时面临困难。
2. 中国人民银行法规定，中国的货币政策目标是"保持货币币值的稳定，并以此促进经济增长"。
3. 货币政策工具由一般性货币政策工具、选择性货币政策工具、直接信用控制工具、间接信用控制工具构成。其中，一般性货币政策工具包括公开市场业务、法定存款准备金、再贴现政策三大法宝。
4. 按照可测性、可控性、相关性原则，可以作为货币政策中介指标的有货币供应量、利率、基础货币、超额准备金。

5. 货币政策的传导机制理论主要有凯恩斯主义货币政策传导机制和货币主义传导机制理论。凯恩斯主义货币政策传导机制认为利率是决定性因素，而货币主义传导机制理论则认为货币供应量是决定因素。

6. 货币政策具有时滞效应，包括内部时滞和外部时滞。一般认为，货币政策的内部时滞较短，而外部时滞较长。

【复习思考题】

一、名词解释

1. 货币政策　2. 货币政策目标　3. 菲利普斯曲线　4. 货币政策工具　5. 货币政策传导机制　6. 货币政策中介目标

二、填空题

1. 西方发达国家的货币政策有四大目标：_____、_____、_____ 和 _____。

2. 用于反映通货膨胀率与失业率之间此增彼减的交替关系的曲线是_____。

3. 一般性货币政策工具包括以下三种：一是_____，二是_____，三是_____。

4. 中央银行选择货币政策中介目标的主要标准有以下三个：_____、_____ 和 _____。

5. 以利率作为传导机制的货币政策传导机制理论是_____学派的观点。

三、选择题

1. 一般来说，中央银行提高再贴现率时，会使商业银行（　　）。
 A. 提高贷款利率　　　　B. 降低贷款利率
 C. 贷款利率升降不确定　D. 贷款利率不受影响

2. 中央银行在公开市场上大量抛售有价证券，意味着货币政策（　　）。
 A. 放松　　　　B. 收紧
 C. 不变　　　　D. 不一定

3. 中国货币政策的最终目标是（　　）。
 A. 以经济增长为首要目标　　B. 以币值稳定为主要目标
 C. 保持物价稳定，并以此促进经济增长
 D. 保持币值稳定，并以此促进经济增长

4. 下列（　　）不是货币政策的最终目标。
 A. 充分就业　　B. 经济增长
 C. 物价稳定　　D. 国际收支顺差

四、简答题

1. 中央银行选择货币政策中介目标的依据主要有哪些？
2. 简述货币政策最终目标及含义。
3. 简述货币政策工具主要有哪些？
4. 简述货币政策的作用过程。

第九章 金融风险、金融创新和金融监管

> **学习目的和要求**：金融风险和金融创新互为因果，金融风险和金融创新的存在要求加强金融监管，以确保金融的稳定。通过本章的学习，要求学生掌握金融风险的种类和防范方法、金融创新的原因、内容和影响、金融监管的原则和内容。

【导入案例】麦道夫金融诈骗案

美国联邦法院（2008年12月）29日裁决，纳斯达克股票市场公司前董事会主席伯纳德·麦道夫必须在31日晚前向美国证券交易委员会披露所有投资、贷款、授信额度、企业持股、证券账户等相关资产讯息。届时，这一金额高达500亿美元的历史上最大"庞氏骗局"的受害者将可以估算出，他们有多少几率拿回资金。

另据媒体29日报道，美国国会将于明年1月5日就此案举行首次听证会，并追究美国证交会未能及时发现端倪的原因。

美国众议院资本市场附属委员会主席保罗·坎乔斯基说："麦道夫欺诈案进一步打击了证券市场投资者本已十分脆弱的信心，"听证会上所获取的信息将帮助国会实行美国金融体系法规改革。他强调，麦道夫欺诈案为国会实行大萧条以来规模最大的一次金融市场法规改革提供了理由。

现年70岁的麦道夫在长达二十年的时间里编织了一个巨大的"庞氏骗局"。该骗局因其"发明者"——20世纪初从意大利移民美国的投机商人查尔斯·庞齐得名，即用高额回报引诱投资者，同时用后来投资者的资金偿付前期投资者。

直到金融危机爆发，资金赎回压力越来越大，麦道夫才于12月10日晚向担任其公司高管的两个儿子坦白自己的谎言。第二天，麦道夫因涉嫌欺诈被美国联邦调查局拘捕。随着案件更多细节浮出水面，这场时间跨度之长、全额之巨、影响范围之广都堪称史无前例的金融欺诈案震惊了世界。

直接或者间接投资麦道夫名下基金的本案受害者可能多达数千人，包括美国、欧洲和亚洲众多银行和机构投资者、对冲基金、学校、慈善基金，甚至许多和麦道夫同为犹太裔的富人。其中费尔菲尔德·格林尼治集团经营的对冲基金损失最高，达75亿美元。而包括西班牙金融业巨头桑坦德银行、英国汇丰银行、法国巴黎银行和日本野村证券在内的众多知名国际金融机构也面临上亿甚至数十亿美元的损失。

麦道夫案影响持续发酵。23日，现年65岁的知名法国基金经理蒂里·德拉维莱切特因投资麦道夫所设对冲基金损失惨重，"无法应对随之而来的压力"而在位于美国纽约的办公室自杀。同一天，美国纽约大学起诉同是本案受害者之一的对冲基金经理人埃兹拉·梅尔金，理由是梅尔金把受纽约大学委托管理的资金投于麦道夫名下基金，导致这所大学损失大约2400万美元。瑞士媒体28日报道，瑞士第二大银行瑞士信贷银行的客户在麦道夫金融欺诈案中，损失可能高达10亿瑞士法郎（约合9.34亿美元）。

"庞氏骗局"通常撑不了多久就会被揭穿，但麦道夫却成功地维持了近20年。究其原因，主要有以下几点：

首先，麦道夫"白璧无瑕"的从业记录和"传奇人物"身份为他赢得了广泛的信任。麦道夫是倡导场外电子交易的先驱之一，致力于推动建立交易透明化、公平化机制。他行事低调，为人谦和，从不夸夸其谈，个人信誉一直非常好。

其次，麦道夫深谙投资者心理。他向客户承诺的年投资回报率一般在百分之十几左右，并非高得离谱，而且每个月都会向客户提交投资报告，而客户也随时能够在数日之内赎回资金，使投资者们不虞有诈。

同时，麦道夫处事十分谨慎。联邦调查局的起诉书显示，麦道夫公司的资产管理部门和交易部门分别在不同的楼层办公，麦道夫对公司财务状况一直秘而不宣，而投资顾问业务的所有账目、文件都被麦道夫"锁在保险箱里"。他也从不向外界披露投资业务的基本信息。

另外，麦道夫非常善于为自己营造神秘氛围。他摸透了富人的心理，不接受投资者主动上门，而是"邀请"客户加入。这样的行骗方式让那些好不容易"入围"的投资者不觉"可疑"，因为他们即使怀疑麦道夫的投资策略，也不会怀疑那些介绍自己加入的、已经赚到钱的人。

麦道夫案再一次暴露了美国金融监管不力的弊病。据美国媒体披露，联邦调查机构在调查中发现，麦道夫公司运营的一个资金管理部门从来没有按规定在证交会注册，而自2006年9月麦道夫注册其投资顾问业务以来，证交会也从来没有按惯例检查过其账目。事实上，证交会曾于1992年、2005年和2007年三次对麦道夫公司进行审查，但是均未提请采取法律行动。在过去10多年间，有不少业内人士、媒体记者对麦道夫的投资奇迹提出过质疑，甚至向证交会举报麦道夫，也都没有促成对其的调查。

目前舆论矛头普遍指向美国证券交易委员会，批评者认为该委员会及其主席克里斯托弗·考克斯未能及时发现欺诈案真相，有失职之嫌。考克斯日前表示，对委员会在监管麦道夫及其纽约证券公司上的"多处明显疏忽"深感忧虑。证交会扩大了对麦道夫案的调查范围，将证交会工作人员与麦道夫及其家人之间的来往以及麦道夫家人对骗局是否知情等也纳入其中。

资料来源：杨蕾.麦道夫金融欺诈案——史上最大"庞氏骗局".http://news.xinhuanet.com/worlD/2008-12/31/content_10586885.htm.2008年12月31日

【问题】
1. 你认为麦道夫案产生的原因是什么？
2. 金融监管的作用是什么？

第一节 金融风险

一、金融风险的含义与类型

（一）金融风险的含义

风险，指发生损失的可能性，不确定性是风险的基本特征。这种不确定性包括三个方面：第一，风险是否发生不确定；第二，风险何时发生不确定；第三，风险发生的程度及损失大小不确定。

金融风险，指在资金融通过程和货币资金的经营过程中，由于事先无法预料的不确定因

第九章 金融风险、金融创新和金融监管

素带来的影响,使资金经营者的实际收益与预期收益发生一定偏差,使其资产蒙受损失的可能性。简单地说,金融风险指各经济实体从事金融活动中遭受损失的可能性。

(二)金融风险的类型

金融风险可能因多种因素综合影响而形成,金融风险多种多样,从不同角度可以划分为不同种类。

1. 信用风险

也称为违约风险,指由于信用活动中存在不确定性而使信用活动主体遭受损失的可能性。它是金融机构面临的主要风险。比如,一企业从银行取得贷款后,由于客观经济条件、经营环境的变化,或者由于企业经营管理不善等因素的影响,使得企业到期不能还本付息,银行作为债权人将面临着损失的风险。这种由于信用活动中存在不确定性而遭受损失的可能性,就是信用风险。

2. 利率风险

指由于利率水平的不确定变动而引起的金融产品价格及损益的变动,进而带来持有这些金融产品的经济主体的收益的变动。利率是资金的价格,是调节经济的重要杠杆。在市场经济条件下,利率受中央银行的货币政策、经济活动水平、物价上涨水平及国际市场上利率水平等诸多因素影响,利率经常性地发生变动。利率的变动会对金融机构的资产、负债产生影响,使其资产的收益和负债的成本发生变动,导致利率风险。

3. 外汇风险

又称为汇率风险,指汇率的波动给当事人造成损失的不确定性。自1973年布雷顿森林体系解体以来,各国普遍实行浮动汇率制,汇率的波动越来越大,汇率风险也越来越大,加上各国经济发展不平衡,国际收支的不平衡,一些国家政治动荡不安以及外汇市场上的投机交易等,更加剧了汇率的波动。外汇风险分为交易风险、会计风险与经济风险三种。交易风险指以外币计价或结算的交易,从交易发生到完成的这段时间内,因汇率变动而使得实际收到或支付的本币价值发生变化的风险。会计风险指在会计处理中,某些项目需要在本币与外币之间换算时所使用的汇率不同而承担的风险。经济风险指由于汇率发生出乎意料的变动而引起企业未来一定时间内收益变化的一种潜在性风险。

4. 通货膨胀风险

又称购买力风险,指因一般物价水平的不确定变动而使人们遭受损失的可能性。首先,通货膨胀造成单位货币购买力下降,即"货币贬值",将使债权人面临损失的风险,因为在通货膨胀中,债权人收到的债务人归还的本利和已经是贬值了的货币,通货膨胀率越高,债权人的损失就越大。其次,通货膨胀会导致实际收益发生变动,使投资者面临风险。实际利率等于名义利率减去通货膨胀率,在名义利率一定的前提下,通货膨胀率越高,实际利率就越低;当通货膨胀率高于名义利率时,实际利率为负值。由于人们难于准确预计未来的通货膨胀率,因此难于预测未来的实际利率,投资者无法知道其收益率是否会高于通货膨胀率,因而,投资者面临着损失的可能性。

5. 流动性风险

指金融机构因流动性的不确定性变化而遭受损失的可能性。简单地说,流动性是"变现能力",具体而言指一个机构的金融产品运转流畅、衔接完善的程度,即持有的资产能随时得以偿付,能以合理的价格在市场上出售,或者能以比较方便合理的利率借入资金的能力。

保持流动性对金融机构特别是对商业银行来说至关重要,流动性风险可能置金融机构于死地。

6. 证券价格风险

指由于证券价格的不确定变化导致当事人遭受损失的可能性。证券价格风险是金融风险中比较突出的风险。证券市场是金融市场中重要的组成部分,在各国证券市场上,每天都有大量的国债、股票在买卖交易,受多种因素影响,证券价格尤其是股票价格变动很大,投资者面临着巨大的风险。例如,1987年10月19日,纽约股票市场出现大幅下跌,在一天之内道·琼斯工业股票指数暴跌508点,跌幅达22.62%,在这一天中上市的5 000多家公司的股票价值总额减少了5 000亿美元以上,这一天被称为"黑色星期一"。这一危机迅速传递到其他证券市场,伦敦股票交易所当天股票价格下跌11%,投资者损失达500亿英镑。

7. 国家风险

指跨国从事信贷和投资时可能蒙受损失的风险。与其他风险相比,国家风险有其鲜明的特征:第一,国家风险存在于跨国金融活动中,属于国际间经济交往风险;第二,国家风险是和国家主权有密切关系的风险;国家风险源于东道国法律和法规,非合同或契约条款所能改变或免除。

除了上述的主要金融风险外,还存在着金融衍生品风险、经营风险、操作风险等种种金融风险。

二、金融风险对经济的影响

金融风险虽然能对金融活动的当事人的行为产生约束,对金融活动起到一定调节作用,但金融风险带来的主要是负面影响。它不仅影响经济主体的经营和收益,给市场参与者造成重大损失,而且还影响国家宏观经济发展和社会稳定,造成社会动荡。

(一)金融风险对微观经济的影响

1. 给金融活动的参与者带来直接的经济损失

如投资者购买股票后,股价大跌,投资者损失惨重;企业进出口活动中因汇率变化而蒙受损失;商业银行因借款人无法按时还清贷款导致坏账、呆账增加,严重影响银行正常的经营活动甚至威胁到银行的生存。

2. 给金融活动的参与者带来间接的经济损失

例如,一家存在严重信用风险的银行,存款人会对其支付能力产生担忧,会提取存款或者转移存款,导致银行资金不断减少,业务萎缩;一个企业可能因无法及时收到货款而影响其生产经营,利润减少。

3. 影响投资者或存款人的信心和预期

金融体系的稳定需要信心来维系,维护投资者和存款人的信心至关重要。一旦投资者对金融市场失去信心,就会引起恐慌性抛售,导致证券价格大幅下挫;一旦存款人对某家银行失去信心,就会纷纷提款,形成挤兑风潮,引发银行危机和银行倒闭。

4. 增大了经营管理成本

由于预期收益的不确定性,经济主体为了规避风险,使风险降到最低,不得不加大搜集信息、整理信息的工作量,也增大了收集信息、整理信息的难度,这就增大了管理成本。

5. 降低了资金的使用率

金融风险的广泛性与后果的严重性,使得企业和个人不得不持有一定的风险准备金来应

第九章 金融风险、金融创新和金融监管

付金融风险。例如银行，由于对流动性变化的不确定性，难于准确安排备付金的数额，往往导致资金的闲置。此外，对金融风险的担忧使得一些消费者和投资者持币观望，导致社会上大量资金的闲置，降低了资金的使用率。

（二）金融风险对宏观经济的影响

1. 导致社会投资水平下降，并最终影响经济增长率

早在20世纪60年代末，经济学家的研究表明，金融风险将引起实际收益率、产出率、消费和投资的下降，金融风险越大，下降幅度越大。金融风险导致经济增长率下降甚至出现负增长，已被许多国家的实践所证实。经济学家研究发展中国家的银行危机后得出结论，如果一国银行危机持续一年，将会使其GDP下降1%；在第二年，将会使其GDP下降3%；在随后的几年中还有更多的下降，即一个发展中国家的银行危机将消耗一年的名义经济增长值。

2. 造成产业结构畸形发展，整个社会生产力水平下降

因为金融风险的存在，使大量资源流向安全性较高的部门，一方面使得边际生产力下降，另一方面导致资源配置不当，一些经济中的关键部门发展较慢，形成经济结构中的"瓶颈"。

3. 影响一国的国际收支

金融风险直接影响着国际贸易和国际投资活动。在金融风险增大时期，一国汇率和利率往往波动剧烈，而汇率的波动影响着商品的进出口总额，关系着一国的国际收支；利率的波动使利率风险增大，通货膨胀严重，投资环境恶化，直接影响着国际资本的流入和流出，从而影响一国的国际收支。

4. 引起金融市场秩序混乱

严重的金融风险还会引起金融市场秩序混乱，破坏正常的生产和生活秩序，甚至使社会陷入动荡，极大地破坏生产力。例如，1997年爆发的东南亚金融危机给世界经济带来严重后果，全球经济增长率下降了1%以上。处于危机中心的一些国家和地区更是深受其害，经济增长率都下降了2%以上，有的国家经济因此倒退了十多年，印度尼西亚还引发了政治危机。

三、金融风险的防范

（一）信用风险防范与控制

信用风险有广义与狭义之分。广义的信用风险指所有因客户违约（不守信）所引起的风险，狭义的信用风险通常指信贷风险。本书所指的信用风险主要是狭义的信用风险——银行信贷风险。

信贷风险指银行贷款不能按时收回本息而导致银行资金遭受损失的可能性。如贷款企业因破产倒闭造成的贷款本息损失，因经营决策失误而使生产陷入困境无力偿还贷款，投资项目失败造成贷款损失，因产品积压造成流动资金困难而无力偿还贷款等。商业银行的信用风险管理，主要是通过对借款人进行信用分析和评估，准确计算贷款风险度，正确做出贷款决策来达到防范和控制风险的目的。

1. 借款人信用等级的划分

（1）借款人信用分析。对借款人进行信用分析，是信用风险等级划分的基础和依据。它包括非财务状况分析和财务状况分析。

第一，非财务状况分析。非财务状况分析主要有六个方面，即国际上通行的"6C"原则，包括品质（Character）、能力（Capacity）、资本（Capital）、抵押（Collateral）、环境（Conditions）

和控制（Control）。品质指借款人借款有明确的目的，有偿债的意愿和能力。能力指借款人具有申请贷款的资格和行使法律义务的能力，并具有还款能力。资本指借款人财务报表上的总资产与总负债的情况、资本结构等。资本越雄厚，就越能承担风险损失。抵押指借款人用于抵押的资产质量、流动性和总价值情况。环境指借款人或行业的近期发展趋势，经济周期的变化对借款人的影响等。控制指法律的改变、监管当局的要求等问题。

第二，财务状况分析。财务状况分析主要是分析、评价借款企业的偿债能力。具体包括如下几方面指标。

反映企业流动状况的指标。企业的流动状况主要用流动资产和流动负债来反映。分析企业的流动状况，主要分析流动资产的周转情况，特别是企业对短期债务的清偿能力。反映企业短期债务清偿能力的指标有流动比率和速动比率；反映企业资金周转状况的指标有应收账款周转率、存货周转率和固定资产周转率等。

反映企业权益的指标。权益由债权人权益和股东权益两部分组成。这类指标主要有：负债对股东权益比率、负债比率、长期负债比率、股东权益比率、固定资产对长期负债比率、固定资产与权益总额比率、普通股每股账面价值等。

反映企业经营成果的指标。企业的盈利能力是银行最为关心的问题，反映企业经营成果的指标有三大部分：一是反映全部资产获利能力的比率，如股东权益报酬率；二是反映普通股获利能力的比率，如销售利润率、投资报酬率等；三是反映股东获利能力的比率，如普通股每股净收益、普通股每股净收益与市价比率等。

（2）单笔贷款风险度确定。银行在计算出上述指标后，根据建立的信用风险模型给借款企业评分，评出企业的信用风险等级，分为A级、B级和C级，并确定各种信用等级的风险系数，如表9-1所示。

表9-1 企业信用等级风险系数表

企业信用等级	分数值	风险系数
AAA	≥90分	0.4
AA	≥75分	0.5
A	≥60分	0.6
BBB	≥45分	0.7
BB	≥30分	0.8
B	<30分	1.0

资料来源：吴腾华，吕来福.现代金融风险管理.北京：中国经济出版社，1999.

AAA级表示投资信用最佳、还本付息能力最强；AA级表示还本付息能力很强；A级表示还本付息能力强，但易受不利经济因素的影响。B级中包括BBB级、BB级和B级。BBB级表示有还本付息能力，但比A级更易受不利经济因素的影响；BB级表示还债能力不强；B级表示企业有可能倒闭，但目前还有还本付息能力。B级以上是投资级，从B级以下（包括B级）就是投机级。银行原则上对投机级企业不予发放贷款。

贷款按保障形式划分，可分为信用贷款、保证贷款、抵押贷款和质押贷款。贷款因其保障程度不同而产生不同的贷款风险度。确定了企业信用等级风险系数和贷款方式风险系数后，就可以计算出单笔贷款的风险度。

单笔贷款风险度＝企业信用等级风险系数 × 贷款方式风险系数

【案例9-1：单笔贷款风险度的计算】

一企业向银行申请抵押贷款1 000万元。经过评审，该企业信用等级为AA级，其信用风险系数为0.5，如用其房产作为抵押，则贷款方式风险系数为0.5。该企业此笔贷款的风险度为 $0.5 \times 0.5 = 0.25$。

（3）全部贷款风险度的测定。贷款发放以后，银行的信贷资金就参与了企业的生产经营。由于不同企业生产经营的效果不同，银行的贷款资金就会以各种形态存在，而不同形态的贷款的风险性不一样。由此，可以测定出单笔贷款的资产风险度，即

单笔贷款资产风险度＝单笔贷款风险度 × 贷款形态风险系数

$$银行全部贷款资产的风险度 = \frac{\Sigma 单笔贷款资产风险度 \times 单笔贷款余额}{银行全部贷款余额}$$

单笔贷款资产风险度，用于贷款发放时的风险度测定。全部贷款资产风险度，用于银行全面评估贷款资产的风险。

2．商业银行信用风险的防范

（1）避免风险。商业银行在贷款业务中，应尽量避免向低效益企业或高风险项目发放贷款以避免信用风险的发生。为此，银行必须通过信用分析，了解企业的生产经营情况、资金使用情况、成本收益情况以及管理情况，对贷款项目进行全面评价与论证，对贷款偿还能力不足的企业不发放贷款。

（2）分散风险。对贷款风险采取分散策略，是各国商业银行普遍实行的一种风险管理方法。具体措施有：贷款投向的分散化，即将贷款分散在不同的地区和不同的行业中，防止因某一地区或某一行业的不景气而带来的信用风险；贷款数额的分散化，即银行发放的贷款数额，不应过分集中于某一地区、某一行业或者某一客户；贷款方式的多样化，即银行应采取多种多样的贷款方式，减小信用贷款比重，扩大抵押贷款和质押贷款比重；贷款期限结构的分散化，即银行的短期、中期和长期贷款比率要适当。

（3）转移风险。银行可以用合法的业务手段将贷款风险转移给他人来承担。具体方式有：抵押贷款，商业银行通过抵押贷款将贷款的风险转移给借款人；实行浮动贷款利率，在贷款期限内，贷款利率可以根据市场利率的变化进行调整，因而将贷款风险转移给借款人承担。

除此以外，商业银行还应定期对信贷资产质量进行审查，并将审查结果分门别类。目前商业银行在贷款管理过程中，依据贷款五级分类对信贷资产质量进行识别，以便于随时掌握借款人经营状况和还款能力的变化，有利于及早发现和防范信用风险。

（二）利率风险防范与控制

利率风险指由于市场利率变化的不确定性给商业银行带来损失的可能性；由于利率是银行计算资金价格的基础，因此，利率的变化对于商业银行来说影响很大，利率的升降会影响商业银行所有业务的经验成果，利率风险管理就成为银行面临的重要风险之一。

1．利率风险管理的常用方法

缺口管理是目前银行最常用的利率风险分析和管理技能。

【案例9-2：信贷风险的化解】

某商业银行于某年某月对一公司发放保证贷款400万元，期限半年。该公司在经营中出现亏损，贷款到期时，不但不能偿还该银行400万元本息而且还有其他四家银行的逾期贷款共计3 000多万元。而该贷款的保证单位，实际上也无还款能力。

银行信贷员及时了解了这一情况，并发现了该公司唯一比较值钱的资产——价值约1 000万元的地皮，因无力支付200万元的费用而办不了产权证。因此，信贷员向银行信贷部门领导建议：可以再向该公司贷款200万元，专用于办理此块地皮的产权。产权证办好以后，即向银行办理前次400万元及这次200万元贷款的转抵押手续。银行领导予以同意。该公司如期从产权部门取回产权证，经过艰苦努力，银行终于拿到产权证，重新办理了600万元的抵押贷款手续，期限3个月。还款期限到时，该公司已被其他多家债权银行申请破产还债。银行及时将其地皮进行拍卖，收回了贷款本息，及时化解了信贷风险。

资料来源： 钱晔.货币银行学.大连：东北财经大学出版社，2003.

利率有固定利率和浮动利率之分。固定利率的资产和负债对市场利率的变动都缺乏敏感性，而浮动利率的资产和负债对市场利率的变动比较敏感，其利息收入和支出都随着市场利率的变动而变动。资金缺口是指浮动利率资产与浮动利率负债之间的差额，用于衡量一家银行净利息收入对市场利率变动的敏感性。资金缺口有三种形态，即零缺口、正缺口和负缺口。在不同的资金缺口状态下，银行收益不相同，如表9-2所示。在零缺口状态下，商业银行的净利息收益在整个期限内不变。在正缺口状态下，浮动利率资产大于浮动利率负债。这时如果市场利率上升，则浮动利率的资产收益增加大于浮动利率的负债支出增加，银行盈利能力提高；反之，若市场利率下降，则银行盈利能力减小。在负缺口状态下，浮动利率资产小于浮动利率负债。这时如果市场利率上升，则浮动利率的资产收益增加小于浮动利率的负债支出增加，银行盈利能力减小；反之，若市场利率下降，则银行盈利能力增加。

表9-2 资金缺口状况与银行收益情况

资金缺口形态	状况	银行收益（当市场利率上升时）	银行收益（当市场利率下降时）
零缺口	浮动利率资产＝浮动利率负债 固定利率资产＝固定利率负债	收益不变	收益不变
正缺口	浮动利率资产＞浮动利率负债 固定利率资产＜固定利率负债	收益提高	收益缩小
负缺口	浮动利率资产＜浮动利率负债 固定利率资产＞固定利率负债	收益减小	收益提高

缺口管理就是在银行对利率预测的基础上，调整资金缺口的正负和大小，以尽量减少利率风险。其做法就是随着市场利率的变动，调整浮动利率资产和浮动利率负债与固定利率资产和固定利率负债的组合结构，通过改变资金缺口大小，获得较高的收益：当预测利率将上升时，银行应尽量减少负缺口，增加正缺口；当预测利率将下降时，银行应尽量增加负缺口，减少正缺口。

2．利率风险管理的创新金融工具

现代金融工具的创新和发展，为银行规避利率风险提供了新的手段。有效地运用金融工具可以帮助银行锁定和化解风险。

常用的防范利率风险的工具包括远期利率协议、利率期货、利率互换等。利率期货是买卖双方在期货交易所签订协议，承诺在未来某一特定日期以协议价格交割标准数量的，特定金融工具的活动。利率期货交易中的金融工具包括国库券、欧洲美元、大额可转让定期存单、中长期债券等。远期利率协议是买卖双方商定将来一定时间段的协定利率，并指定一种参照利率，在将来清算日按照规定的期限和本金数额，由一方向另一方支付协议利率的届时参照利率之间差额利息的贴现金额。远期利率协议建立在双方对未来利率的预测存在差异的基础上，实际上是一种双方以降低收益为代价，通过预先固定远期利率来防范利率风险的一种方法。利率互换指合约的双方以特定时期内、特定名目的同一货币本金和利率为基础，彼此交换支付利息的义务。包括固定利率与浮动利率互换、浮动利率与浮动利率互换。

【案例9-3：银行运用利率期货防范利率风险】

某银行3月初知道6月份将收到一笔400万美元的款项，该银行计划将其投资于国库券3个月以产生收益。已知3月份时国库券市场收益率较高，为9%（年利）。该银行预测未来几个月利率将下降，因此，如果6月份收到款项投资于国库券中收益将减少。为了防范利率下跌的风险，该银行决定利用利率期货来减少风险。已知3月1日现货市场国库券利率为9%，3个月国库券期货价格为8.8%；6月1日现货市场国库券价格为8%，期货市场价格为8.1%。具体操作过程如下所示。

现货市场	期货市场
3月1日：如果将400万美元投资于国库券将收益 400×(9%×3/12)=9万美元	3月1日：卖出4份3个月国库券期货合同（每张合同面值100万美元，收益400×(8.8%×3/12)=8.8万美元
6月1日：收到400万美元，投资于国库券，收益为400×(8%×3/12)=8万美元	6月1日：买进4份该合同进行对冲，支付400×(8.1%×3/12)=8.1万美元
期货市场亏损1万美元	期货市场盈利0.7万美元

（三）外汇风险防范

外汇风险分为交易风险、会计风险与经济风险，对于企业和银行来说，最常见的是交易风险。目前，国内外企业、银行大量采用各种技术工具，运用各种金融市场，如远期外汇市场、期货市场、期权市场以及货币市场进行套期保值，以降低交易风险。

1. 远期合约法

远期合约是合约双方约定在将来某一天或某一时间，以预先约定的汇率买入或卖出一定数量外汇的协议。运用远期合约规避外汇风险指具有外汇风险的企业或者银行，签订卖出或买进远期外汇的合约，以消除外汇风险的方法。

对于外贸企业来说，远期外汇交易的具体做法是：出口商在签订贸易合同后，按当时的远期汇率预先卖出与合同金额相同的远期外汇，在收到货款时再办理交割；进口商则预先以远期汇率按照实际付款的期限，买进合同所需的远期外汇，待实际付款时再进行交割。进出口商就可以锁定进出口成本，减少外汇风险。

在中国金融市场不甚发达的情况下，远期外汇交易是目前中国企业防范外汇风险的主要做法。

【案例9-4：运用远期外汇交易防范外汇风险】

某年5月2日，广东省一公司向新加坡出口价值为50万美元的电子产品，合同规定3个月后付款。签订合同时美元对人民币即期汇率为 $1=￥8.2769，该公司分析预测美元未来几个月将贬值，为防止美元贬值给公司带来损失，遂与银行做一笔3个月远期外汇买卖。已知3个月远期汇率为 $1=￥8.2632；该公司与银行签订远期外汇交易合同，按此汇率卖出美元，买进人民币，价值413.16万元。此后不管汇率如何变化，该公司3个月后都按此价格与银行成交。

3个月后若美元真的贬值，即期汇率变为 $1=￥8.1510，如果不作远期交易，公司必须按照这个汇价将50万美元卖给银行，共得人民币407.55万元。现在公司履行远期交易合同，按照远期汇率 $1=￥8.2632卖出美元，获得人民币价值413.16万元。可见，运用远期交易该公司锁定了收益，收到较好的效果。

银行进行远期外汇交易的目的是为了对即期外汇风险敞口进行保值，通过签订远期合约，将外汇风险转移出去。如果银行已出现或预计将出现外汇风险敞口，只要通过做一笔方向相反、金额一致的远期交易即可达到避险目的。例如，银行预计将收到一笔日元，为了防止日元汇率下跌而遭受损失，可以事先通过远期合约卖出金额相等的日元。

2. 外汇期货法

外汇期货法是指具有外汇风险的企业或者银行，通过外汇期货市场进行外汇期货交易，以消除或者减少外汇风险的方法。具体又分为多头套期保值与空头套期保值。

（1）多头套期保值。多头套期保值用于防止将来在现货市场上购买外汇时，由于汇率上涨带来的损失。具体做法是：企业（银行）首先在期货市场上买入与将来要在现货市场得到的货币相同、金额相同或基本相同、到期日相同或基本相同的期货合约。一段时间后，企业（银行）在现货市场买入该货币的同时，再在期货市场上卖出原期货合约。此时，若汇率上升，则期货市场的收益可以弥补现货市场的亏损；若汇率下降，则现货市场的收益弥补期货市场的亏损。达到套期保值目的。

【案例9-5：多头套期保值】

5月6日，美国某进口商从加拿大进口货物，价值50万加元，合同规定4个月后付款，到时该进口商将用美元兑换加元进行支付。该进口商预计未来加元将升值，为了防止加元升值的风险，该进口商决定利用外汇期货交易进行保值。有关的成交价格如下：

5月6日即期汇率为 C$1=$0.84609　　　5月份期货价格为 C$1=$0.8450

9月6日即期汇率为 C$1=$0.84909　　　9月份期货价格为 C$1=$0.8489

设每张加元期货合约面值为10万加币。该进口商操作过程如下所示。

现货市场	期货市场
5月6日：若支付50万加元，按即期汇率 C$1=$0.8460，折合美元需支付42.3万元	5月6日：买入面值为50万加元的9月到期的加元期货合约，价格为 C$1=$0.8450，支付美元42.25万元
9月6日：支付50万加元，按照即期汇率 C$1=$0.8490，折合美元需支付42.45万元	9月6日：卖出该期货合约，价格为 C$1=$0.8489，收入美元42.445万元
现货市场损失1 500美元	期货市场收益1 950美元

第九章 金融风险、金融创新和金融监管

（2）空头套期保值。空头套期保值用于防止将来在现货市场上出售外汇时，由于汇率下跌带来的损失。具体做法是：企业（银行）首先在期货市场上卖出与将来要在现货市场上卖出的货币相同、金额相同或者基本相同、到期日相同或者基本相同的期货合约。一段时间后，当企业（银行）在现货市场上卖出该货币时，在期货市场上买入原期货合约。此时，如果汇率下跌，则期货市场的收益可以弥补现货市场的亏损；若汇率上升，现货市场的收益可以弥补期货市场的亏损，达到保值目的。

【案例9-6：空头套期保值】

3月6日，某美国出口商向加拿大出口一批货物，价值50万加元，合同规定3个月后收回货款。美国出口商决定利用外汇期货交易来防范汇率风险。有关交易价格如下：

3月6日即期汇率为 $1=C$1.17963　　　3月份加元期货价格为 C$1=$0.8490

6月6日即期汇率为 $1=C$1.18206　　　6月份加元期货价格为 C$1=$0.8460

该出口商外汇期货交易过程如下所示：

现货市场	期货市场
3月6日：若卖出50万加元可获得 42.448425(50/1.1779) 万美元	3月6日：卖出5份面值为10万加元的加元期货，获得美元价值为 50×0.8490＝42.45 万美元
6月6日：卖出50万加元获得 42.201184(50/1.182) 万美元	6月6日：买进5份面值为10万加元的加元期货，支付美元价值为 50×0.8460＝42.3 万美元
6月6日卖出加元比3月6日卖出，少得1472.41美元	期货市场获利1 500美元

除上述远期外汇交易法和外汇期货法以外，经济主体还可通过调期交易、期权交易等方法规避外汇风险。

第二节　金融创新

金融创新是近几十年西方金融业中迅速发展的一种趋势。其内容是突破金融业传统的经营局面，在金融工具、金融方式、金融技术、金融机构以及金融市场等方面均进行了明显的创新、变革。这个趋势从20世纪60年代后期开始，70年代各种创新活动日益活跃，到80年代已形成全球趋势和浪潮。金融创新浪潮的兴起及迅猛发展，给整个金融体制、金融宏观调控乃至整个经济都带来了深远的影响。

一、金融创新的概念

"创新"一词首先见于西方著名经济学家熊彼得（J.Schumpeter）1912年出版的《经济发展理论》一书中，他把经济活动中生产要素和条件的新组合称为创新，认为创新是通过经济体系内部的变革所创造或引进的新事物。它主要有五种情况：①引进新产品；②采用新技术，即新的生产方法；③开辟新市场；④发现新原料的供应来源；⑤实现新的组织形式或管理方式。因此，创新的实现过程就是经济的发展过程。运用这一概念，可以把金融创新定义为：金融领域内部通过各种要素的重新组合和创造性变革所创造或引进的新事物。

从广义的金融创新概念来考察，金融创新的内涵是丰富多样的。其中既有历史上各种货币和信用形式的创新以及所导致的货币信用制度、宏观管理制度的创新，又有金融机构组织

和经营管理上的创新以及金融业结构的历次创新,也有金融工具、交易方式、操作技术、服务种类以及金融市场等业务上的各种创新,还有当代以电子化为龙头的大规模全方位金融创新等等。狭义的金融创新指的是金融业务创新,西方发达国家在放宽银行设立条件,取消或放松对银行资产负债的管理,取消或放松利率管制、外汇管制,允许银行与非银行金融机构实行业务交叉等金融管制后,加强了各类金融机构的相互竞争,产生了一系列新的金融产品和交易手段。放松金融管制后,利率不断波动,加大了银行经营风险,为此,金融机构采取了新的金融工具回避可能产生的风险,变化或调换利率以对付利率波动所带来的资产损失,缩短资产管理的期限以减少风险发生的概率,随之创造出了期货交易、期权交易、利率掉期、利率互换等新的金融产品,使金融创新向着更深更广的方向发展。

二、金融创新的动因

金融创新的浪潮不是某一因素所导致的,而是在特定的经济背景下多因素共同作用和影响的产物。

（一）金融创新是商品经济发展的客观要求

金融创新反映了商品经济发展的客观要求,当今世界商品经济处于不断发展的进程之中。特别是日新月异的技术进步,使得商品经济的发展不断突破时间、地域以及各种社会传统的界限,涌现出更多、更新的为人类文明生存与发展所需的行业、部门、模式和手段。在这种形势下,当然就会从不同角度、不同层次对为之服务的金融事业提出新的要求。第二次世界大战以后,各国经济与金融的快速发展,从需求和供给两个方面掀起了当代金融创新的高潮。在需求方面,经济货币化向金融化发展以后,许多新的金融需求随着金融化程度的提高不断产生出来,面对新的需求,原有的金融机构、金融工具、金融业务方式、金融市场组织形式和融资技巧等就会在一些方面显得笨拙、落后,不怎么合理并缺乏效率。这就必然导致突破原有藩篱的金融创新。从供给方面看,由于金融机构资产的剧增,大大提高了金融创新的规模报酬,刺激了金融机构增加创新的供给。当代金融机构为了实现业务经营的"三性"方针的最佳组合,需要通过创新来回避和分散金融风险,保证流动性,提高收益性,特别是在金融业垄断竞争的格局下和激烈的竞争中,金融机构只有通过创新才能获取潜在收益,扩展或保持自己的市场份额。而当代金融创新的有利条件增多,技术难度和成本呈下降趋势,金融机构的创新供给能力增强,金融创新因此层出不穷。商品经济发展变化所提出的客观需要不仅是强劲的,而且是持久的,所以金融创新的浪潮至今仍在不断地推进。

（二）金融创新是克服经济环境中各种风险的需要

西方经济金融发展中的内在矛盾冲突,例如长期的通货膨胀、浮动汇率制的实行、国际债务危机的发生等等,导致了价格、利率、汇率的易变性和不定性大大增加,日益上升的金融风险成为矛盾的焦点,使得转移风险、增加流动性方面的金融需求极为旺盛。20世纪70年代西方国家的恶性通货膨胀和市场利率的剧烈波动,为了治理高达两位数的通胀率,西方国家不断提高利率,致使利率也达到战后两位数的最高水平。以美国短期国库券的利率为例,60年代中期一直低于5%的水平,到了70年代其波幅扩大到4%～11.5%,80年代又升至7%～15%。短期利率的上升造成了对长期证券和不动产投资的收益率下降,而剧烈的利率波动又会导致一些巨额投资的溢价或资本损失,无疑增大了投资的不稳定性。利率的风险性极大地改变了金融市场的需求情况,促使金融机构创造一些新的债权债务工具,美国在70

年代就推出了可变利率抵押贷款、金融期货和金融期权三种新的金融产品。80年代初,墨西哥、巴西、阿根廷等国宣布无力偿还外债,引发了国际债务危机,加剧了国际金融的不稳定性,对发达国家和发展中国家的经济都产生了极大的影响,这一重大变化客观上要求金融业务与其相适应。于是,债权债务双方都采取并创造了许多新的解决债务问题的方法,如债务股权转移,购回旧债发行有抵押条件的新债,债务转换成债券等。从而导致了大批新的融资方式的诞生,促进了金融创新的形成。

(三)金融管制和金融自由化思潮促进了金融创新的发展

20世纪30年代经济危机后,西方各国对银行业的经营纷纷采取了严格的管制,以避免重蹈货币发行的无节制性造成严重通胀的覆辙。但是,金融管制是一把"双刃剑",它在一定程度上束缚了银行的手脚,造成资金的闲置和利润的损失。严格的金融管制在不同程度上激发了金融创新的积极性。美联邦储备法案曾列有《Q条例》,规定了商业银行储蓄和定期存款利率的最高界限,而这一界限往往低于西欧各国美元存款的利率,使得银行储蓄对顾客缺乏足够的吸引力,银行的负债业务难以发展起来。另外,美国政府货币政策中的《M项条例》规定商业银行要向联邦准备体系缴纳很高的存款准备金,而中央银行对商业银行的存款准备金是不付利息的,因此商业银行的准备金越多,所受的利息损失就越大,导致商业银行想方设法开发新的负债方式,以逃避严格的准备金要求。

20世纪70年代西方兴盛的经济自由主义思潮,为金融业要求放松管制、追求自由经营提供了思想武器和理论武器。在经济自由主义思潮支配下,金融业强烈要求当局放松战后设置的种种限制和管制,并不约而同地通过金融创新逃避管制,形成了金融自由化浪潮。而各国当局在经济自由主义思潮影响下,一方面主动放弃了一些明显不合时宜的管制;另一方面被迫默认了许多规避性创新的成果,放松了金融管制的程度,进一步促进了金融创新。到了80年代,西方各国放松了金融管制,随后而起的金融自由化思潮又掀起了新的金融创新浪潮。以美国政府《1980年放松存款性机构管制和实施货币控制法》为代表,西方发达国家首先放松了对利率、金融业务交叉及外汇等方面的管制,不同金融部门间的业务渗透很快成为一种普遍现象,传统金融业务不断被更新,大批新的金融工具脱颖而出。

(四)科学技术进步加快了金融创新的步伐

当代电子信息技术的迅速发展为金融业的发展提供了强大的动力。新技术的应用,使交易成本大幅下降,通过广泛使用电信技术,金融机构可以以直接或间接的方式,及时地为过去在分散、孤立的市场中进行商业活动的用户提供他们需要的、跨国界的各种服务,电子计算机和通信技术的普遍应用已为西方世界创造了一个全球性的金融市场。同时,计算机和信息处理技术的发展使得市场创造者不断设计出复杂的金融工具,并计算出其价格,连续监视这些新金融工具产生的风险,然后设计出针对这些风险的相应保护措施。在一些传统的金融领域中,电信技术的进步,减少了金融机构的业务收入,并且创造了更加具有竞争性的价格结算,以推动这些金融机构去奉行更为革新化的路线。

三、金融创新的理论流派

金融创新的理论是关于金融创新原因和影响的理论。从金融创新形成的原因分析,金融创新大多源于政府严格监管的逆效应、高通货膨胀的压力和高新技术的发展。在金融创新形成浪潮时,西方经济学家对此进行研究,并提出各种理论。

（一）技术推进论

这种理论认为，新技术的出现及其在金融业的应用，是促成金融创新的主要原因。特别是电脑和电信设备的新发明在金融业的应用，是促成金融创新的重大因素。早期研究技术创新对经济发展贡献的代表人物熊彼特、韩农和麦道威经过实证研究，提出了新技术的采用是推动金融创新的主要原因的理论。

（二）货币促成论

这一理论的代表人物是货币学派的弗里德曼。这种理论认为，金融创新的出现，主要是货币方面因素的变化所引起的。20世纪70年代的通货膨胀和汇率、利率反复无常的波动，是金融创新的重要成因，金融创新是作为抵制通货膨胀和利率波动的产物而出现的。如20世纪70年代出现的可转让支付命令账户、浮动利率票据、浮动利率债券、外汇期货等，都是金融创新的产物。

（三）财富增长论

格林包姆和海沃德在研究美国金融业的发展历史时，提出了财富的增长是决定金融创新的主要因素的理论。这一理论认为，科技的进步会引起财富的增加，随着财富的增加，人们要求避免风险的愿望增加，这就促使金融业发展，而金融资产的日益增加又导致了金融创新。

（四）约束诱导论

这一理论的代表人物是西尔柏。该理论认为，金融业回避和摆脱内部和外部制约的目的是金融创新的根本原因。金融机构之所以发明各种新的金融工具、交易方式和服务种类、管理方法，其目的就是要摆脱面临的各种内部和外部的制约。金融机构的内部制约是指传统的增长率、流动资产比率、资本率等管理目标；外部制约是指金融当局的各种监管和制约，以及金融市场上的一些约束。当上述因素制约金融机构获得利润最大化时，金融机构就会发明新的金融工具、服务品种和管理方法，以增强自身的竞争功能。

（五）制度改革论

这一学派以诺斯、戴维斯等人为代表，认为金融创新是一种与经济制度相互影响、互为因果的制度改革，因此，金融体系任何因制度改革而引起的变动都可视为金融创新，如存款保险制度也是金融创新。该学派还认为，金融创新并不是20世纪电子时代的产物，而是与社会制度紧密相关的。政府的监管与干预行为本身已经包含着金融制度领域的创新。在市场活跃，经济相对开放以及监管不严的经济背景下，政府的监管和干预直接或间接地阻碍着金融活动，当由此产生的金融创新行为对货币当局实施货币政策构成威胁时，政府会采取相应的制度创新。

（六）规避管制论

这一理论的主要代表人物是凯恩斯。该理论认为，金融创新是金融机构为了获取利润而回避政府监管所引起的。各种形式的政府监管与控制，性质上等于隐含的税收，阻碍了金融机构获得更大赢利的机会。因此，金融机构会通过创新来规避政府监管。当金融创新危及金融稳定与货币政策时，金融当局会加强监管，新的监管又会导致新的创新，两者不断交替，形成一个相互推动的过程。

（七）交易成本论

希克斯与尼汉斯是这一理论的代表。他们把金融创新的成因归于降低交易成本。认为降低交易成本是金融创新的首要动机，交易成本的高低决定了金融业务和金融工具的创新是否

第九章 金融风险、金融创新和金融监管

具有实际价值,而金融创新就是对科技进步导致的交易成本降低的反应。

上述金融创新理论均侧重于对金融创新成因的讨论,且大多是从某一方面加以分析的,并没有对金融创新作全面、综合的理论分析。

四、金融创新的内容

当代金融创新种类繁多,范围极广,速度极快。总起来看大致包括:新科技在金融业的应用;国际新市场的开拓;国内和国际金融市场上各种新工具、新方式、新服务的出现;银行业组织和管理方面的改进;金融机构方面的变革。

(一) 金融业务的创新

1. 负债业务的创新

负债业务的创新主要发生在 20 世纪 60 年代以后。各商业银行通过创新负债工具,一方面规避政府监管,另一方面也增加银行的负债来源。主要有:大额可转让定期存单;可转让支付命令账户;自动转账服务;货币市场存款账户;协定账户;其他创新业务,如股金汇票账户、个人退休金账户及货币市场存单等。

2. 资产业务的创新

主要有:一是消费信用,包括一次性偿还的消费信用和分期偿还的消费信用。这种资产业务方式发展迅速,已成为有些商业银行的主要资产项目;二是住宅放款。包括固定利率抵押放款、浮动利率抵押放款和可调整的抵押放款;三是银团贷款;四是其他资产业务的创新,如平行贷款、分享股权贷款、组合性融资等。

3. 中间业务的创新

银行中间业务的创新改变了银行传统的业务结构,增强了竞争力。主要有:一是信托业务,包括证券投资信托、动产和不动产信托、公益信托等;二是租赁业务,包括融资性租赁、经营性租赁、杠杆性租赁等。

4. 清算系统的创新

包括信用卡的开发与使用,电子计算机转账系统的应用等。

(二) 金融市场的创新

金融市场的创新一方面是指欧洲货币市场上金融工具的创新;另一方面是指衍生金融市场上金融工具的创新。

1. 金融工具创新

在欧洲货币市场上的金融工具创新主要是指贷款工具,如多种货币贷款、平行贷款、背对背贷款、浮动利率债券、票据发行便利、远期利率协定等。

2. 金融衍生市场上的金融工具创新

金融衍生市场上的金融工具称为衍生金融工具,它们是一种双边合约,其价值取决于基础市场商品或资产的价格及其变化,按合约买方是否有选择权,可分为远期类和期权类衍生工具。所谓远期类合约有两个特征:一是合约涉及的商品和金融资产的交割日是未来的某一天;二是合约签订时的价值为零。这类合约的形式主要有远期合约、期货合约和互唤合约。所谓期权类合约,其特点是合约买方在履行合约上具有选择权,合约签订初期就已经具有价值。这类合约的主要形式有期权合约、利率的上限与下限互换期权。此外,在衍生金融工具市场上还存在着其他类型的工具,如商品派生证券、指数货币期权凭证、弹性远期合约等。

(三) 金融组织结构创新

20世纪70年代末到80年代，各国逐渐撤销了对资本流出流入本国的种种限制，金融业的国际化使金融机构的组织形式发生变化，在过去单一制、总分行制的基础上出现了连锁制、控股公司制、联盟制银行，在分支机构形式上，也推出了全自动化分支点、百货店式分支点、专业店式分支点、金融广场式分支点等，此外，还有以计算机网络为主体而无具体营业点的网上银行，企业、居民足不出户就可以享受各种金融服务，一切业务均通过计算机的键盘操作来完成。其中最重要的组织创新是金融机构从传统的单一结构向集团化方向发展，如银行控股公司和跨国银行的崛起。银行持股公司是银行集团化的重要形式之一，它是指一家公司控制了一定比例的银行股票，从而有权决定该银行的重要人事、营业政策和往来关系等事宜；而跨国银行则是指根据联合国跨国银行委员会的解释，凡一家银行在5个国家设有分支机构或持有某些银行多数股权的可称为跨国银行。跨国银行有多国共组的跨国银行，有各国银行以股权方式联合成立的国际性联合银行。金融机构组织形式的另一个重要创新就是"金融联合体"的出现。集银行、证券、保险、信托、租赁和商贸为一体的大型复合金融机构、金融百货公司、金融超级市场等新型的经营机构在经营管理上打破了地域的限制，业务相互交叉渗透，模糊了原有的职能分界，既经营银行业务又经营非银行业务，同时还经营商业零售和批发业务。各类金融机构趋于同质化，金融业从提供单一服务向综合性金融服务方向发展。20世纪70年代以后，跨国大型复合金融机构、金融百货公司或金融超级市场等新型金融机构风行欧美国家。

【案例9-7：网络银行】

网络银行，也成网上银行、在线银行，是指通过互联网或其他电子传输渠道，提供各种金融服务的新型银行。

网络银行通常分为纯网络银行和分支型网络银行两类。纯网络银行也可称为"只有一个站点的银行"。这类银行一般只有一个办公地址，无分支机构、无营业网点，几乎所有业务都通过互联网进行，是一种虚拟银行。世界上第一家纯网络银行是于1995年10月18日在美国亚特兰大成立的"安全第一网络银行"。分支型网络银行是指原有的传统银行利用互联网作为新的服务手段，建立银行站点，提供在线服务。网上一站点相当于它们的一个分支行或营业部，是实体银行采用网络手段扩展业务、增强竞争力的一种方式。在网络银行业务中，以传统银行作为母行所推动的占主要份额。

网络银行具有许多明显的优势：（1）方便、快捷、超越时空；（2）成本低，（3）拓宽了金融服务领域，如包括利率、汇率信息，经济、金融新闻等信息服务；详细而低成本的投资理财服务、投资咨询服务和综合经营服务等；（4）传统银行一般是单方面开发业务品种，向客户推销产品和服务，而网络银行则采取以客户为导向的营销方式，即可以按照客户的需求为其提供极具个性化的服务等。

网络银行发展中存在的主要障碍是：（1）安全问题；（2）法律规范问题。

目前，中国尚无纯网络银行出现。广告宣传上的网络银行都是传统银行通过网络开展业务。网络银行在中国的开展，是在20世纪90年代中期之后。至2001年4月，已经有20多家银行的200多个分支机构拥有网址和主页。其中开展实质性网络银行业务的分支机构大约50家。

资料来源：黄达.金融学（精编版）.北京：中国人民大学出版社，2004.

(四）金融管理的创新

金融业经营管理创新主要表现在商业银行的资产负债管理方面。西方商业银行经营管理理论基本经历了三个阶段，从资产管理理论到负债管理理论，20世纪70年代后期发展为资产负债综合管理理论。

在20世纪60年代以前，金融市场还不够发达，银行和非银行金融机构还未形成体系，银行资金来源比较单一和稳定，大多为吸收客户的活期存款，银行的收入主要来自资产的收益，资产管理的好坏，直接标志着银行的业绩，所以，银行的经营管理重点放在资产方面。资产管理理论认为负债是资产的既成前提，资产规模受到负债规模制约，负债取决于客户是否愿意来存款，银行处于被动地位，银行只能对资产主动加以管理，努力实现银行经营管理的目标。

进入20世纪60年代，由于西方经济周期持续处于繁荣阶段，工商企业的资金需求急剧扩张，商业银行为了适应新的形势，开始积极寻求新的资金来源。随着市场的开放，市场竞争变得越来越激烈，大量新的金融机构的设立，使得银行间争取存款的意识日渐强烈。同时，大量非银行金融机构的设立，也从这个市场上拉走了大量存款。比如证券公司，通过收取证券交易保证金的形式，吸引了大量个人资金从银行流向非银行金融机构。而非银行的信托投资公司等也在向企业发放贷款，对市场的冲击很大。在这种情况下，银行认为在负债方面并非无所事事，而有很多方法可以使用，并能取得很好的效果。于是银行逐渐重视负债管理，运用负债管理工具扩大可用资金。负债管理的基本思想是银行通过在金融市场上寻找资金来源，特别是充分利用短期负债增加银行资金来源，从而增加银行的资金运用，满足贷款或其他资产的需求。

随着20世纪70年代后期金融市场波动的加剧和金融分析技术的发展，使银行管理更进一步深化。现在国际市场上的利率确定常常采用每半年浮动一次的所谓"浮动利率"方式。那么，利率的变化，对于长期贷款就是一个不确定因素，会给银行带来风险。因此，资产管理或负债管理都不能完成现在市场情况下银行的盈利、流动与安全的最佳搭配。银行经营管理日益转向资产负债管理方式。由于市场利率大幅上升，负债管理在负债成本及经营风险上压力越来越大，商业银行迫切需要更新更有效的经营管理理论，而这一时期计算机技术有了很大发展，在银行业务和银行管理上运用越来越广泛，预测决策理论的出现，克服了负债管理中风险大、成本高的缺陷，并由此产生了多元化的资产负债联合管理。资产负债管理理论不再将经营管理的重点单一地放在资产方或负债方，资产负债综合管理的目标是财富的最大化，或者说预期净值最大化。由于银行的净值是其资产与负债的差额，因此必须兼顾银行的资产和负债结构，强调资产与负债两者之间的整体规划及搭配协调，通过资产结构与负债结构的共同调整和统一协调的管理，保持资金的高度流动性，在市场利率波动的情况下，达到利润最大化的经营目标。资产负债管理的核心实际是利率风险管理。整个管理中关键是时刻关注市场利率的变化，从而使银行选择风险最小、收益最高的利率确定方式或水平。

五、金融创新的影响

自20世纪70年代以来金融创新已发展成为全球性的浪潮，对世界各国的金融制度、金融业务和经济发展产生了深远的影响，经济学界认为金融创新利弊参半。

（一）金融创新的正面影响

1. 推动了金融业的竞争，提高了金融机构的运作效率

第一，金融创新冲破了传统管制的篱笆，可转让支付命令账户、自动转账服务账户等创新产品突破了《Q条例》，而大额可转让定期存单、货币市场存款账户等存款工具则逃避了存款准备金制度的管制，使得金融管理当局不得不放松管制，如美国20世纪80年代初废除了《Q条例》，西方各国纷纷放宽对金融业的严格管制。金融创新通过大量提供具有特定的内涵与特性的金融工具、金融服务、交易方式或融资技术等成果，从数量和质量两个方面同时提高需求者的满足程度，不同类型的金融机构之间业务的互相渗透、互相竞争，经营管理的改善，增强了金融机构的活力和竞争能力，提高了金融机构的运作效率。第二，提高了支付清算能力和速度。把电子计算机引入支付清算系统后，成百倍地提高了支付清算的速度和效率，使金融机构的支付清算能力和效率上了一个新台阶，大大提高了资金周转速度和使用效率，节约了大量的流通费用。第三，大幅度增加了金融机构的资产和盈利率。当代金融创新中涌现出来的大量新工具、新交易、新技术、新服务，使金融机构积聚资金的能力大大增强，信用创造的功能得到充分发挥，导致了金融机构所拥有的资金流量和资产存量急速增长，由此提高了金融机构经营活动的规模报酬，降低了平均成本，加上经营管理方面的各种创新，使金融机构的盈利能力大为增强。

2. 提高了金融市场的运作效率

第一，金融创新提高了市场价格对信息反应的灵敏度。通过提高市场组织与设备的现代化程度和国际化程度，使金融市场的价格能够对所有可得的信息做出迅速灵敏的反应，提高了金融市场价格变动的灵敏度，使价格快速及时地对所获信息做出反应，缩小了各金融中心主要金融品种的价格差别，为世界各地投资者融资提供了方便。第二，增加了可供选择的金融产品种类。当代金融创新中大量新型金融工具的涌现，使金融市场所能提供的金融产品种类繁多，投资者选择的余地很大。面对各具特性的众多金融产品，各类投资者很容易实现他们自己满意的效率组合。第三，增强了投资者和金融机构防范与应付风险的能力。汇率、利率和有价证券价格的频繁波动，给广大投资者带来了极大的风险，金融创新中涌现出来的金融期货、金融期权和利率互换等新型交易方式，使投资者通过运用这些新的金融工具有效地回避了利率和汇率的风险，从而降低了投资风险，同时也使得金融市场的价格更趋合理性和预期性。第四，金融创新还加速了金融市场的全球一体化进程，促进了全球资本市场的高度一体化，主要国际金融中心实现信息交易和结算的计算机联网。全球外汇市场、货币市场和证券市场相互联系实现24小时的连续交易。

3. 扩大了投资范围和融资渠道

由于金融工具的不断创新，扩大了企业、个人等投资者对金融资产的选择范围，增强了金融资产的流动性和安全性，为投资者带来了更多的投资便利。对于工商企业来说，金融创新使融资方式多样化，资金融通更加灵活，在时间、数量、期限等各方面更能满足投资者的需求。由于电子化降低了交易成本与平均成本，使投资收益相对上升，吸引了更多投资者和筹资者进入市场，提高了交易的活跃程度，从而促进了商品生产和商品流通的顺利进行。

（二）金融创新的负面影响

1. 削弱了货币政策的效力，增加了金融监管的难度

金融创新使货币供求机制、总量和结构乃至特征都发生了深刻变化，对金融运作和宏观调控影响重大。金融创新对货币政策的影响主要体现在以下几个方面：①存款准备金比率调整作用减弱。由于金融机构通过回购协议、货币市场互助基金账户等方式筹集的资金不算存款，因而无须缴纳法定存款准备金，这扩大了金融机构资金使用范围，削弱了中央银行通过调整准备金比率控制派生存款的能力。②贴现率作用下降。金融创新使得金融机构融资渠道多样化，不仅国内融资容易，而且在国际金融市场上也可找到国内货币的理想替代品，由此金融机构对中央银行贴现窗口的依赖性大为降低，贴现机制作用被削弱。③选择性货币政策工具失效。回避管制型金融创新使利率限制、法定保证金、信用配给等选择性工具失效，迫使中央银行很少或放弃运用选择性货币政策工具。由于各类非银行金融机构和复合性金融机构在金融创新中也具备了创造存款货币的功能，增加了货币供给的主体，导致货币定义和计量日益困难和复杂化，削弱了中央银行对货币供给的控制能力与控制效果，容易导致货币政策失效和金融监管困难。

2. 导致金融体系稳定性下降，经营风险增大

当代金融创新在提高金融微观效率和宏观效率的同时，却增加了金融业的系统风险。金融创新使金融业进一步同质化，新老机构相互竞争，存贷利差日益缩小。为了获得必要的利润，金融机构被迫从事高风险业务，尤其在金融管制放松以后，银行融资成本不断增加，使得银行不得不去承担风险更大的投资或贷款，而且也越来越多地加大了表外业务的经营，如借款承诺、借款担保、备用信用证、利率互换等。由于这些经营项目都不表现在商业银行的资产负债表内，从而避开了中央银行的监督与控制，虽然使银行的收入增加，也使银行承受了更大的风险，经营风险大大提高。金融创新推动了金融国际化进程，金融机构之间、金融部门与其他部门之间、国内市场与国际市场之间相互依赖加强，一损俱损，任何一个环节出现问题都会危及整个金融体系。新型金融工具的出现，也助长了金融投机活动的猖獗，威胁到国际金融体系的稳定。

3. 容易产生金融泡沫，增加爆发金融危机的可能性

在当代金融创新中，金融市场上出现了许多高收益和高风险并存的新型金融工具和金融交易，尤其是从虚拟资本中衍生出许多新奇的种类，如股票指数交易、股票指数期货交易、股票指数期权交易等。一些避险性的创新本身又成了高风险的载体，如外汇掉期、利率或货币掉期等等。这些新型的金融工具和交易以其高利诱导和冒险刺激，吸引了大批的投资者和大量的资金，在交易量几何级数的放大过程中，价格往往被推到一个不切实际的高度，拉大了与其真实价值的差距，表现为资产市价大大超过其净值，虚拟资本急剧膨胀，由此产生大量的泡沫，产生过度投机，极易引发金融危机。

综上所述，当代金融创新虽然利弊皆存，但从总体上看，金融创新的利远远大于弊，并且其利始终是主要和主流共性的。正确认识和客观评价金融创新对于金融发展和经济发展的积极推动作用，是有效利用和充分发挥其动力作用，主动驾驭并把握金融创新的内在规律，最大限度地推动金融、经济发展和社会文明进步的基本前提。当然，当代金融创新的副作用亦不能忽视，必须加以有效的引导和监管进行防范和控制。对创新在不同方面存在的弊病可以采取不同的政策措施予以克服或减轻。例如，金融创新对货币供求的不利影响，可以通过完善宏观调控来抵消；对货币政策实施的不良作用，可以通过中央银行的管理创新来抵御；对系统性风险和经营风险，可以通过强化监管、设置金融安全网或增强防范措施，将风险控制在可承受的限度之内；对泡沫膨胀、过度投机和金融寻租等不良现象，可以通过矫正创新

方向，控制虚拟性或衍生性创新，规范交易并严格监管等措施来抑制。总之，只要改善宏观调控，加强监管，正确引导，当代金融创新的副作用应该可以减轻到最低限度，安全与效率并非不可兼得。

第三节 金融监管

一、金融监管及其范围

金融监管是金融监督和金融管理的复合词。金融监管有狭义和广义之分。狭义的金融监管是指金融主管当局依据国家法律法规的授权对金融业（包括金融机构以及它们在金融市场上的业务活动）实施监督、约束、管制，使它们依法稳健运行的行为总称。广义的金融监管除主管当局的监管之外，还包括金融机构的内部控制与稽核、行业自律性组织的监督以及社会中介组织的监督等。

通常来说，一国的金融监管涉及金融的各个领域：如对存款货币银行的监管；对非存款货币银行金融机构的监管；对短期货币市场的监管；对资本市场和证券业以及各类投资基金的监管对外汇市场的监管；对衍生金融工具市场的监管；对保险业的监管等等。

二、金融监管的理论依据

金融监管理论，是在政府管制理论的基础上，结合对金融业特殊性的分析，发展和完善起来的。有关金融监管的理论依据多种多样，但无非是论证监管的必要性、必然性。

（一）社会利益论

该理论认为，金融监管的基本出发点首先就是要维护社会公众的利益。而社会公众利益的高度分散化，决定了只能由国家授权的机构来履行这一职责。社会利益论源于20世纪30年代的美国经济危机。当时人们迫切要求政府通过金融监管来改善金融市场和金融机构的低效率和不稳定状态，以恢复公众对存款机构和货币体系的信心。

现代的社会并不存在纯粹的市场经济。自由竞争的市场机制不仅不能完全保证资源的最优配置，有时还会造成资源浪费和社会福利的损失。按照经济学的一般原理，当某一经济主体的经济活动存在着某种外在效益时，其自我运行所追求的利益目标就有可能与社会利益目标发生冲突。这就需要代表社会利益的国家对其活动进行必要的干预，使其行为尽量符合社会公众的利益。

历史经验表明，在其他条件不变的情况下，一家银行可以通过其资产负债的扩大，资产对资本比例的扩大，来增加盈利能力。这必然伴随着风险的增大。但由于全部的风险成本并不是完全由该银行自身，而是由整个金融体系乃至整个社会经济体系来承担，这就会使该银行具有足够的动力通过增加风险来提高其盈利水平。如果不对其实施监管和必要的限制，社会公众的利益就有很大可能受到损害。同时，金融体系的公共物品特性，决定了要么在政府主导下来构建金融体系；要么以私人部门为基础构建金融体系，但政府要通过限制过度竞争的制度安排，给予私人部门适当的保护。在当前市场经济国家由私人部门构建金融体系的情况下，包含市场准入限制的金融监管，就可以起到限制金融业过度竞争和在私人金融部门中形成一定的监管利益，从而达到对金融业进行间接补贴，稳定金融体系的作用。

简单概括这一理论的观点，那就是：市场缺陷的存在，有必要让代表公众利益的政府在一定程度上介入经济生活，通过管制来纠正或消除市场缺陷，以达到提高社会资源配置效率、降低社会福利损失的目的。当然，管制也会带来额外的成本，可能对金融体系运行的效率产生不利影响。但该理论认为，只要监管适度，就可以在增进社会公众整体利益的同时，将管制带来的成本降到最低水平。

（二）金融风险论

该理论主要从关注金融风险的角度，论述了对金融业实施监管的必要性。

首先，金融业是一个特殊的高风险行业。与一般企业不同，高负债率——资金主要来源于外部——是金融业的特点。以银行业为例，其资本只占很小的比例，大量的资产业务都要靠负债来支撑。在其经营过程中，利率、汇率、负债结构、借款人偿债能力等因素的变化，使得银行业时刻面临着利率风险、汇率风险、流动性风险和信用风险，成为风险集聚的中心。而且，金融机构为获取更高收益而盲目扩张资产的冲动，更加剧了金融业的高风险和内在不稳定性。当社会公众对其失去信任而挤提存款时，银行就会发生支付危机甚至破产。

其次，金融业具有发生支付危机的连锁效应。在市场经济条件下，社会各阶层以及国民经济的各个部门，都通过债权债务关系紧密联系在一起。因而，金融体系任一环节出问题，都极易在整个金融体系中造成连锁反应，进而引发普遍的金融危机。更进一步，一国的金融危机还会影响到其他国家，并可能引发区域性甚至世界性的金融动荡。

最后，金融体系的风险，直接影响着货币制度和宏观经济的稳定。信用货币制度的确立，在货币发展史上具有极其重要的意义，它极大地降低了市场交易的成本，提高了经济运行的效率。但与此同时，实体经济对货币供给的约束作用也越来越弱；货币供给超过实体经济需要而引发通货膨胀的过程一直对许多国家形成威胁。存款货币机构的连锁倒闭又会使货币量急剧减少，引发通货紧缩，并将经济拖入萧条的境地。

（三）投资者利益保护论

在设定的完全竞争的市场中，价格可以反映所有的信息。但在现实中，大量存在着信息不对称的情况。

在信息不对称或信息不完全的情况下，拥有信息优势的一方可能利用这一优势来损害信息劣势方的利益。如证券经营机构的员工和外部投资者相比，具有明显的信息优势；同样，对于银行和保险公司的经营管理者来说，对自己所在金融机构的风险，也会比存款人和投保人更加了解。由于这些金融机构比投资者——存款人、证券持有人和保单持有人等在内的对某一资产拥有权益的人——拥有更多的信息，他们就有可能利用这一信息优势为自己牟取利益，而将风险或损失转嫁给投资者。

这就提出了这样的监管要求，即有必要对信息优势方（主要是金融机构）的行为加以规范和约束，以为投资者创造公平、公正的投资环境。

三、金融监管的基本原则

由于经济、法律、历史、传统乃至体制的不同，各国在金融监管的诸多具体方面存在着不少差异。但有些一般性的基本原则却贯穿于各国金融监管的各个环节与整个过程。

（一）监管主体的独立性原则

这一原则要求金融监管机构在明确责任和目标的前提下，享有操作上的自主权和充分的资源。同时,为促进监管的有效性,还需创造一些先决条件,如:稳健且可持续的宏观经济政策、完善的公共基础设施、有效的市场约束,高效率解决金融问题的程序、适当的系统性保护机制。

(二)依法管理原则

这有几重含义:一是对金融机构进行监督管理,必须有法律、法规为据;二是金融机构对法律、法规所规定的监管要求必须接受,不能有例外;三是金融管理当局实施监管必须依法行事。只有依法,才能保持监管的权威性、严肃性、强制性和一贯性,才能保证监管的有效性。

(三)合理、适度竞争原则

竞争是市场经济条件下的一条基本规律。金融监管当局的监管重心应放在保护、维持、培育、创造一个公平、高效、适度、有序的竞争环境上:既要避免造成金融高度垄断,排斥竞争,从而丧失效率与活力,又要防止出现过度性竞争、破坏性竞争,从而波及金融业的安全和稳定。

(四)自我约束和外部强制相结合的原则

外部强制管理再缜密严格,其作用也是有限的。如果管理对象不配合、不愿自我约束,而是千方百计设法逃避、应付、对抗,那么外部强制监管也难以收到预期效果。如果将全部希望寄托在金融机构本身自觉自愿的自我约束上,则不可能有效地避免种种不负责任的冒险经营行为与道德风险的发生。

(五)安全稳定与经济效率相结合的原则

要求金融机构安全稳健地经营业务,历来都是金融监管的中心目的。为此所设置的金融法规和一系列指标体系都是着眼于金融业的安全稳健及风险防范。但社会经济发展要求金融业必须有相应的发展,而追求发展就必须讲求效率。因此,金融监管不应是消极地单纯防范风险,而应是积极地把防范风险同提高金融效率这个最基本的要求协调起来。

(六)母国与东道国共同监管的原则

在经济金融全球化的形势下,跨国金融机构日益增多,对其监管需母国和东道国共同完成。母国和东道国可达成相关的双边协议,明确双方的监管责任,相互分享监管信息,建立相应的联系协调机制,共同对跨国金融机构实施有效的监管。

此外,金融监管还应该注意如何顺应变化了的市场环境,对过时的监管内容、方式、手段等及时进行调整。进入20世纪90年代以来,金融自由化浪潮一浪高过一浪,金融衍生工具风险、金融业间的收购兼并风潮、风险的国际扩散等,已经成为金融监管当局高度关注的问题。监管力度的松紧搭配,管理更需审慎、强化等,已经上升为基本原则的一个重要延伸部分。

四、金融监管的内容

(一)银行监管的主要内容

商业银行是现代金融体系的基础,因而银行监管在金融监管中占据核心地位。银行监管的内容主要包括市场准入监管、日常运营监管和危机处理及市场退出监管。

1. 银行市场准入监管

一般来说,一个行业机构数量的变化会对该行业发展有重要的影响。对于银行业来说,新的机构进入市场会加剧竞争,提高效率,但也会增加风险。在市场需求没有很大增长的情况下,新机构进入会使银行业的平均赢利水平下降,从而抵抗风险的能力减弱。同时,如果

第九章 金融风险、金融创新和金融监管

让不符合条件的机构进入银行业市场，必然会增大银行业的风险。因此，对银行准入进行监管，可以将银行数量维持在一个合理的水平上，把不符合条件的金融机构拒之门外，从而保证银行业稳定、健康地发展。银行准入控制的目的是，保证新设立的银行具有良好的品质，保证银行机构的数量、结构、规模和分布符合国家经济发展规划的要求和市场的需求，促进银行业的适度竞争。

注册资本金、高级管理人员任职资格和业务范围是银行准入监管的核心内容。首先，设立商业银行必须达到最低注册资本金要求，以保护债权人的利益并维持银行体系稳定运行。例如，美国规定国民银行的注册资本不得少于100万美元，日本商业银行的最低开业资本为10亿日元，中国设立商业银行的法定注册资本限额为10亿元人民币，城市合作银行为1亿元人民币。其次，高级管理人员任职资格必须符合相关规定要求。银行高级管理人员是指董事长、副董事长、行长（总经理）和副行长（副总经理），对这些高级管理人员各国都有具体的任职资格规定。中国于1996年发布的《金融机构高级管理人员任职资格管理暂行规定》，对金融机构高级管理人员的任职条件、资格审查与管理等方面做出了明确具体的规定。再次，审批机构对设立银行的业务经营范围也做出规定。对银行是否可以从事非银行业务，多数国家都有一定程度的限制，只是限制的范围、程度和方式不同，有的国家则严格禁止。目前，世界上不少国家对银行业务范围的限制呈逐渐放松趋势。

2．银行日常运营监管

虽然银行准入监管进行了严格的条件审核与准入控制，但并不能保证银行机构在进入市场后能够依法稳健地经营。事实上，银行机构的大量风险是在日常业务经营过程中逐步形成的。因此，银行市场运营监管任务更重，责任更大。银行监管当局针对商业银行的日常运营制定了各项预防性的谨慎监管规则，并通过现场检查和非现场检查的方式进行检查和约束。

各国对银行日常运营监管的重点主要在以下几个方面：一是资本充足率监管。资本是银行赖以生存和从事一切业务活动的基础，对银行资本充足率做出规定，可以限制银行资产总量的扩张，降低风险。1988年，巴塞尔委员会颁布《巴塞尔协议》，对国际银行的资本定义和资本充足率做出了规定，该协议规定银行资本与加权风险资产比率不得低于8%、核心资本比率不低于4%，此标准为世界各国广泛接受。二是流动性监管。流动性不足是导致银行危机的最直接原因，因而流动性监管为各国广泛重视。评估流动性状况要考虑的因素主要有：存款的变动情况、可随时变现的流动资产的数量、对自身资产负债的管理能力、紧急筹措资金的能力等。三是贷款集中度监管。对贷款集中度和关系贷款人加以限制，可避免风险过于集中。中国规定商业银行对同一借款人的贷款余额与银行资本的比率不能超过10%，对最大的十家客户的贷款总额不超过银行资本净额的50%。四是资产质量监管。资产质量是衡量银行经营状况的重要依据。美国银行机构根据风险程度将银行资产分为正常、关注、次级、可疑、损失五类。中国在1998年后，开始放弃逾期、呆滞、呆账的三级分类方法，试行五级分类法。五是呆账准备金监管。各国监管当局对银行呆账准备金的计提方法、计提比例、冲销方式都有一定规定。呆账准备金一般包括按当年贷款余额固定比例提取的普通呆账准备金和按贷款实际风险程度提取的特别呆账准备金两部分。六是内部控制监管。由于没有专门的客观数据、指标作依据，内部控制监管的难度相对较大。监管当局通常会发布指导性原则，要求银行建立科学、严密、完备的内控机制。银行内部控制主要包括管理控制、业务运营控制、会计控制三方面。

3. 银行危机处理及市场退出监管

无论怎样完善的银行监管体制，也不能完全避免银行危机的出现。为保护公共利益，维护公众信心，保持银行体系稳定，银行监管当局通过建立一系列银行危机处理制度，以便在银行出现支付危机、倒闭或破产等危机时，将银行危机可能的损失降到最低限度。银行危机处理的方式主要有三种：一是紧急救助。对于面临暂时流动性困难的银行可以采取紧急救助措施，当局既可以给予直接的资金借贷，也可以出面担保来帮助银行渡过难关。二是接管。当面临财务困难的银行继续经营的价值大于立即破产清算的价值时，为保护债权人利益，避免因银行倒闭造成震荡，监管当局可予以接管。在一定的接管期限内，被接管银行可能恢复正常经营能力，或被其他金融机构兼并或收购，也可能无法恢复正常经营或找到新买家而最终破产。三是并购。监管当局可以组织健全银行兼并或收购危机银行。并购分援助性和非援助性两种。援助性并购下，监管当局会提供资金援助，并购者只承担部分债务。非援助性并购下，并购者要承担全部债务，不过可以享受到开办新业务、扩大分支机构等方面的优惠。

当监管当局对危机银行的各种挽救性措施均告失败之后，那么法院将依法宣布该银行破产。破产并不是银行退出市场的唯一方式。若银行在经营中违法违规，监管机构会令其限期整改，情节特别严重或逾期不加改正者，监管机构将吊销其营业执照，关闭该银行。此外，银行也可能由于合并、分立或是银行章程规定的解散事由而自行解散。

（二）证券监管的主要内容

证券监管的核心在于保护投资者，保证市场的公平、有效和透明，减少系统性风险。证券监管的内容包括发行市场的监管、交易市场的监管、券商和从业人员的监管、对交易所和上市公司的监管等方面，其中对券商和上市公司的监管是重点。

1. 发行市场监管

对发行市场的监管是证券监管的最基础的内容。证券发行审核制度分为两种类型：①注册制。证券发行审核制度可分为注册制指发行人在准备公开募集和发行证券前，需依法向证券监管机构提供应当公开的与发行证券有关的所有资料并申请注册登记。注册制实质是一种发行证券公司的财务公示制度，遵循"信息公开原则"。证券监管机构只负责审查资料的全面性、真实性、准确性，对证券投资价值等实质性问题并不负有审查的责任。发行人向投资者公开的信息不得有虚假、遗漏、错误或误导，否则须负法律责任。投资者根据公开的信息做出投资决策，并承担相应后果。注册制能够避免监管机构的不当干预，但它不能完全保证发行证券的资信力及其品质，因此，无法完全保护投资者的利益。注册制适用于成熟证券市场，即市场架构完善和投资者素质比较高的市场。美国、英国、日本、韩国等国家和中国香港地区都实行注册制。②核准制。核准制指发行人在申请发行证券时除公开信息外，还要符合公司法和证券法及监管机构规定的实质性要件，发行申请经监管机构审查批准方能生效，监管机构有权否决不符合条件的发行申请。核准制的立法思想是维护公共利益和社会经济安全，强调实质管理。监管机构主要是对发行人的营业性质、管理人员资格、资本结构、是否有合理的成功机会等条件进行审查。核准制有助于把低质量的证券发行公司拒之门外，保证发行证券的质量，但它易造成投资者对审核机构的依赖心理，不利于培养投资者的理性投资理念，而且，当审核机构的价值判断有误时，没有心理准备的投资者的利益会受到损害。核准制适用于尚不太成熟的证券市场。目前，采用核准制的主要是欧洲大陆国家和一些新兴证券市场国家。中国于1999年《证券法》颁布实施后，证券发行制度由额度制改为核准制。

第九章 金融风险、金融创新和金融监管

2. 交易市场监管

交易市场监管主要包括以下几个方面。

（1）对不正当交易行为的监管。目的是贯彻证券市场公平、公正、公开诚信原则，维护证券市场的正常秩序。不正当交易行为主要包括：①内幕交易，指因地位或职位上的便利能够掌握内幕信息的人直接或间接地利用内幕信息进行证券买卖，获取不正当经济利益，或是泄露内幕信息使他人获利。②操纵行为，指以损害他人利益为前提，通过制造种种交易假象来达到操纵市场价格目的的行为。③欺诈行为，主要包括证券发行和信息公开中的欺诈手段。

（2）对市场过度投机和稳定市场的监管。为提高证券市场价格稳定性，监管部门一般会采取干预措施。一般包括：①价格限制制度，即涨跌幅限制和涨跌停板制度。日本、韩国、中国香港等许多国家和地区的证券交易所都采取了涨跌幅限制制度。②交易停止制度，是指在特定情况下对某种证券甚至整个交易实施停牌制度。目的是防止欺诈、误导或操纵行为可能带来的恶果。③信用交易制度。信用交易可以提高证券市场的活跃程度，但由于其交易的杠杆性又有可能加大证券价格波动幅度，因而不少国家的做法是，既允许信用交易又通过严格的立法来管理。

3. 券商和从业人员监管

（1）对券商的监管。券商是金融市场的灵魂和核心，因而也是证券监管的重点。监管内容主要包括：①市场准入监管，主要采取登记制、许可制和承认制三种模式。中国实行许可证制。②业务范围监管，主要是证券业和银行业是分业经营还是混业经营的问题，从世界范围来讲，目前两业有融合的趋势。③经营行为监管，各国一般都通过相应的法律法规对券商的经营行为作出许多禁止性的规定，以防止券商损害委托人的利益。④财务管理，目的是对证券商所持有的顾客的资金和证券提供安全保证，使券商资产保持合理的流动性。一般通过制定一系列财务指标来控制。

（2）对证券从业人员的监管。主要包括两个方面：①证券从业人员资格管理。国际通行的做法是对证券从业人员进行资格考试和注册认证。证券从业人员必须在取得证券从业人员资格证书后，方能从事证券专业工作。②证券市场禁入制度。该制度规定，进行欺诈活动或其他严重违法违规业务。

4. 交易所和上市公司监管

（1）对交易所的监管。交易所监管主要是对欺诈和操纵等不法行为进行监管。一般来说，各国的法律法规都规定证券主管机关对证券交易所有检查监督权。监管机构主要通过审查交易所章程、业务规则和决议的内容，规定交易所报告业务，监督检查交易所的业务、财务状况，调查违法、违规事件等方式对证券交易所进行监管。

（2）对上市公司的监管。上市公司监管主要是执行信息披露制度，规范上市公司行为。上市公司在证券发行、上市、交易等一系列环节中，均应依照法律和有关规定将一切相关真实信息予以公开。证券发行和上市前，上市公司必须向投资者提供招股说明书、上市公告书、债券募集办法及其他资料。证券上市后，上市公司对有关信息须进行定期披露，主要包括反映经营业绩和财务状况的年度报告和中期报告。对某些重大事件和重大信息，上市公司要发布临时公告。

（三）保险监管的主要内容

保险业监管指国家对保险企业管理。其基本监管内容如下：

1. 组织监管

组织监管主要包括：保险经营活动及保险市场的监督。（1）保险公司设立的审批。各国保险监管制度均规定，设立保险企业必须向主管部门申请批准，申请时要提交资本金的证明，以及有关企业的章程、负责人资格、有关条款、费率、营业范围等文件资料。（2）资本金和保证金要求。保险公司申请开业必须具备最低的保证金要求，其数额都远高于一般企业。（3）组织形式。各国普遍要求采用的组织形式是股份公司，此外还有相互保险公司、保险合作社等。个人保险组织仅在英国劳合社保险市场上采用。

2. 业务监管

保险业务监管是保险监管的重要内容，包括业务经营范围的监管、保费与保险条款的监管、偿付能力的监管、承保限额的监管等。①业务经营范围的监管。对业务经营范围的监管，主要是规定保险公司除保险业务外是否可经营其他的金融业务，如银行业务、证券业务等。目前，世界各国情况大致有两类，一类是禁止保险公司经营保险以外的业务，另一类是允许保险公司除保险业务外，还可经营其他金融业务。②保险条款与费率的监管。保险条款和费率的拟定是保险监管的主要内容。在保险监管宽松的国家和地区，国家一般只审核各险种的基本条款，具体条款根据市场的需要，由保险同业工会制定并实施。在监管严格的国家和地区，由国家规定各种标准保险单的格式、条款，保险公司制定的费率和保险条款必须经国家主管部门审批。③偿付能力的监管。偿付能力指保险公司对所承担的风险在发生超出正常年份的损失数额时具有的赔偿或给付能力。当偿付能力低于法定最低限度时，保险监管部门就会进行干预，或者要求增加资本金，或者限制业务发展，直至停业清算。第四，承保限额的监管。各国保险监管部门都规定了保险公司每笔非寿险业务的最大承保金额，超过这一金额，保险公司必须办理再保险业务。

五、金融监管体制

（一）国际金融监管体制及其类型

金融监管体制是指金融监管的权力制度安排和监管组织体系。监管的权力制度安排就是指行使政府监管权力的相关机构之间的权力分配。监管组织体系主要由金融当局宏观监管体系、金融机构内部监管体系、金融业行业自律体系和社会监督防范体系四个层次组成。金融当局宏观监管体系和金融机构内部监管体系在金融监管中起主导作用，金融业行业自律体系和社会监督防范体系起重要补充作用，四个体系相互作用、相互协作。

由于历史、文化、发展阶段、政治经济体制的不同，各国采取了不同的金融监管模式。按监管组织体系的设置来分，金融监管模式概括起来大致有3种类型。

1. 统一监管模式

统一监管模式是指，对于不同的金融机构和金融业务，无论是审慎监管还是业务监管，都由一个机构负责。这个机构通常是各国的中央银行，也有另设独立监管机构的。这是一种典型的混业监管模式，金融监管体制改革后的英国是典型代表。受混业经营的影响，目前采用这种监管模式的国家正在增多，日本和韩国在1996年后都分别采用了这种金融监管模式。还有许多国家正在考虑将分离出来的银行、证券、保险监管机构统一于一个监管框架之内，也有不少国家将其监管职能由中央银行移出，成立了专门的监管机构。

这种监管模式的优势主要体现在：第一，成本优势。统一监管不仅能节约人力和技术投入，

第九章 金融风险、金融创新和金融监管

更重要的是它可以大大降低信息成本,改善信息质量,获得规模效益。第二,改善监管环境。统一监管可避免由于监管者的监管水平和监管强度的不同,使不同的金融机构或业务面临不同的监管制度约束;也可避免被监管者对多种机构重复监管及不一致性无所适从。第三,适应性强。统一监管能迅速适应新的金融业务,既可避免监管真空,降低金融创新形成的新的系统性风险;又可避免多重监管,降低不适宜的制度安排对创新形成的阻碍。这种监管模式的缺点是,缺乏竞争性,易导致官僚主义。

2. 分业监管模式

分业监管模式是将金融机构和金融市场按照银行、证券、保险划分为三个领域,在每一个领域内,分别设置一个专业的监管机构负责包括审慎监管和业务监管在内的全面监管。目前分业监管的模式还较为普遍,中国便是实行这一模式。

这种模式的优点在于:一是具有监管专业化优势。每个专业监管机构负责不同的监管领域,职责明确,分工细致,有利于达到监管目标,提高监管效率。二是具有监管竞争优势。尽管监管对象不同,但不同监管机构之间存在竞争压力。这种模式的缺点在于:一是各监管机构之间协调性差,容易出现监管真空,若设置多重目标或不透明目标则易使被监管对象难于理解和服从,出现多头管理和相互扯皮现象。二是从整体上看,分业监管机构庞大,监管成本较高,规模不经济。

3. 不完全统一监管模式

不完全统一监管是对完全统一监管和完全分业监管的改进型,是介乎于两者之间的一种监管模式,也可以说是一种从分业监管到混业监督管的过渡模式。具体有以下 3 种模式:①牵头监管模式。这是完全分业监管模式的改进模式。在实行分业监管的同时,随着金融业综合经营的发展,可能存在监管的真空或业务交叉,几个主要监管机构为建立及时磋商协调机制,相互交换信息,以防止监管机构之间的扯皮推诿,特指定一个监管机构为牵头监管机构,负责不同监管机构之间的协调工作。其典型代表是法国、巴西。这种监管模式既可以发挥分业监管的专业化优势与竞争优势,提高监管效率,又可以通过监管机构定期的磋商协调、相互交换信息以及密切配合,将多重监管的不利影响降到最低。其问题是,由谁来控制整个金融体系的风险以及牵头监管者并不能做到控制整个体系风险。②"双峰"监管模式。这种模式一般设置两类监管机构,一类负责对所有金融机构进行审慎监管,控制金融体系的系统性金融风险;另一类负责对不同金融业务的监管,从而达到双重"保险"作用。澳大利亚是该模式的典型代表。这种模式的优点是,与分业监管模式相比,它降低了多重监管机构之间互相协调的成本和难度;同时,在审慎监管和业务监管两个层面,避免出现监管真空或交叉及重复监管。与统一监管模式相比,它在一定程度上保持了监管机构之间的竞争与制约作用。另外,它还使各监管主体在各自领域内保持了监管规则的一致性。③"伞形"功能监管模式。这是美国自 1999 年《金融服务现代化法案》颁布后,在改进原有分业监管体制的基础上形成的监管模式。根据该法案,对同时从事银行、证券、互助基金、保险与商业银行等业务的金融持股公司实行"伞式"监管制度,即从整体上指定联邦储备委员会(简称联储)为金融持股公司监管人,负责该公司的综合监管;同时,金融持股公司又按其所经营业务的种类接受不同行业主要功能监管人的监督;伞式监管人与功能监管人必须相互协调,共同配合。为避免重复与过度监管,伞式监管人的权力受到相当的限制,联储必须尊重金融控股公司内部不同附属公司监管当局的权限,尽可能采用其检查结果。在未得到功能监管人同意的条件下,

联储不得要求非银行类附属公司向濒临倒闭的银行注入资本；但在金融持股公司或其附属公司因风险管理不善及其他行为威胁其下属银行的稳定性时，联储有权加以干预。通过这种特殊的监管框架，金融持股公司的稳健性与效率都可以得到一定的保障。

（二）国际金融监管体制发展趋势

近些年来，在金融全球一体化的背景之下，为适应金融业的迅速发展，各国纷纷对各自的金融监管体制进行改革和重构。国际金融监管体制呈现出以下发展趋势：

1. 分业监管向混业监管转变

分业监管是指对金融机构和金融市场按银行、证券、保险划分为三个领域，由不同的专业监管机构分别进行监管。混业监管是指由一家监管机构对所有金融机构的全部金融业务进行全面监管。主张分业监管的观点认为：第一，尽管金融机构日益多样化和传统职能分工正在减弱，但银行业、证券业和保险业仍保持重要的区别，三者风险的性质不同，需要不同的审慎监管方法。第二，分业监管目标明确集中，能够在不同类型的机构和业务之间制定必要的区别。第三，混业监管机构负责所有方面和所有类型的金融机构的监管，可能出现文化差异冲突。第四，混业监管机构权力过于集中，容易出现官僚主义。主张混业监管的观点则认为混业监管具有以下优点：第一，机构数目少，成本小，可实现规模经济。第二，能够更有效监管多样化经营的金融机构，更好地察觉不同业务部分潜在的危机。第三，避免重复机构体制引起的不公平竞争性和政策不一致性，避免监管重复交叉与遗漏。第四，被监管者只需与一家监管机构打交道，可减少奉行成本。

20世纪80年代以来，在金融自由化和金融创新的浪潮冲击下，金融业从分业经营向混业经营转化，受其影响，金融监管体制也由分业监管向混业监督转化。英国的大卫.T.卢埃林教授在1997年对73个国家的金融监管组织体系进行了研究，发现13个国家实行单一机构混业监管，25个国家实行部分混业监管，35个国家实行银行、证券、保险业分业监管。虽然分业监管体制仍占多数，但完全分业监管的国家在数量上呈逐渐减少趋势，金融监管体制正向部分混业监管或完全混业监管的模式过渡。

2. 机构性监管向功能性监管转变

无论是分业监管体制还是混业监管体制，金融监管机构的设置可按照两个标准来进行：一是按不同金融业务来划分监管对象，二是按不同金融机构来划分监管对象。前者称之为功能监管，后者称之为机构监管。功能监管的优势在于协调性高，能有效解决混业经营中金融创新产品的归属问题，同时可以避免重复和交叉监管现象，为金融市场创造公平竞争的市场环境。并且，功能监管还具有跨市场、跨机构协调功能，具有监管的连续性和一致性。机构监管的优点则在于：当金融机构从事多项业务时，机构监管使监管者易于评估金融机构的产品系列的风险；尤其当存在于系列金融产品之间并互相关联的风险因素越来越多时，实行机构监管模式监管效果较好。

实质上，设置多个专业监管机构的分业监管体制是将功能监管和机构监管选择问题外部化，设置单一监管机构后再在内部作具体分工的混业监管体制是将功能监管和机构监管选择问题内部化。在当前金融机构业务日益多样化和金融创新层出不穷的形势之下，功能监管更能发挥其优势，传统的机构性监管正在逐渐向功能性监管转变。

3. 各国金融监管模式日益趋同

由于历史、经济、社会文化及法制传统的差异，各国金融机构监管金融的行为方式有所不同，形成了自律式、法制式和干预式三种金融监管模式。英国是自律式模式的代表。历史上，英国银行监管的特点是以金融机构自律监管为主，中央银行监管为辅，而且其监管不是依据严格的正式法律法规，而是通过"道义劝说"等非正式的监管方式。美国是法制式模式的代表。美国有多个机构负责金融监管的任务，每个机构各自依据一定的法规开展工作，各自的职责规定得比较明确。日本是政府干预式模式的代表。日本的金融体系和监管机制独具特色，为完成经济赶超发达资本主义国家的任务，同对其他所有经济部门一样，日本政府对金融业的发展也进行干预，作为金融工作最高统帅的大藏省甚至可以超越法律对金融机构作各种行政指导。

上述3种模式各具优缺点，自20世纪70年代以来出现了相互融合的趋势，各国都普遍强调金融法规监管、行业约束和市场约束方面的结合。

4. 金融监管的国际合作不断加强

20世纪80年代以来的金融国际化趋势，使得各国金融市场之间的联系和依赖性不断增强，各种金融风险在国家之间的相互转移和扩散在所难免，严重威胁着各国的金融稳定。金融国际化要求实现金融监管国际化，如果各国金融监管松紧不一，不仅会削弱各国监管措施的效应，而且还会导致国际资金大规模的投机性转移，影响国际金融稳定。因此，西方国家致力于金融监管的国际合作。

巴塞尔委员会在加强金融监管的国际合作方面作出了很大的努力。首先，巴塞尔委员会推动越来越多的国家加入到金融监管国际合作行列之中。许多非十国集团国家（地区），包括发展中国家都参与了《有效银行监管的核心原则》的制定，《新资本协议》草案更是在全球范围内征求银行界和监管部门的意见。另外，巴塞尔委员会加强与一些国际性金融监管组织的合作，1999年2月公布的《多元化金融集团监管的最终文件》就是巴塞尔委员会、国际证券委员会组织与国际保险监管协会自1993年开始合作的研究成果。

西方发达国家还通过一年一度的西方七国首脑以及财长、央行行长会议，研究防止某一国家和地区出现金融危机的问题和措施。为应付突发事件，美国财政部、美联储和国际金融机构以及西方各国金融当局保持热线联系，及时磋商对策，协调联系干预活动。东南亚金融危机后，西方各国又成立"金融稳定论坛"。在东亚，中、日、韩与东盟每年也开始召开央行行长、财长会议以讨论地区金融问题。

六、中国的金融监管

（一）中国金融监管的发展轨迹

自从新中国成立以来到1984年，实行的是大一统的人民银行体制，即人民银行履行全部金融职能，没有监管当局和监管的对象，也没有监管的法律法规。因此，这期间，中国没有现代意义上的金融监管。

1984年开始，中国形成了中央银行和专业银行的二元银行体制，中国人民银行行使中央银行职能，集货币政策和所有金融监管于一身，是一个超级中央银行。履行对银行业、证券业、保险业、信托业的综合监管。

1992年8月，国务院决定成立证券委和中国证监会，将证券业的监管职能从中国人民银行分离出去，中国人民银行主要负责对银行、保险、信托业的监管。1998年，国务院决定成立保险监督管理委员会，专司对中国保险业的监管，将原来由中国人民银行履行的对保险业的监管职能分离出来，中国人民银行主要负责对银行、信托业的监管。由此中国的金融监管也实行银行、证券与保险三个监管部门分工协作、各司其职的分业监管体系。

2003年4月26日，第十届全国人民代表大会常务委员会第二次会议通过《全国人民代表大会常务委员会关于中国银行业监督管理委员会履行原由中国人民银行履行的监督管理职责的决定》，确定中国银监会履行原由中国人民银行履行的审批、监督管理银行、金融资产管理公司、信托投资公司及其他存款类金融机构等的职责及相关职责。4月28日，中国银监会作为国务院直属正部级事业机构正式对外挂牌，正式履行职责。这样，银监会、证监会和保监会分工明确、互相协调的金融分工监管体系在中国形成。

（二）中国三大监管机构的主要职能

1. 银行业监督管理委员会（简称银监会）的主要职能

中国银监会统一监督管理银行、金融资产管理公司、信托投资公司及其他存款类金融机构，维护银行业的合法、稳健运行。

银监会主要职责包括：依照法律、行政法规制定并发布对银行业金融机构及其业务活动监督管理的规章、规则；依照法律、行政法规规定的条件和程序，审查批准银行业金融机构的设立、变更、终止以及业务范围；对银行业金融机构的董事和高级管理人员实行任职资格管理；依照法律、行政法规制定银行业金融机构的审慎经营规则；对银行业金融机构的业务活动及其风险状况进行非现场监管，建立银行业金融机构监督管理信息系统，分析、评价银行业金融机构的风险状况；对银行业金融机构的业务活动及其风险状况进行现场检查，制定现场检查程序，规范现场检查行为；对银行业金融机构实行并表监督管理；会同有关部门建立银行业突发事件处置制度，制定银行业突发事件处置预案，明确处置机构和人员及其职责、处置措施和处置程序，及时、有效地处置银行业突发事件；负责统一编制全国银行业金融机构的统计数据、报表，并按照国家有关规定予以公布；对银行业自律组织的活动进行指导和监督；开展与银行业监督管理有关的国际交流、合作活动；对已经或者可能发生信用危机，严重影响存款人和其他客户合法权益的银行业金融机构实行接管或者促成机构重组；对有违法经营、经营管理不善等情形银行业金融机构予以撤销；对涉嫌金融违法的银行业金融机构及其工作人员以及关联行为人的账户予以查询；对涉嫌转移或者隐匿违法资金的申请司法机关予以冻结；对擅自设立银行业金融机构或非法从事银行业金融机构业务活动予以取缔；负责国有重点银行业金融机构监事会的日常管理工作；承办国务院交办的其他事项。

目前，商业银行在中国金融体系中占主体地位，对商业银行的监管成为中国金融监管的重要组成部分。

2. 证券监督管理委员会（简称证监会）的主要职责

证监会主要负责对股票、债券、期货市场的监管。其主要职责是：依据有关法律法规，中国证监会在对证券市场实施监督管理中履行下列职责：研究和拟订证券期货市场的方针政策、发展规划；起草证券期货市场的有关法律、法规，提出制定和修改的建议；制定有关证券期货市场监管的规章、规则和办法。垂直领导全国证券期货监管机构，对证券期货市场实行集中统一监管；管理有关证券公司的领导班子和领导成员。监管股票、可转换债券、证券公司债券和国务院确定由证监会负责的债券及其他证券的发行、上市、交易、托管和结算；监管证券投资基金活动；批准企业债券的上市；监管上市国债和企业债券的交易活动。监管上市公司及其按法律法规必须履行有关义务的股东的证券市场行为。监管境内期货合约的上市、交易和结算；按规定监管境内机构从事境外期货业务。管理证券期货交易所；按规定管理证券期货交易所的高级管理人员；归口管理证券业、期货业协会。监管证券期货经营机构、证券投资基金管理公司、证券登记结算公司、期货结算机构、证券期货投资咨询机构、证券资信评级机构；审批基金托管机构的资格并监管其基金托管业务；制定有关机构高级管理人员任职资格的管理办法并组织实施；指导中国证券业、期货业协会开展证券期货从业人员资格管理工作。监管境内企业直接或间接到境外发行股票、上市以及在境外上市的公司到境外发行可转换债券；监管境内证券、期货经营机构到境外设立证券、期货机构；监管境外机构到境内设立证券、期货机构、从事证券、期货业务。监管证券期货信息传播活动，负责证券期货市场的统计与信息资源管理。会同有关部门审批会计师事务所、资产评估机构及其成员从事证券期货中介业务的资格，并监管律师事务所、律师及有资格的会计师事务所、资产评估机构及其成员从事证券期货相关业务的活动。依法对证券期货违法违规行为进行调查、处罚。归口管理证券期货行业的对外交往和国际合作事务。承办国务院交办的其他事项。

3. 保险监督管理委员会主要职责（简称保监会）

保监会是中国保险市场的监管机关。其主要职责是：拟定保险业发展的方针政策，制定行业发展战略和规划；起草保险业监管的法律、法规；制定业内规章。审批保险公司及其分支机构、保险集团公司、保险控股公司的设立；会同有关部门审批保险资产管理公司的设立；审批境外保险机构代表处的设立；审批保险代理公司、保险经纪公司、保险公估公司等保险中介机构及其分支机构的设立；审批境内保险机构和非保险机构在境外设立保险机构；审批保险机构的合并、分立、变更、解散，决定接管和指定接受；参与、组织保险公司的破产、清算。审查、认定各类保险机构高级管理人员的任职资格；制定保险从业人员的基本资格标准。审批关系社会公众利益的保险险种、依法实行强制保险的险种和新开发的人寿保险险种等的保险条款和保险费率，对其他保险险种的保险条款和保险费率实施备案管理。依法监管保险公司的偿付能力和市场行为；负责保险保障基金的管理，监管保险保证金；根据法律和国家对保险资金的运用政策，制定有关规章制度，依法对保险公司的资金运用进行监管。对政策性保险和强制性保险进行业务监管；对专属自保、相互保险等组织形式和业务活动进行监管。归口管理保险行业协会、保险学会等行业社团组织。依法对保险机构和保险从业人员的不正当竞争等违法、违规行为以及对非保险机构经营或变相经营保险业务进行调查、处罚。依法对境内保险及非保险机构在境外设立的保险机构进行监管。制定保险行业信息化标准；建立保险风险评价、预警和监控体系，跟踪分析、监测、预测保险市场运行状况，负责统一编制全国保险业的数据、报表，并按照国家有关规定予以发布。承办国务院交办的其他事项。

【本章小结】

1. 金融风险种类包括信用风险、利率风险、外汇风险、通货膨胀风险、流动性风险、国家风险等。

2. 金融风险对宏观经济和微观经济具有重要影响，可利用多种金融工具防范金融风险。

3. 金融创新是商品经济发展、克服金融风险、技术创新、金融管制放松的结果。金融创新的内容包括金融业务、金融组织、金融市场、金融管理等方面的创新。金融创新对社会经济既具有正面影响，又有负面影响。

4. 金融监管的理论依据有社会利益论、金融风险论、投资者保护论；金融监管需坚持监管主体独立性、依法管理、适度竞争、自我约束和外部强制相结合的原则、安全稳定与经济效率相结合的原则、母国与东道国共同监管等原则。

5. 金融监管的内容包括对银行业、证券业、保险业的监管。

6. 国际金融监管具有统一监管、分业监管、不完全统一监管几种模式，并出现了分业经营向混业经营转变、机构性监管向功能性监管转变、各国监管模式趋同、金融监管的国际合作不断加强等趋势。

【复习思考题】

一、名词解释

1. 金融创新　2. 金融风险　3. 金融监管　4. 利率风险　5. 信用风险

二、选择题

1. 按监管机构的监管范围可把金融监管体制分为（　　）。

    A. 单一监管体制　　　　　　　　　B. 多元监管体制
    C. 集中监管体制　　　　　　　　　D. 分业监管体制
    E. 混合监管体制

2. 世界各国金融监管的一般目标是（　　）。

    A. 建立和维护一个稳定、健全和高效的金融体系
    B. 保证金融机构和金融市场健康的发展
    C. 保护金融活动各方特别是存款人利益
    D. 维护经济和金融发展
    E. 促进各国银行法或证券法等金融法规的趋同性

3. 金融监管的基本原则（　　）。

    A. 监管主体的独立性原则　　　　　B. 依法监管原则
    C. "内控"与"外控"相结合的原则　　D. 稳健运行与风险预防原则
    E. 母国与东道国共同监管原则

4. 当代金融业务创新的体现是（　　）。

    A. 新技术在金融业中广泛应用　　　B. 金融制度创新
    C. 金融工具不断创新　　　　　　　D. 新业务和新交易大量涌现
    E. 金融组织机构创新

5. 在解说金融创新的成因时，涉及需求因素的有（　　）。

    A. 财富增长说　　　　　　　　　　B. 制度因素说
    C. 货币因素说　　　　　　　　　　D. 需求推动说
    E. 经济思潮说

三、简答题

1. 信用风险、利率风险与外汇风险应如何防范？
2. 金融监管有哪些模式？中国应采用什么样的监管模式？
3. 什么是金融创新？金融创新的主要内容有哪些？

主要参考文献

［1］黄达．金融学（精编版）．北京：中国人民大学出版社，2004．
［2］凌江怀．金融学概论．北京：高等教育出版社，2004．
［3］中国人民银行．金融知识国民教育读本．北京：中国金融出版社，2007．
［4］戴国强．货币银行学（第二版）．北京：高等教育出版社，2005．
［5］［美］米什金．货币金融学．中译本，北京：中国人民大学出版社，2001．
［6］陈雨露．国际金融（第二版）．北京：中国人民大学出版社，2005．
［7］姜波克．国际金融学（第二版）．北京：高等教育出版社，2004．
［8］朴明根．银行经营管理学．北京：清华大学出版社，2007．
［9］杜金富．金融市场学（第二版）．大连：东北财经大学出版社，2005．
［10］胡庆康．现代货币银行学教程（第三版）．上海：复旦大学出版社，2006．
［11］王广谦．中央银行学．北京：高等教育出版社，1999．
［12］武康平．货币银行学（第二版）．北京：清华大学出版社，2006．
［13］易纲，吴有昌．货币银行学．上海：上海人民出版社，1999．
［14］朱疆．货币银行学．北京：清华大学出版社，2005．
［15］张亦春．金融市场学．北京：高等教育出版社，2005．
［16］曹龙骐．货币银行学．北京：高等教育出版社，2000．
［17］艾洪德，张贵乐．货币银行学教程．大连：东北财经大学出版社，2006．